首 都 体 育 学 院 立 项 教 材

[体育新闻传播系列教材]

体育新闻学

● 主　编：刘斌
● 副主编：骆秉全 姚治兰 王静 兰馨 张宏伟

Sports Journalism

中国传媒大学出版社
·北 京·

目　录 Contents

前 言

中国体育新闻的发展严格地说始于20世纪80年代,那时我国媒体的体育新闻报道量十分有限,更不用说有专家学者致力于体育新闻学的研究了。20年在历史的长河中不过短短的一瞬,然而对于中国新闻界和体育界来说,这20年却是非常重要的历史阶段,没有这些年的努力和发展,就没有风光无限的中国体育成就,就没有春光满园的中国体育传媒。

应该说,是我国蒸蒸日上的体育成就促进了体育传媒的发展壮大,而体育传媒的丰富实践经验又为体育新闻理论的研究提供了良好时机和重要依据,两者之间是相互依存、相互促进的关系。而客观情况是,我国的媒体与新闻理论的研究机构并未建立起紧密的联系,特别是在体育新闻界,媒体不太注重理论研究,专家学者基本不从事报道策划,理论与实践出现严重脱节的现象。这种现象的发生有着多方面的原因,最主要的莫过于我国体育新闻的理论体系尚处于初建时期,在社会的影响力还十分有限,不足以引起媒体的广泛注意。

在20年间蓬勃发展起来的我国体育媒体,出现了人才培养的需求,从而催生了以上海体育学院为首的高等院校兴办体育新闻的教育事业。从1985年上海体育学院试办体育新闻专项写作班起到现在,我国共有十所体育院校、四所综合院校和一所师范院校开办了体育新闻专业。截至2005年,我国高校总计为1794所,15所院校体育新闻专业的开办率远远高于在世界上占有体育传播强势的美国,后者高校总计4182所,而开办体育新闻专业的院校仅为16所。

我国高等院校开办的体育新闻专业从培养本科生开始,逐渐上升到培养硕士研究生,直至培养博士研究生。从人才培养的规模看,全国各院校加在一起,每年体育新闻专业在校生达到4600人,而体育媒体却不会像办新闻教育这样不断地发展下去。这样就带来两个问题:一是高等院校体育新闻人才培养过剩;另一个是培养质量参差不齐。第一个问题相对容易解决,教育规模最终会依据市场需求作出自身的调整。第二个问题的解决却非一日之功,教育是一个系统工程,教师、教材、教学的任何环节解决不好,都会影响到教育质量。特别是我国体育新闻理论基本上是依照美国的模式，再根据中国的具体国情加以改变，仍处于初创时期。我国体育新闻的理论研究底子很薄，体育新闻学教材到目前为止也只出版过三四本，有关体育新闻、体育传播的书籍加在一起不超过 25 本，与我国蒸蒸日上的体育新闻教育相比形成了强烈反差。

目前，我国从事体育新闻教育的主要有两类人：一类是科班出身的理论学派，即来自新闻学院的硕士、博士；另一类是实力派，即来自各类媒体。当然，也有人将两种类别的特点合二为一，新闻理论与新闻实践兼备。无论是哪一类人，都为培养我国体育新闻人才作出了巨大贡献。我本人应该属于第二类，毕业于北京师范大学外语系，1982 年大学毕业后却来到媒体工作，先后在《北京周报》《中国体育报》做记者和编辑，采访并组织策划了多届夏冬季奥运会、各单项世锦赛、世界杯赛。24 年的体育新闻工作实践留下了不少经验教训，使我萌发了写作体育新闻学教材的念头。从体育媒体到高等院校，工作和身份的转变充满了种种挑战。但我认为，应该努力找到新闻理论与新闻实践的结合点，将自己的教育岗位当做一块实验田，相信一分耕耘就会有一分收获。

身为体育新闻教育工作者，编撰系列教材是义不容辞的责任。尽管尚缺乏教学经验，尽管新闻理论功底不够深厚，尽管首都体育学院体育新闻专业教育的历史只有短短的四年时间，但教育形势不等人。就这样，首都体育学院新闻教研室的几位教师共同投入了编写工作。这部体育新闻学用了将近三年的时间编写，其间经过了几次内容的调整，特别是当接近完稿时，北京奥运会即将举行，我们耐心地等待，增补了最新的数据和案例。由于水平有限，我们怀着忐忑不安的心情交上这部拙作，希望受到媒体的关注，得到其他院校同行的指导，获得体育新闻学生的反馈。我们相信，在所有体育新闻教育者的共同努力下，我国体育新闻的理论研究会一步步走向深入，待到成果累累的那一天，我们也可以问心无愧了。

本书在内容上分为四个方面：中外体育新闻史、体育新闻理论、媒体的体育新闻报道、世界著名赛事采访报道业务。这样的内容设置与其他同类著作相比有较大的不同，没有专门设置采、写、编、评等章节，而是对不同类别媒体的体育报道分别加以阐述，并通过总结国际大型比赛报道规律的方式进行有针对性的指导。这也是我们编写此类著作的一个新的尝试。

在中外体育新闻史中，用了较大篇幅详细地介绍了世界体育新闻与中国体育新闻发展的历程。由于受到历史文献的局限，我国此前对世界体育新闻史的研究成果较少。本书对中国体育新闻史的研究从 1840 年起，将发展过程分为自在时期、传入时期、凝变时间、拓展时间、繁盛时期等五个不同时期加以阐述，梳理体育新闻在我国各个发展阶段的规律与特点。

体育新闻理论是本书的一个难点，因为如何界定体育新闻学目前在国际新闻界尚无统一认识，甚至有观点认为，体育新闻学不能作为一个学科存在，它不过是新闻学的一个分支，以何种理论为基础开展研究众说不一。本书以新闻学、传播学、社会学的理论为依据，对体育新闻传播的价值、体育新闻的类型、报道范围以及体育新闻的特点加以阐述。同时，对体育新闻的功能与作用进行了剖析，论述了体育与社会的关系，回顾了体育新闻功能的演变过程，归纳出体育新闻在我国的五大功能，即体育信息传播功能、政治功能、经济功能、文化功能和娱乐功能。

媒体的体育新闻报道在本书也占了较大篇幅，这是因为新闻传媒对中国体育的发展和重大突破起到了推动作用。如果说中国公民的体育意识在近 20 年发生了巨大转变，那么媒体功不可没，媒体的体育新闻报道应该成为体育新闻学重点研究的内容。本书用了四个章节详细论述了平面媒体、通讯社媒体、广播电视媒体及新兴媒体网络的体育新闻报道，对各类媒体报道的演变过程、报道形态及特点一一做了阐述。

世界著名体育赛事是本书的一个重点。目前对体育赛事的分类有多种，本书以在世界各大洲影响力最大、媒体关注度最高为依据，选择职业和非职业的七种赛事作为研究对象进行阐述。这些赛事是：奥运会、足球世界杯、田径世锦赛、F1、NBA、网球四大公开赛、环法自行车赛。从赛事发展与运作方式、媒体报道的规模与特点、采访报道的技巧等角度作出剖析。这一部分的撰写由于缺少文献资料而增加了写作难度，相当一部分素材来源于本人多年的媒体工作经历，对赛事报道素材的积累，或者昔日同行的经验传授。在写作中发现，我国体育新闻发展的速度虽然很快，但对赛事报道却缺少理论研究，而这正是新闻媒体和体育新闻教育者值得去做的一件事情。

本书共有 9 个章节，在写作分工上，第一章国内外体育新闻发展概况由张宏伟写作，这部分内容基本上来源于他的博士毕业论文。第二章、第四章第二、三节由王静写作，第三章、第七章由兰馨写作，中国人民大学和中国传媒大学新闻学院的学习经历为她们打下扎实的新闻理论功底。第六章、第四章第三节由姚治兰写作，多年广播电视教学经历以及电视媒体的实践经验为其写作打下良好基础。第九章由骆秉全完成，数年的新闻系领导工作、专业建设的研究经历，为其写作记者应具备的素质提供了必要条件。第五章、第八章由本人完成，写作主要依赖于新闻从业经验。

值得提出的是，在本书写作过程中，得到了昔日同行的无私帮助，获得了大量第一手素材，他们是中央电视台马国力，新华社高殿民与杨明，《中国体育报》周继明、杜文杰与杜婕，《体坛周报》程征，《汽车之友》黎明京，《篮球先锋报》苏群等，他们长期从事体育新闻报道与策划，积累了丰富的经验，成为体育新闻教育不可缺少的重要依据，在这里向他们表示衷心的感谢。

同时，为本书作出贡献的还有我的第一批研究生黄梅、王佳琪和孟媛媛，她们多方查找资料参与写作，付出了辛勤的劳动，也一并表示感谢。

编者

2008 年 12 月 22 日

第一章
国内外体育新闻发展概况

第一节　世界体育新闻发展概况

一、古代社会的体育与媒体

当今，在通常意义上所说的媒体是指进行大众传播的媒介，比如报纸、杂志、电视和网络。那么当我们对古代的体育及其附属的媒介进行研究的时候，若以当今的视角来审视，毫无疑问将会一无所获。虽然古代没有这类现代传播媒介，但是我们不能断言古代就没有体育的传播或体育新闻的传播，那么如何将现代媒介的传播方式、传播业、观众与古代社会及其环境相联系呢？这里，我们需要将狭义的媒介进行一个扩展，在古代社会的语境下，在当时的社会历史条件下，我们要找到与现在相当的媒介，这类媒介指那些能够提供任何形式的公众信息交流的平台，它既包括公开上演的荷马式的史诗(Homeric Epics)、品达(Pindar)诗歌的歌颂、柏拉图(Plato)的著作还有纪念铭文(Inscriptions)、赞颂胜利者的雕塑等，还包括非语言的传播、视觉的和行为的艺术。行为性的艺术包括各种纪念物和对体育赛事的展示。

由此，研究的范围变得广泛和具有包容性，使得这种不延续的研究成为可能。所有体育的外在形式，例如，运动员的装束和装备、体育运动场，作为一种符号指示物在传播方式中被称为媒介的符号理解上的“媒体”，在体育节庆中的非体育方面如文化、宗教表演等也包括在内。

1. 古埃及及近东体育与媒介

古代埃及文明延续了3000年，从公元前2950年至公元前30年。在古埃及，法老享有无上的权力，是法律、繁荣和权力的象征。他和古代任何王权一样，呈现在体育媒体上的法老不能在竞赛中被打败，国王必须没有对手。

在大赦庆典中，强大的法老上演着独自被宣扬和赞颂的角色。这一庆典也被叫做复兴典礼(Renewal)，每30年一次的庆典来宣扬他们的更新和复兴，虽然节日中的神、装饰物以及当时的碑刻跟随统治者的不同而变化，但不论多少年他们的统治都将继续。在一些浮雕上刻有奔跑的国王的图像，严格意义上更像是庆典而不是体育，因为它仅单调地展示身体的力量。皇室的奔跑可以被看做是政治占有体育的显著例证，但它本身不是体育，仅是在形象上有移动的腿和假想的跑道。此外，也有国王射箭的形象，这是另外一种法老向人们展示其自然天赋的媒体，来表现其不可思议的力量和技巧。在大众纪念碑上，射箭的规则通过将象形文字刻在铜盘子上，有几英寸厚，再一次来展示和巩固法老的威信。

在普通埃及人的体育中，摔跤是最普及的，并持续了2000年，摔跤通过浮雕、小雕像、庙宇装饰、墓葬绘画、简单加工的草图碎片来展示。一些浮雕显示摔跤在国王面前表演，强调了它受到国王保护，最终还是显示了国王的权威。

在近东的两河文明中，闪族人(Sumerian)文明开始于公元前5000年的南部美索不达米亚平原，在公元前2000年，他们在文化上达到了很高的成就，包括辉煌的庙宇建筑和壮丽的史诗成就。舒尔吉(Shulgi，公元前2112～2004年)是闪族王朝一个自称为很成功的运动家的皇帝。舒尔吉最著名的故事是从尼普尔(Nippur)到乌尔(Ur，古代美索不达亚南部苏美尔的重要城市)一天返回。对此，有描述道："我一路奔波，穿越大片土地的道路。"这一"国王之路"宏大的赞歌炫耀了他穿越王国的成就，隐含的意义是，他的行动广阔联系了王国，并强调道路作为现实中王国的规则和繁荣的象征。跑步并不是竞赛，是节日庆典的开始仪式，和埃及法老的跑步很相似，宣扬了君主宗教性象征的行为。

公众读到国王在摔跤和跑步上英雄史诗般的行为，使体育变得尊贵，舒尔吉通过史诗的媒介及他巧妙的体育技能作为连接，使得国王通过体育成为英雄，这一时期体育为了统治需要获得了提升。

公元前2000年后，美索不达米亚在北方被亚述人(Assyrian)和南方的巴比伦人(Babylonian)交替统治，尤其是巴比伦人在公元前1800～1600年，在文化上和智力成就上都超越了过往，包括文学、天文学和数学。现在可以看到，在石柱上描绘了不可思议的符号和图画，包括摔跤、手搏、匕首或剑的搏斗还有拳击。

在1600年，随着希泰族(Hittite)统治的确立，汉谟拉比创造的巴比伦第一王朝倒塌了，整个近东进入了黑暗时期。

在《荷马史诗》中，记录了希泰族人从事的运动竞赛，有跑步、射箭、手搏、举重、拳击和摔跤。希泰族的战车竞赛和投掷标枪并不能证明是竞技赛事，虽然这种文化中广泛使用长矛和战车，更多的是在军事领域中。

与近东体育相似，希泰族人用书写板或特殊的宗教、政治、商业活动来纪念和保存赛事，但这些载体的流动或许被限制了，它们更多是在高层官员、牧师和富有商人之中，而不是向大众展示。希泰族的国王们没有将体育与政治资本联系起来，他们并不是渴望将统治者自己描绘成运动家，而仅是庆典本身。在恢弘的宗教庆典中，国王只是站在高处，是比赛的所有者，而更加注重这些庆典的宗教价值的宣扬。

2. 古希腊体育与媒介

在古希腊最早出现的体育是一种跳跃公牛(Bull Leaping)的运动，跳牛就是表演者奔向一头愤怒的公牛，在起跃之时作出各种如体操选手般的特技动作。

古希腊的跳牛运动出现在壁画、角状环(Rhyton)和石棺上，在不少的跳牛壁画中，当女人在参加跳牛时，在壁画上被用白色的皮肤与男性区分开，这是我们知道的克里特女人参加的唯一体育运动。角状环在希腊文化晚期被用做祭酒时的容器，跳牛被描绘成运动赛事而不仅仅是杂耍式的娱乐方式，以这种神圣容器的媒介，向克里特年轻人通过仪式进行展示，并在宗教上通过媒介加强其影响。在希腊中部发现的石棺中，也绘有跳牛的图像，一面绘有公牛跳跃的图像，另一面人们手中拿着武器。由于缺少对平民公布这些体育运动的媒体，这些赛事没有与其后在希腊和罗马举行的体育一样被大众所获取和接受。

在古希腊经历黑暗时期后，直到公元前800年文化和体育得到了复兴。公元前776年举行了第一届奥运会，而有关奥林匹克胜利者的记录大约在公元前400年出现，一些伟大诗人的诗歌与神话通过口头对希腊英雄的英勇事迹进行了广泛的传播，并对古奥运和泛希腊运动会(Panhellenic)起到了推动和催化作用。狂热的市民在英雄传奇的感召下进行竞赛，使得奥林匹克得以兴盛，作为这一运动的成果，在公元前586至公元前573年进行了重组，这时有三个竞争的泛希腊运动会，英雄神话成为体育或其他文化的催化剂，成为体育诞生的一种暗示或者神奇诞生的故事（Scanlon，2004）。希腊人用神话史诗作为奥运会神奇的诞生，无疑是用统治地位的媒体来表述最终的冠军，表现体育意义的一种极好表现。荷马时期的英雄们将与在战斗中一样进行竞争。

运动会更多是用口头媒介进行宣扬，是由古奥运和其他庆典的组织者派出神圣的特使（Sared Envoys）和停战送信人（Truce-bearer）邀请希腊人参加庆典的。

在古奥运会之前，神圣停战期的消息已经被传送，在一个月的时间内，参与者或者观看者可以在上帝的保佑下安全地前往奥运举办地。很多组这样的外交使节被派往各城邦，每组被分派到确切的村庄，并且拜访明确的外交收信人。前往当地的拜访使得这种外交传送信息变得很便利。这是一种希腊式的老练的处理公关关系的方法，它是我们当前印刷和广播媒介的古代原型，所不同的是它赋予了古奥运会强烈的宗教气氛，使得比赛充满严肃感并使得公告传遍希腊世界。

古希腊的胜利赞歌也是重要的体育传播媒介，这些赞歌在获胜地或获胜者所在家乡被传唱，赞歌通常是由胜利者的家人委派他们能付得起的最好的诗人所创作的。伊比科斯（Ibykos）是最早的，品达（Pindar）是今天最为出名的，他们在5世纪早期都很活跃。甚至悲剧诗人欧里庇得斯（Euripide）也在公元前416年，为臭名昭著的政治家和在战车比赛中获胜的人写赞歌。这些诗人安排舞台和诗歌的表演，还可能包括合唱、独唱、舞蹈以及竖琴（Lyre）、场地表演（Flute）。胜利者通过赞歌而被赞颂着，被人们长久地记住，他们能足够映射被赞颂者的家庭与英雄的前辈之间的血缘关系。胜利者会很快地成为新时代的英雄，比一般人更加的伟大，同时回到自己家乡时，地位也得到了提高。

在品达的诗歌中描绘了一个新的社会状态，一个人的到来能够对社会政治产生影响，进而使得城邦得到提升。胜利赞歌的兴起与公元前6世纪中期对体育庆典的狂热，同时发生了。

古希腊的文字媒介，也通过竞赛的碑文、文件，在石头上记录了希腊运动员的一切东西，从非常简单的某人获得什么比赛的胜利，这次比赛是在什么庆典上所举办的以及一些出众之处（如第一、仅有的等），到训练的每个程序或者在庆典上获得胜利者的所有人名单（Crowther，1898；Young，1996）。这些碑文在公元前6世纪开始慢慢出现，然后在公元前5世纪获得了发展，到公元前3世纪变得衰落，并随着这一时期联邦繁荣的消沉而消退(因为雕刻实在是太贵了!)(Farrington,1997)。但对于一个村落和某地而言,这些碑文有很大的影响力,每天在那里向路人见证着什么,那些有文化的邻居也会告诉大家,在上面所记录那些名字的功绩。这些媒介再一次直接地展示了希腊体育的民主性,见证了那些出身低微的个人成为英雄、尊贵的先祖、胜利的将军、城市的领导者和上帝。

再来看看视觉媒体和希腊体育的关系,为纪念奥林匹克和其他胜利者的纪念碑是最常见的,帕萨尼亚斯(Pausanias)的著作描绘了在奥林匹克举办地的200个这类雕像。这些雕像的建造者是胜利者的城市或者是参赛者(Mann,2001)。在奥林匹亚,最早的纪念胜利者的雕像是用木头制作的,随后胜利者的雕像使用了石头和铜来制作。为胜利者制作雕像出现在6世纪中期的胜利赞歌开始之际,所以这些雕像是那时对体育狂热表现的一部分,但是与赞歌不同,这些雕像在罗马时期作为传统被保留了下来。

在雕像上通常会有铭文,在公元5世纪的罗马时期,雕像上经常会记录希腊的法律、将军、政治家、哲学家和那些有权势的市民为了在公开场合纪念自己。雅典的雕塑应该被理解成一种提高个人地位的方法。与那些出名的、有权势的市民行为相比,胜利的运动员会很突然地从平民成为名人。运动员胜利者雕像的繁盛是在6世纪,这与希腊拥有更加民主和更翔实的法律不无关系的。希腊雕像与埃及人、近东人,甚至早期克里特人形成了鲜明的对比,希腊人用艺术化的媒体将体育作为精英统治者给予人们的礼物。

希腊运动会强调可以追求平等价值的信念,就和所有人出生时一样,要比身上穿的衣服更有价值(Miller,2000)。从这点来看,他们走得如此远并有如此的重要性。不管希腊时期平等原则是如何的复杂,体育的革命确实使得时代大潮向着个人自由和价值上前进了。

此外,在古奥林匹克开始时,就有一些展览物。在比赛之中,为宙斯奉献的一百头牛,为胜利庆典准备的烤肉、动物的敬献以及最后的大狂欢,古代和今天的开闭幕式有很多的呼应。在公元前430年奥林匹亚的宙斯圣殿完工了,在800年时间内,作为古代社会七大奇迹之一,吸引了人们前来参观。建筑师还在体育场建立了非常讲究的运动员入口通道,它是建筑师对体育媒体唤起的建筑构想。这种形式在20世纪初期,在美国体育馆被首次采用,主要作为大学体育馆的建筑,现在它已经成为一个标准,我们认为它是必不可少的,而不是什么装饰。

3. 古罗马体育与媒介

在意大利半岛,伊特鲁里亚人(Etruscan)从公元前 600 年至公元前 500 年,开始统治罗马,伊特鲁里亚人喜爱希腊人的体育,并将希腊体育与战车竞赛融入他们的庆典中。一个很明显的例证是在伊特鲁里亚人坟墓中的绘画,包括拳击、跑步、铁饼和标枪投掷和战车竞赛。在 6 世纪,希腊体育在伊特鲁里亚人的土地上得到了繁盛,这是很引人注目的,对希腊体育本身也是有意义的时期。但是,与希腊不同,伊特鲁里亚人和当地的贵族把体育当做愉悦大众的礼物,而不是给拥有天赋的青年的展示机会,这也不会给他们带来太大的荣誉。伊特鲁里亚人利用媒介与希腊人的不同在于:体育被描绘在他们墓冢里来给这些很富有和有权利的人以荣耀;据我们所知,还没有铭文、胜利赞歌或其他纪念物来赞扬比赛中的单个胜利者,个体被包容在运动和战车竞赛娱乐当中。

在公元前 509 年,罗马人推翻了伊特鲁里亚人的统治,罗马人认为,与战争、商业或宏美的建筑相比,体育运动仅是轻佻和分心的事情。在公元前 400 至公元前 100 年,罗马将注意力集中在军事上,到公元前 272 年,他们控制了意大利波河(Po)以下的大多数地方,在公元前 146 年,吞并了希腊(Macedonia),并将希腊作为一个省。希腊体育偶然地在罗马登台了,很多时候是政治家为了加强人民的支持,将体育作为节日庆典的内容。(Crowther,1983)

体育在罗马主要有两种形式,一种包括在竞技场和古罗马的圆形剧场举行的比赛,包括斗剑者竞赛、野兽竞赛以及马戏、战车竞赛。斗剑竞赛最早在公元前 264 年被记载,但是直到公元前 1 世纪,才真正有了文化功能,到了公元 4 世纪繁盛起来。从竞技场建立时间来判断,战车竞赛可能最早在公元前 4 世纪的罗马,偶尔会举行,对战车竞赛的狂热开始于公元前 1 世纪。所有的体育都是被当做贵族阶层对大众的好处,官方的称呼是礼物(Munera)。虽然比赛和竞技场都有宗教方面的性质,虽然斗剑者和战车竞赛者会得到个人的名望,但是这些公共竞赛的性质和希腊进行的是完全不一样的。出于某些原因(金钱或者声望)竞技场的比赛比其他的比赛与帝国的祭仪相比有更强烈的联系。这种祭仪就像当今在体育盛会开始之前演奏的对国家的赞歌。出席就是一种爱国的行为。斗剑者或战车驾驶者是从奴隶、囚犯或犯罪者中而来的,个体胜利所获得的荣誉不会使得他的家庭或者城市的声誉得到提高。

对大众来说,娱乐是比赛和竞技场管理的中心。斗剑者被他们的学校(Lanista)和家庭(Familia)所指导和管理,家庭将他们献给政治候选人。战车驾驶者属于被主人或老板所控制的团队。在罗马以外的省,这种组织系统看上去不很固定。战车团队必须要长途跋涉才能走到当地的竞技场,这样来看,对于公共比赛或竞技场的媒介与希腊的体育运动完全不同。罗马比赛和竞技是一种吸引并愉悦观众和注意的方式。

这里没有罗马的荷马或者品达、柏拉图,这里没有通过文学使得罗马文化中的体育竞赛的角色得到提高。不像希腊那样,使得在社会中竞赛变得很高贵,并鼓励所有市民去参与,罗马则不是这样。

虽然也有西塞罗(Cicero)和普林尼(Plinny)对年轻角斗士晋级的赞扬,哲学家赛内卡(Seneca)所表现出来的是完全轻蔑,讽刺诗人 Martial 的系列诗歌表达了对罗马圆形大剧院(Colosseum)奇异景观的赞美,诗人奥维德(Ovid)和尤维纳(Juvenal)表达了对竞技的性感的沉思,但大多是在晚饭时对最近比赛所做的打油诗,这些诗没有一个不是将竞赛作为娱乐并开玩笑的意思。

在罗马皇帝奥古斯都(Augustus)死之后,树立了碑文让罗马人记住他的成就,将他组织的巨大的角斗士比赛放在显著位置。这些遗迹上描绘的雕刻和现在的海报(Poster)和布告牌(Billboards)很相似。一些角斗士在自己家庭或其他人的支持下有自己的纪念碑(Koehne&Ewigleben,2000)。但是总的来说,对比赛和竞技场的文字记录与希腊对运动记录的杰作相比相形见绌,我们可以将这些缺失,理解为显而易见的不同文化的差别。

罗马的竞技运动在视觉媒介上有一些发展。在这一过程中,一直有旅游者和爱好者与赛事相伴。有上百件的小绘画灯具作为纪念品在竞技场被出售。陶器、小刀和类似的小东西出售给敬佩竞技者的有钱人。一些小的刻有角斗士和战车竞技者的雕像也很常见。这些很可能提供给富有阶层作为纪念品。竞赛组织者将他们的代理权和委任镶嵌在他们别墅的地板上,斗兽竞技、角斗比赛以及其他比赛也都被逼真地雕刻出来。(Museum of sousse;Blanchard lemcc,Ennaifer & Slim,1995;Koehne&Ewigleben,2000)。我们看到很少有罗马的视觉媒介像希腊那样赞扬胜利者的形象。罗马所有的,是微不足道的纪念品或者私人纪念物来作为参观者的追忆。

在罗马时期,最能体现视觉媒介价值的,无疑是古罗马竞技建筑本身。这些建筑使得罗马人的观众惊喜和赞许,就像希腊体育场一样,此外还有数以万计的观众喝彩。在罗马帝国战车竞技训练场很普遍，竞技场成为罗马最古老和精心制作的建筑。它最初在公元前329年出现，其后的竞技场大多复制了这一建筑，入口处被精心地雕刻，中间的障碍物被池塘、雕塑、锥形可转动的柱子、埃及方形石塔以及带下摆的计时设备所装饰。这些装饰随后成为整个帝国竞技场建筑的标准，人们喜欢这些细节并且乐在其中。竞技场作为娱乐场流行起来，并愉悦了观众。竞技场是当地当权者的象征，是其权力和帝国权威的象征。

我们对古代体育与媒介的研究从古埃及和近东方(Near Eastern)文明开始，然后到古希腊和古罗马，几乎每个社会都会有一些体育活动，这种玩的竞争和当今的“体育”大同小异，只是用不同的“语言”进行了表达。每个社会都会探索自己文化价值下的体育活动并保留下来，有些得到了延续，当代的体育将人类的体育运动给了一种虚假的分类，一种表面意义上的分类，这也使得我们有时不能正确理解这些活动。任何社会的体育只能在人们的价值标准下被理解，它是含蓄的或者是外在的，这里活动只有在人们自己合适的历史和社会条件下才会被理解。媒介是社会的一种工具，一种传递信息的方式，一种统治者将其变成规则的过程。

在中央集权的君王和贵族统治之下，有严格的阶级划分，体育被当做富有人和贵族给予那些处于社会边缘人的慈善的恩惠。当法律允许更多的人平等地享受这一权利，体育便显出了在个人实现上很大的价值。在埃及人、美索不达米亚、希泰族人、克里特文明中，竞赛被当做贵族阶层展示权力和力量的方式，媒介同时也反映了比赛组织者的荣耀，组织者也能感受到任何胜利者所带来的那种愉悦。

在荷马及古老时期的埃及，英雄般的贵族运动员给我们描绘了这样的画面，个人参与比赛所获得的荣誉要超过比赛组织者。体育参与者不再仅是贵族，那些基于独特价值和出色技能的人参加了，体育的媒介也开始向取悦大众方面发展。

罗马在近千年的时间内，对于媒介的使用更加复杂。在罗马，军事技巧是罗马男性获得荣耀的唯一途径，体育竞赛主要是为了娱乐，是由贵族阶层财富支持下来娱乐大众的。比赛和竞技场这些建筑本身就是最有力的媒介，圆形竞技场和跑道以及在其中举行的比赛，激起了人们的敬畏、钦佩和顺从。在罗马，体育和媒介的关系似乎又绕了一个大圈，就像在埃及和近东一样，体育在统治者的组织和赞助下，人们受到一定法规的约束，并且被比赛和赞助者所感染。

二、世界新闻业的诞生与体育新闻

1. 报纸在西方的出现

在人类历史上很长一段时间内，阅读书籍、接受教育、了解讯息等权利都被少数特权阶层所垄断，体育信息的传播同样不是很畅通。只有在资本主义工商业发展的情况下，大众传播的产生和发展才具有了必要的历史条件。随着社会规模的扩大，社会变动速度的加快，一切国家的生产和消费都变成世界性的了，人与人、地区与地区、国家与国家之间的联系更加紧密，特别是随着新兴城市的崛起，城市人口数量迅速递增，市民对社会的关注程度日益提高，对信息的需求大大增加。为了训练熟练的雇佣劳动者，资本家开办了大批的工读学校和贫民学校，这就为大众传播准备了具有一定文化水平的读者群。资本主义的发展还为大众传播提供了交通、邮路、印刷、纸张等物质技术条件的保障。印刷术的发明是信息传播史上的一个里程碑，虽然中国人最早发明了印刷术，却没有将之广泛深入地运用到信息传播中来。1457 年，德国纽伦堡出现了最早的印刷新闻纸，这意味着现代印刷报刊的产生。1476 年，英国有了第一架欧式印刷机，以后新闻纸、新闻书、报纸、刊物不断涌现，书籍也开始大规模印刷了，这标志着世界新闻业的诞生。

2. 报刊体育新闻的发展

随着世界新闻业的诞生，由于文艺复兴、宗教改革和启蒙运动动摇了教会的教育体系和禁欲主义的身体观，体育在人的发展、教育和社会生活领域中的价值与意义得到充分的肯定和体现，体育也出现在大众媒体中。

首先是各类体育书籍的出现，德意志的古茨穆茨在长达 50 多年的体育实践中，发表了许多体育方面的著作，其中最著名的体育著作有《青年体操》(1793 年出版)和《游戏》(1796 年出版)。德式体操的创始者 F. L. 杨和他的助手艾泽伦合作出版了《德意志体操术和体育场建设》(1816 年出版)，全面阐述他对体操所持的观点。

在报纸上的体育报道最早出现在欧洲，18 世纪初，英国的报纸就出现了职业拳击的报道，但体育新闻在美洲大陆获得更广阔的发展与变革。1733 年 3 月，《波士顿公报》转载了《英报》一则在伦敦举行的职业拳击赛的消息，这是早期的一则体育报道。随后有关拳击、赛马等运动的报道时有出现在报纸中，这些报道经常为那些富有的、经过良好教育的上层人士服务，这种情况直到便士报时期才得到改变。

19 世纪 30 年代，首先由美国的《纽约太阳报》带头，掀起了所谓的“便士报运动”。此后，以普通劳动者为读者对象的通俗化的报纸，如雨后春笋般诞生了。这些报纸关注到体育运动能够吸引大众的注意，如《纽约先驱报》《纽约文摘报》等日报刊登了不少赛马、板球和划船等赛事的消息。

在体育杂志方面，1824 年，伦敦有 *Egan's Life* 和 *Sporting Guide* 出版，并在 19 世纪中期达到了 7.5 万份的发行量。1829 年，威廉·波特在美国创办了专门刊登赛马消息和知识的体育杂志《美国赛马与运动杂志》。1831 年，另一份由他主编的体育杂志《时代精神》也出版了。

19 世纪 80 年代，随着纽约几家报纸的激烈竞争，使得很多报刊开始寻求变革，这一时期被称为“黄色新闻时代”，各类政治丑闻、灾难性事件和体育新闻是各大日报关注的焦点。当时《纽约先驱报》是世界上发行量最大的报纸，面对其他报纸的竞争，在 1862 年，出现了第一名专职体育记者亨利·查德维克。

同时期掌管《纽约世界报》的普利策敏锐地观察到体育新闻对受众的吸引力和大好的前景，于是他作出一项重要决定，将体育新闻作为《纽约世界报》的重点报道内容之一，成立了独立的体育编辑部，他招收了专职的体育记者进行体育赛事的采访与报道，并由赛马专家 H. G. 克里克莫尔负责。

为了与《纽约世界报》竞争，《纽约新闻报》在 1895 年开创性地设立了第一个体育专版，各地报纸争相效仿，如 1899 年，《芝加哥论坛报》开始出版星期天体育专版，在波士顿、费城和华盛顿先后出现了有体育专版的报纸。

19 世纪末和 20 世纪初，体育报道成为报纸中经常出现的报道项目而固定下来。一些重要的比赛，如职业拳击锦标赛、赛马冠军赛，都引起了报纸界人士的关注。此后，第一次世界大战出乎预料地对美国的体育报道起到了促进作用，因为军队领导者认为，将在国内比赛的消息传递给在前线作战的士兵，会提高他们的士气。这时美国国内的体育比赛由军队官方宣传机构进行传播，来自美国各地的士兵开始讨论各地的球队。当美国士兵从欧洲回到美国，报纸上对体育的报道较以往也更加广泛。

三、广播体育新闻发展

1. 广播体育新闻的诞生

19 世纪末，随着电报、电话和无线电的出现，使得世界新闻业进入一个崭新的时代。这些技术在开始阶段就被应用到了体育领域，它为传媒业带来了新的关注点，为体育记者们带来的方便，让大众感受到了不一样的消遣方式。

1896 年，意大利发明家古列尔莫·马可尼(Guglielmo Marconi)在英国进行无线电报试验成功并申请专利，1897 年在伦敦成立马可尼无线电报公司。一年之后，马可尼就将他的新技术应用到了体育传播领域，1898 年，马可尼将金斯敦赛船会(Kingstown regatta，1857 年创办于泰晤士河上的一项传统赛艇赛事，至今仍在举行并有相当影响力)的一则消息通过无线电报发送到《都柏林日报》，这是世界上第一条通过电报发送的体育消息。

到 1899 年，马可尼扩大了其电报公司与业务，同时在美国建立了“马可尼美国无线电报公司”并迅速引起了美国报界的关注。当时《纽约先驱报》的 JR. 班尼特很快注意到马可尼在英国远距离传递金斯顿赛船会消息所带来的机会，由于班尼特正处于数家报纸的激烈竞争当中，其中包括赫斯特的《纽约杂志》以及普利策的《纽约世界报》，他认为马可尼的电报公司将会给《纽约先驱报》带来一些新鲜的具有竞争力的东西。班尼特支付给马可尼 5000 美元，将美洲杯赛艇赛的消息通过无线电报发到先驱报的总部。在当时美洲杯赛艇是一项受到普遍关注的赛事，他希望更快地在报纸上刊登赛艇的消息来刺激销量，马可尼接受了这项工作，并成功地从新泽西州发回了报道。

随着无线电技术的发展，通过无线电传递声音成为可能，西宾夕法尼亚大学的教授雷吉纳德·费森登(Reginald Fessenden)是最早通过无线电传送声音的先行者。在 1906 年圣诞节前夜，他成功地将他的声音和一首小提琴曲通过无线电传送到马塞诸塞州的一艘游船上。

当时，大学的实验室为广播电台的发展作出了很大贡献。1912 年，明尼苏达大学建立了一个实验广播电台，作为实验的一部分，他们通过电台播放了大学橄榄球赛的消息。明尼苏达大学的体育报道也是世界上最早的广播体育新闻，它要比随后出现的第一家商业广播 KDKA 播报体育消息早了将近十年。

2. 广播体育新闻的发展

1917 年，由于第一次世界大战，美国军队完全接收了所有的广播技术，使得广播在个人和商业领域没有得到任何的发展。战争之后，美国军队曾试图独占这一技术，但最终未能成功。不过美国政府还是对掌握这一技术的外国公司“马可尼美国电报公司”心存不安，在 1919 年，马可尼不得不在政府压力之下，将这一技术转让给一家新的公司——美国全国广播公司（NBC）的前身 Radio Corporation of America（RCA）。随后，美国通用电气公司（GE）、美国电话电报公司（AT&T）和威斯丁豪斯公司（Westinghouse）三家购买了这家新公司的股票并承诺分享这一专利，此后广播得到了迅速的发展。

1920 年，威斯丁豪斯成立了 KDKA 电台——世界上第一家商业电台，民众可以接收到没有加密的广播信号了。1920 年也是体育发展的黄金年代，出现了许多伟大的运动员，没有多长时间，电台就发现了体育的魅力，并将在体育馆和体育场的体育赛事通过广播带给了千家万户。

KDKA 电台在 1921 年 4 月 21 日第一次进行了拳击报道，8 月 5 日，发送了第一条棒球消息。随后由大卫·萨诺夫（David Sarnoff）领导的 RCA 电台也对拳击比赛进行了转播，萨诺夫的 WJZ 电台也将比赛带到了观众面前。如此多的电台报道体育赛事，吸引了众多观众，也使得广播娱乐节目进入了千家万户。据统计，在 1923 年，Louis Firpo 和 Willard 之间的比赛有 200 万人进行了收听。体育节目也使得电台的收入颇丰，1927 年 Dempsey 和 Tunney 之间比赛时，电台得到了九万美元的收入。

20 世纪 30 年代美国进入了广播电台时代，在 1922 年 400 个家庭中仅有一家拥有收音机，到 30 年代末，三个家庭中就有一家拥有收音机。1926 年，National Broadcasting Corporation（NBC）成立，1928 年，Columbia Broadcasting System（CBS）成立，1934 年 Mutual Broadcasting System（美国相互广播公司）成立。它们都在全国范围内报道了体育赛事并拥有不少固定的体育节目，并为大学体育和职业体育的发展提供了动力，为处于经济大萧条时期的千万家庭提供了消遣方式，转移了他们的部分注意力。

1922 年，WJZ 电台对纽约扬基队和巨人队之间系列赛的报道最具有代表性。WJZ 刚刚创立一年，WJZ 和《纽约论坛报》合作，大大提升了这场比赛的影响，《纽约论坛报》的传奇记者格兰特兰德·赖斯（Grantland Rice）对比赛进行了现场广播。广播覆盖了 800 英里，大约有一百万人收听了这次比赛。实际收听的人数可能还要多，茶余饭后人们都在讨论这一比赛。

这一系列赛报道的成功，吸引了更多人关注棒球，也使得广播更加深入人心。这次成功的报道也使得 NBC 在 1927 年不惜重金对跨太平洋与大西洋的斯坦福和阿拉巴马之间的玫瑰碗（Rose Bowl）比赛进行报道。

同时，系列赛的成功报道也使得许多地方电台更加关注本地球队的比赛，到20世纪20年代中期，像Chicago Cubs和Philadelphia Phillies都拥有了报道自己球队的电台。但是，球队逐渐都不太愿意将他们的比赛放到广播上，因为他们觉得这会减少人们到现场观看比赛，到30年代的早期，纽约的三家俱乐部都禁止在广播上对其比赛进行报道。具有讽刺意味的是曾经被广播大肆报道的球队，在取得关注和成功之后，却开始占到了广播的对立方，抵制广播的报道。

必须要找到如何平衡球队和广播电台利益的方法。由于电台在播报球队比赛中插播广告，同时获得了收入，电台认识到要从这些收入中支出一部分付给球队，用作交换播放球队比赛的转播费，这之后，电台与球队的合作变得通畅了。

到30年代末，纽约洋基队取消了对他们比赛转播的限制，同时作为赞助方得到了十万美元的回报。MBL的观众得到了大幅度的提升，转播的费用也不断增高。到2001年，纽约洋基与WCSB－AM的五年转播费已经提高到4800万美元。在随后的20年，广播AM电台增加了一倍，大多数重要比赛都是由广播来报道的。

3. 体育专业广播带来生机

20世纪50年代末，广播FM电台占据了大部分的市场，由于广播音质的提高，很多电台以音乐为主，面对电视媒体的挑战，广播体育报道的发展出现了急剧下滑的趋势，其节目以谈话类节目占主流，听众规模迅速减少。

这种情况直到80年代末才有所变化，1987年，位于印第安纳波利斯的埃米斯广播公司(Emmis Broadcasting)以2600万美元收购了纽约的WHN电台。埃米斯的主席杰夫·沙姆亚(Jeff Smulyan)决定要在广播界做一个很大的变革，他将WHN改为WFAN，并将它设计成24小时的体育广播。

WFAN电台成为世界上第一个全体育电台，随后在丹佛有了KMVP体育电台，但KMVP电台仅仅维持了两年。对沙姆亚而言，WFAN是很大的冒险，没有人理解他的做法，他说："行业内的所有朋友都认为我太傻了，他们觉得WFAN报道的领域太狭窄了，没有人愿意整天听到的都是体育。"

WFAN电台在开始阶段，每15分钟更新一次，内容包括体育新闻发布会和众多的观众来电。当1989年沙姆亚成为西雅图水手队Seattle Mariner大股东时，他也增加了对WFAN的投入并加大对棒球联赛的报道，WFAN也显示出其专业电台的优势。WFAN的节目吸引了很多高收入的男性听众，广告商的调查发现，WFAN有26%的广播收听者年收入超过了五万美元，而其他广播仅有19.6%达到这一数据。同时其他层次的听众也有增加，由此广告商开始关注 WFAN，并投入了大量广告。

WFAN 在开始的五年获得了很大的成功，随后以超过最初投入三倍的价钱 7000 万美元被卖给了 Infinity Broadcasting。到 1996 年，WFAN 成为身价过亿的广播电台，每年赢利 4500 万美元，到 1999 年，其价值达到三亿美元。

与 WFAN 带来的广告收益而言，其对体育广播业的功绩则更加显赫。由于 WFAN 电台成功的榜样作用，在全美各地出现了数百家体育广播，它们的出现也为广播业带来了新的生机，广播电台从 60 年代开始就一直走下坡，直到 80 年代末才有所好转，体育专业广播的发展是重要的因素之一。此外，WFAN 在报道业务上也有所收获，其谈话节目和体育赛事报道通过在全国各地建立上百个广播站深入人心，并成为后来者争相模仿的对象。

1970 年，Motor Racing Network(MRN)成为报道赛车新闻的专业频道，初期专门报道 NASCAR 赛事，在赛车领域建立了很高的威信。目前，MRN 对超过 80 项赛车赛事进行报道，包括 NASCAR Busch Series，Grand National Division，NASCAR Craftsman Truck Series，超过 650 站的比赛。

Westwood One Radio Network 则是提供各类高尔夫赛事报道的电台，从 1981 年开始获得美国高尔夫球协会的各类赛事报道权，包括 US OPEN、US Women's、Senior open、US Amateur 以及 US Women Amateur。

1992 年，ESPN 建立 ESPN Radio，开始时对 170 项赛事进行报道，现今 ESPN 的谈话和赛事报道节目涵盖 700 项赛事，从 MBL 联赛到大学橄榄球联赛，再到 WNBA 赛事无所不包。

截至 2003 年，在美国各地有 429 家体育专业广播。它们每天吸引 1300 万人收听，在保持自己谈话节目与观众热线优势之外，与印刷媒体的记者和专栏作家有紧密的联系，为电台节目内容与可信度提供了保证。

在卫星广播领域，体育广播也有所发展。2003 年，Sirius 卫星广播与 NBA 签订了转播协议，随后，与 NFL 签订了七年的转播合同，成为官方卫星广播合作伙伴。XM 卫星广播通过合作伙伴 ESPN Radio 获得了 MLB 的转播权，同时创办了 NASCAR Radio。

21 世纪，在这个数字技术横行、网络无处不在的时代，我们很容易忘记广播，但这个显得“老气”的媒体仍在体育报道中占据重要的地位。人们在各项重大体育赛事中都会找到广播的身影。

四、电视体育新闻

1. 电视体育新闻的兴起

1926 年，英国人贝尔德在伦敦做了播送和接收电视画面的公开表演，以此宣告电视的诞生。1936 年，英国广播公司创建第一座公共电视台，1937 年 5 月，英国研究出第一辆电视转播车，该车第一次使用是为了播送乔治六世加冕的实况，这也是英国第一次的户外电视实况转播。

电视出现不久，就参与到了体育报道领域。1936 年第十一届柏林奥运会期间，当时供转播用的是三台庞大而笨重的摄像机，由于功能简单，技术落后，只能制作出质量很差的电视图像。电视收视范围仅为 15 公里之内，共播出有关奥运会内容的节目 138 小时，大约有 16.2 万观众通过电视观看了奥运比赛。当时奥运会组委会还首次使用电视向聚集在公共场所的柏林市民进行实况转播。在当时的电视技术下，图像由常规的电视摄像机摄下来后，已曝光的负片通过一条不透光的管道连续不断地进入一个冲洗箱，连续进行冲洗，约一分钟后，图像就显现出来了，再将胶片上的画面转换成电信号在电视上观看，但是观看效果非常不好，电视看起来就像雷达的荧光屏。

在美洲大陆，美国电视上出现的第一项体育比赛是 1939 年 5 月 17 日 RCA Mobile TV 对哥伦比亚和普林斯顿大学之间的棒球比赛。这时只有一台摄像机立在三垒附近，随后增加到了两台摄像机。在开始阶段，由于电视摄像器材既笨重又操作复杂，不适合移动，并且效果也不好。但是有两种体育运动：职业摔跤和轮滑运动在电视上获得了很好的发展，它们经常会在电视中占据优先播放的位置，它们很适合笨重的电视设备，一个摄像机可以将镜头集中在一个或两个人身上。这时摔跤比赛被各地的 200 个电台进行播放，但是到 20 世纪 50 年代，轮滑和拳击运动就让位给了棒球和橄榄球运动。

2. 电视成为体育报道的主流

二战结束之后，广播业重点由无线电转向电视，那些生产战争物资的流水线被改装来生产显像管和电视机，从前线返回的善于操作雷达的士兵迅速被电视台所雇用。美国联邦通讯委员会还作出一系列决定以帮助推进战后的电视热潮。在如何安排节目的问题上，首先被想到的就是容易转播的体育比赛——拳击和摔跤。

1961 年，ABC 电视台开播了著名的 *Wide World of Sports* 节目，并将电视体育带到一个新的高度，其制作人普尼·阿里基(Roone Arledge)在与对手 NBC 及 CBS 的竞争中，为体育节目的发展作出了最杰出的贡献，并成为 ABC 的主席。

普尼·阿里基与竞争对手有许多不同之处，他将各种体育运动带到了电视上，并让人们从电视上开始关注比赛。他在球场各地安排麦克风来收集球场现场声音，他增加了比赛摄像机的数目，将各种特写镜头带到了电视上，较以往更加突出了球员和教练员，有更多的现场访谈。由于彩色电视技术能更加生动地转播赛事，他增加了更多的比赛详情报道，并用重放来分析镜头。他开办的 MNF(Monday Night Football)节目，在全美的酒吧里非常流行。

新的录像带技术的发明，成为提高体育赛事转播的重要手段，回放技术在各电视台体育节目中被广泛使用，使得观众能够即时重温精彩镜头，也使得橄榄球比赛的种种暴力冲撞、扭抱变得有所收敛。到 80 年代，电视台使用了遥控的微型摄像机、直升机和热气球上的摄影机以及更衣室的摄像机，包罗万象的报道使观众在家里就能最好地收看比赛。

ABC 在 60 年代晚期就明白了盛大的体育赛事转播能够带来丰厚的回报，1968 年的墨西哥奥运会，ABC 以创纪录的 500 万美元买下奥运会在美国的转播权。虽然奥运会以前也被转播过，但是 ABC 对用电视形式报道体育比赛有一种更清醒的认识。到 70 年代，ABC 发动了一场收视率的革命，它把奥运会的节目安排在每天晚上的黄金时间，这使得它打败了所有的对手。1984 年夏季奥运会比赛画面的报道简直成了一个令人激动的技术展示会，ABC 称它为“电视史上最大的盛会”。ABC 把 1100 小时的录像变成 180 小时的播出时段。比赛在相聚几百英里的 30 个地点举行，但是对黄金时间的 8000 万观众而言，每晚似乎都是坐在前排中间的座位来观看比赛。ABC 在 1988 年对冬奥会报道的收视率也很成功，冬奥会开幕一周中所有黄金时间，奥运会节目都在收视率最高的前 20 位之列。ABC 奥运报道的成功，也引起了三大广播公司对奥运转播权数十年来的追逐。

随着 ABC、CBS、NBC 在电视体育节目上的实践，电视体育已经深入人心，并成为电视中必不可少的节目，也成为促进体育赛事发展的动力。

从 60 年代开始，与其他媒体相比，电视凭借自身的优势成为体育报道的主要阵地。五大因素使得电视媒体成为受众最频繁接触和喜爱的大众媒体：电视非常迅速地出现在千家万户;电视技术的革新,包括彩色画面、卫星电视、通讯光缆等技术的应用;1961年的《电视转播法案》的通过,允许职业体育球队与电视转播商进行商业转播谈判,尤其是NFL联赛,它借助对职业体育转播限制的解除,成为美国最有影响力的体育赛事;各地电视网络的建立,可以将各职业联盟和各地球队的比赛传到电视台;电视广告商的支持,这对电视媒体发展异常重要,众多汽车商、商业设备商们发现,体育电视能将他们卖的东西轻松地送到千家万户,因为这些体育比赛能够吸引很多男性观众的关注。由此,电视体育报道成为体育报道中的主力,并一直持续到今天。

3. 专业电视体育频道

20世纪70年代,随着广播电视传媒机构的快速发展,出现了针对不同收视群体的专业频道,专业的体育频道在这时也应运而生,它是最早的专业频道之一,美国的家庭影院(HBO)是美国第一个全国有线收费频道,1972年11月开始运行,播放电影、体育和特殊报道节目。

1975年,HBO在通信卫星"赛特康1号"上租下了一个脉冲转发器,实现了一个由卫星联络的有线电视网计划,扩大了有线频道的覆盖面。1975年9月30日,HBO首次通过新的播送系统转播了极富刺激的阿里与弗雷泽之间的拳击赛,并大获成功。

1988年6月,HBO与WBA、WBC和IBF三大世界拳击组织就泰森与斯平克斯拳击赛转播进行了签约。签约成功后,HBO的1300万客户中有12%缴纳了35美元的收视费,仅这一项HBO获利就高达5000多万美元。

创建于1979年9月的ESPN在这一时期异军突起,ESPN全称为娱乐体育节目电视网(Entertainment and Sports Programs Network),总部设在美国康涅狄格州的布里斯托尔,后来ESPN放弃了娱乐节目,全力发展体育节目。

初创的ESPN就有一个大胆的近似疯狂的做法,宣称将昼夜不停地播出体育节目。为了填满每天24小时的播出时间,ESPN用任何能找到的比赛来转播,从垒球比赛、飞镖、羽毛球、双向飞碟射击到微型汽车竞赛、澳式橄榄球、爱尔兰曲棍球,甚至还有世界飞碟锦标赛。新生的ESPN,处境非常的艰难,感到茫然和不知所措,但是它利用编排紧密、丰富多样的体育报道也吸引了一大批体育爱好者。

随后一年,ESPN对自己的发展有了新的思路,它被获准播出全国大学生体育协会篮球比赛(NCAA),精彩激烈的篮球比赛以及广泛的大学生收视群体使得

ESPN深入人心并得到广泛关注。1987年,它获得了全美橄榄球联盟常规赛季比赛的现场转播权,这对ESPN来说具有里程碑的意义,它成功地实现了独立生存。自此,ESPN的发展步伐有了质的飞跃,从初期的求生存向全方位垄断发展。

1990年,ESPN开始播出美国棒球大联赛;

1992年,增加ESPN电台;

1993年,增加ESPN二台;

1994年,增加ESPN国际频道;

1996年,增加ESPN新闻频道;

1997年,增加ESPN经典频道;

1998年,创办ESPN杂志;

1999年,开播ESPN HD频道(附加收费频道)及ESPNEWS(24小时资讯频道)。

ESPN发展至今拥有员工3400多人,它在美国国内拥有旗舰ESPN、ESPN2(赛事与新闻)、ESPN Classic(历史性的体育资料片)、ESPN HD和ESPNEWS(24小时新闻资讯),覆盖了全美8700万个家庭。

在海外,ESPN还在19个地区建立了电视网络,包括拉丁美洲四个,亚洲六个,环太平洋四个,非洲/中东三个,加拿大两个,全球有11900万个家庭在收看ESPN的节目。

此外,它还向多家广播、电视机构提供内容服务,它所经营的网站espn. go. com是世界上最受欢迎的体育新闻网站之一。

ESPN每年直播或实况转播的体育节目时长超过5100小时。它直播或转播的著名赛事包括:美国国家足球联盟(NFL)、美国男子篮球职业联盟(NBA)、美国职业棒球联盟(MLB)、极限运动会(THE X GAME),欧洲足球冠军联赛、西班牙足球联赛,ATP网球精英系列赛、澳网及法网公开赛,高尔夫美国名人赛(THE MASTERS)、美国公开赛(US OPEN)、PGA锦标赛(PGA Championship)等。

其名牌栏目包括《体育中心》《全美橄榄球联赛黄金时段》《今晚RPN》等。此外,人们还可以在ESPN网站购买服饰、运动装备,在ESPN特色饭店品尝ESPN食品。

ESPN及其构建的传媒公司是世界上最大的体育电视传媒集团,成为世界体育传媒界的航空母舰。

20世纪90年代,ESPN在体育新闻报道上获得巨大的成功,引发了电视传媒界的新一轮的竞争，此时福克斯电视网（FOX）、美国有限电视新闻广播公司（CNN）等相继开设了自己的24小时体育频道，如Sports Channel America、USA、FOX sports、亚特兰大的TBS、芝加哥的WGN、纽约的WOR、洛杉矶的KTTV等。现在，美国各电视频道体育节目所占用的时间，一年为1.8万小时。[①]

其他的综合性电视公司，如美国广播公司、美国全国广播公司、美国哥伦比亚广播公司中的体育新闻节目比重也得到了提高，在这三家电视公司的晚间新闻节目中，体育新闻平均占新闻总播出量的14%以上。

第二节　中国体育新闻发展概况

中国体育新闻的发展是世界体育新闻的一部分，同时具有自己的发展轨迹。在如何划分中国体育新闻历史上，以新闻技术和传播媒介的发展为依据，同时综合考察当时社会经济形态和新闻传播业发展基础，并考虑把具有重要意义的体育新闻事件作为划分根据，将中国体育新闻阶段性发展分为五个主要时期，在不同的时期内，体育新闻的发展分别具有相应的特点并达到了一定的发展水平。

一、体育新闻的自在时期（1840年之前）

1840年以前的体育新闻是原始的状态，我国古代基本没有体育的“新闻意识”，据新闻史学家考证，在唐朝出现了类似新闻发布的机构，其职能主要为传递边关战事与情报等，对于体育活动等娱乐休闲没有什么关注。

虽然书籍、诗歌、图画中常有体育活动出现，但还不能与当今的体育新闻画上等号。然而，在古代体育信息传播过程中，我们不得不承认其中含有“新闻价值”的内容，这也是体育新闻传播的萌芽。这是一个虽然有一定理性却无目标的自在发展时期。

1. 古代体育新闻的起源

在我国古代生产力水平极其低劣的条件下，人们利用手势、语言、石刻来传递信息，可以说是最早的也是最基本的新闻传播活动。这种简单的传递信息的方式，

① 翁飚：《体育与电视》，海潮摄影艺术出版社2003年版，第154页。

在当时基本满足了人们渴求信息的需要。体育信息与体育新闻是同步演变的，直到新闻传播作为一种事业的诞生，标志着人类新闻传播活动迈进一个新的伟大的时代，体育信息与体育新闻才分离开来。

我国是世界上具有悠久历史和灿烂文化的国家之一，在云南沧源岩画、内蒙古阴山岩画以及甘肃黑山岩画上，都有射箭行猎的图像。这些岩画的时代都在史前时期，最古老的箭术已经出现在中华大地上，并且箭术利用图画的手段进行最初的传播，这是我国体育信息传播活动的开端。

跑、跳跃是人类生存的基本能力，在原始社会，无论是追逐野兽，还是进行部落间的争斗，长途跋涉奔跑跳跃，都是不可少的。在许多原始人绘制的岩画中，都可以找到奔跑和跳跃的形象。这类图画在形式上是对人类跑、跳、投等狩猎技能的记录，从精神层次来看，却是对自身生存能力和猎取食物的崇拜，加上对一些自然现象不能给予解释，进而产生对“造物主”等神明的崇拜。正像希腊的古代奥运会作为向“神”展示自己健美体形，用各种人的肢体活动来表示对神的崇敬和感激，并认为人间最美好的莫过于一种与神明接近的生活，而达到这一目的的最好的方式就是宗教中的祭祀活动，它充满了浓厚的宗教色彩。

这时在体育传播中，歌颂了不少英雄，他们是体育传播中出现最早的“明星人物”和崇拜偶像。大禹、后羿、夸父成为具有力量、智慧的代表和技能超群的巨人。

2. 古代体育信息传播的内容

我国古代体育信息传播内容主要为军事体育、游戏娱乐活动和传统养生活动。

军事体育在我国发源于原始社会人类同野兽的战争中，在父系民族公社晚期，私有制出现了，很多地方产生了军事民主制，在这种条件下，成年礼和祭祀运动带有军事训练性质的内容逐渐增多。但这时的体育具有原始性，还没完全与劳动过程分离，如弓箭、标枪、石锹等直接就是劳动工具，许多技能如跑、跳、投掷直接就是生产和军事技能。

在奴隶社会，体育传播的主要内容是“田猎”与“武舞”。至唐宋时期，军事体育的传播内容，随着军事体育的平民化，得到了巨大的发展，其中代表性的是对“蹴鞠”“击鞠”“骑射”等体育活动的传播。无疑这是我国体育发展中的一大进步，体育最初只是服务于军事演练，随着人们从实践中认识到体育的娱乐、强身功能便被分化出来，体育接近大众并成为从统治阶级到平民阶层普遍喜爱的活动。在文字中描述“蹴鞠”“击鞠”“骑射”“角抵”的内容大量存在。

此外对于武术的传播，自唐宋基本没有间断，并出现了大量的专著，如宋代的《武经总要》《角力记》，明代戚继光的《纪效新书》和《练兵实记录》、何良臣的《阵纪》、茅元仪的《武备志》、程子颐的《武备要略》、洪转的《梦录堂枪法》、程真如的《峨眉枪法》，清代王宗岳的《太极拳论》和黄百家的《内家拳法》等。

游戏娱乐活动最初限于人内传播与人际传播范畴，主要包括击攘、投壶、围棋、象棋、秋千、拔河、弹棋、风筝、郊游、走马放鹰、踢毽子、抛球乐等内容。

当一部分人掌握的游戏运动技能达到了极为精湛的程度，他们吸收了西域各国杂技和南方少数民族乐舞等，进行化妆表演，称之为“百戏”，其内容有爬竿、履索、冲狭、叠案、弄丸、飞剑、舞蹈等，很受群众欢迎。这时的游戏娱乐成为有组织的并在一定人群中传播的形式，这对古代的体育传播而言具有重要的意义。

我国养生思想起源于殷周时期人们追求健身长寿的社会思想，大部分的相关著作都在传播以寿命延长为目的的思想。

二、体育新闻的传入时期(1840～1909年)

1840年，鸦片战争爆发，随着“西学东渐”的潮流，中国也开始有了现代新闻传播事业，但它基本上是“洋人”按照自己模式操办起来的，其关注的体育活动也是在西人眼中有价值的东西。这时无论是《上海新报》《时报》《申报》中的体育报道，都是以西方传入的体育为主，虽然这时的体育消息与报道总量来比还是凤毛麟角，但是随着印刷媒体大众化的到来，体育传播方式较以往出现了新的特征，这一时期无论是报刊的管理、出版，还是报刊体育的内容都由西方一并传入中国。

1. 体育新闻的萌生

随着西方人进入中国，也带来了西方的现代休闲生活，报纸中对杂技、马戏的报道使得体育新闻报道进入一个新的阶段，体育新闻的报道在内容、报道方式上开始具备了现代的意味。

《上海新报》在1863年开始频繁刊登有关马戏、杂技、戏法的内容，向中国介绍西洋马戏种种奇巧精妙。

第一个关于西洋戏的消息是一则带有图片的广告，并以此来招揽生意。1863年9月22日，上海新报刊登西洋戏法的广告云，“启者现到有外国有名做戏法之人名华兴吞，于本月13日夜间九点钟在洋泾浜汉口路外国客寓内做戏法与中国人去看，是日将己之头取下复又装上，因请中国商人前往，每人给洋二元”。[1] 这则在头版的广告中，绘有一副身着西装的无头人手捧自己脑袋的图片，以此刺激人们的好奇心。时隔不到一个月，1863 年 10 月 15 日又刊登西洋马戏的广告云，“昨由香港到来外国跑马戏班，即日欲在洋泾浜搭帐开演，此班在外国甚为有名，种种精奇巧妙大有可观”。[2]

1874 年创刊的《汇报》是一份商业气息浓厚、关注跑马戏的报纸，它对 1874 年意大利马戏团在上海的报道进行了连日跟踪报道，跑马戏报道一般位于报纸的第三版、第四版中。

2. 跑马报道引领体育新闻

最早的具有新闻性质的跑马报道是《遐迩贯珍》(月刊)对赛马运动的报道。《遐迩贯珍》在 1856 年 3 月 1 日出版的第三号刊——“近日杂报”一栏中刊登一则新闻，“本港于 2 月 19 至 21 日在黄埿涌斗马”。寥寥 18 字的报道隐藏在报纸上不甚显眼，但却是一则新闻要素较完备的消息，比赛举行的时间是 2 月 19 日至 21 日，地点在香港的黄泥涌，内容是斗马。

这一时期的上海报刊如《上海新报》《申报》《时报》《新闻报》也极度热衷于赛马运动的报道。

《上海新报》作为上海创刊最早的中文报纸，在创刊一年后的秋季赛马盛会上对红火开展的赛马运动给了相当的关注，赛马公司会在报刊发布公告售卖门票。一些商人也看到商机，在马场旁边修建茶馆、看台，再在报纸上刊登广告吸引民众前往观看。

《上海新报》在 1863 年 11 月 10 日出现了第一则赛马广告“请领赛马票”，这类广告往往一登数日，以吸引商人、百姓的关注。在赛马结束后，1863 年 11 月 14 日，《上海新报》在“新报”一栏中对秋季赛马前两天的比赛进程进行了报道，这是近代报刊中首次出现对赛马过程的详细报道。

次年，至春季赛马时，《上海新报》对赛前、赛中、赛后的情况均有相关报道，该报在赛前刊登赛马公司广告贩卖门票吸引观众，并宣布比赛的赛程公告，对参赛马匹进行介绍，随后对比赛的详细进程进行报道，赛后还公布比赛结果，构成了完整

---

① 《上海新报》(第 238 号)，癸亥年八月初十(1863 年 9 月 22 日)。
② 《上海新报》(第 248 号)，癸亥年九月初三(1863 年 10 月 15 日)。

的赛事报道。

19世纪末创刊于天津的《时报》同样热衷于赛马运动的报道。这类新闻经常刊登在其"京津新闻"一栏中，如"赛马有期：春秋佳日，西人年例赛马两次，其秋赛每有延至冬初者，今岁定于十月初九日起至十一日止，举行三日，届期天高木落风疾蹄轻，诸君于安排暖阁烫贴寒衣后往观乎，以助清兴"。①

1872年由英国商人美查创办的《申报》在第一号报纸，也就是4月30日的创刊号中刊登的第一则新闻就是一篇赛马报道。

此外，这一时期很多具有新闻性质的教会报也刊登跑马新闻，如《益闻录》②作为教会创办的一份新闻报刊，有《海上跑马记》③《赛马定期》及报道日皇观看赛马并赏花，题为《走马看花》的报道。

随着赛马等西方休闲运动在中国的进一步开展，国人对赛马等运动的认识有了更加深入的思考与认识。最初国人只当它为舶来的难得一见的稀罕玩意儿，会被奇巧的技艺所震撼，为激烈的竞争而叫好。但随着休闲运动的进一步开展，引发了国人更多深入的思考，这也体现在这一时期报人对休闲体育从最初朦朦胧胧的好奇到面对一些弊端产生的质疑。至1868年一篇对"西商赛马"的评论将报人对赛马运动的失望表现得淋漓尽致，尤其对随赛马而生的赌博表示极度的反感。文曰："连日西商赛马，虽云热闹会场，究属近于赌博，谁胜谁负本馆不暇过问。"④

这时在《上海新报》等报纸中，由于一些报人对跑马比赛产生的质疑，使得跑马比赛的报道仅仅刊登比赛于何时举行，比赛过程往往一笔带过，即使有也不如以前的篇幅，对赛马的报道从最初的好奇和崇奢心理驱使下，逐渐变得理性，报纸对赛马运动的报道也走向了下坡。

在这一时期的报刊中，除了赛马外，对"田径""赛船""打弹子"等租界体育运动的报道也出现在报章中。

3. 学校体育报道

在近代很长一段时间，西方的体育休闲活动不过是西人炫耳目的奇技，是租界上层中国人所从事的崇奢和炫富的娱乐活动。直至西方现代体育教育观念的出

① 《时报》(天津，第137号)，1886年10月21日。
② 《益闻录》(周刊)，1879年3月16日发刊于上海，在徐家汇天主堂出版。
③ 《益闻报》(第127号)，1881年11月19日。
④ 《上海新报》(新式第121号)，戊辰年九月二十三(1868年11月7日)。

现,人们惊异地发现“体育”或“体操”作为教育方式对个体、民族的重要性,这时忧国忧民的中国人开始将体育作为育人手段,并奉体育为“救国保种”的良药开始主动地学习和引进西方现代体育。

这时体育报道的重点也由对西方休闲体育运动的报道转向对学校体育的报道。1899 年《申报》发表“体操说”一文,文中详细地介绍了泰西学校中的体操课,认为学生在嬉戏之中可以使得筋骨得到放松,日本人就效仿了泰西的体操教学,在每个学堂中设立体操课,呼吁中国的学堂中也要设立体操课。

在新闻史上,这是一段教育报刊繁盛的时期,人们振臂高呼“摒弃科举,改习西学”,并创办了众多教育报刊,这些教育报刊中经常出现对体育功能、价值、活动方式、比赛的报道,在开始阶段这类报道还是停留在对外国体育活动的介绍和传播。至 20 世纪初“中华民国”建立,我国学校中体育活动广泛开展,这类报刊对体育的报道和比赛的关注始终保有浓厚的兴趣,随着现代西方教育理念的进一步引进而达到高潮,并一直持续到中华人民共和国建立。

19 世纪末 20 世纪初诞生了相当数量的教育刊物,在许多官办或是私人筹办的报刊中均能看到体育报道的影子,如 1901 年 5 月在上海创刊的《教育世界》(半月刊),是我国最早的教育刊物,其中刊登了大量体育内容。在学校体育报道迎来高潮之际,不仅教育报刊关注学校体育的报道,国人创办的其他报刊,无论革命报、商业报、宗教报,还是文学报刊都有大量关于学校体育的内容。

三、体育新闻的凝变时期(1909～1949 年)

1909 年留日归国的体育教育家徐一冰在上海创办《体育界》,这是当前普遍承认的中国最早的体育专业报刊,随着中国人办报热情高涨,传播体育意识的增强,体育新闻报道在报刊中经常出现,大众普遍接受了体育新闻,在广播中也出现了体育报道。《体育界》的创办,对体育新闻的传播成为一种持续的现象,在发展过程中有相对稳定性并不断继承下来,这种传袭和继承正是体育新闻传承性的重要标志,而体育新闻的传承在历史发展过程中表现为相对固定,即体育新闻的“凝变时期”。

1. 辛亥革命前后体育新闻的初兴

(1)第一份体育专业报刊的初创

1906 年,清廷学部通令全国各地学校广泛开办“体操课”,由于国内原来没有体育专业，清政府相继派出留学生学习体育。这批留学生归国后，大多按照外国体育学校的办法和内容创办了中国体育学校，其中创办于上海的中国体操学校最有影响，它由留日归国学生徐一冰、徐傅霖和王季鲁等人创办，修业期限一年。1909年4月，该校创办了中国最早的体育专业报刊《体育界》。

《体育界》，1909年4月20日（清宣统元年三月初一）由徐一冰在上海创办，这是中国最早的体育专业报刊，初为不定期出刊，后改为月刊。该刊24开本，铅字排印，由中国体操学校编辑出版，总编辑徐一冰，高仲南为发起人，中国图书公司发行，在南京、通州有发行所，为不定期刊物，出版十期后停刊。1918年10月复刊，改为月刊，刊号续前，出至第20期因为学校迁往浙江南浔而停刊。

该刊物以宣传体育学术、联络留学日本体育界同志并交流心得为宗旨，内设论说、研究、教材、问答、杂录等栏目。主要内容包括体育思想与理论方面的研究、体育教学与教材教法方面的讨论、体育活动的介绍、健康与卫生方面的知识以及最新的体育动态消息。

徐一冰其人

徐一冰（1881～1922年）是我国著名的体育教育家，原名益彬，又名逸宾，浙江南浔人，前清秀才。徐一冰的青年时代，正值外侮辱国，他以“东亚病夫”为耻，于光绪三十一年（1905年）东渡日本，进大森体操学校，立志体育救国。

1908年2月28日，与徐筑岩、王季鲁等在上海创办中国体操学校，徐一冰出任校长，该校在宗旨、学制、课程、招生、升留级、奖惩、考试等方面均有详尽的规定，是中国早期体育教育中较规范的学校。他主张德、智、体三育并重，并身体力行，严格要求学生，在学校中实行军事训练。宣统三年（1911年）辛亥革命爆发，他支持学生参加革命，组成学生军参加攻打制造局之役。“民国”三年（1914年），他获国民政府教育部一等金质嘉禾章和“思教无穷”的匾额。1988年，南浔镇人民为记念他，建造了一所游泳池，以他姓名命名，其子作家徐迟写了碑文，女婿伍修权为游泳池题词。

徐一冰在《体育界》创刊号中说到，“此残弱不支之身，而今而后使与他强国强健不屈之男子竞争于天演界中，其可得乎？故吾为此危，吾为此惧”。他希望通过改变国民的体质以争取国家的强盛和进步。1981年在浙江大学体育系发现了该刊物的创刊号，至今一直保留在体育系资料室。

在《体育界》之后，中国又相继出版了一批体育刊物，其中较著名的是上海的《体育杂志》、东南大学体育系出版的《体育季刊》和长沙的《体育周报》。

《体育杂志》(上海)，1914年6月("民国"三年六月)创刊，在上海出版，是上海中国体操学校的校刊，铅印24开本。它由上海中国体操学校体育杂志社编辑，编辑人为王均卿、徐一冰，由国学维持社、鸿文书局、国华书局发行，停刊日期未详。它的内容有论文专著、体育史、体育教授法、体育资料、游技资料、生理卫生知识、译文、小说、文苑、杂谈等。杂志以"忧国之羸弱，造学子于健全"为宗旨。现今它被保存于浙江大学体育学资料室、北京体育大学图书馆。

《体育季刊》(上海)，1922年5月("民国"十一年五月)创刊，在上海出版，季刊，由南京东南大学体育季刊社(后改由中华全国体育研究会)编辑，麦克乐主编。从1923年第二卷第一期起，改为中华全国体育研究会会刊，编辑机构仍设在东南大学体育系。1923年12月第二卷第四期起，增辟卫生专栏，由中国卫生会编辑。主要内容有研究论文、体育教材、教法、体育建筑、器材设计、运动生理、卫生、体育工作通讯等。1924年3月第三卷第一期更名为《体育与卫生》，卷期号续前。1925年起并入中华教育改进社《新教育》杂志内，每年出两期体育与卫生专号。该杂志在南方体育界有一定的影响。

《体育周报》(长沙)，1918年12月9日("民国"七年十二月)创刊，在湖南长沙出版，周刊。由长沙储英源23号体育周报社编辑并发行，黄醒(原为长沙楚怡学校体操教员)任主编，其联合湖南体育界人士陆鸿仪、陈奎生、徐凯、蒋葆三等30余人创办，以普及国民体育知识、研究体育学术、促进体育事业为宗旨。1920年10月25日("民国"九年十月)停刊，出至60期，现今它被馆藏于国家图书馆。

其内容分言论、学说、研究、材料、调查、记事、讲演、音乐、小说、通信、杂俎等。每周出版一期，每期6～12页，约一万字左右。从创刊第二年起，每八个月增刊一期特号，主要讨论体育上的重要问题，广泛征求当时名人意见。

《体育周报》内容丰富，文章犀利，思想活跃，对各派主张兼收并蓄，受到当时一些进步人士的支持和帮助，也得到读者和体育界人士的好评。陈独秀、蔡元培、徐一冰等人均在这个刊物上发表过文章，恽代英、毛泽东、陈奎生等人，还担任过该报的发行员。

此外这一时期还有《体育研究会会刊》《体育杂志》《精武杂志》《武术》《体育研

究》等。

(2)早期体育赛事的报道

近代运动会最早出现在教会学校，接着一些官立的新式学堂之间也举行了运动会，一些省市也先后举办了次数不等的运动会。

这些运动会大多影响不大，零星地闪现在报刊中，对其报道规模不是很大。如《童子世界》刊登的《记体育会》①和《广开运动会说》②等稿件。《广益丛报》有《运动开会》③《体育大会》④《合江运动会之特色》⑤的文章。《教育世界》半月刊有《记万国体操演戏会》⑥《湘省设体操研究所》⑦文章。《女子世界》刊登有《大运动会》⑧《秋季运动》⑨等文章。

这时影响最大的当属1910年10月通过上海青年会发起组织的“全国学校区分队第一次体育同盟会”。由1908年美国基督教青年会派遣到中国的体育干事艾克斯积极倡导而举办。辛亥革命后，正式称这次运动会为“第一届全国运动会”。

对该次运动会引起了报界的很大关注，《申报》从运动会开始前的一个多月就关注起上海为筹备代表队而进行的选拔赛，并且利用当时先进的电报技术，及时传达来自南京的有关全运会的消息。《申报》从各地向上海发回了12篇电讯，这给不能到现场观看的人提供了及时的报道，随着《申报》销售范围的扩增，它将第一届全运会的实况传向拥有《申报》的每个角落。

随着第一届全国运动会的召开，《申报》的销量也产生了一个小高峰，这使得报人认识到体育赛事报道能够促进报纸的销售。

此外，远东运动会的报道也是这一时期赛事报道的亮点。《进步杂志》⑩在1915年7月出版《第二次远东运动会专载》专号，包括设立插图、论说、纪事、人物、杂俎几个专栏来对本届运动会进行报道。时任中华基督教青年会全国协会总干事

① 《童子世界》，记事，5号，1903年4月10日。

② 《童子世界》，专件，31号，1903年5月27日。该稿件由四人合写。

③ 《广益丛报》，上编－纪闻－中国部－湖南，82号，第三年第18期，1905年9月8日。

④ 《广益丛报》，上编－纪闻－中国部－四川，143号，第五年第15期，1907年8月18日。

⑤ 《广益丛报》，四川，167号，1908年4月29日。

⑥ 《教育世界》，外国学事，71号，1904年3月。

⑦ 《教育世界》，本国学事，73号，1904年4月。

⑧ 《女子世界》，外国，第10期，原刊不署时间。

⑨ 《女子世界》，纪事－国内纪事，第二年第6期，1907年7月。

⑩ 《进步杂志》，1911年9月(清宣统三年九月)在上海创刊，由上海进步杂志社编辑出版。

的王正廷发表了《观第二次远东运动会之感言》的文章。

2. 新文化运动中的体育新闻

“五四”新文化运动的兴起，反帝反封建任务的进一步提出，科学和民主的提倡将马列主义理论开始逐步介绍到中国，加上在此前后西方一些教育思想的传入，促使早期的共产党人开始用近代科学观点来研究和提倡体育。他们将进步报刊作为舆论前线，阐述体育在教育中的地位、作用，并与传统“国粹派”体育进行斗争。由此，在体育报刊中掀起了关于体育种种问题的大讨论。

1917 年，毛泽东以“二十八画生”的笔名，在《新青年》第三卷第二号上发表了一篇《体育之研究》的文章。毛泽东针对当时中国民族体制衰弱而提倡体育者多不知“体育之真义”的情况，就体育的意义、作用、体育与教育的关系等问题发表了自己的见解。《体育之研究》全文共分八节：“释体育”“体育在吾人中之位置”“前此体育之弊及吾人自处之道”“体育之效”“不好运动之原因”“运动之方法贵少”“运动应注意之项”“运动一得之商榷”。

在新文化运动中，中国共产党早期领导人之一、青年领袖恽代英同志也于 1917 年 6 月在《青年进步》[①]杂志第四期上发表题为《学校体育之研究》的文章。他用近代科学知识来对学校体育进行研究，指出学校体育的目的应该是“保学生之健康”，体育要教会学生正确的方法和卫生知识，抨击当前“其喜从事体育者，亦不过知在运动场中，争擅胜场而已，运动以外，一切卫生知识，彼固不知，即运动之最合宜有益之方法，彼亦未尝学问，故彼之所谓体育，非为谬误之发展，即为不平均之发展”。他同时提出改革当前学校体育的方法，“曰改片段的体育，为有系统的体育；改偏枯的体育，为圆满的体育；改骤进的体育，为渐进的体育；改枯燥的体育，为有兴趣的体育是也”。

3. 国民党统治区的体育新闻

1927 年，随着北洋政府军阀统治的终结，中国国民党执政，中国政局进入了一段相对稳定的时期。在 1927 年之前，体育一直散见于体育、军事、娱乐等各个层面，凌乱，缺乏统一的管理与明确的归属，直到这一时期才在政治制度化中得到了明确的规划，从而走上了较有秩序的发展道路，体育报刊也依托各地的体育院校、

① 《青年进步》，1917 年 3 月（“民国”六年三月）在上海创刊，系原《青年》《进步》两种杂志合办之刊物，由上海中华基督教青年会全国协会编行。

研究会、公共体育场迎来了发展期。

这时体育报刊的发展也迅速达到了近代史上的鼎盛时期，尤其在“九·一八”“一二·八”事变相继发生后，“体育救国”呼声频起，体育刊物也如雨后春笋般在全国各地出现，它们无论在数量上、质量上、报道内容上都大大超过了之前。

(1)体育季刊与中华全国体育协进会

中华全国体育协进会的前身是全国各区体育联合会，它由各区体育联合会共同推出代表组成，但自 1924 年 8 月成立以后，“各区的组织除了华北外不能健全的继续，以致本会的基础不甚稳固”。同时，由于中国的半殖民地地位，加上近代西方体育传入中国的历史背景，使得大多数体育运动，几乎完全操纵在外国人手中。尤其是 1923 年在东京举行的第六届远东运动会上，中国代表队的领队是美国人葛雷，当他在闭幕式上“代表中国”登台讲话时，群情大哗，引起在日华侨和国内民众极大愤慨，深以为有失国体，感到莫大耻辱。于是促使在次年成立了完全由中国人组织的旧中国最主要的全国性社会体育组织——中华全国体育协进会。

1924 年在第七届远东运动会召开前夕，为选拔与组织参赛运动会，该会召集各省代表并选举产生第二届董事，以此为基础，借中华教育改进社在南京举行年会之际成立了中华全国体育协进会，沈嗣良为名誉主干，由于当时经济无保证，暂时租借上海申报馆为临时办公场所，后获得美国人洛氏无偿资助，租得上海法租界运动场 130 余亩土地，开展田径、足球、棒球、篮球、网球等项目。同时，制定章程对中华全国体育协进会的宗旨、会员及权力、董事会产生办法、各项委员会等问题进行了规定。

《体育季刊》为中华全国体育协进会机关报，于 1935 年 1 月(“民国”二十四年一月)正式在上海创刊，由中华全国体育协进会出版发行，季刊。该刊编辑人吴蕴瑞(南京中央大学体育科)，发行人沈嗣良(上海中华全国体育协进会)，发行所上海勤奋书局，代售处上海杂志公司，分公司包括北平、济南、开封、广州等重要城市，印刷所为华丰印刷铸字所。计出版：第一卷 1～4 期，第二卷 1～4 期，第三卷 1～2 期。1937 年 6 月(“民国”二十六年六月)停刊。

作为机关报的《体育季刊》成为这时宣传和报道体育的重要阵地，它在各地选派通讯员，广泛练习各地体育人士，并有王正廷、吴蕴瑞、沈嗣良、郝更生、袁敦礼、程登科等体育界之名士发表文章。

①名称的由来

在《体育季刊》创办之前，已有不少体育刊物，但大多数水平不高且没有什么影响。名声最大者首推麦克乐1922年在上海创办的《体育季刊》，在其主持下《体育季刊》支撑了三年，刊载体育内容上百万字。“今开卷捧读，犹觉贡献之伟大”。其后在北京、南京相继有《体育》和《体育杂志》创刊，但属于不定期出版，且出版间隔很长，“加之内容非失之空泛，即失之肤浅，不如《体育季刊》之材料受人欢迎”。

之后，1932年夏，北平的体育工作者召集南北体育人士组成体育改进社，并发行《体育季刊》，虽然前后只出四期，但“材料之丰、选择之精、推行之广，不让麦氏主编之物，徒因经济拮据，中止发行，至为可惜”。“今全国体育协进会编辑体育刊物，袭《体育季刊》之旧名，其用意为远续麦氏所编体育季刊，近续体育改进社所出之季刊，故本刊之唯一使命亦在此”。但本刊与麦氏及体育改进社的《体育季刊》均有不同，麦氏之刊纯系介绍学说，研究学理，供给材料。体育改进社之刊用意在传达社员之消息，发表个人言论、报告、教学心得。

②刊物之使命

它宣称本刊隶属“全国体育协会”，其功用除了研究体育学术，供给材料，发表言论之外，还有以下使命：倡导体育思想，沟通各区体育消息，沟通世界体育消息，公布修改之规则。

③刊物的经营与收入

在当时，民众不缺乏对体育的热情，国内也拥有郝更生、袁敦礼、程登科等一批既是体育专家又精通文字的作者。但大多数体育报刊生存极其困难，其原因大多在于维持报刊生存的经费得不到保证。《体育季刊》在刊物经营方面通过以下几个途径使得这一问题得到解决，也使得刊物获得长久的生机。

第一，会员的订阅。

中华全国体育协进会是当时最大、最重要的体育组织，《体育季刊》作为其机关刊物，向各分会及会员进行发行是该刊的一个重要途径。

随着国民政府加强了对体育的重视与提倡，并随着中华全国体育协进会组织的健全与完备，各地分会组织又露出了生机并广收会员。这使得《体育季刊》在发行上有了一个较稳定的群体和通畅的渠道。据史料，至1934年年末，中华全国体育协进会在各地的分会包括华北体育联合会、香港华人体育协进会、青岛体育协进会等20余家体育分会。

这些机构一度在各地招收会员数万名，并形成了《体育季刊》稳定的读者群，这为《体育季刊》的发行提供了保证。《体育季刊》每三月一册，全年四册，零售每册大洋三角，全年四册大洋一元，为方便客户的订阅，还向客户赠送大量的预订单方便读者的订阅。

第二，自开经营之路。

《体育季刊》依托的中华全国体育协进会拥有自己的体育场、体育馆，每年定期举办各类比赛。比赛的场租费以及门票是《体育季刊》经费的一个来源。

《体育季刊》的广告经营也是获得经费的重要来源。《体育季刊》的广告从报刊书籍到体育用品类，还有学校招生与服装制造等，种类很多。由于其覆盖面广、出版时间稳定受到了广告用户的青睐，这些广告的存在为《体育季刊》的经营提供了保障。其广告按照版面位置收取不等的费用，从封面、封底到文章之中划分成特等、优等、头等、上等、普通不同的等级，为广告商提供多种选择。

第三，政府及其他人士的资助。

作为中华全国体育协进会的机关刊物，《体育季刊》每年都会收到国民政府教育部门及社会知名人士不定期的资助以保证正常出版。

(2)其他体育综合报刊

这时主要的体育综合报刊还有《浙江体育半月刊》(1931 年，杭州)、《体育》(1932 年，北平)、《体育周报》(1932 年，天津)、《勤奋体育月报》(1933 年，上海)、《体育通讯》(1944 年，重庆)、《体育世界月报》(1947 年，广州)等 40 余种体育刊物。

在数目众多的各类体育报刊中大多形式单调、内容雷同，但也有部分报刊在体育宣传和报道方式、报道内容上有所特点。例如，1932 年在天津创刊的《体育周报》的最大贡献莫过于将新闻报道进行栏目细分化。“运动界纪事”一栏为国内各类赛事的简短消息，每周按日期将各地各类赛事进行简单的介绍。如“复旦排球队，称雄江大，执华东牛耳有年，现准备出国南游，赴星加坡一带比赛，时期约在下月初。”为使得消息能够准确及时地进行报道，《体育周报》不惜重金在各地招聘通讯员，对当地体育活动进行实时跟踪。对于稿件报社会支付酬谢，每千字一元至五元，讽刺画及照片每张五角至二元，免费赠阅本报半年至一年。

“碎锦”栏目大多为国外赛事的短消息。如“哈瓦斯社 5 日卢森堡首都电：此间举行国际足球锦标赛，荷兰队以 3∶1 击败法国”。这类消息大多摘自国外通讯社的电讯。

“短笛”“闲话”栏目则是为赛事评论及对体育界各类现象发表随感的专栏。

如：第一师范与河大附中之间的比赛，由于双方交战异常激烈，致使双方球迷之间产生纠纷，并且“拳脚相加”，对此报刊给予了激烈的批评，并称之为“篮球联赛之污点”。

(3)国术刊物的迅速发展

虽然民国期间军阀割据、政局动荡、政府变迁、连年战火，但是从总体来看，这一时期的武术还是呈发展趋势的。庚子革命后，一度低沉的武术活动逐步活跃了起来，各界人士倡导“强国强种”，中国传统武术引起了人们的重视。据不完全统计，上海除 1910 年成立的精武会外，还有中华武术会等 30 多家武术会社，北京除 1911 年成立的北京体育研究社外，还有中华尚武学社等 25 家武术会社。天津有 1911 年成立的中华武士会、道德武术研究会等十余家武术会社。

南京国民政府成立后，一些人士认为武术是中国优秀的传统文化，是中国固有的国粹，应称为“国术”。1927 年下半年，刚脱离军界在南京就任政府委员的张之江，邀集钮永建、李烈钧、戴传贤、于右任、蔡元培等 26 名国民党党政要员，发起成立国术研究馆。

1928 年，国术研究馆获准成立，批文曰：“吾国技击诸法，渊源久远，传习寝微。设馆研究，具见提倡精神，裨益青年体育。查阅(国术研究馆)简章亦尚妥协，应准备案。”在成立南京中央武术馆后，在各省、市、县通设国术馆，“民国”年间几乎所有城镇都设有这类武术组织。

1929 年秋，中央国术馆创办《国术旬刊》，每十日出版一期。翌年，更名为《国术周刊》，每周出版一期。《国术周刊》的基本内容包括论文、论著、转载、记录、文苑、杂俎以及该馆消息、国际要闻等栏目。主编相继由吴志青、唐豪、姜容樵等国术馆编审处处长担任。

这一时期，南京、上海、北京、天津、浙江、陕西、湖南等省、市国术馆以及南京健康实验学社等民间组织也都先后创办了武术专门刊物。促进传统武术的整理，也加强了各地武术组织和传习者之间的交流。

其中有代表性的刊物有《国术周刊》(南京)《国术周刊》(天津)《精武杂志》(上海)《术是月刊》(见下表 1－1)。

表 1－1　　各地国术研究会出版的国术刊物一览

刊　　名	创刊年	地点	机　　构
《精武杂志》	1920 年	上海	上海精武体育会
《武术》	1921 年	上海	上海中华武术会
《江苏省国术馆年刊》	1929 年	镇江	江苏省国术馆
《国术周刊》	1930 年	南京	南京中央国术馆
《国术半月刊》	1932 年	长沙	湖南省国术训练所宣传科
《国术月刊》	1934 年	天津	天津市国术馆
《国术统一月刊》	1934 年	天津	
《国术统一月刊》	1934 年	上海	上海国术统一月刊社
《国术月刊》	1934 年	杭州	浙江国术馆
《国术周刊》	1935 年	天津	天津道德武学社
《术是月刊》	1935 年	济南	《术是月刊社》
《国术月刊》	1940 年	城固	陕西省城固县国术研究会
《体育月刊》	*	北京	北平国术馆
《国术声》	*	上海	上海国术馆
《中央国术旬刊》	*	*	中央国术体育研究会
《国术月刊》	*	南京	全国国术统一委员会
《国术特刊》	*	南京	

* 未查到相应年代、地点。

此外还有,《佛山精武月刊》《武学》《武铎》《陕西国术体育旬刊》等国术刊物。

在抗日战争爆发后,除四川等大后方的国术馆继续活动外,大多数国术馆相继停办,中央国术馆也辗转迁移,政府停发经费,教工和学生生活非常困难,至 1948 年中央国术馆宣告解散,由国术馆主办的各类刊物也纷纷前后停刊,至此国术刊物在我国近代历史中的繁盛告一阶段。

(4)单项运动杂志

近代各单项运动出现在报刊中,以体操、田径为最早,游泳、球类等运动次之,至中华全国体育协进会成立后,先后建立了中华足球联合会、上海篮球联合会、上海网球联合会、上海棒球联合会、上海裁判会等体育团体,并租地建造了中华运动场,举办了田径与足球的华东公开赛,联合租界体育组织举办了以田径为主的“万国运动会”。

单项运动协会的蓬勃发展为单项运动杂志的创办带来了活力,这时出现了《乒乓世界》《足球世界》《乒乓周报》《中国围棋月刊》《健力美》《健与力》《象局汇刊》《中国滑翔》等专业杂志。

(5)体育画报

19世纪末出版的《点石斋画报》中就大量地存在各类体育图片，对西人娱乐活动的描述是一个重要部分。《赛马志盛》中但见圆形跑道上西人赛马者驾马飞驰，护栏外观者如堵，尤觉兴高采烈；《西人抽球》图中在西人会所外，一群洋人激烈地进行板球运动；《西人赛船》描绘了数支西人船只在江上争先恐后的竞赛，两岸景色宜人，在岸边、桥上聚集了众多观者等。

图画能够声情并茂地描述各类事件，更能展现各种体育运动优美的动作、激烈的竞争及运动员强健的体格，受到读者的青睐，体育报人也积极地满足读者的要求。《体育周报》(天津)的编辑曾说："据一般读者的来信，希望本报对于兴趣方面尤其是图画加以相当的注意和努力，我们自己也早有这样的感觉，并且经过长时间的考虑，所以在文字方面一部分采取有趣味的题材，现在经过多日的准备，决定在本期起，刊行画刊，以后每期中均有大的篇幅画刊行。"

1929年1月，近代第一份体育专业画报《体育画报》在上海创刊。这份刊物彩色铅印，16开本，制作精美，由两江女子体育专门学校编辑出版，每期仅售大洋三分，在上海很畅销。刊登内容有体育名人画像、运动员合影、学校体育活动图片、西方新兴体育活动、健身方法图示等内容。

20世纪30年代初，广州出版的《良友》画刊，是由曾参加远东运动会的田径运动员梁无恙任主编、图文并茂的体育画册。其内容多刊登现场拍摄的运动会竞赛镜头、优秀运动员的照片、广州校际球类友谊赛的情况，很受广州大中学生的喜爱。

1940年2月7日，又有一份名为《体育画报》的画刊出现，但现在仅存一期的封面，其他资料已无从寻找。

此外，无论在综合报刊体育版还是在体育专业报刊之中，都有大量的图片报道。尤其在体育专业报刊如《体育季刊》(1935年，上海)、《勤奋体育月报》(1933年，上海)、《体育研究与通讯》(1932年，镇江)、《体育周报》(1932年，天津)中，图片内容更是成为刊物的重要组成部分。其中，《体育周报》的"体育画刊"无疑最为出色。

首先，它注意刊物的设计，封面等图片由画家童漪珊精心筹划。其次，在内容安排上既有体育比赛的精彩瞬间，也有体育名人、明星的照片，更独树一帜地在体育画刊中刊登大量的漫画、连环画，针砭体育界种种现象。其指出："画刊的主旨不再迎合'社会的弱点'，而着重在探寻一些'意识正确'的新的图画，使读者多些新的知识或至少发生相当的兴趣。画刊的范围是——新闻写真、漫画、古代雕刻、油画、水彩画、木刻写真、连环画等。”

(6)综合报纸的体育栏

在20世纪20年代初，体育新闻常被安排在教育消息中形成一个小栏目，之后各大报纸相继开设体育栏，如《时报》《新闻报》《大公报》《时事新报》《大陆报》等都设有体育版。其中《申报》的体育报道为佼佼者，根据统计从1919年至1928年十年间，共刊登1670则体育消息与报道。其内容涉及体育政策法规、体育组织团体、各类运动会、田径、篮球、足球、排球、乒乓球、网球、手球、棒球、游泳、武术、射击、体育学校及各种言论等。

20世纪40年代，除《申报》等大报都保持体育版外，其间出现的各种报纸，几乎都登载体育消息，如《东方日报》《力报》《繁华报》均以整版登载体育消息，抗战胜利后又有《东南日报》《益世报》《文汇报》等设有体育版。

在广州先后登载体育新闻的综合报纸有《时报》《安雅报》《人报》《共和报》《现象报》《羊城报》《广州民国日报》《广州市民时报》《公评报》《越华报》《大华晚报》《诚报》等。其内容多是刊登体育运动竞赛新闻及运动会消息，其中1923年（“民国”12年）创办的《广州民国日报》，设“教育与体育”栏目，登载体育消息较详尽，有时还发表短评，介绍体育运动方法、体育健儿的事迹，颇受爱好体育读者的欢迎。该报延续至广州沦陷前仍执体育宣传报道的牛耳。20世纪二三十年代《越华报》《国华报》《现象报》《诚报》等报的体育消息内容亦甚丰富。抗日战争胜利后广州陆续复刊的《中山日报》《大光报》《建国日报》是宣传、报道体育新闻的重要报纸。

4. 中国共产党报刊的体育新闻

报刊是共产党进行思想教育的重要载体，毛泽东等根据地的缔造者十分重视根据地的报刊、书籍出版发行工作，并亲自领导党和红军开展革命宣传工作。

在开始阶段普遍因为经费、版面限制等原因，仅有很少的体育消息，但是随着人民体育活动的广泛开展，对体育活动的报道逐渐兴盛了起来，尤其是在每年9月9日“体育节”，各大报刊如《解放日报》《新华日报》等都会出版专刊，发表社评。

我党领导人也经常在报刊上发表提倡体育运动的言论，毛泽东给《新华日报》题词：“锻炼体魄，打好日本。”贺龙在《解放日报》发表“体育运动军事化”的题词，提倡参加体育活动为民族战争服务的方向。加强对体育运动的具体组织领导，不仅成了共产党领导的各抗日根据地的全体军民从事体育锻炼的动员令，也给国民党统治区广大抗日民众很大鼓舞。

《新华日报》是抗日战争时期中共在国统区创办的唯一的机关党报，其新闻报道不仅要宣传救国救民，全国上下齐心合力进行抗日，其体育报道还有一定的特色，它大力宣传体育，以唤醒民众强身健体，保家卫国的信念。

《新华日报》于1938年1月11日在汉口创刊，同年迁至重庆继续出版，1947年2月28日被国民党查封，工作了九年一个月又十八天，共出版报纸3231期。

《新华日报》从创刊到被查封的九年中，有关体育方面的报道，各类文章总计600余篇。其报道内容大概分为综合报道、国内运动会、国外运动会、体育会议、体育表演、各国体育运动、滑翔运动、篮球竞赛消息、足球竞赛消息、水上运动等。

《新华日报》对于国内体育活动的报道主要集中在各类运动会、体育会议以及篮球、足球项目上，每年举行的“九九体育节”是体育报道高潮。在《新华日报》还有数量不少的国外体育报道，如“瑞芬代表提议禁止侵略国参加奥林匹克”“敌禁止日运动员参加世运大会”“瑞士反对敌侵略，不参加东京世运”“瑞典民众反日，拒不参与东京世运会”等。这些体育消息都不约而同地隐含着反对战争以及支持和平的含义，其以“爱国主义，贴近群众”的体育新闻舆论指导方针，也得到了国统区广泛的支持。

《青年实话》是革命根据地一份重视体育报道的刊物，于1931年7月1日创刊，是中国共产主义青年团苏区中央局机关刊物。其总编辑所设在江西于都，总发行所设在福建长汀，后来迁到瑞金。其先是半月刊，后改为旬刊、周刊。

《青年实话》的内容贴近青年生活，报道红军的战斗及各地青年拥军参军情况，介绍马克思列宁主义的基本知识，紧密配合党的中心工作，在其体育专栏中有较大的篇幅介绍体育知识以及许多的运动项目规则、练习方法等，它倡导青年积极参加体育活动，强壮体魄，锻炼身体为投入革命事业做准备。

四、体育新闻的拓展时期(1949～1993年)

这一时期，体育新闻作为一个新闻品种得到了大众的广泛认可和接受，体育新闻行业形成，出现了为适应体育新闻传播专门培养的人才。各种大众媒体中体育新闻的关注度、报道量都有开拓，被称为体育新闻的“拓展时期”。

1. 社会主义体育报业的创立

新中国成立后，1952年7月1日《新体育》杂志创刊，毛泽东主席为其题写刊名，朱德为其题词，它是新中国最早的体育专业报刊。1954年，人民体育出版社成立，根据社会需要编辑出版各种体育图书，传播体育科学文化知识。随后1957年外文体育杂志《中国体育》创刊。1958年9月1日，新中国第一份全国性体育报纸《体育报》创刊。体育报道在稳定的社会政治环境中获得了新的发展，在这一时期印刷媒体是体育新闻的主力军，体育新闻报道也形成了以“一报一刊”（《体育报》与《新体育》）为中心的体育宣传阵线。同时以通讯社、广播、电视、电影等大众媒介为载体的体育新闻都有了发展。

(1)新中国第一份体育刊物

新中国成立不久，1949年10月，在北京召开了全国体育工作者代表大会，决定成立中华全国体育总会。建国伊始，百废待兴，新中国成立后第一个月即召开体育会议，可以看到当时中央对于体育工作给予了相当的关注。

在总会的领导下，新中国各项体育事业百废待兴，对体育宣传工作也提到了日程上来，筹办体育刊物即是其中一项重要工作。《新体育》杂志编辑部正是在这种背景下诞生了，为此，体育总会从全国各地召集数名体育专家参与筹办杂志。《新体育》第一任主编是林启武，编辑有管玉珊、苏竞存、郝克强等，由青年出版社发行。

《新体育》编辑部属于总会的宣传编译委员会，该会负责体育宣传及各类体育书籍的翻译编辑，其委员大都是兼职，如燕京大学的体育教授林启武、北京大学教授管玉珊、北京师范大学教授苏竞存、辅仁大学讲师阎维仁、体总秘书轲犁等。

杂志创办时，遇到许多棘手的问题，其中最大的困难是稿件少，作者难找。在初期，除翻译材料之外，内容全是由学校体育教师所写，大多限于体育教学和技术介绍，创刊号的稿件准备了半年才齐备。

当1950年7月《新体育》创刊号问世时，首印一万册，很快售完，又加印了5000册，至1950年年底，每期发行量近两万册。在创刊号中，毛主席为杂志题写刊名“新体育”，朱德总司令、郭沫若、李维汉、马叙伦题字，冯文彬题写“新民主主义的国民体育”，轲犁起草发刊词，徐英超、夏翔、牟作云、苏竞存等体育界人士均发表了文章。

《新体育》发刊词节选

首先，要把体育普及到千百万劳动人民中去。有步骤地从学校到工厂，从城市到乡村，从部队到地方，使体育很快成为广大人民的体育，溶化

> 到人民的生活中去，成为人民在自己伟大的建设事业和国防事业中获得胜利的一个有利因素和保障。其次，要系统地研究和总结旧体育，摒弃一切不合理的部分，细心地去发掘人民中已有的丰富的民族体育，切实改造旧体育界，使之能担负起建设新体育的重任。再次，要向苏联及各人民民主国家学习，根据我国实际吸取他们成功的经验，来充实我们的体育内容和启发我们的创造，使我们的体育成为世界进步体育的一个构成部分。

《新体育》杂志的第一任主编是林启武，1907年，他出生于一个泰国华侨家庭，在1920年跟随父母回国并进入广州培英中学学习，中学时代他就喜好体育运动，在撑杆跳、跨栏、游泳等方面显露才能。1927年他考入北平燕大社会系，四年后又读了研究院。他在燕京就读时尽现体育才华，毕业前已在体育部兼职，协助工作。做研究生时，曾为青年会组织青少年体育锻炼活动。1935年毕业后他在本校任专职的体育教师，主持篮球、排球、撑杆跳、跨栏、游泳等方面的教学及训练工作。1937年他被派到美国纽约的哥伦比亚大学体育教育系进修，一年后获硕士学位，回国继续在燕大任教。1945年抗日战争胜利，成都燕大复员他又回到北平。新中国成立以后的1950年，他来到全国体育总会领导并创办新中国第一本体育杂志《新体育》，并出任第一任名誉主编。

创刊初期《新体育》的报道内容，主要是群众体育，当时负责体育总会的领导黄中同志要求杂志的编辑到厂矿、学校等基层群众中去，依靠体育积极分子来发现值得关注的体育，不要仅局限在体育专业工作者的圈子中。《新体育》编辑深入各地工业城市，在十几个厂矿做了调查与生活体验，亲眼看到了工人对体育活动的喜爱及对体育的迫切要求。在《新体育》上出现了不少对于劳动模范、体育积极分子的生动事迹的报道，如王崇伦、郝建秀等都成为《新体育》的封面人物。

1952年11月，中央人民政府委员会第十九次会议决定，在政务院增设中央体育运动委员会，贺龙为体委主任。

体委成立是《新体育》发展的一个很好的机会，随着比赛活动开始增多，体育报道的内容开始拓展，不再仅局限于技术性文章，这对《新体育》也是一次转变命运的契机。

20世纪50年代后期，《新体育》改成半月刊，工作人员增至20多人，杂志发展迎来第一个高潮。时任总编辑郝克强回忆："我们主要宣传好的，但输了球回来之后还是要批评，批评之后还见刊物。50年代批评和自我批评比较多。听说现在不敢批评人，有各种利益关系。那时候不可能有这样的情况。”从那时起，《新体育》慢慢步入了一份体育期刊的正常轨迹。

1966年，“文革”开始后，每期发行量十多万册的《新体育》停刊，但编辑团队没有解散，而是集体参加劳动。

1972年，《新体育》复刊，但只能根据当时的政治形势做杂志，《新体育》偏离了轨道，从报道内容来看，政治气氛异常浓厚。

伴随着20世纪80年代中国女排的连战连捷，《新体育》进入了黄金时期。编辑部有三四十人，跟女排的记者就超过三个，主编郝克强说“那时候不讲钱，由国家支出，不是现在的自负盈亏，钱的事不用操心”。那时《新体育》每期发行达到130多万册。除了女排，乒乓球等项目的成绩也很好，其他项目的国际比赛、国内比赛都很多，全国人民都对体育很关注。《新体育》杂志也成了许多记者钟情的地方，有很多人要求前来工作。

这时在总编辑郝克强的带领下，《新体育》还做了体育媒体发展的新尝试——举办体育赛事。

1979年，《新体育》创办了“新体育杯”围棋赛，由全国职业棋手参加，连续举办了14届。聂卫平、马晓春、俞斌等人都曾是这项赛事的冠军。1984年，《新体育》与中国围棋协会、日本棋院联合发起主办了NEC中日围棋擂台赛。该项赛事影响深远，推动了围棋国际竞技的进程。1985年，《新体育》还与中国围棋协会创办了《围棋世界》。

(2)国家体委机关报《体育报》的创办

随着1952年，国家体委的成立，全国体育工作得到明显加强，一些体育爱好者不满足仅有的一份体育杂志《新体育》，纷纷要求办一张能够及时报道体育消息的报纸。与此同时，在当时的经济条件下，人们的体质普遍不好，更需要一份报纸，宣传体育精神，促进身体锻炼。

1956年，国家体委成立筹备小组，由毕世明负责，工作人员只有三个，除了他以外，还有从体育出版社借调来的陈润荣和郑荣庭。陈润荣负责出版社财务，郑荣庭是俄语翻译，三个人用了几个月的时间，讨论并制订计划。当时，毛主席号召学习前苏联，在全国影响很大，他们把搜集办报业务材料的重点放在了前苏联体育报上，调入的编采人员也主要学习这些材料。

1956年7月，为出版《体育报》已经调来五六十人。1957年7月底至12月初，试版报纸共出了16期，对开4版。当时，正值中国体育界备战在墨尔本举行的第十六届奥林匹克运动会，因此大量的报道都围绕各个运动项目的选拔赛。参加选拔的不仅仅有内地各省市的运动员，还有港澳同胞。试版期间，他们广泛征求国家体委及各省市体委的意见，在取得经验的同时，更增强了创刊的信心。

但后来根据中宣部意见，由于全国纸张供应紧张，决定《体育报》暂不出版。尽管如此，这段工作积累了很多经验，为1958年《体育报》的正式出版创造了条件。

1958年，贺龙要求国家体委："关于申办《体育报》的事情，赶快写个报告，密件封好，直接送给周总理，由他向中央转达和报批。"报告送上去之后，不久就得到了批准。中央批准创办《体育报》后，贺龙曾三次把李凯亭叫到驻地，与他研究如何办好《体育报》。

初生的《体育报》办公条件很简陋。《体育报》没有自己的印刷厂，借助《人民日报》的印刷厂排印，这就给初期的工作带来诸多不便。每次必须抓紧时间抢在《人民日报》之前，完成四块大版面。工作人员科班出身的不多，业务还显生疏，加上通讯工具落后，手工排版等原因，常常是"欲速则不达"。有时候，碰到报纸临时"倒版"，天都快亮了才能付印。

1958年9月1日，《体育报》正式创刊，初为周二刊。头版大红字刊出毛主席号召："发展体育运动，增强人民体质。"朱德、陆定一、李济深、李德全、康生、郭沫若等在头版撰文祝贺。

创刊号发出中国体育界强劲声音，也记录中国体育与国际奥委会的一段特殊交往。在第四版刊出《中国奥委会同国际奥委会断绝关系的声明》，"各地愤斥国际奥委会制造两个中国的政治阴谋，拥护我奥委会不承认国际奥委会""中国奥委会主席马约翰对本报记者发表谈话，严正指责布伦代奇为美帝效劳"等。

对《体育报》的创刊贺龙亲自到会祝贺，并鼓励说："创刊那张报纸有特色，生动、活泼，我都看过了。"当时，在办报过程中，贺龙主抓报纸的党性和思想性，并反复强调："要发动群众，依靠群众办报纸，要建立通讯网，发展通讯员，抓典型，树标兵，赞同什么，反对什么，旗帜要鲜明，好的要表扬，不好的要批评"，并且还提出"报纸这把'剑'不利了，要磨一磨。报纸一定要发挥旗帜、鼓励、激励、推动、批判的五大作用"。

贺龙同志十分关心体育报的出版，做得好就表扬，差的则及时给予指导、批评，并提出改进意见。如1964年1月6日，贺龙看到当日出版的《体育报》后，指示得很具体:第三版上《从放羊娃到运动健将》这篇文章好,应该抓这类文章,向运动员进行教育,还可以想办法去访问一下,多了解一下。今后,这类东西要多登。上述类型的文章应加上一个编者按,叫运动员学习。三版上转载《解放军报》的"新华社论"摘要很好,加上按语就更加好了。当天下午,贺龙又要秘书打电话给报社,再次传达了他对报纸的意见。仅1964年一年,贺龙给体育报社有记载的批示和电话就达44次。

在《体育报》创刊六周年前夕,贺龙还请毛主席为《体育报》写了报头。毛主席为《体育报》写了三组字还附上一封信,信上说"我写了三份供选用,如不合用,可以再写",并在第一张上"体"字右上角画了一个小圈,在第三张"报"字右上角也画了一个小圈。后来,就选用了第一张的"体育"二字和第三张的"报"字。

《体育报》在1964年7月改为周三刊,1966年11月因"文化大革命"停刊,1974年1月复刊。1988年7月1日,《体育报》改为日报,并更名为《中国体育报》,报名由邓小平同志题写。

(3)综合报刊中的体育专栏

中华人民共和国成立后的第16天,《人民日报》《光明日报》对北京人民体育大会做了报道,揭开了新中国体育报道的序幕。

上海的《解放日报》《文汇报》《新民晚报》在新中国成立初期都曾设有体育栏目。

2. 新中国广播、电视体育新闻的诞生

(1)广播体育新闻

新中国成立之后的1950年春,前苏联国家男子篮球队到上海参加了三场比赛,这三场球都进行了现场广播,上海人民广播电台邀请陈述担任现场广播。这也是新中国成立之后的第一次体育比赛的转播。

随着我国经济、文化等方面的发展,体育事业也取得了很大的进步。广播体育节目的播出量逐渐增加。20世纪五六十年代使用广播开展体育活动最突出的事例是广播操。

(2)电视体育新闻

1958年,北京电视台(中央电视台前身)成立,开播后不久就有了体育报道,并在同年开办了第一个体育专栏节目《体育爱好者》,初为不定期播出,从1960年起开始在固定的时间播出,即隔周的周二、周五播出。

1958 年 6 月 19 日，刚刚成立的北京电视台（中央电视台前身）特意安排转播了当时水平最高的两场篮球比赛，“八一”男女篮球队和北京男女篮球队的友谊比赛。这次转播也成为中国电视体育史上，乃至中国电视史上的第一次实况转播。但在当时，各种转播条件还不是很成熟，懂得技术的人不多，转播设备也是临时拼凑起来的，这次转播使用了日本在北京举办展览时留下的一辆两讯道转播车。

1959 年 9 月 13 日，第一届全国运动会在北京举行，这是毛泽东提出“发展体育运动，增强人民体质”的口号后对中国体育的一次大检阅。北京电视台转播了运动会开幕式及足球、篮球、排球等重要场次的比赛实况，在新闻节目中报道了比赛的消息，还在全运会结束后播放了电视纪录片。

1973 年 10 月，中央电视台与湖北电视台合作，将全国乒乓球锦标赛的电视信号从武汉传回北京，并通过中央电视台向全国播出，开创了异地体育赛事实况转播的技术领域。

3.“文化大革命”对体育新闻事业的冲击

1966 年，“文化大革命”的开始，使党、国家和人民遭到了新中国成立以来最严重的内乱，中国体育新闻事业与其他各项事业一样遭受了严重的破坏。当时报纸对体育消息的报道很少，《体育报》与《新体育》相继停刊，中央台的体育节目及各地方台的体育节目也基本上停播。

到“文化大革命”的后期，由于政治活动的需要，体育的国际交流活动曾为我国外交事业的重要手段之一，在外交活动中扮演着重要角色。毛泽东、周恩来和邓小平等党和国家领导人对体育报刊也十分重视。

《新体育》与《体育报》在 1972 年和 1974 年相继复刊，但这时的体育报道被动地与政治相结合，对于体育比赛成绩大多一笔带过，有的甚至根本没有报道，更多的是对“加强友谊、促进团结”等场面的渲染和描写，“友谊第一，比赛第二”成为这一时期体育赛事宣传报道的主要导向。

4. 体育腾飞带动体育新闻事业的发展

在党的十一届三中全会以后到 1984 年上半年，我国运动员获得世界冠军 94 个，占新中国成立以来所获 124 个世界冠军的 1/4；打破和超过世界纪录 97 次，占新中国成立以来打破和超过世界纪录 273 次的 1/3 强。

尤其是 1981 年至 1986 年，中国女子排球队在世界杯、世界锦标赛和奥运会上蝉联世界冠军，成为第一支在世界女子排球历史上连续五次夺魁的队伍。中国体育代表团在1982年洛杉矶奥运会上获得15枚金牌、8枚银牌和9枚铜牌，获金牌总数居世界第四位，世界舆论公认我国在一些项目已步入竞技体育强国之列。聂卫平在中日围棋擂台赛上孤军奋战，连胜日方五人，最终获得胜利，创造了围棋史上的神话。

(1)体育报刊的发展

进入20世纪80年代，在改革开放的形势下，随着我国体育事业的振兴，体育报业的发展出现前所未有的繁荣景象。

截至1988年，我国以宣传体育竞赛、训练、健身以及体育人物为主要内容的新闻性报刊，共有80余家，各种体育专业报纸有30种左右。

"文革"之后，随着体育事业的恢复迎来了体育期刊发展的一次高潮，各地各级体委、各级单项运动协会陆续创办了一大批体育消费类期刊，如黑龙江省体委的《当代体育》、《少林拳法》(后改为《精武》)、《北方棋艺》，广东省体委的《体育春秋》《武林》，新疆体委的《体育时空》，北京市体委的《北京体育》(后改为《体育博览》)、《武魂》，吉林省体委的《拳击与格斗》。中央级出版单位及单项体育协会也不甘落后，出版了《乒乓世界》《中华武术》《足球世界》《网球天地》《中国钓鱼》《健与美》《体育画报》等。突然之间，体育期刊遍地开花，呈现出前所未有的繁荣局面。至1990年，我国消费类体育期刊的总数已经达到32种。

这一时期出现的消费类体育期刊，随着我国计划经济向市场经济的过渡，新创刊的期刊强调以赢利为目的。如1983年，《当代体育》创刊时定价为0.38元，几乎相当于同期《新体育》定价的两倍。广告成为期刊赢利的重要途径，与《新体育》创刊时完全依靠政府拨款和发行赢利相比，这时的体育期刊被推向市场，逐步脱离了政府的保护伞，使得期刊除了通过发行来获得经济收入之外，还可以通过刊登广告获得收入。体育期刊从仅销售内容，转变为"二次销售"模式①。

随着我国体育事业的兴盛，单项体育运动成绩的不断提高，体育期刊开始走向细分之路，一些单项报刊一创刊就赢得了大众的喜爱，如《武术健身》创刊号的发行量就高达195万册；《精武》创刊号发行量为83万册，第二期上升至105万册；《围

① 第一次销售卖的是内容，即读者买杂志。第二次销售是卖广告，即通过刊登广告向客户出售一定的版面。

棋天地》的发行量达到 20 万;《中国排球》也达到了几十万册。[①] 为之后愈演愈烈的体育报刊按体育项目分众化[②]发展拉开序幕。

(2)综合性报纸开辟出体育版

自 20 世纪 80 年代起,我国首都和省级的综合性报纸,陆续重开或开辟出体育版或体育专栏,如《工人日报》的"体坛纵横",《中国青年报》的"体育爱好者"等都是深受读者欢迎的栏目。《人民日报》的"体育之角",1983 年发稿近百万字,体育图片达到 2000 多幅。

上海《解放日报》《文汇报》《新民晚报》都重新开设体育栏目。

《解放日报》于 1981 年 1 月 3 日恢复体育星期栏,每周末出一期,约 5000 字。1984 年 12 月 22 日创办"周末增刊"时,体育栏纳入第三版。1988 年元旦,该报扩为八版,体育专栏每日见报于第四版,约 4000 字。每逢大赛,每天出专版,如 1983 年第五届全运会在上海召开时,专版为第二版,重要文章放在第一版,从开幕到闭幕 17 天中,发稿 213 篇,约 13 万多字。

《文汇报》于 1981 年开始办"体育场"专栏,每周五刊出一次,约 4000 字。每逢重大体育活动,每天均做报道。

《新民晚报》自 1982 年元旦复刊后,辟出第二版约 6000 字做体育版。每逢重大活动,扩大为两个版面。该报以足球与棋类报道为多,设有专门的体育部。该报为上海体育报道量最大的报纸。

此外,《青年报》自 1980 年辟出"今日体坛"专栏,安排于第七版,约 4500 字。《少年报》的体育栏设于新闻版和社科版中。《劳动报》于 1980 年设"体育场"专栏,每逢周日在第四版中刊出,约 5000 字。

(3)电视体育的发展

"文革"结束后,1978 年 4 月,中央电视台适应观众需要,重新恢复了专门的体育栏目,开办了《体育之窗》,设有"体坛人物""体坛漫画""佳作欣赏""问与答"等小栏目。主要是普及体育知识,向观众介绍运动员、教练员的训练生活和群众性体育活动、体育成就、体育科研动态等,也向观众报道当时为数不多的国内外赛事和体育交流的消息。随后,中央电视台又相继开办了《世界体育》《体坛纵横》两档栏目,

---

① 张艳娟:《我国大众体育期刊的历史、现状及发展对策》,中国人民大学学位论文(2005 年)。

② 分众化在传播学上指,按照受众不同的位置、特点、需求等因素,划分不同的受众群,进行差异性服务。

每周各播出一次。

开地方电视台体育栏目之先河的是1979年12月30日开播的广东电视台的《体坛内外》栏目。北京、上海、广东等许多地方电视台都设立了专门机构或确定了专人负责体育节目，到1984年，全国大多数电视台普遍开设了体育栏目。

在赛事转播方面，电视体育有较大的发展，1978年，中央电视台向全国直播了在阿根廷举行的第十一届世界杯足球赛的两场半决赛和决赛，这是中国电视第一次通过国际通讯卫星传送国际体育比赛的实况。也是中国观众第一次看到高水平的国际足球比赛实况。

1978年第八届亚运会在泰国曼谷举行。我国首次派运动员参加比赛，也是我国电视第一次从国外现场直播体育比赛。除了拍摄新闻片和专题片外，体育评论员宋世雄在曼谷为我国观众现场解说了开幕式和女排、男篮决赛的实况。1982年，中央电视台第一次通过购买报道权的方式，从“亚广联”获得了在西班牙举行的第十二届世界杯足球赛报道权，并派出了四人报道小组到香港通过卫星收录了52场比赛。收录的同时对着画面配加解说，转播了其中的24场，另编辑制作了19部每集一小时的特辑。通过对这次足球赛的转播，为中国电视此后的重大国际赛事的报道探索了一条路子，即派编辑和解说员到香港，借助香港的电视力量现场转播在各大洲举行的重要比赛。同时，每天将赛事编辑成特辑，由民航机组带回北京播出。

1984年7月，第二十三届奥运会在美国洛杉矶开幕，中央电视台第一次派出五人电视报道组，与在香港工作的报道组密切合作，成功转播了开幕式、闭幕式、体操、游泳、跳水、举重、击剑、手球、篮球、排球、足球、柔道等精彩比赛，并播出了每集一小时、共30集的专题报道《洛杉矶奥运会》，播出新闻53条，发表评论三篇，总计约播出70多个小时的节目。这次奥运会的实况转播和所有有关奥运的新闻及专栏节目，在国内产生了巨大的反响。

1992年巴塞罗那奥运会的电视报道，又向前迈出了 大步。中央电视台建立了后方演播室，开设了早间专题，每天6：30至7：00直播。比赛高潮期间不间断播出，开创了中国电视连续播出90小时的纪录。运动会期间共播出各类奥运节目250小时，充分体现了电视传媒的优势。

1993年9月23日，国际奥委会在蒙特卡罗开会，决定2000年奥运会的主办地。北京是有力的角逐者之一，举国关注此事。中央电视台首次使用国际通信卫星多点双向传送申办情况，同时，派出多个报道组分赴有关地点组织报道，所有报道组采制的信号、素材汇集台内，统一经中心演播室处理播出，并与事先制作好的节目相穿插，形成了一个以事件报道为主线，新闻、文艺、体育相结合的大型直播节目。尽管北京这次未能申办成功，但中央电视台通过申奥报道锻炼了队伍，检验了由新技术设备组建的节目制作系统，为 1994 年的广岛亚运会报道做了一次成功的预演。

5. 体育新闻专业记者

随着我国体育新闻报道量的不断增加，体育专职记者开始大量涌现，1984 年洛杉矶奥运会期间，有近 80 名记者参加了报道工作，回国之后，他们大多一直从事专业体育新闻报道，在他们中间产生了我国的第一批现代专业体育记者。到 20 世纪 80 年代末时，全国专职兼职体育记者已经有 2000 多人。

1980 年，中央电视台成立体育部；

1982 年，中央人民广播电台成立体育部；

1984 年，新华社正式成立体育新闻编辑部，1992 年，郭超人提出体育报道是新华社新闻报道的“三大支柱”之一，进一步明确了体育报道的重要地位和努力方向。从此新华社体育报道的整体实力不断加强，体育报道队伍不断壮大，发稿数量逐年增加，每年播发的中、英文体育稿件都逾万条。①

1985 年上海电视台成立体育部，设有编辑记者 12 人，播音员两人。随后《北京晚报》《羊城晚报》《成都晚报》等都在 20 世纪 80 年代前期成立了独立的体育部。

由此，体育新闻业在中国蓬勃发展，体育报道也逐渐与政治形成有机、科学的结合，开始树立自己独特的风格，出现了更多地立足于体育本质进行宣传的新特点。

五、体育新闻的繁盛时期(1993～2005 年)

1993 年 12 月，中国第一个专业体育电视频道上海有线体育频道开播，标志着体育新闻在我国进入一个新的阶段。进入 20 世纪 90 年代，中国体育事业获得很大发展，人们对体育新闻需求量剧增，光线通讯和有线电视技术也逐步完善，体育

① 郭超人:《1949～1999 年新华社优秀新闻作品选集 · 体育新闻选》，新华出版社 1999 版，第 387 页。

新闻的受众从来没有这么广泛，在体育电视媒体强劲发展带动下，报纸、广播、网络的体育新闻都进入了繁盛的阶段，体育新闻科研蓬勃发展，体育新闻教育方兴未艾，体育新闻组织遍地开花，这一时期被称为体育新闻的“繁盛时期”。

1. 体育报纸

进入20世纪90年代，随着职业联赛的兴起，尤其是中国职业足球联赛的火暴，激发了体育报数量的极速增长。1992年至1997年，是我国体育报刊数量大幅增加的五年，至2002年韩日世界杯前夕，我国体育报纸数量达到了最高峰，一大批体育报因足球而生，再加上一些体育机关原有的体育报，2002年之前创刊的体育报纸达到了49种，使得我国体育报纸在数量上获得了一个大的增长。

(1)集团化促进发展

我国的体育报纸经历了初期数量大发展之后，许多体育报面临着盲目跟进所产生的种种问题。随着报刊业市场化程度的提高，报业集团的兴起，在体育报纸领域经历了初次的洗牌。

1997年至1998年，是国家新闻出版署对全国报刊大力整顿治理的一年，大量因足球联赛而生的报刊为了与同行竞争，不惜拼版、拼消息相互攻击的现象时有发生，在残酷恶劣的竞争下，导致假新闻和新闻炒作现象屡见不鲜，以至于国家体委于1997年指出，要防止足球报道“三过”(过量、过热、过度)。[①] 一批跟风而上、制作粗糙、发行量小的体育报纸纷纷停刊或合并。

同时，由于地方报刊之间恶意竞争导致报纸质量下降，报纸市场资源浪费。国家倡导在各地建立区域性的报业集团，以引导并规范报刊市场，新闻出版界兴起了集团化趋势。

1996年1月，经中共中央宣传部同意，国家新闻出版署批准，《广州日报》社进行报业集团试点，同年5月29日，广州日报报业集团挂牌，成为中国首家报业集团。旗下创刊于1980年《足球报》处于改革前沿，一直走在体育媒体改革和发展最前沿，在集团化优势的驱动下，各种资源得到优化重组，从集团内外吸引一批体育新闻人才，1990年至2000年短短十年取得非常大的成功，发行量持续保持在100万份以上。

在广州日报报业集团成功试点两年的基础上，国家新闻出版署又批准了数家

① 郝勤：《体育新闻学》，高等教育出版社2004年版，第44页。

报业集团，如南方日报报业集团、羊城晚报报业集团、光明日报报业集团、经济日报报业集团、文汇新民联合报业集团、深圳特区报业集团、沈阳日报报业集团、北京日报报业集团等。

以此为契机，1999 年中国体育报业集团成立，由中国体育报社、新体育杂志社、中国体育杂志社、人民体育出版社合并重组。体育报业总社成为体育报刊界规模最大的实体，拥有四张报纸，24 种各类期刊杂志，此外还拥有网站“中国体育在线”，以期通过北京这一体育大都市及国家体育总局的大背景获得新的发展。

《体坛周报》也于 2000 年投资数千万元，在北京分社建立网站和杂志社，开始走多种经营和规模扩张的道路，加上数年来与全国近 30 个地市有影响力的报社建立的发行、印刷站，不仅以最快的速度扩大发行量和影响力，而且还进一步降低了成本，这种合作使《体坛周报》彰显报业集团的实力。

《足球报》《中国体育报》《体坛周报》依托各自的报业集团减少了报纸的经营风险，增强了其抵御市场冲击的能力，并获得了稳定的发展。规模、影响较小的一批地方体育报纸或在集团化优化组合中被停并，或在与同类集团化体育报纸的竞争中逐渐衰落。

(2)体育报纸经历震动

21 世纪最初的五年，我国体育报纸间的竞争达到了顶峰，对 2002 年世界杯的报道是这次发展与竞争的最极致表现。世界杯上，各地数十家报社纷纷派出最强阵容，增刊扩版，力图能从这次足球盛宴中分得一杯羹。随着国足在世界杯的惨败以及随后中国足球联赛上的假球、黑哨、赌球等事件的暴发，不仅让球迷远离了赛场，同时也殃及了以体育联赛赖以为生的体育报纸，球市的萎靡带来了整个体育报纸发行量的萧条。

大多在足球联赛、世界杯报道上不计成本，大量投入的报纸面临入不敷出的尴尬境地，体育报纸的发展进入了动荡的时代。2005 年是一个标志，这年 8 月，在不到一个月的时间内，有 17 年历史的《球报》，曾经是体育报界的龙头，轰然倒地，黯然谢幕；随后《南方体育》也在月底宣布无限期休刊。曾经风光无限的《足球》报也日渐萎缩，前后还有《体育时报》《体育快报》《体育生活报》《青年体育》《足球 11 人》《北京足球报》《体育参考》《体育天地》《 21 世纪体育》《体坛导报》等体育报纸关门大吉。最后只剩下《体坛周报》在所剩不多的体育报纸中一枝独秀。

(3)《体坛周报》的成功经验

《体坛周报》前身是1979年在湖南长沙创刊的《体育周报》。当时国家体委曾要求，每个省为搞好体育宣传工作，都应该创办一份专业体育报纸，在这背景下，湖南省体委便创办了一份名为《体育周报》的机关报，但在那种计划经济体制下，《体育周报》一直碌碌无为没有得到什么发展，每期发行三四千份，且大多向各机关免费赠送，到1987年2月便停刊。

在1988年汉城奥运会举办前夕，湖南体委以原《体育周报》的原班人马为基础，并抽调湖南体育系统搞宣传的同志再次办起报纸，并改名《体坛周报》，创刊伊始，在首任社长周克臣的带领下，《体坛周报》就以"更高、更快、更强"的奥运精神为办报理念，追求"更新、更深、更精"的报道风格。经过20年的艰苦奋斗，抓住几个发展机遇，由当初发行量只有5000份的小报，发展为现在一周出版三期，4开32版，周发行量稳定在百万份以上的全国第一的体育报。

《体坛周报》是目前湖南省乃至全国范围内最具市场化、专业化特色的综合性体育类报纸。拥有资产总额11.6亿元，年产值上亿元，员工150余人，下设三个编辑部，两个记者站，不仅在全国30个有影响的大中城市设有分印点，而且在国外华人较集中的城市，也通过空运方式销售报纸。《体坛周报》已经成为中国赢利能力最强、影响范围最广、发行量最大的体育类报纸和体育新闻传播阵地的领头羊。随着体坛投资股份有限公司和湖南体坛文化传播有限公司的成立，形成了以《体坛周报》为龙头，报纸、期刊、网络协同发展的体育传媒集团。

纵观《体坛周报》的成功，可以得到以下几条经验。

①以重大赛事为依托，稳步发展

《体坛周报》的每一次大发展，无不与届时举行的重大赛事有关。在《体坛周报》创刊之初，国内还没有一项影响巨大，吸引众多体育迷关注的赛事。《体坛周报》主编瞿优远决定："选择欧洲为突破口，以国际足球为主，最先报道意大利联赛和欧洲众多的赛事。"[①]副总编辑李烨晖回忆说："当时国内同类报纸报道欧洲联赛要滞后一个月，而《体坛周报》基本做到了同步。"[②]通过对欧洲联赛的报道，一大批球迷被吸引了过来，到1990年意大利世界杯，其以国际赛事为切入点，找到了发展

① 欧阳觅剑:《从边缘到领先——〈体坛周报〉的资源策略和团队之道》，南方日报出版社2004年版，第144页。

② 同上。

的金钥匙，也在体育迷中确立了独特的地位，实现了发展的第一个跳跃。

②精确的读者定位，稳定的读者群

在创刊之初，《体坛周报》将其读者笼统地定位在都市时尚主流消费群，认为自己的读者应具备以下一些特征：读者年龄为年轻人，读者学历以高教育水平为主，读者性别兼顾男性和都市女性，读者职业特征为经济主流阶层，读者收入以高收入者为主。但随着市场调查的深入，他们发现买《体育周报》的人群中，在校学生占据了最大的比例，并且大部分是忠实的读者，该报迅速调整自己的受众定位，将学生的需求放在第一位。因为学生希望在一张报纸里能获得更多的信息，他们便在版面有限的情况下把字印得小一些，虽然从布局上看不是很美观，却深得学生的欢迎，这也为《体坛周报》以后以内容为赢，以发行量带动赢利的营销方针创造了条件。

③ 坚定走发行的市场化运作

一开始，《体坛周报》的发行和大多数的机关报一样通过邮局进行发行，但他们逐渐认识到这种发行方式的弊端，为了更好地适应市场，更及时地把资讯送到读者手中，为零售渠道打通销路，他们开始尝试走邮发和自办发行的二元发行之路，在全国 30 多个城市建立了分印点，通过这些中心城市把发行网辐射全国。这样，在报纸的发行量中零售方式的发行占据了 98% 以上。[①] 2001 年《体坛周报》赢利 4000 万元，其中只有 1000 万元来自广告收入，剩下 3000 万元全部来自报纸自身的发行，《体坛周报》准确地找到了这种不以广告，而通过零售发行带动报纸赢利的方式。

虽然广告不是《体坛周报》的主要赢利点，但是它也重视开拓广告运营之路，它整合报社资源，推出“全国发行，区域换版，分区销售”的广告分布方案，这样就可以使报社在开辟统一广告版的同时，也能在全国 30 多个地区推出区域广告版，充分发挥各地资源，满足广大客户更经济、更准确、更有效、更有利的区域性广告投放需求。其区域性广告发布方式并不会改变报纸整体的风格，只是在原报的基础上，画出固定的广告版面，继而交由各区域代理商自主经营。报纸的正文内容全国一致，区域广告内容则各区域不相同，分别随着正报在各分印点印刷发行。每个区选取一家有一定实力和报纸代理经验的广告公司，作为区域版广告独家总代理，并给予

---

① 曹飞虎：《中国体育报纸现状及发展研究》，南昌大学学位论文（2006 年）。

优惠的代理政策。

④不拘一格地网罗人才

《体坛周报》的用人机制十分灵活，它不以资历、户口、学历来认定人才，而是以本身的业务能力对体育的爱好及认知来判断员工在团队中的位置。它把抓住球迷的心理需求看成是市场提供的机会，并以此改革编辑记者队伍，全面聘用球迷来做编辑记者。

另外，通过“高投入”挖掘其他媒体成名记者、编辑，迅速扩大自己的团队，也是其人才济济的原因。如马德兴、苏群、冉雄飞、李响等一批著名体育记者、评论员都先后加盟《体坛周报》。

⑤国际化、集团化战略

虽然《体坛周报》在中国取得了成功，但是它所依托的重要报道资源，无论是英超、意甲还是 NBA 联赛，这些知名赛事都不在中国。《体坛周报》为了确定它的权威性以及获得外国著名赛事的第一手资料，它开始与外国著名赛事主办者、赛事举办地的权威媒体展开了全方位的合作，以提升自己的形象，拓宽报道资源。

首先，是它与国际足联的合作。它借国际足联 2005 年在阿联酋举行世界足球博览会之际，频频向国际足联示好，最终成为国际足联在中国内地的官方媒体支持伙伴、2006 年世界杯官方合作媒体。同时，作为国际足联在中国地区唯一合作平面媒体，在国际足联的大力支持下展开了韩日世界杯报道。

其次，是它还与欧美众多权威体育平面媒体的合作，如法国的《队报》《足球》、意大利的《米兰体育报》、西班牙的《阿斯报》《马卡报》、德国的《踢球者》、阿根廷的《奥莱报》确立了合作关系，为获取西甲、意甲、德甲乃至整个欧洲赛事创造了条件。

集团化、综合化是《体坛周报》构建多元化传媒集团的重要步骤。《体坛周报》从 2001 年起，相继自办了《足球周刊》《玫瑰周刊》《全体育》三本杂志；与世界顶尖高尔夫杂志《高尔夫文摘》合作，倾力打造《高尔夫文摘》中文版；与 TOM 在线合作推出自己的网络报道平台；接收湖南日报社旗下的《现代消费报》并改为《车迷报》；与华体网结成“战略协作伙伴”，再加上上海信息投资股份有限公司、李宁公司，几方各自凭借自身的优势欲建立面向全球中文地区互联网用户，建立基于互联网络的新一代体育平台及综合服务系统。

2. 体育期刊

当前我国正式出版发行的期刊种类有8889种[①]，据统计，其中体育期刊有123种[②]，这些体育期刊可以分为两类体育消费类期刊[③]（84份）与体育科技类期刊[④]（49份）。

（1）体育消费类期刊

20世纪90年代以前，我国大部分的体育消费类杂志均是黑白印刷，仅在封面及内部插图使用彩色。这时在市场上出现了一本封面及内文全部采用铜版纸彩色印刷，内容丰富、制作精美的杂志，它的出现立刻吸引了众多体育迷的关注，趋之若鹜地争相购买。它就是新体育杂志社与法国桦谢菲力柏契出版公司通过版权合作创办的、以大量图片内容为主的杂志——《搏》，可以说它的出现为体育期刊界带来了巨大的振动，并由此带来了体育期刊的新一轮的发展高潮。

1994年，在《搏》诞生之初，我国体育报刊市场上，大多杂志都处于低成本运营状态，其制作出来的刊物无论从内容及外观都有待提高。而《搏》以十元的高定价进入市场，采用精巧的图文设计，图片全部来自国外高价购得的高品质体育图片，上百页的容量，内容丰富，200元/千字的稿酬标准，都是国内其他体育杂志无法比拟的。《搏》在改变中国体育杂志面貌的同时，也无形中提升了国内体育杂志的档次与品位。此后，《搏》成为国内众多期刊追逐的目标与模仿的样板，它们纷纷改变形象，全铜彩色大16开本甚至更大的开本成为期刊装帧的主流。即使曾经的龙头期刊《全体育》一直固守的黑白期刊阵地，最终也无法抗拒这股潮流，从2003年开始，将内文的黑白印刷改为铜版纸彩色印刷。[⑤]

20世纪90年代，足球、篮球职业联赛的火热对体育杂志发展产生了巨大推动作用。在国内有1994年开始的中国足球甲A联赛、1995年创办的中国男篮甲级联赛。国外更多精彩的赛事，如欧洲五大联赛（英超、意甲、德甲、法甲、西甲）和美国的NBA，随着体育传媒业的发展，纷纷进入中国。在职业联赛的刺激下，中国球迷大开眼界，同时也成为这些职业体育的簇拥者。在市场的作用下，越来越多的足

① 王宇：《大众媒介导论》，中国国际广播出版社2003年版，第15页。

② 根据《中国报刊订阅指南》统计。

③ 体育消费类期刊指面向大众发行，以满足读者阅读、欣赏有关体育的各类活动的期刊。

④ 体育科技类期刊指面向体育从业人员、体育科研与教学人员，专业性极强的体育期刊。

⑤ 张艳娟：《我国大众体育期刊的历史、现状及发展对策》，中国人民大学学位论文（2005年）。

球、篮球杂志问世了，首先是以报道综合体育为主的《当代体育》率先创造了正反两面，一面为足球一面为篮球的一刊双内容的模式，之后又推出篮球版、足球版、综合版，直至最后取消综合版；随着CCTV《足球之夜》的火暴播出，产生了名为《足球之夜》的杂志；《体坛周报》利用报道国内外足球的优势，推出了《足球周刊》《五环》《体育与画报》等综合体育杂志，为了生存也不得不摇身变成篮球杂志，结果起死回生，占领了不少市场份额。

此时，面对竞争激烈的篮球、足球杂志市场，另有一些杂志则将目光放在了寻找市场空白、发展前景良好并拥有一批忠实爱好者的项目上。像高尔夫、钓鱼、网球、健美等领域体育杂志也开始增加。

截至2006年年初，我国共有综合体育消费类期刊12份，单项体育消费类期刊72份，其中足球、篮球杂志分别有九份和八份，占到总数近1/4强，武术、健美、高尔夫、象棋等杂志也占有一席之地。

(2)体育科技期刊

体育科技期刊是一种面向体育从业人员、体育科研与教学人员的专业性较强的期刊。它的编辑、组稿、撰写与发行等环节，与体育新闻类内容的传播有较大的区别。它自己形成了一套独立的运行方式，所以不在本文的重点研究范围之内。

3. 新时期的电视体育新闻

(1)专业电视体育频道出现

在我国，由于受到经济、政治、广电行业等因素的制约，频道专业化进程从20世纪80年代后期才开始。改革开放以后，整个社会发生了巨大的变化，对我国电视媒体也造成了巨大的冲击，同时，由于受众、技术等因素也逐渐发生着变化，“专业频道”开始应运而生。

1993年12月12日，上海有线电视台体育频道开播，成为上海乃至全国第一家全天播出体育节目的专用频道。宗旨是“服务电视节目内容，提高全民体育素质”。它通过卫星转播、录播、现场直播等手段，向观众报道国内外体育赛事和消息。节目的特点是“全、快、大、多”，即播出赛事完整、全面，播出时间快，播出量大，播出的体育项目丰富多彩。

就像美国体育专业频道ESPN在初创时一样，上海体育频道面临着相同的困惑，频道资源有了，而赛事资源成为最大的问题，这时他们几乎将能够拿到的所有比赛都塞到了体育频道。

至2001年,上海文广新闻传媒集团成立,原属三个体育部(台)的机构合并为上海文广体育频道,提出以“新闻为框架、赛事为龙头、专题为辅助”为制作方针,“立足上海、联手华东、沟通京沪、面向全国、走向世界”的总体发展战略。

(2)央视体育频道

以上海有线电视台体育频道成立为始,各地专业体育频道大量出现,其中最有影响、实力最强的当属中央电视台体育频道。

1994年8月,北京地区突然空出了一个甚高频的33频道,教育电视台想要,中央电视台当然也想要。时任中央电视台体育部负责人的马国力早就有开设体育频道的想法,“先把频道占上,就像过去跑马圈地,先圈了然后再做”。就这样1995年1月1日中午12点,中央电视台体育频道正式播出,这之前虽有一年多的书面规划和办公室会议,但真正的操作期只有整整两个月。[①] 最开始体育频道仅在北京地区播出,体育节目总时数飙升至6432小时,至1996年,体育频道加密上星之后开始在全国播出,每天从8:30至次日0:08播出各类体育节目,大大扩展了传播空间。

体育频道成立之后,随着节目时长的增长,中央电视台对体育频道在人力、物力、财力上的投入不断增加。

1995年央视体育频道开播时,体育部只有27人,现在体育中心有400多人;1995年央视体育频道全年预算不到2000万元人民币,而2005年,仅节目制作费(不包括版权费、卫星费和技术费)一项就达到7000万元人民币;1993年体育频道的播出总量只有989小时,至2005年已经达到了8132小时(见表1—2);1999年体育频道只有20小时的自制节目,制作场次为7场,而2004年这个数字已经达到了850小时和250场[②];1995年体育频道一年广告收入是450万元,10年之后广告收入超过10亿,[③]成为中国最赚钱的频道之一。

央视体育频道目前开设的主要栏目有《体育新闻》《体育世界》《足球之夜》《天下足球》《顶级赛事》《精彩F1》《NBA赛场》《巅峰时刻》《早安中国》《棋牌乐》等栏目,内容包含了国内外重大赛事的现场直播、体育热点问题追踪报道、全民建设及娱乐、体育知识普及教育,每年把三大赛事、六项联赛、1200场赛事直接带到中国。

---

① 苗炜:《五魁首 CCTV—5十年纪实》,上海文艺出版社2005年版,第260页。

② 沈筱婷:《央视体育频道运营模式研究》,中国人民大学学位论文(2005年)。

③ 苗炜:《五魁首 CCTV—5十年纪实》,上海文艺出版社2005年版,第262页。

表1－2　中央电视台体育频道节目播出量表

年份	播出时数(小时)
1993	989
1995	6432
2002	7525
2003	7493
2004	7811
2005	8132

资料来源:沈筱婷(2005)。

(3)地方台体育频道

据《中国电视体育市场报告》数据显示,截至2003年年底,全国各地可收看的体育类频道共有42个,除CCTV－5和个别境外频道外,57.1%集中在省级电视台,38.1%集中在市级电视台,这些体育频道主要以播出赛事节目为主,节目总播出量占所有体育节目总播出量的75%。[①]

从当前情况来看,地方台中,形成了北京电视台体育频道、上海电视台体育频道和广东电视台体育频道三足鼎立的局面。

早在1993年,广东有线电视台成立了华南地区第一个专业体育频道,日播12个小时。由于当时的资源不够富足,制作力量也不够强大,体育节目的形态单一,受众有限,主要局限广东省部分地区,节目形式也局限为赛事的转播和体育新闻节目。直到2001年,市场经济的大环境促使广东广播电视传媒业经过整合,广东有线电视体育频道和广东电视台体育中心于7月份完成合并,成为广东电视台下属的专业频道,体育节目全天候24小时播出,广东电视台拥有地域优势,全国所有的境外频道都在广东落地,另由于语言的差异拥有特殊的受众群。

上海体育频道依托上海文广集团,拥有除央视外首屈一指的转播资源。

北京体育频道则走上了"百姓频道"之路,频道主人朱江说:"我希望把体育变成老百姓的一种生存方式,体育频道内容应是欣赏加参与,更多地增加文化、文艺、经济、人文成分。它探索着一条新的发展道路。"

① 沈筱婷:《央视体育频道运营模式研究》,人民大学学位论文(2005年)。

表 1－3　体育电视频道竞争状况表

年份	收视份额	央视	省级卫视	非上星电视台	城市频道	国外
2001	4.0%	68.8%	7.2%	21.7%	2.0%	0.3%
2002	5.4%	76.5%	3.5%	17.2%	2.1%	0.5%
2003	2.9%	71.7%	3.5%	20.1%	3.7%	0.6%

资料来源:沈筱婷(2005)。

2001～2003 年是国内体育电视频道发展的高峰,2003 年之后,许多体育频道在激烈的市场竞争中退出,如武汉、辽宁的体育频道已经撤销,黑龙江电视台也解散了原有的体育部,只保留一个体育工作室。其他地方体育频道虽经过几年发展,但仍处于起步阶段,面临规模偏小、经济实力差、人才匮乏、缺乏体育赛事资源、自制节目能力差等困难,举步维艰。其中一部分已经沦为保健药品节目的泛滥区。

(4)体育电视栏目的拓展

①《体育沙龙》

中央电视台体育频道成立后,在第一份体育频道的节目表上就安排了《体育沙龙》这个栏目,每周五晚播出,节目时长 90 分钟,采用现场直播形式。[①]《体育沙龙》成为中央电视台的第一个现场直播的谈话节目。

从一开始体育频道就把《体育沙龙》定位为现场直播节目,这一形式的出现,给看似死板的央视带来了一股辛辣之风。当时节目的制作者认为直播的谈话节目才叫谈话,才能吸引观众,也吸引主持人和被采访者。而且看似不给对方准备的谈话正是对谈话者智力和能力的尊重。凡是被邀请到电视台做谈话节目的一定是某一行业的佼佼者,都有他的过人之处,也都有相当的自信。当时邀请到的客人都是郎平、马俊仁、李永波、蔡振华等极富知名度的人物,又是带观众的直播,而且还引入了电话提问,所以这个栏目在当时非常受欢迎。[②]

1997 年上半年,《体育沙龙》不再被允许直播,起因在于一次口误。被邀请到演播室的一位客人说得起兴时露出了一句“国骂”,由于这位客人当时情绪激烈而且有些口音,在场的人们都没有注意,但还是被听到的观众一级级反映上来,后来高层一纸命令,《体育沙龙》改为录像播出。而后节目更名为《五环夜话》,到了 2003 年 3 月,因为收视率太低,它被停播,取而代之的是罗宏涛主持的《体育今日谈》。

---

① 苗炜:《五魁首 CCTV－5 十年纪实》,上海文艺出版社 2005 年版,第 285 页。

② 同上,第 256 页。

②《足球之夜》

在中国电视体育发展史中，《足球之夜》的创办以及它在电视体育报道相对程式化的时代，掀起年轻、前卫的电视文风，深度调查、报道的风潮，它如一股猛烈的飓风席卷电视体育报道领域，它所带来的深刻影响直到现在一直存在。

《足球之夜》堪称中国体育新闻界的一匹“黑马”，开播不久就成为中央电视台体育频道收视率最高的栏目，据统计，《足球之夜》最红火的时候，在中等以上城市收视率超过20%。[1]

《足球之夜》是中国电视史上播出时间最长的现场直播固定类电视杂志栏目。它以规模取胜、现场取胜、全国覆盖取胜。《足球之夜》喊出“球迷每周的节日”的口号，可以说它在电视足球报道乃至整个媒体的足球报道中起到了急先锋的作用。

1997年年初，甲A各队在昆明进行集训，为了能够在最快的时间把昆明的消息传给大家，《足球之夜》决定模仿美国的CNN新闻报道的形式，进行昆明和北京之间的双向直播。这次节目最终获得1997年度全国优秀电视体育栏目一等奖。随着对十强赛“全面、客观、尖锐”的报道，《足球之夜》已经居于全国报道足球的电视栏目龙头老大的位置。

在节目表现形式上，《足球之夜》也做了一些突破，将音乐巧妙地贯穿于各类节目之中，给观众留下了深刻的印象。《足球之夜》还借鉴纪录片的拍摄方法，大量跟队拍摄的亲近感、球迷闹事的画面，这种“更衣室”式的报道对观众来说很新鲜、很过瘾。它开创了足球节目的新形式。以往大家看足球，能看到新闻发布会的场面就不错了，在《足球之夜》则能看到球队赛前一天的准备，节目用讲故事的手法，能从一个特殊人物的角度来讲述一场比赛，这样的片子足够新奇。[2]

③《中国体育报道》

面对央视体育频道的强势，经典栏目的不断涌现。各地方台认识到，地方台资源的联合是有效的生存发展之路。这种合作一般是在大赛期间由若干地方电视台牵头，然后通过协作会或联合体进行分销和分享的。最初开始于1998年世界杯期间，全国20家无线台和15家有线台同时推出了上海制作的两个专题节目。

该节目以三地电视台体育部为核心制作力量，在各地电视台的密切配合下，推

① 张斌等：《因足球而说话——〈足球之夜〉这几年》，现代出版社2000年版，第293页。

② 苗炜：《五魁首CCTV－5十年纪实》，上海文艺出版社2005年版，第81页。

出了集中国体育新闻、赛事评述、热点追踪、人物专访等为一体综合性体育杂志节目。三家地方电视台联合投入人力物力制作一个固定栏目，无论从播出时间，还是从制作力量上，都具有一家电视台所无法达到的优势。

《中国体育报道》在节目内容设计上，采取了新闻的速度报道与深度报道兼容，注重深度报道；突发类报道与解释类报道兼容，注重解释类报道的方针。其编辑方针为："您最想知道的，您最该了解的，尽在中国体育报道。"在该节目收视调查中，受调查者知道《中国体育报道》节目的比重达98%，观看该节目的比例达到94%，认为可以从《中国体育报道》中获得不同程度帮助的比例达到98%。[①]

④《雅典猜想》

《雅典奥运》是一档融合了奥运新闻报道、赛场内外花絮、体育知识竞猜、文艺歌舞表演于一身的节目。《雅典猜想》成功汇聚了央视体育频道以往体育娱乐节目的宝贵经验(体育频道最早曾有《体育游艺宫》和《城市之间》两个娱乐节目，但开播一年就终止了，在2000年悉尼奥运会时推出《悉尼猜想》，后来又有2002年的《球迷世界杯》，再到2003年4月推出的《全明星猜想》)，并成为体育频道的常态节目。

与以往节目相比，它有奇怪的节目形态：《欢乐总动员》式的演播室、《开心辞典》式的体育知识问答、《艺术人生》式的体育人物访谈。[②] 这类节目所积累的经验为《雅典猜想》提供了很好的启示和施展空间。在雅典奥运前夕，《全明星猜想》改为《雅典猜想》，开播前，就获得了1000万的冠名，跟片广告达到10分钟。《雅典猜想》继续推广娱乐化的制作模式，请"水木年华"录制了一首主题曲，还请到杨坤、朴树等明星来参与主持，并且拉来单田芳用评书的方式来点评奥运会。[③]

在开播之前，节目编导就认识到节目被安排在中午13点播出，这离雅典比赛结束已经8小时，观众已经通过《早间新闻》《赛事直播》和《午间专题》对赛况了解的比较清楚，已经不能以新闻性内容作为主打，而猜谜似的《全明星猜想》就更加不适合了，于是将它定位于一个集精彩、游戏、谈话、表演一体的体育娱乐节目。

---

① 段炼：《跨地域联合的实例——〈中国体育报道〉》，广播电视体育新闻传播研究委员会编，《全国优秀电视体育记者论文集》，中国广播电视出版社2000年版，第242页。

② 苗炜：《五魁首 CCTV－5 十年纪实》，上海文艺出版社2005年版，第109页。

③ 同②，第110页。

4. 电视体育发展特色化之路

(1)单项频道模式

2001年,全国广电系统掀起频道专业化改革的浪潮,大连也筹划组建大连广电集团。以频道专业化为契机,2002年4月1日,大连电视台足球频道成立,成为全国第一个单项体育频道。在大连,足球是最具价值、最有人气、最富资源的运动项目。就大连电视台而言,本来就有足球节目的积累,专业人员的储备,其体育节目80%的内容是足球,足球频道的诞生是应时之举。

足球频道成立之后,主要在赛事转播和栏目方面围绕足球大做文章。

足球频道转播的足球比赛有国内甲A联赛、足协杯、部分女足联赛、甲B(赛德隆队)、乙级队(三德队)等。国外赛事如西甲联赛、英超联赛,同时对日本和韩国的足球联赛给予特别的关注。

在栏目上,足球频道依靠三个主要栏目来撑起——《足球圈》《足球城》《足球人生》。

《足球圈》每天一档,是杂志性足球节目,内容包括自制的节目、进行深加工和本土化的外购节目。节目在19∶00黄金时间播出,长度45分钟,是天天和球迷见面的常规主打节目。

《足球城》主要报道甲A联赛,围绕联赛进行,基本上在大连队赛前一小时就开始直播,在比赛的中场休息时进行评球,比赛结束后再直播约半小时。该节目是对赛事的有益补充,拉长了赛事直播时间,也拉高了赛事收视率。2002年,世界杯后大连主场和申花的比赛创造了当周大连五大频道中20.94%的最高收视率。

《足球人生》是一档谈话类足球节目,长度为60分钟,一周一期,全年固定每周五黄金时间播出。迟尚斌、球迷罗西、温莉蓉、张宏根、郝海东等人先后成为这档节目的座上宾。[①]

2005年8月,大连电视台足球频道改为文体频道。作为我国专项体育频道的先行者给中国电视体育留下了一笔经验财富。

(2)体育概念泛化

江苏电视台创建的体育休闲频道的特点主打"赢"[②]的概念,不再将最大的注

---

① 刘作庚等:《一个足球频道的昨天、今天和明天》,《媒介》2002年第10期。

② 这里的"赢"不仅指胜利,还有游戏、博彩的意思。

意力放在竞争激烈的赛事资源上，而将体育概念泛化扩展为体育休闲、健康指导、游戏娱乐、博彩益智而构成的“体育”。

江苏电视台2003年6月开始运作休闲频道，2004年5月18日，体育休闲频道成立开播。频道聘请英氏达公司进行包装，借鉴了上海电视台生活频道的理念，频道英文名为“CHANNEL WIN”。

在节目配备上，除了常规节目一天五档新闻（包括两档重播），体育休闲频道主要推出休闲和博彩类节目。休闲类节目包括DISCOVERY的休闲节目、健康节目、女性节目、服饰和生活类节目。博彩类如《夺标800》，是江苏台王牌节目，也是目前国内比较早的博彩节目。

（3）娱乐化之路

湖南卫视在体育节目方面，进行了他们比较擅长的娱乐化操作，推出了《我是冠军》《国球大典》《阳光伙伴》等娱乐化体育节目，此外，从2006年开始，湖南卫视承办劳伦斯冠军奖的颁奖典礼。

大众文化娱乐化是市场化和全球化的必然结果。湖南卫视娱乐化的体育节目策略首先满足了受众的需求；其次也是在电视同质化趋向中的创新和突破，走差异化道路；再次，走娱乐化道路对“娱乐立台”的湖南卫视来说是轻车熟路，是规避风险、扬长避短的合理选择；最后，走娱乐化道路有助于湖南卫视及体育节目打造成全国性的传播平台。①

5. 付费电视体育的出现

2001年11月，我国开始全面启动有线数字电视试验工程。到2006年年底，中国已在全国范围开播92套数字付费电视频道，在省内范围开播的有20套。

目前，我国的付费电视体育频道有SMG数字平台上的劲爆足球频道、速度频道和超级体育频道。广东电视台的数字电视平台有足球频道和高尔夫球频道等。央视的数字电视中则有风云足球和高尔夫·网球频道。

2004年，中央电视台最早开设两套体育内容的频道，分别是城市体育频道和足球频道。2004年11月29日，城市体育频道和足球频道分别改名为高尔夫·网球频道和风云足球频道。两个频道全天19个小时的播出。高尔夫·网球频道主要以国外高水平的高尔夫球、网球赛事为主，包括法国网球公开赛、ATP大师赛系

① 陈国强：《制度与新闻实践——当代中国电视体育新闻研究》，复旦大学学位论文（2007年）。

列赛、戴维斯杯、联合会杯网球团体赛、高尔夫球美国巡回赛、欧洲巡回赛以及世界杯系列赛等近60场顶级赛事。风云足球频道的内容包括欧洲足球五大联赛中的德甲、意甲、法甲、西甲以及世界杯、欧洲杯、美洲杯、亚洲杯、联合会杯、世界青年足球锦标赛、巴西足球锦标赛、亚洲冠军联赛等。

在上海有三个付费频道，2006年年末至2007年，SiTV旗下的劲爆体育频道将向付费用户提供1000多场精彩赛事，包括每周6场的英超直播和全程欧洲冠军联赛直播，其他各类最新的国际大赛直播和电视栏目。SiTV还拥有2007年的ATP网球大师杯全程9站赛事的转播权。从2006年11月起，SiTV拥有NBA 2006～2007年赛季全国独家高清直播权。

广东电视台在2005年10月10日开播了数字付费频道欧洲足球频道和高尔夫频道。欧洲足球频道是一个全天候播出欧洲足球节目的专业频道，也是中国第一个针对欧洲足球的专业频道，内容涵盖欧洲足球强国的各级联赛、杯赛，对足球资讯分众市场进行深层次开发，与体育频道构成互补态势。数字付费频道是由广东电视台自主开发的，节目中不插播任何商业广告，从节目开发到后期制作主要由民营节目制作商完成，广东电视台则承担了节目审查、编播及频道策划、运营、管理等工作。2006年天盛公司获得了2007～2010年三个赛季英超在大陆地区的独家转播权，中国观众免费看英超的历史告一段落。天盛投资4000万元在南京建立一个中国最大的数字电视频道呼叫中心，目前，天盛运营的欧洲足球频道已经在80%的实现数字电视平移的城市中落地，并在47个城市建立了大区、区域和驻地的三重营销结构。天盛希望依托广东电视台的“欧洲足球频道”，开始尝试付费收看的赢利模式。

2005年5月，贵州电视台开设天元围棋频道。它是国家广电总局批准成立的全国唯一围棋付费数字电视频道。它依托全国电视媒体首家创建的职业围棋俱乐部，凭借全国围甲联赛电视指定媒体的先天优势，提供详尽的围棋资讯。

6. 网络体育新闻乍现

随着多媒体计算机技术与现代通信网络技术的融合，出现的网络媒体，毫无疑问，是新闻媒介的又一次具有里程碑意义的革命。我国的网络新闻传播萌发于20世纪的70年代，迅猛发展于20世纪的90年代，其影响已经渗入人类政治、经济、文化生活的各个方面，成为与报纸、广播、电视并驾齐驱的第四新闻传播媒介。

我国的网络体育新闻起源于1997年“利方在线”(新浪网前身)对世界杯亚洲

区十强赛的报道。1998年，我国网络体育传媒在没有更丰富报道经验的情况下对1998年法国世界杯足球赛给予了大量报道，并一举获得成功，也造就了1998年世界杯的“网络三剑客”——利方在线、中华网、Chinabyte。“三剑客”的不凡表现，改变了网络媒体默默无闻的状况。

世界杯之后，依靠体育发家的“利方在线”一发不可收拾，成为中国的主流大网站，其后经过合并重组而成立了“新浪网”，进而建立了自己的网络新闻、娱乐王国；中华网是三剑客中收入与投入最大的网站，通过与中国电信、法新社的合作，中华网通过对世界杯的报道赢利320万元人民币；Chinabyte也迅速扩大自己的影响力，并直接促成专业体育网站“鲨威体坛”(后被TOM. COM收购)的建立。

当前我国网络体育媒体可以分为三种类型：

网络兴起体育媒体。它指某个组织或个人利用网站、主页等网路定期制作和发布体育新闻而形成的新闻传播媒体。它可以分为商业网站体育频道、专业体育新闻网站及个人体育网站。如新浪、搜狐的体育频道，华体网等都属于该种类型。

传统体育传媒上网。它指依托于报刊、电视、广播传统媒体在网上发布和制作体育新闻内容。如央视国际体育、中国体育报网络版都属于该类型。

体育机构网站。它指各类体育团体、组织利用互联网建立网站，通过网络发布信息提供服务。它包括官方体育机构网站与民间体育机构网站。如国家体育总局网站、中国篮协官网、北京国安俱乐部网站均属于该类型。

7. 体育新闻教育与体育新闻团体

中国的新闻教育萌芽于20世纪初，有较悠久的历史。以1918年北京大学新闻学研究会成立为标志，至今已经有80余年的历史。

新中国成立之后，新闻学教育在1983年始掀起热潮，开始了超常规的发展，1983年5月，中宣部和教育部联合召开新中国成立以来的第一次新闻教育工作座谈会，会议认为中国新闻教育所培养的人才无论数量和质量都不能适应新闻事业发展的需要，新闻教育必须在保证质量的前提下有较快、较大的发展。在这次会议的推动下，出现了新闻教育的办学热潮。

以此为契机，1985年，上海体育学院为适应新闻机构对于体育新闻工作者的需求，挑选了16名学生进行以新闻相关业务、知识为主的体育新闻写作班。学生毕业后受到了用人单位的好评。随后，1987年，又开办本科四年制体育新闻专业试点，由此也开启了我国体育新闻专业教育的序幕。

1999 年，我国的专业设置审批权由教育部下放到各省市，同时将体育新闻专业收归新闻学专业（体育新闻方向），由此各地再次出现了兴办新闻学专业的高潮。2000～2004 年，五年共增加 335 个专业点，平均每年增加近 70 个。截至 2005 年年末，我国新闻学类专业已达 661 个（新闻学专业 209 个，广播电视新闻学专业 146 个，广告学专业 232 个，编辑出版专业 50 个，传播学专业 24 个）。

20 世纪 90 年代，我国体育健儿频频在国际、国内赛场取得佳绩，全国足球、篮球职业联赛的火暴使得体育传媒得到了迅速发展，媒体对既懂新闻又了解体育的人才有很大的需求，但对体育新闻专门人才的培养却显得滞后。

为适应市场对人才的需要，南京师范大学、北京体育大学等高等院校纷纷增设新闻学专业（体育新闻方向）。截至 2005 年，全国各地已有 16 所高校开设了体育新闻专业，其中有 11 所体育院校，分别是上海体育学院（1987 年成立）、北京体育学院（2000 年成立）、首都体育学院（2004 年成立）、成都体育学院（2000 年成立）、南京体育学院（2003 年成立）、武汉体育学院（2001 年成立）、西安体育学院（2002 年成立）、广州体育学院（2000 年成立）、天津体育学院（2001 年成立）、沈阳体育学院（2004 年成立）、内蒙古体育职业学院（2004 年成立）；开办体育新闻专业的综合院校有十所，包括吉林大学（2000 年成立）、郑州大学（2004 年成立）、河南大学（2001 年成立）、南京师范大学（1999 年成立）、北京联合大学（2003 年成立）、苏州大学（1992 年成立）、北京师范大学、安徽师范大学、重庆大学、鞍山师范学院、湛江师范学院。①

截至 2005 年，体育新闻专业毕业人数累计近 2000 人，在校生超过 3000 人。

体育新闻是个年轻的学科，体育新闻教育更是刚刚迈开发展脚步，经过十几年的发展为新闻机构培养了一批体育专业编辑、记者、编导，有力地支持了体育新闻传播事业的发展，但同时我们也应该看到在这么短的时间内，体育新闻教育的规模和数量有如此快的发展势必会出现诸如骨干师资不足、专业教材缺乏、教学设备简陋、实验设施及渠道不够完善等方面的问题。此外，在当前新闻人才培养“供过于求”的大形势下，体育新闻专业学生如何开创就业新途径也是要面临的问题。

我国体育新闻团体组织最早出现于 20 世纪 40 年代传媒业发达的上海。当时随着报刊体育新闻的增加，从事体育报道的记者随之扩大，开始时体育记者多数兼

---

①　数据来自肖焕禹等：《我国体育新闻传播教育的现状、问题及发展方向》，《上海体育学院学报》2006 年第 6 期。

职,40 年代上海的专业体育记者队伍已达 20 余人。1946 年 10 月 20 日,有 14 家报社的体育记者在上海市体育馆组成体育记者联谊会,这是我国最早的体育新闻民间组织机构,该会在上海解放后解散。

新中国成立之后,很长时间没有专门的体育记者组织或社团,随着体育报道在报纸、杂志、电视中的比重增加出现了越来越多的体育专业记者,在北京、上海等地他们自发组织起来进行体育竞赛或者业务交流。

1979 年 9 月,中国体育记者协会于北京成立,成员是由全国报刊、通讯社、广播、电视和出版社等从事体育报道的记者、编辑、播音员、评论员、摄影摄像人员以及体育宣传工作者自愿组成的全国性、行业性群众团体。

同时它也是中华全国体育总会、中华全国新闻工作者协会、国际体育记者协会、亚洲体育记者联盟的会员。

中国体育记者协会采用委员制,团体的最高权力机构是全国委员会。目前,作为中国体育记者协会的会员,全国已有 28 个省、自治区、直辖市成立了自己的体育记者组织。

此外,全国各地还有一些松散的专项体育记者组织,如全国委员会。全国委员会委员由各团体会员单位推举产生。全国委员会每届四年,现有委员 181 名。协会设有秘书处、业务研究部、公关活动部、外联部四个日常办事机构。协会还有 7 个二级学会,如全国日报体育新闻学会、全国晚报体育新闻学会、全国体育电视联合体、全国有线电视体育传播委员会、全国体育专业报刊学会、全国广播电台体育记者学会、全国体育摄影学会。

本章思考题

1. 在古代埃及、希腊与罗马,体育在媒介上呈现出何种表现?
2. 媒体技术的发展对体育报道产生了什么影响?
3. 电视体育报道是如何兴起并成为体育新闻报道主流的?
4. 中国近代体育新闻是如何出现的? 其主要报道内容是什么?
5. 新中国成立前《体育季刊》是如何创办的? 有何经营特点?
6. 新中国成立前的国术期刊为何获得了迅速的发展?
7. 新时期中国电视体育新闻的发展有何特点?
8. 中国体育新闻的发展经历了哪几个发展阶段?

第二章
体育新闻的类型与特点

第一节　新闻与体育新闻

一、新闻与新闻事业

新闻是新近发生或变动的事实信息。[①] 随着知识经济时代的到来，人们越来越意识到信息对个人、组织、集团、社会等的重要价值。新闻事业作为信息、文化事业和产业的重要组成部分，已经成为对人类生活与社会发展产生重要影响的行业，而且将在今后发挥越来越重大的作用。近些年来，我国的新闻事业不断改革，发挥了多种作用。我国的新闻事业，一方面，充分开掘各类信息资源，使人们能够通过新闻媒介的传播获取大量具有新闻价值的信息，满足广大人民群众的多元化、个性化的信息需求；另一方面，还要做好党和人民的耳目喉舌，对社会进行舆论引导与监督，促进我国的社会主义现代化事业的发展，推动和谐社会建设。同时，我国的新闻事业还发挥为民众传播知识、文化和文明，提供娱乐与消遣等功能。

二、体育新闻的含义

新闻按照不同的标准可以分为许多类型。按照新闻传播的信息内容和类型的

① 《辞海》，上海辞书出版社 1999 年版，第 4082 页。

不同,可以分为政治新闻、经济新闻、社会新闻、科技新闻、体育新闻……由此可见,体育新闻是现代新闻传播事业的一个组成部分,它是各类新闻报道中的一类独立的报道类型。

体育新闻套用新闻的定义,就是新近发生或变动的体育事实信息。那么,究竟什么是体育呢?

"体育"一词在世界上出现的历史并不长。欧洲最早始见于1762年卢梭的《爱弥儿》一书中。19世纪末,"体育"一词才从日本传到了中国。鸦片战争后,西洋体育进入中国。1897年康有为编辑《日本书目志》一书,在此书的"教育学书"目录中,收录了日本毛利山太郎与神保涛次郎合著的《体育学》。这就是"体育"在中国的最早出现。

体育,根据《中国大百科全书》的定义,是指通过锻炼身体,达到增强体质、发展体力、丰富文化生活目的的一种社会活动。它是人们锻炼身体、延长生命的重要方法,是与德育、智育、美育等相配合的整个教育的组成部分。体育还以竞技的形式,作为社会文化生活的内容和各国人民之间加强联系的纽带。因此,体育的含义包括两个方面:其一,指以发展体力、增强体质为主要任务的教育,它通过参加各项运动来实现;其二,指以锻炼身体、增强体质为目的的各种活动。

体育的丰富含义决定了体育事实信息蕴涵着广泛的内容,使得体育新闻报道的范围非常宽广。其中既包括大家熟悉的各种正式的体育比赛,如夏、冬季奥运会一类的综合运动会、各运动项目的单项世界杯赛、世界锦标赛等,也有钓鱼、健美、漂流、攀岩等趣味体育活动以及围绕着体育活动发生的各种各样的事情。

三、体育新闻的传播价值

现代社会中,体育运动与大众传播媒介之间已形成了高度的互相依赖、互相支持、互相渗透的紧密关系。随着体育事业的发展和人们生活方式的变化,体育必将成为社会各界越来越关注的社会热点,而体育事业在自身发展的同时,必将促进传媒事业特别是体育新闻的繁荣。一方面,体育依靠大众传播媒介在社会上树立了独特的地位,形成了巨大的影响,大众传播媒介成为推动现代体育运动发展的最强大动力之一;另一方面,大众传播媒介也需要体育信息来丰富报道内容,争夺受众的注意力,体育新闻已经成为现代大众传播媒介不可缺少的支柱性新闻报道类别之一。

随着体育运动的迅速发展,体育已经不仅仅是人们传统观念中的身体活动手段,人们也不再仅仅是为了增进个人体质的健康而参与到体育中,体育逐渐成为人们日常生活中不可缺少的一部分。随着社会的发展,国际体育竞赛日益增多,规模也越来越大。现代奥林匹克运动会自 1896 年开始举办,至 2008 年已经举办了 29 届。除奥运会外,还有世界大学生、中学生以及各大洲的综合性运动会,各种运动项目大都有单项世界锦标赛和世界杯赛,每年的运动竞赛达几千次。20 世纪 90 年代以来,现代体育不断扩展外延,已经逐渐发展成为一个新兴的产业。现代体育运动的这种快速发展与体育信息的广泛传播有着密切的关系。通过不同媒介各种形式的体育新闻报道,满足了大众对体育运动多方面、多层次的信息需求,扩大了体育运动的影响力,体育运动在信息时代和现代文明中的价值与作用被越来越多的人所认可。例如,奥运会、世界杯等一系列重要赛事为世人所瞩目,与各类新闻媒介对体育的热切关注有关,同时这些重要赛事还以向大众传播媒介出售转播权和广告等形式获得巨大的财政支持,可以说这也是大众传播媒介对现代体育运动的积极推动力之一。

体育新闻作为新闻事业的重要组成部分,一直受到广大受众的喜爱。今天,体育更是变得无处不在,成为各类媒体争相报道的宠儿。许多报纸都投入大量的版面刊载体育新闻,众多广播电台、电视台也开辟了专门的体育栏目和专业化的体育频道,体育类专业报刊、电视频道成为最吸引受众的媒体,网络上的体育新闻成为点击的焦点之一,各种大型运动会和专项体育盛会召开的日子往往成为各国记者们大显身手的时机,体育报道器材和报道手段也日新月异。这是因为大众传播媒介承担着的主要职责,就包括向广大受众及时提供他们所关注的有关体育运动的最新信息,以各种报道手段和形式来满足大众的体育讯息需求,同时,也是各类媒体扩大自身影响、争取受众群体的必要新闻品种和报道内容。近年来,随着人民群众生活水平的日益提高,人们对业余文化体育生活的需求明显增强,新闻媒体越来越多地承担起文化娱乐的功能。但是,体育新闻的根本任务,依然是向受众报道有关体育运动的具有新闻价值的最新信息,其宗旨是通过大众传媒对体育运动及其相关事实及时准确的报道,以满足大众的精神文化需要,传播体育文化,并通过大众传媒特有的舆论监督功能对体育运动的健康发展产生积极的影响。

在未来,随着社会和体育产业的发展日趋成熟,人们将会更清楚地认识体育在社会前进与发展中的重要作用，体育新闻报道将不再只是人们茶余饭后的谈资，不仅仅扮演消遣娱乐的角色，体育新闻的传播必将有更大的进步。体育新闻事业的突飞猛进，促进了新闻事业的繁荣与发展，它给体育媒体带来丰富的信息，而大众物质文化水平的提高，体育观念、体育意识的增强，对体育新闻信息的增长，也会促进体育新闻信息传播规模和水平的提高。

第二节　体育新闻的类型、报道范围与指导思想

一、体育新闻的类型

按照不同的分类标准，体育新闻可以分为多种类型。

1. 按照事实发生的状态进行分类，有突发性体育新闻、持续性体育新闻、周期性体育新闻。

突发性体育新闻是指那些发生之前没有前兆、不可预测或难以预测，突然发生、场面转瞬即逝的事件。体育比赛中充满了不可预测性，这其实也是体育的魅力，因此在体育新闻中有大量此类报道。

持续性体育新闻则是在一个不断发展的新闻事件，可能会持续一段时间，在事件发生、发展、高潮、结束的各个阶段，都对事态的不同进展阶段进行追踪报道，而不是等待事件有了最终结果才进行报道。很多体育新闻报道的新闻事件都是在一段时间内逐渐展开的，这个时候持续性新闻可以从各个方面来展现新闻事件的全貌。

周期性体育新闻是新闻事件在相对固定的时间间隔里发生的。很多体育赛事都是有明确的举办周期的，如奥运会和足球世界杯每四年举行一届，各单项世锦赛多为两年一届，各国足球职业联赛一周一回合等。由于这些报道具有固定性和周期性，如何在这类新闻报道中寻找新闻的价值与报道亮点，就成为记者、编辑非常重要的任务。

2. 按照报道的内容进行分类，一般可分为体育政治新闻、体育经济新闻、体育科技新闻、体育文化新闻等。

在每一个类型中都有非常丰富的内涵，具体有以下内容[①]——

(1)体育管理与决策信息：体育宏观管理与体育战略决策、指导的信息，包括体育事业、体育领域的各种方针、政策、法规、制度、计划、纲要及其措施落实情况，体育管理机构与各级政府的工作开展，与经济、教育、文化、卫生等其他部门的合作、协调，与国内外体育机构、体育组织的交流联系等宏观信息。

(2)教学训练信息：体育教学和运动训练的理论、方法、手段等方面的信息。包括对不同教学训练对象传授锻炼身体的知识、技能、方法，提高体格体能、心理和运动能力，以达到最佳教学训练效果所采用的新观念、新手段、新教程等信息。

(3)运动竞赛信息：与运动竞赛相关的信息。它包括主、客队的竞赛历史，队员身体机能状况，技、战术特点，教练员赛前准备，赛场环境，比赛的规则、规程，赛后对比赛的评述，对赛况技术资料的统计、分析，各项成绩的记录等。

(4)体育科学信息：这是关于体育科学技术的发展动向、水平和成果的信息，包括体育自然学科，如运动生理学、运动解剖学、运动医学等学科信息；体育社会科学，如体育伦理学、体育哲学、体育美学、体育史等学科信息以及体育人文、体育管理等学科信息。

(5)体育设施、设备、物资等信息：体育运动场馆、器材、设备、服装的设计、研究、开发、配备和使用、管理等后勤提供保障方面的信息。

(6)体育经济信息：体育产品的生产、消费，体育俱乐部的经营、管理，体育彩票的发行、运作，体育赛事转播、报道权利的转让、使用等属于体育产业方面的信息。

(7)与体育相关的其他信息。

体育新闻还有其他一些分类方法，例如：

1. 按照新闻发生的地区与影响范围进行分类，可分为国际体育新闻、全国体育新闻和地方体育新闻。

2. 按照新闻传播的媒介与渠道进行分类，可分为报纸体育新闻、广播体育新闻、电视体育新闻、网络体育新闻、手机体育新闻等。

近些年来，网络体育新闻发展迅猛，对传统媒体的体育新闻报道产生了巨大的影响和冲击。不仅许多门户网站都专门设有体育频道，而且越来越多的专业体育网站不断涌现，掀起了网络体育新闻的竞争。

---

① 任广耀主编：《体育传播学》，高等教育出版社2004年版，第42页。

随着新技术的不断发展，在未来，相信有更多的新兴媒体会陆续出现。因此，根据此种标准对体育新闻进行分类，还将在原有的类型中添加更丰富的内容。

3. 按照信息传播的载体进行分类，可分为文字体育新闻、图片体育新闻、电声体育新闻、音像体育新闻。

4. 按照新闻的效应或新闻与读者的关系进行分类，有硬新闻与软新闻。硬新闻关系国计民生以及人们切身利益，较为严肃，意义重大，有极严格的报道时间要求。一般来讲，在硬新闻的报道中，要尽可能准确，信息尽可能量化。虽然体育新闻从整体上讲，不如时政新闻、经济新闻在新闻的硬度上强，但它的很多报道内容还应纳入硬新闻的范畴。如奥运会的竞赛报道，各家媒体都在争分夺秒地抢时效；体育领域中的政策、法规等的报道意义重大，不仅在体育领域发挥作用，对社会的其他领域也会产生相关影响；国际的体育交流、体育科研领域的最新发展等相关报道也都是非常严肃的。

软新闻的人情味较浓，知识性、趣味性较强，它和人们的切身利益并无直接关系。软新闻报道的主要目的在于给受众提供娱乐，开阔眼界，增长见识，陶冶情操，或作为人们茶余饭后的谈资。因此，软新闻的发生往往没有明确的时间界限，多数属延缓性新闻，在报道上不像硬新闻般有时间的紧迫性。但是，软新闻的写作非常讲究写作技巧，要用生动活泼的方式引起受众的关注。人们获取体育信息在很大程度上是为了放松身心、享受快乐，因此在体育新闻的报道中充满了大量具有娱乐性和人情味的内容，这些软新闻与体育新闻中的硬新闻相得益彰，共同构成了体育新闻丰富多彩的报道内容。

5. 按照报道的体裁与形式进行分类，有体育消息、体育通讯、体育特写、体育评论等。

在不同媒体中，体育新闻的具体划分更为细致，并由于不同媒体新闻的制作特点而有所区别，如在广播电视媒体中出现了大量的体育新闻专题节目、体育新闻杂志型节目和现场实况直播等，而这些在平面媒体中是没有的。所以，在此分类标准下，体育新闻的类型衍生出多种交叉类型，而且随着体育新闻报道的日益丰富与发展，相信会有更多新的报道体裁与形式在广大受众面前亮相。

二、体育新闻的报道范围

体育新闻的报道范围自然要覆盖体育的全部内容，可以说，凡是体育所涉及的与体育所相关的，都应当列入体育新闻报道的关注领域，成为体育新闻报道的应有之义。

一般来说，体育新闻报道有广义与狭义之分。这是由于按照体育活动的形态划分，体育新闻的报道内容可分为动态体育和静态体育两大类别。动态体育主要指各类竞技体育的比赛活动以及学校体育、群众体育、军事体育的开展情况。通常来讲，狭义的体育新闻报道主要为动态体育的相关报道。静态体育则指各类体育活动之外的、与体育运动相关的各类活动，如体育运动有关方针政策的制定与贯彻、体育比赛有关规则的制定与修改、体育法律活动、体育机构的日常管理工作、体育赛事的申报、体育场馆等相关基础设施的建设、体育科研、体育经营与管理活动等。静态体育的相关报道由于涵盖了与体育相关的广泛内容，因而被称为广义的体育新闻报道。

体育新闻的报道范围非常广泛，按照体育的性质不同，可以分为竞技体育、群众体育、学校体育、军事体育、体育政策与体育法律、体育经营与管理和体育科研、体育社会新闻八大类。因此，体育新闻的报道范围比较广泛，从大的方面看，主要有以下几个类别：

1. 竞技体育

竞技体育是以竞赛为目的的体育运动。它要求竞赛者通过各种方式的训练，以求最大限度地提高自己的体能和技术、技巧，并在比赛中争得优异成绩。竞技体育是体育的重要组成部分，体育的魅力在很大程度上是通过竞技体育表现的。

竞技体育是体育新闻中最重要的报道内容，也是受众最为关心的报道内容。竞技体育在所有体育新闻报道中占的比例约在60%～69%之间，远远高于学校体育、社会体育的报道量。①

由于竞技体育的项目繁多，可以进行新闻报道的内容就非常丰富。奥运会、大型的综合性竞赛之所以受到人们的广泛关注，成为媒体报道的热点，首先就是因为其比赛的项目繁多、水平高超，可以满足不同人的观赛需要，凝聚人们的注意力。如夏季奥运会和冬季奥运会就包含了不同类型的项目。像2008年北京夏季奥运会中包括了28个大项，如田径、游泳、足球、篮球、排球、体操、跳水、乒乓球、网球、曲棍球、手球、射击、举重、击剑、柔道、摔跤、射箭、拳击、划艇、赛艇、帆船、自行车、马术等，每个大项又设置了更为细致的小项，有302个小项，如体操就包括了男子

---

① 张柏兴、汪宗保、龙长征编著：《专业新闻报道》，浙江大学出版社2005年版，第284页。

的鞍马、吊环和女子的平衡木、高低杠等。2006 年都灵冬季奥运会的比赛项目有冰球、滑冰(速度滑冰、花样滑冰)、滑雪(高山滑雪、越野滑雪、跳台滑雪)、现代冬季两项(滑雪+射击)、有舵雪橇和无舵雪橇、冰壶等多个项目。一些单项体育比赛,如F1、世界摩托车锦标赛、世界汽车拉力赛、世界帆船比赛也因其各自的独特魅力,吸引了成千上万人的"眼球",自然这些竞赛的相关报道会在媒体中占据一席之地。

竞技体育的比赛项目繁多,之所以每个项目都拥有众多的拥趸,成为各类体育报道的重头戏,关键是其新闻价值很高。竞技体育具有强烈的对抗性,比赛始终充满悬念,甚至经常在最后一刻出现大翻盘、改变比赛结果的情况,这种不可预知的特性符合人们追求刺激、新鲜的心理需求,自然受到受众和媒体的特别偏爱。

竞技体育比赛的新闻报道从某项比赛赛事的组织和准备、比赛实况和结果、赛场上出现的各种有特点的人和新鲜的事、比赛中出现的问题、值得注意的倾向到赛后的相关评论、球迷的反映、与之相关的各个领域的变化等,都是体育新闻的报道范围。换句话说,凡是与国内外重大竞技体育比赛相关联的新闻事实,能够成为比赛看点的内容,都是媒体必须予以关注,需要挖掘其报道的价值与意义的。一般来说,竞技体育比赛的新闻报道主要涉及的内容为:

(1)比赛过程和结果

竞技体育的最终目标是分出输赢、上下,只有在少数情况下会出现平局的结果。每一个运动员站在比赛场上都想赢得比赛、战胜对手、获得荣誉,使得平日的努力与辛苦得到肯定与奖赏。比赛的结果是竞技体育比赛的基本看点之一,受众了解比赛,首先也是关注比赛的输赢,无论以何种心态关注比赛,"谁赢了"都是绕不过去的问题。虽然很多时候我们都在强调不要仅仅以胜败论英雄,但是体育的竞技性和功利性决定比赛最本质的问题是结果。尤其是对于一些晋级、夺冠的比赛,人们更是对比赛结果愈发重视。一些由于偶然因素导致的特殊情况,更受到体育新闻报道的青睐。一方面是因为这样的新闻事件充满了反常性,新闻价值大;另一方面是因为这样的比赛往往具有浓厚的感情色彩,对众多体育爱好者来说,在情绪上还会产生巨大的冲击。

竞技体育的比赛过程是整个赛事的核心部分。一场体育比赛的输赢只是结果,只有到比赛的最后一刻才可以见分晓。而这个结果的获得,必须依赖于整个比赛过程的艰辛努力。不同的竞技体育项目之所以能够异彩纷呈,就在于它们有各自的特点和要求,即不同的体育项目有不同的技术动作和不同的战术配合。比如说足球项目反映技术水平的动作有踢球的脚法、传接球、头顶球以及控球能力等；篮球项目有运球、传接球、投篮；体操项目有助跑、起跳、空中动作、落地等，都属于个人技术的范畴。这些技术动作在比赛中运用得是否合理、正确完成的成功率多少会直接影响比赛水平的发挥。在集体项目中队员之间的战术配合也很重要，如果仅仅是队员个人的技术水平不错，而相互间的战术配合欠佳，那么同样会影响全队整体水平的发挥。

技战术水平的优劣是体现体育比赛质量的重要因素，因此它是体育比赛的重要看点。受众关注的内容，自然应当成为体育新闻报道不可缺少的部分。技战术水平是体育运动的灵魂，尽管人们关注比赛中的输赢问题，对体育真正感兴趣的受众却更注重比赛双方的技战术水平，因为技战术水平决定了一场比赛的质量。体育比赛中运动员所运用的技术和战术是争取比赛胜利的关键因素。人们欣赏体育比赛就是要看整个比赛过程是否精彩，是否引人入胜，这一切都离不开贯穿于比赛全过程的每一个技战术环节。

一场体育比赛往往持续较长时间，不可能整个比赛过程的每分每秒都是要详细描述、值得报道的。一般来讲，体育比赛讲究节奏，有快有慢，有稳有狠，体育比赛的过程总是跌宕起伏的，有高潮、有低潮，也有平淡无奇的时候，精彩的场面会随着比赛的进程和节奏而随时出现。在体育比赛中，精彩的场面有时只是一瞬间的闪现，有时可能会频频出现。正是这样紧张激烈、高潮迭起、难以预测的突出特点使得赛场上的运动员们情绪亢奋、奋勇拼搏，同时也影响了比赛观众的情绪变化，使观众为之振奋、为之欢呼。正是由于这些精彩的时刻，把比赛推向一个又一个高潮。

当然，有些比赛项目，由于自身的特点和要求，表面看上去显得异常宁静，譬如射击、棋类等项目，但实际上比赛场面同样紧张激烈，跌宕起伏。所以，在对比赛过程的报道中，不能像记流水账一样叙述全场的比赛过程，而要选择那些能够给受众留下深刻印象的精彩片断进行议论和品评，记录下在这短短一瞬间里运动员表现出的高超技艺和机智。而这种高超的技艺和机智是基于运动员的先天禀赋与后天的艰苦训练的结果，并非一般人所能达到。因此，比赛过后对这些精彩瞬间再进行详细的报道才能引起受众的兴趣，他们才会津津乐道，甚至即使已经在比赛的当时看到，仍乐此不疲，愿意不断地回味。体育比赛的精彩场面虽然短暂，却是全场比赛的精华，是对全场比赛的概括，因而能给观众留下深刻的印象。一场比赛之所以会被人们认定为经典赛事，常常提及与议论，其中必然蕴涵着丰富的精彩片段，值得再三品味，所以体育比赛的精彩片刻应该成为竞技体育报道的重中之重。

电子媒介的出现与发展，给竞技体育比赛的过程与结果报道带来了根本性的变革。在平面媒体上，只能依靠体育记者的现场观察与体验，用文字和图片对比赛进行报道，但是电子媒体尤其是电视和网络，已经实现了通过特殊的技术手段在现场对赛事进行同步直播。电视的比赛现场直播可以根据需要在赛场的不同位置安放多个摄像机位，从各个角度立体地转播比赛实况，为观众提供高质量的比赛画面和场景报道，同时还采用镜头回放、慢放、特写等手法，在比赛出现精彩瞬间的第一时间让观众能够通过不同方式多次、仔细地观赏。网络新闻媒体利用其视频和音频技术，创造了网络赛事直播这一全新的报道形式，并利用网络独特的互动性特征，实现了观众在比赛的同时进行交流、评论的功能。另外，在电子媒体的现场直播体育比赛的过程中，专业的体育播音员与解说员对比赛实时的评说，也为受众观看比赛提供了指引与向导。

(2)赛前预测或转播预告

信息时代的体育新闻已经不再满足于对比赛过程和结果的报道。在当今世界，每天有多种比赛和其他各种体育信息大量涌现。要想做好体育报道，媒体需要更好地为受众提供信息服务，让他们能够在有限的业余时间里，及早发现并了解自己需要的比赛信息。受众需要在比赛前就能够获知相关情况，因此媒体提供赛前转播预告或预测等信息服务，恰好满足了受众这样的需要。对于平面媒体而言，由于在时效性上难以和广播、电视、网络等媒体展开竞争，需要开拓新的报道领域。同时体育博彩等受到越来越多人的关注与喜爱，使得参与的群体每天越来越重视赛前报道，致使赛前报道的分量越来越重。

赛前报道是在重要的体育赛事举行之前，媒体提前介入，通过记者的采访报道和相关背景资料介绍，围绕比赛有关情况所进行的报道。通常来讲，媒体会对赛前的各种信息予以全面报道，主要内容包括参加比赛各方的基本情况、运动员特别是体育明星的状况，教练员的比赛部署、比赛的特殊装备、场地、气候、球迷的反应以及可能对比赛产生影响的其他因素、预测比赛的结果等。赛前报道采用的形式主要有赛前预报、赛前动态、赛前预测等。

(3)赛后报道

赛后报道是在比赛结束以后，媒体对比赛的结果、过程、比赛中发生的各种情况以及赛后人们的反应等予以及时报道与评论。在广播、电视、网络等电子媒体兴起之前，平面媒体由于报道及出版时间的原因，对体育赛事的报道大都集中在比赛之后，那时赛后报道主要采用消息的形式来报道比赛结果与过程，赛后报道和今天的赛后报道的意义差异显著。这是因为随着电子媒体对体育赛事报道的深入，它们可以用先进的技术、采用现场直播等形式在比赛的同时就将比赛的过程和结果传递给广大受众，从而使报道的时效性发生了巨大变化，迫使报纸等平面媒体不得不改变传统的、以消息报道为主的赛后报道的做法，赛后报道更多地使用通讯、特写、访谈等深度报道形式，并出现了大量的体育评论，这就要求记者在赛后报道的广阔度、纵深度和精细度上进行不断的挖掘，找到报道与评论的亮点。

赛后报道一直以来都是体育新闻报道的重要组成部分。赛后报道的内容非常广泛，涉及赛事内外的各种要素，如赛后记者招待会的内容、运动员和教练员对比赛的评价、观众和体育迷的反应、赛场内外的花絮、相关体育协会与组织的动态和其他方面的活动等。在每一场重要比赛结束后，记者和编辑需要迅速、及时、准确、完整、深入地对比赛后各方面的信息进行报道。这时，比赛场上运动员的竞技暂时告一段落，而体育新闻工作者的场外竞赛将变得异常激烈，他们要在极为有限的时间内作出高品质的赛后报道，争取在同行中能够占据报道的主动与优势。

(4)人物特写

竞技体育的赛场上，人永远是这个大舞台上的主角，而体育明星则会释放出最耀眼的光芒。如果比赛场上缺少了明星，那么体育比赛就会黯然失色、惨淡无光。为什么 2008 年北京奥运会的门票销售中，男子 110 米栏的比赛从预赛到决赛的所有门票都卖得异常火暴？当然是因为刘翔会出现在比赛的起跑线上。赛场上体育明星的高超技艺、精彩表现、人格魅力令无数的观众折服，为体育比赛增辉添彩，他们巨大的影响力唤起了人们崇尚体育的热烈情绪。

体育人物的相关报道是体育新闻报道的重要内容之一。出现在这些报道中的人物包括运动员、教练员和其他有关人士，这是新闻媒体对体育界的典型人物及其典型事件所进行的报道，训练和比赛自然是其中必不可少的内容，赛场外的日常生活、工作、学习等情况也会成为受众关注的部分，他们想认识一个个活生生、有血有肉的人。一般情况下，出现在人物特写中的体育人物大多是体育明星，包括明星运动员和教练员等。毋庸置疑，在个人项目上，表现突出的运动员及其教练员会成为人们关注的焦点，即使在集体项目的比赛中，明星队员在比赛中是队中的核心，全队的技战术配合方案都是围绕着明星队员以及其他核心队员来制定的，因此他们会格外引人注目。但是，在体育人物的相关报道中绝不能仅仅局限于这些人，那些为成就体育明星而默默奉献的人同样非常具有报道价值，如乒乓球、柔道等项目中的陪练，不同运动队的队医、按摩师等，以往的一些聚焦于这类人的特写都曾经在社会上引起广泛影响。

2. 群众体育

群众体育是指以健身、娱乐、休闲、医疗和康复为目的的体育活动，或者说是社会大众参与的一般性体育活动。同竞技体育相比，群众体育的目的旨在通过锻炼身体，增进健康，并在锻炼的过程中享受生活、享受快乐。随着广大人民群众闲暇时间的增多和生活质量的提高，形式多样的群众体育活动在我国广大城乡蓬勃开展。长跑、健身操、武术、龙舟、钓鱼、跳舞、门球等项目，已成为我国广大人民群众十分喜爱的体育运动内容，对于增强人民体质发挥着重要作用。群众体育在我国的发展历史源远流长，并随着社会的发展更加多样化。许多传统的群众体育项目依然被保留，新的群众体育项目仍然在不断增加。

群众体育可以报道的内容十分广泛。从群体上分，有社区体育、职工体育、妇女体育、老年体育、伤残人体育、少数民族体育等。从项目上看，既有各类集体性的业余竞赛活动，也有个人的各种健身休闲活动。同时，作为民族文化的一部分，群众体育的发展过程深受本民族文化传统的影响，带有明显的民族特色。因此，各国都有风格各异的群众体育活动，这为群众体育的报道提供了取之不尽、用之不竭的报道素材。

在我国，"发展体育运动，增强人民体质"是开展体育运动的根本方针。1995 年 6 月 20 日，国务院发布了《全民健身计划纲要》。1995 年 8 月 29 日，第八届全国人民代表大会常务委员会第十五次会议通过了《中华人民共和国体育法》，其中规定："国家发展体育事业，开展群众性的体育活动，提高全民族身体素质。体育工作坚持以开展全民健身活动为基础，实行普及与提高相结合，促进各类体育协调发展。"因此，报道群众体育活动开展的情况，认真宣传各地开展群众体育活动的经验，宣传其典型事例，传播体育知识和健身方法，推动群众性体育活动的发展，引导广大人民群众积极参加体育活动，进行科学的锻炼，促进《全民健身计划纲要》的实施，是体育新闻媒体应当承担的职责。

群众体育报道的主要任务是：宣传党和国家的体育方针和政策，推动体育改革和发展；宣传群众体育中涌现出来的典型人物和典型事例；宣传健康科学的体育健身方法；揭露和批判那些打着“体育健身”幌子实则是违背科学的东西；通过媒体的报道来推动和促进群众体育的开展。[①]

3. 学校体育教育和体育活动的开展情况

学校体育指的是学校所开展的以发展体力、增强体质为主要任务的教育，通常通过体育课教学、课外体育训练和体育游戏活动等来实现，它是学校教育的一个重要组成部分。开展学校体育，目的是增强青少年学生的身体健康，培养其自觉锻炼身体的意识，建立顽强拼搏、公平竞争和服从团体的观念，组织青少年学生参加体育活动并使其掌握科学的体育锻炼方法。全国大、中、小学的体育教育和体育活动，是体育事业的重要组成部分，也是落实我国教育方针的重要措施，直接关系到国家未来人口的素质。因此，认真报道学校的体育教育和体育运动开展情况，是体育新闻界的重大责任。校际的比赛、学生的体育活动、青少年的健康状况等相关报道都经常在媒体上出现，学校体育应该是体育新闻报道中不可缺少的内容。

党和政府对学校体育教育和开展体育活动极为重视。1979 年，教育部颁发了《高等学校体育工作暂行规定》(试行草案)，规定在校大学生三年级以下除每周两学时体育课外，还要求每天做早操和课间操，每周参加两小时以上的活动。各高校广泛开展以系、年级、班组间的体育比赛，还定期召开学校运动会。对中小学，教育部也编写了相应的体育教学大纲，提出了学校体育的奋斗目标和阶段性要求，并在师资、经费方面予以扶持。这些措施必将有效促进各类学校体育教育和体育运动的开展，为体育新闻开辟广阔的报道空间。

4. 军事体育

体育的产生和发展，自始至终都和军事活动有着密切的关系。随着社会的发展，科技水平的提高，战争的方式在不断地演变，现代战争已经不再是肉搏战。但是，军事体育的功能不但没有被削弱，反而得到了进一步加强，各国政府和军队都非常重视本国的军事体育的发展。

1948 年，比利时、丹麦、法国、卢森堡和荷兰五国发起成立了国际军事体育理事会，总部设在布鲁塞尔。国际军事体育理事会的宗旨是发展各会员国军队之间的友好关系，促进体育运动的发展，并为争取世界和平作出贡献。国际军事体育理

---

① 郝勤著:《体育新闻学》，高等教育出版社 2004 年版，第 61 页。

事会每年都组织会议、比赛和技术训练班等活动。竞赛项目有军事五项、海军五项、空军五项,跳伞、摩托车、定向赛跑、射击、滑雪、越野、篮球、排球、足球、手球、网球、曲棍球、雪橇等。

军事体育在国家体育事业中的重要地位是由它本身的性质决定的。尽管现代战争的性质、任务以及作战方式发生了根本性的改变,但是培养战斗力人员的身体素质和坚强的意志品质,是永远不会改变的。军事体育在任何一支军队中都是一项重要的训练科目。[①] 所以,适合军事需要的体育活动及比赛虽然比竞技体育、群众体育、学校体育等略少,但是其重要性使其成为体育新闻报道中必备的组成部分。

5. 体育政策与体育法律

为了更好地开展各项体育活动,党和政府制定、颁布了一系列方针、政策。如1952年中华全国体育总会根据毛泽东同志的题词精神,制定了新中国的体育方针——“发展体育运动,增强人民体质。”1956年,国家体委公布了《中华人民共和国运动竞赛制度的暂行规定》(草案),正式确定分级举行综合性运动会的制度,举行单项全国锦标赛的制度以及篮球、足球实行等级赛的制度。1979年2月,全国体育总会又确定了“省以上体委要在兼顾普及和提高的前提下,侧重于提高”“国际、国内体育竞赛活动,均以有利于参加奥运会和世界锦标赛为主要目标”的原则,着力提高我国竞技体育水平。1995年6月20日,国务院发布了《全民健身计划纲要》。1995年8月29日,我国正式颁布了《中华人民共和国体育法》。它明确规定了国家发展体育事业的目的、任务、基本方针和重大原则措施,明确规定了国家与社会在发展体育事业中的责任;突出了全民健身的基础地位,为公民参加体育运动提供了法律保障。1996年8月5日,中共中央宣传部、国家体委等七部委联合下发了《关于加强社会气功管理的通知》。这些重要的体育方针、原则和措施,对促进我国体育事业持续、稳定、健康的发展,具有重要的现实意义和深远的历史意义。

体育新闻报道应及时报道这些体育方针、原则、措施和政策的制定和颁布情况,及时报道它们在执行中所取得的效果以及遇到的问题与困难,以促进这些方针、原则、措施和政策的落实,并使其不断完善,更好地指导与推动我国体育事业的发展。

---

① 鲁威人著:《体育新闻报道》,中国传媒大学出版社2005年版,第56页。

另外，各种体育比赛规则的制定与修改，由于其对各体育项目将产生不同程度的影响，势必会引起媒体报道的热情。乒乓球由小球改大球、羽毛球改回15分制、排球每球得分等规则，从开始出现争议到规则的最终出台以及新规则对体育比赛的影响和各方对新规则的反映等，都曾经在媒体上展开过大量的集中报道。

"依法治国，建设社会主义法治国家"是我国的基本方略。在这样的社会背景下，体育领域也会出台越来越多的相关法律，用以规范体育事业的发展。另外，随着现代体育商业化、市场化和产业化的不断发展，尤其是大型赛事和职业运动日益丰富，体育法律问题也是层出不穷的，成为体育新闻报道的一个新的内容和领域。2002年，中国足球职业联赛中出现了有关足球裁判"黑哨"问题的商业行贿案件，媒体对此进行了大量的报道，也曾引起轩然大波。进行此类涉及法律问题的报道，使体育新闻记者的工作发生了一定程度的改变，他们需要了解更多的法律知识，懂得司法程序，跳出以往的采访圈子，不仅要和体育界的人士打交道，还要和法官、律师、警察等沟通，要去法庭听审判。而体育记者对这样的转变需要格外注意，因为在以往的报道中已经发生了多起球员、裁判、教练、俱乐部与记者或新闻媒体的司法诉讼案件，包括诽谤、侵犯名誉权、侵犯肖像权等各类案件。体育记者加强有关法律知识的学习，理解法律规定，既是进行与法律相关的体育新闻报道的要求，同时也是记者和媒体加强自我保护意识、减少报道中的法律纠纷的需要。

6. 体育经营与管理

现代体育与商业的结合日益紧密，其产业化、市场化程度不断提高，许多竞技体育运动项目都走上了职业化的发展道路，大量的具有一定规模的运动会都通过商业手段展开运作和管理，围绕着体育运动而进行的经济开发活动越来越多，体育健身俱乐部为更多的公众所喜爱，各类竞赛表演市场的开发等问题也受到广泛关注。这些既属于经济活动的范畴，又无法割断与体育的关系。

进行上述内容的报道不同于传统意义的体育新闻报道，它是与经济活动相关的体育新闻，报道角度更加新颖，内容有较强的可读性，颇为受众欢迎。严格地讲，它更应当划归到经济新闻报道的类型中。但是，之所以这类新闻仍然由体育记者来采写，在体育新闻版面或栏目中刊播，而不是由经济新闻或相关部门负责，是因为这类报道与一般的经济新闻差异较大，它的主要报道内容都和体育运动具有极密切的联系，采访对象多为体育界人士，广大受众更加习惯于在体育新闻报道中寻找此类信息。

例如，每年的转会季节里，体育经济类新闻报道常常占据报道的头条或重要位置。这一时间段内，比赛数量大大减少，而各职业俱乐部纷纷在球员转会市场上进行大手笔的交易，或者在世界各地开展一系列的商业活动，这些都是为了能够在下一个赛季获得竞技好成绩和商业大丰收。体育彩票、足球彩票的发行以及一些俱乐部的上市，使体育新闻报道的财经色彩愈加浓厚。大型体育运动会与商业赞助、电视转播收入、门票收入、体育品牌的无形资产开发等经济赢利活动融为一体。在这种背景下，现代体育记者不能停留在仅对体育比赛报道的层面上，还要对与体育有关的经营和管理问题予以更多的关注。

一般而言，体育经济报道的主要内容包括：重要的体育商务谈判和协议，如奥运会、世界杯足球赛等重要赛事的组织机构与企业的赞助合同，职业俱乐部之间对球员的转会谈判与合同，重要体育赛事的电视转播谈判与合同等；还包括政府的体育经费拨款情况和使用情况，重要赛事、职业俱乐部的财务运转和经营情况，体育彩票的发行与公布，对体育机构、体育组织、职业俱乐部等具有企业法人性质的经济实体的内部财务管理进行舆论监督，对职业运动员、教练员、体育管理者的收入和纳税问题实施舆论监督等。①

现代体育运动是一个复杂的系统，各类事务繁杂，需要精细、高效的管理。像人事变动、会议活动等体育机构的日常管理工作，场馆建设、器材配备等体育基础设施建设，都是受众所关注的信息，对于各类体育事务的相关管理信息也是体育新闻的重要报道内容之一。这类报道包括：重要的国际或国内的体育会议；重要国际体育组织机构领导人的更替和选举、章程制定、重要的决定和人事变动；国际体育交流，包括国家与地区之间的友谊比赛、国际体育领导人的访问；重要体育人物的谈话、活动等。一些体育管理新闻的报道，由于新闻题材重大或新闻人物显要等原因，常常会成为媒体报道的重头戏。如 2008 年北京奥运会开闭幕式上有几十个国家的元首参加，我国国家主席胡锦涛同志等设宴款待。这一事件不仅仅是体育领域的重要新闻，而且也是中国开展外交的重要手段。所以，在类似这样的事件发生时，媒体往往是多面出击，不仅派体育新闻部的记者、编辑进行报道，而且会同其他部门进行合作，共同携手来完成这类重大题材的报道工作。

体育经营与管理新闻的报道形式主要有两类：一类是有关的消息报道，这类报

① 郝勤著：《体育新闻学》，高等教育出版社 2004 年版，第 62 页。

道形式的采写通常要容易一些，但也要求记者对经营与管理的一般性知识有所掌握，避免出现人云亦云的现象；另一类则对记者的要求较高，需要对体育经营和管理的幕后问题进行独立的、深入的调查和报道，掌握相关事件的内幕和真相，尤其是对一些体育机构、组织想要隐瞒、掩盖的事实完成深度调查性报道，是对记者功力的极大考验。

7. 体育科技

现代科技的发展不断促进体育的进步，体育界日益认识到科技的重要作用，在体育科研上的投入与日俱增。体育科研指的是围绕着体育竞技技能、竞技心理和体育运动器具等的改革、增强而进行的相关科学研究活动。体育科研不仅涉及人体生理学、心理学，还涉及运动方法和姿势的优化、体育器材的改进与革新等内容。加强体育科研，是提高体育运动水平、保障人体健康、改进体育运动装备与设施的重要环节。2008 年北京奥运会专门提出“科技奥运”理念，在体育场馆的建设、运动装备的改进、运动员的训练比赛等方面都展现了科技对体育的显著影响。尤其是在国家游泳中心“水立方”内，新的纪录不断涌现，人们将目光集中到了“水立方”的建筑特点、水质和像新一代鲨鱼皮泳衣等其他有利于运动员创造骄人战绩的科技创新因素。新闻媒体全方位地对这些内容进行报道，拓展了体育新闻报道的领域，引起了广大受众的浓厚兴趣，使受众在竞技与比赛之外了解到更多的信息，对体育运动有了新的、丰富的认识。

体育科技新闻报道要求记者拥有更为宽广的视野和知识结构，能够从传统的体育新闻报道中敏锐地挖掘出科技信息，以满足受众对此类体育新闻报道的需求。

8. 体育社会新闻

运动员、教练员等体育界人士在赛场上的矫健身姿、傲人成绩，自然受到广大群众的关注。但是，当在赛场外发生与体育运动及运动员、教练员等有关的社会新闻时，同样能够吸引受众的注意力。这是因为，对于运动员、教练员，尤其是备受瞩目的体育明星，人们由于他们在比赛中的优异表现而产生崇拜之情，他们成为社会的公众人物，其社会角色、社会地位具有特殊性，使受众不仅关心他们在运动场内创造的成绩，也关注他们在运动场外发生的所有事情，因此与之有关的新闻自然成为人们的关注点。一些事情如果发生在普通人身上，似乎是不足为奇，没有人会大费周章地去报道的，但当事件与著名运动员、教练员等体育明星联系在一起时，便具有值得报道的新闻价值。

体育社会新闻的出现与新闻报道的“平民视角”有着紧密的关系。虽然民众对运动员、教练员等体育明星几多崇拜,但是受众也想了解他们作为普通人的生活是怎样的。毕竟,运动员、教练员等体育明星也要像普通人一样生活。受众有了解他们生活信息的需求,媒体就要想方设法满足受众的正当需要,体育社会新闻的这种新兴的报道类型也就应运而生。

体育社会新闻的报道丰富了体育新闻的内容与版面,突破了人们对于传统的体育新闻紧紧围绕运动水平和比赛成绩开展报道的固有印象,使得体育新闻的表达方式、表现手段更加生动而活跃,这一报道类型也受到了广大民众的普遍欢迎,一些并非专门意义上的体育迷也会对这些新闻感兴趣。

但是,运动员、教练员等体育明星作为公众人物,即使在日常生活中,也需要比普通民众更为自律,因为他们的一言一行都会在社会上引起广泛关注,并会产生示范和扩散效应。当运动员、教练员等赞助社会公益事业、捐献希望工程等社会新闻经过媒体的报道后,会在社会上起到正面的表率与榜样作用,产生良好的社会影响。不可否认的是,有些体育界人士公众人物意识较弱,对自己的要求不严,他们的丑闻如斗殴、吸毒、赌博、绯闻等也会见诸媒体。这些丑闻的报道经常会引起社会的广泛注意,如今各类媒体的“揭丑”意识也很强,他们要对运动员、教练员等体育明星进行舆论监督,所以这样的报道数量在不断增加。进行这类报道时,常常引起有关个人隐私问题的争论,而被报道对象则会千方百计制造各种障碍,阻挠媒体的报道。因此,在进行这类报道时,需要注意的是搞清事实,不要捕风捉影。一旦在报道的事实上出现任何差错或者疏漏,就会引起纠纷或官司,记者会成为侵犯他人隐私权、名誉权的被告。

近些年来,在体育新闻的报道中出现娱乐化的倾向。它是现代大众媒体充分利用运动员、教练员等体育明星在社会公众中的知名度、影响力,刻意用各种有娱乐性的元素“包装”体育,从而达到吸引广大受众注意力的目的。这种娱乐化报道的倾向在体育社会新闻的报道中尤其突出。例如,一些体育社会新闻的报道专注于对运动员体貌外表的宣扬,反而对其本身的运动成绩忽视了,像俄罗斯网球运动员库尔尼科娃的运动成绩平平,但是凭借其姣好的外貌、性感的身材而成为各媒体争相报道与追逐的对象,有关她的报道也大多集中在绯闻等比赛场外的事件中,反而对其本业——网球的报道却非常少见。在体育新闻报道娱乐化的倾向中,要有一个把握度的问题，体育社会新闻的报道一旦超越限度，就会使报道偏离主题，受众产生反感，造成负面社会效果，影响媒体的形象。所以，体育记者在进行体育社会新闻的报道时不能过度炒作，不要一哄而上，防止报道走向庸俗化、色情化的歧途。

三、体育新闻报道的指导思想

第一，宣传我国的体育方针、政策。

第二，促进“发展体育运动，增强人民体质”方针的落实。

第三，促进我国体育产业的形成与发展。

第四，促进全民健身战略和以奥运会为最高层次的竞技体育战略的协调发展。

第五，真实、客观、公正地报道体育运动及竞赛情况，丰富人民的文化生活，振奋民族精神，促进我国精神文明与物质文明建设的发展。

第六，弘扬“更快、更高、更强”的奥林匹克精神，增进各国、各地区及各民族之间的交流与理解，促进祖国统一，推动世界和平与进步事业。[①]

第三节　体育新闻的特点

新闻按照报道的内容划分为政治新闻、经济新闻、科技新闻、军事新闻、文化新闻、教育新闻、体育新闻……从总体上说，体育新闻作为新闻的一个独立类型，与其他各类新闻的传播过程和传播规律都是一致的，体育新闻就其传播性质来说同其他内容的新闻基本上是一致的。由于各种类型的新闻某传播的内容具有不同的性质特点，体育新闻是由体育本身的性质和特点所决定的，因而在传播过程中有其独特的一面。要想正确、全面地理解体育新闻，就要掌握新闻传播的规律和特点，对体育新闻这一独特新闻类型的性质和特点有一个正确的认识，这样才能够有利于提高新闻的传播效果。

① 蓝鸿文主编：《专业采访报道学》(第2版)，中国人民大学出版社2003年版，第324页。

一、体育新闻的一般属性

体育新闻的一般属性与其他内容类型新闻的性质一样，具体表现在以下几个方面。

1. 真实性

新闻的真实性是指新闻报道与所反映的客观现实的相吻合。新闻报道是传播者对客观事实的选择、加工、散播，作为认识主体的传播者必须如实地反映事实客体，使报道对象呈现本来面目，否则就是歪曲事实的虚假报道或失实报道。具体来讲，新闻的真实性包括三个层面的含义：

第一，要求报道的细节真实。细节真实是最基本的要求，是确保新闻传播完全真实的基础。其中，新闻报道中相关新闻事件的主要新闻要素，即新闻写作中常说的“五个 W”，诸如时间、地点、人物、事件、因果关系等因素都必须是确凿可信的；这些要素的细节描绘也要准确无误，如人物的姓名、年龄、语言、数字、史料、背景材料等都要引之有据；新闻报道中引用的一切资料必须有可靠的来源，如日记、信件、录音、传真、电子邮件等要有明确的交代。

一般来说，在新闻报道过程中保证事实的真实性难度不算太大，谁都知道新闻是对客观事实的报道，如果没有客观事实那新闻报道岂不就成了捏造和谎言。一旦新闻报道中出现虚假信息或失实内容，既会影响到受众认识事物、进行决策的依据，更是对传媒公信力的沉重打击，使其丧失权威地位。

第二，要求报道的总体真实，传播者要对总体事实进行全面把握。在报道中，不仅单个的事实要真实，而且新闻报道的全部事实要与实际生活中的同类事实一致。例如，一项体育运动在某一时期的开展情况，较好的方面和有待改进的方面分别为八成和二成。如果媒体在报道时只是集中在较好的方面或有待改进的方面，则与实际情况不相符合，无法达到总体真实的要求，即使在其开展的较好方面或有待改进方面的具体事实都是准确无误的，也不能称这样的报道符合新闻真实性的要求。正确的做法是，在报道中恰当地反映两个方面的情况，使之与实际比例相符。

总体真实涉及对事实的宏观认识与新闻报道中对报道总量的科学把握，这远比第一个层次的真实性要求要高。要在总体上达到真实性的要求，新闻传播者必须进行更加深入的调查、分析，只有对所报道的同类事实有一个总体的了解与认识，并努力使公开传播的事实同现实生活中的同类事实大致平衡，才能使受众对这类事实有全面、平衡的了解，而不会产生任何错误的倾向。

第三，要求通过对事实的报道揭示事实发生发展的原因及其本质。当代新闻传播事实的基本要素在“五个 W”的基础上又增加了“一个 H”，即揭示事实发生的动因。还有些人就此提出“本质真实”的说法。但是，假设每篇新闻报道都要揭示本质，会延误新闻的及时发表，而且有些事实，人们一时也无法认清其本质，所以在新闻报道中要具体问题具体分析，不必每篇报道都要揭示事实的本质。

在新闻报道中揭示新闻事实的本质，这一点说起来容易，做起来就不是一个简单的事情了。因为对一切事物的看法无不受到传播者本身的世界观和价值取向的影响，对同一事实的认识会因为传播者立场观点的不同而有所不同。这就要求我们在新闻报道过程中要以国家和民族的利益为标准，以法律为准绳，以社会公共的道德行为规范为依据，全面地认识和判断新闻事实，而不能片面地看待新闻事实，更不能断章取义，歪曲新闻事实。

新闻的真实性是新闻的生命力所在，它是新闻传播的最根本的问题。作为新闻报道类型之一的体育新闻，自然在真实性的要求上，不输于任何其他类型的新闻。因此，在体育新闻的报道也要做到：传播的事实有根有据，传播的过程实事求是，传播的结果与事实原貌完全一致。

2. 时效性

所谓时效性是指事实发生后与作为新闻事实予以报道的时间差距。一旦新闻事件发生后，要在最短的时间内对所发生的新闻事件进行报道。时间差距越小，传播效果越好，新闻的传播越具有价值。新闻之所以称之为“新闻”，就在于它必须要突出这个关键的“新”字，这中间包含着两层含义：一方面新闻报道的事实瞬息万变，是新近或正在发生的事实；另一方面是指受众及时从新闻媒体上获知外界发生的变动，这些客观事实是从未听到的或看到的。新闻的时效性是决定新闻价值的一个重要因素。这就要求媒体在传播新闻事实的速度上要迅捷，在第一时间内予以报道，才能具有高度的时效性。否则，当人们早已通过其他手段知晓的事情，新闻媒体再对其进行广泛传播就没有任何价值与意义了。

人们常说的“新闻是易碎品”，讲的就是这个道理，时效性在各类新闻的传播中都是一个必须遵守的基本准则。“抢新闻”就要求媒体和记者在传播新闻事实过程中争分夺秒，以最快的速度把新闻事实传播出去。追求新闻的时效性不仅关系到新闻本身的价值，同时也对媒体自身的传播形象产生很大的影响。

体育新闻的报道对时效性的要求比其他类型的新闻更高。时效性之所以在体育新闻报道中占有如此重要的地位，与体育比赛激烈的竞争性密切相连。新闻的时效性是有限的，对体育比赛的结果来说更是如此。体育新闻报道的重头戏是竞技体育，比赛的结果往往又是众人关注的焦点，多家媒体同时对同一赛事进行报道，哪一家媒体的报道最迅速、最及时，哪一家媒体就能将这一结果的新闻价值开发到最大程度，该媒体的竞争力就会得到认可，而其他媒体的类似稿件的新闻价值就会迅速跌落，这是由新闻价值规律中的“递减性”决定的，这家媒体也就会争取到更多的受众，在白热化的新闻战中抢了先手。所以，体育新闻报道在比赛时常有“第二赛场”之称。从这个意义上讲，体育新闻报道的时效性就是体育新闻的生命所在。

人们常说，新闻记者是“快速部队”，而体育记者是“快速部队中的闪电突击队”。所有的体育记者都会千方百计地去抢各种“第一”：第一块金牌、第一块银牌、第一次失利、第一次打破纪录……他们都深谙此道，争分夺秒地抢发消息。现代科学技术的发展，使体育新闻报道真正实现“快速、高效、便捷”成为可能。如今，数字化的体育新闻报道已是现实。记者们常说，要看一家媒体的装备如何，看看他们的体育记者就行了。正是因为体育新闻报道比其他类型的新闻报道在时效性的要求上更高，任何一家媒体都不愿意因为设备的原因造成报道的延误，得不偿失，所以体育记者的装备往往是最好、最先进的，这也要求体育新闻记者要紧跟技术发展，不断加强学习，随时提高新装备的操作能力。另外，媒体还会根据自身条件，千方百计地提高报道时效。例如，广播电台打破报道常规，随时中止正在播放的节目，插播更为重要的最新消息；电视台也可以利用“插播”这种形式，或利用“画中画”、字幕新闻等手段将新闻率先播发出去。

对中国奥运史上取得的第一块金牌的报道应该说是记者争抢报道时效性的经典范例。在 1984 年第 23 届洛杉矶奥运会上，7 月 29 日上午 11 时 10 分，男子自选手枪比赛结束，许海峰一枪打了个“双第一”，成为中国运动员在奥运会上夺得金牌的第一人和洛杉矶奥运会第一块金牌的获得者。当时负责采访射击比赛的新华社记者高殿民及时把比赛结果写成快讯，用电话传到新华社前方报道组。11 时 30 分，当大会组委会正式宣布许海峰获得本届奥运会第一块金牌的结果时，新华社就立即播发了这则快讯，比路透社的同一内容报道快了15分钟，比美联社早了20分钟，比其他通讯社早报道的时间则更多。当时，新华社虽然是第一次参加奥运会报道，却是第一个向世界发出消息的通讯社，为国家争得了荣誉。当天下午，日本共同社的三名记者向中国记者祝贺，赞扬他们在新闻报道中“也夺得了一块金牌”。有评论者在评说这条消息时，标题就是《时效上的荣誉》。后来，《我国选手获得奥运会第一块金牌》这篇报道被评选为1984年度全国好新闻特等奖。

3. 大众性

各类新闻传播的信息最终要流向广大受众。他们既是信息的接收者，又是传播效果的终极检验者。新闻信息的传播能否实现其交流情况、反映舆论、引导舆论、传递文化、娱乐民众的功能，首先要考虑的就是这些信息是否为大众关心和需要的。新闻传播早已从传者本位转向了受众本位的时代，在传播中必须注重传播对象，根据受众的需求，想方设法满足民众的合理的、正当的要求。如果失去了受众，新闻传播就失去了传播对象，这样的新闻传播既不可能有市场，也不会有发展，更不能体现出传播的意义，无法通过对客观事实的传播来影响和引导社会舆论，无法提高人们对社会生活中各种各样的事物的认识和判断能力，无法促进社会和谐地发展。体育新闻报道同样追求广泛的受众，如果体育新闻传播失去了广大受众，就变得没有意义了。

体育运动本身就是一项大众性运动，各类体育运动覆盖了不同性别、不同民族、不同种族、不同年龄、不同社会阶层的庞大人群。人们在体育运动中不断增强身体素质，磨炼意志，强化心理素质，战胜自我、超越自我。体育运动是无国界的共同语言，人们可以通过它切磋技艺、交流情感。正因为这个缘故，各类体育运动都吸引了数以亿计的观众，拥有成千上万的体育迷。尤其是随着人们生活水平的提高和闲暇时间的增多，体育运动逐渐深入人们的生活之中，世界各国都掀起了体育热潮。在西方发达国家，体育热和体育新闻热在20世纪60年代出现。在美国，活跃着两种“体育迷”：一种是户外体育活动迷，这类人热衷于晨跑、打球等体育运动；另一种是所谓“坐椅上的体育迷”，从电视、广播、报刊上欣赏体育。据说，美国体育迷的座右铭是：“世界末日到了我管不了，先得看看昨天球赛的结果怎样了。”据美国新闻界1980年的统计，美国有3500万人是体育迷，其中93%的人每天收看（听）报纸、电视台或电台的体育新闻。美国前首席法官厄尔·沃伦谈到他的阅读习惯时说：“我首先阅读体育版，因为它们记载了人类的成就；然后，我再看第一版，因为它们记载了人类的失败。”法国人也是体育节目和体育新闻的爱好者。法国人说：“我们人人都是安乐椅中的运动员。在法国，电视台安排有雷打不动的足球节目，定时播放。每逢有重要的体育比赛，不论是在本国还是在外国举行，法国电视台都要进行详细报道或转播，其他节目要为体育节目让路。”①在我国，近些年来体育运动也成为人们日益多样化的休闲方式之一，尤其是2008年北京奥运会的举办使得举国上下对体育的热情更为高涨。

体育运动的广泛参与性使得体育新闻的报道拥有了越来越大的受众群。因此，体育新闻报道是为大众群体而做的，要满足大众对体育运动的多种信息需求。为了使体育新闻报道能够适应不同类型受众的接收习惯、接收能力，体育新闻报道要做到通俗易懂、生动活泼。

4. 显著性

俗话说“名人出新闻”。声名显赫、成就卓著的人，在很大程度上成为普通公众有关生活的标尺和参照，甚至成为人们心目中的偶像。所以，他们的一举一动，发生在生活中的任何事情，都会成为普通公众关心的话题。西方的新闻学教科书中提出一个著名公式：名人＋普通的事＝新闻，普通人＋不寻常的事＝新闻。很多新闻恰是利用“名人效应”来满足受众的信息需求的。

体育运动的主体是人，广大受众最为关注的就是参与体育运动的不同的人的各种表现。其中，那些能够在与其他人或自然的竞逐中表现出卓越的才能，不断获取胜利的人，自然容易成为人们目光会聚的焦点，这也是体育新闻报道中，关于体育明星的报道往往占据重要位置和较大篇幅的原因。他们在体育运动中的表现理所当然地进入媒体报道的视野，同时，由于体育明星对社会上的其他人具有示范作用，他们在体育场外的一言一行也受到广泛关注。从他们的个人爱好、婚姻家庭等私人行为到公开言行、社会活动等全部列入了体育新闻报道的范畴。而且体育明星的知名度越高，有关其活动的报道的新闻价值就越大，即使这些活动在生活中是极其平常的事情，但正是由于体育明星的巨大号召力和影响力，才使其新闻价值骤然提升。比如，婚姻是每个人都要跨入的人生重要阶段，媒体不可能对所有人的婚礼进行报道，但是我们看到2008年北京奥运会后，一些体育明星的婚礼都在媒体上进行了铺天盖地的报道。例如，杨威和杨云的婚礼、王楠的婚礼等都成为媒体报

① 程道才编著：《专业新闻写作概论》，中国广播电视出版社2002年版，第246页。

道的重头戏。不过，媒体在注重利用报道对象的显著性特征的同时，也必须注意，不要因刻意追求名人效应而使体育新闻报道流于捕风捉影或过于琐碎、流俗，那样就舍本逐末。

二、体育新闻的特殊属性

体育新闻作为新闻的一个类别，有其共同的、一般的特点，但是由于体育本身具有的一些独特属性，使得体育新闻与其他各类内容的新闻相比，又有其不同之处。以下对于体育新闻特点的归纳以最重要的竞技体育报道为主。正是因为竞技体育运动表现出来的普遍性、世界性、竞争性、自我挑战与超越性、审美与教育性、娱乐与休闲性等，使体育新闻报道成为广大民众的重要信息与精神需要之一。体育运动的这些特性使得体育新闻形成了自己的突出特色。

1. 鲜明的专业性

体育新闻的报道内容涉及球类、田径、游泳、射击、举重、击剑、体操等数十个大项，每个大项中还有数量众多的小项，而每个比赛项目都有其特定的技术要求和完整规范的比赛规则，不同的运动队和运动员有自己一套独特的训练理论、比赛方法，形成了各自的特点和风格，因此体育运动其中的专业性毋庸多言。同时，对体育运动的研究多年来已形成了种类齐全的学科门类，并与其他自然科学、社会科学相联系、相交叉，成为一个系统的科学分支，如果记者不懂得这方面基本的体育专业知识，不了解不同的技术、战术以及专业术语等，一个外行或一知半解的记者就无法欣赏各类体育比赛，会遇到无数困难与阻隔，无法完成体育新闻报道任务。体育新闻在报道过程中会涉及对赛场上紧张、激烈的竞技场景进行必要的描绘，必然会涉及不同体育比赛项目中的专业性内容。任何一句外行话，都会使其报道大为减色，也会使媒体的形象在受众心目中大打折扣。

其实，即使是一个专业的体育记者也很难做到报道好所有的比赛项目，他们往往在某些专项上有所特长。所以，各体育新闻媒体在招聘记者时，首先考虑的一条就是他们是不是高级体育迷，是否热爱和熟悉体育。当年，黄健翔在中央电视台的录用考试中，被问到是否喜欢足球，他十分肯定地说不是“喜欢”，而是“热爱”。他源源不断的讲述、激情的表露，打动了考官，使他顺利地成为一名体育解说员。

体育新闻报道的专业性还体现在预测性的体育新闻报道上。预测性报道对记者的专业知识与综合知识的运用能力要求最高。一般而言,决定竞技体育运动结果的首要因素是实力,但是竞技体育运动又经常会出现令人匪夷所思的结果,因为在实力之外,还有临场发挥、主场优势、技战术运用、心理竞逐、人为干扰等因素,它们都会对体育比赛造成各种影响。记者在预测时,无论是对重大赛事的总体预测,还是对一些具体项目的单独预测,都要在占有大量可靠资料、数据的基础上,依靠其长期积累的深厚专业知识,对各种材料进行科学的计算与冷静、缜密、严肃的思考,从而形成自己对比赛整体局势的全面把握和判断,对结果和可能出现的情况作出既谨慎又大胆的预测,这样才能做到言出有据,使预测较为准确,以满足受众提前知晓的心理需要。否则,如果记者缺乏专业知识,不能对形势作出审慎估计,就草率地进行预测性体育报道,往往会与比赛的最终结果大相径庭,甚至闹出一些笑话。

2. 强烈的冲突性

体育比赛充满了激烈的竞争与冲突,比赛的过程和结果充满了各种悬念和不确定性。越是实力相当、水平接近、难分伯仲的激烈比赛,像奥运会、足球世界杯等,受关注的程度就越高。体育比赛的竞争与冲突符合人类的情感需求,人们可以通过体育比赛宣泄紧张的、受到压抑的情绪,还可以满足人们在短时间内经历紧张、大喜大悲等各种情感体验,从而实现精神愉悦的心理需要。因此,在体育新闻的报道中也将这种体育比赛的冲突性作为重点。例如,F1 比赛中高速飞驰中赛车的超越,足球比赛中的点球大战,篮球比赛的最后较量,网球比赛的赛点争夺……都是最容易充分调动受众的情绪、引起受众注意的关键内容,当体育记者将这些激烈的竞争、强烈的冲突绘声绘色地呈现在受众面前时,会使得体育新闻的报道更加有声有色、激动人心,在冲突性上体育新闻是其他任何类型的新闻报道难以企及的,它在无形中带给受众精神上的至高享受。

在我国,体育新闻的发展十分迅猛,为了争取更多的受众,各报纸、广播电台、电视台、通讯社、网站等媒体争先恐后地报道体育,特别是报道各类体育比赛。2008 年北京奥运会期间,各中央级媒体、地方媒体都纷纷派驻记者进行现场报道,仅中央电视台就派出了 3000 人的庞大报道团队。

3. 报道的国际化

现代体育运动已经成为国家和地区之间、民族和种族之间加强联系的桥梁和纽带，以奥林匹克运动为代表的现代体育运动逐渐成为国际化的产物，甚至被赋予了“体育联合国”的称号。现代科学技术的发展使新闻传播具有广阔的空间，包括报刊、广播、电视、互联网等传统和新兴的传播媒介，把全球如同“经络”一般联系在一起。以这些传播媒介为核心的联系、互动形成了传播市场的全球化，尽管世界各个国家、各个地区相隔千山万水，但是传播媒介可以把世界任何地方发生的重大新闻事件几乎在同一时间展现在处于地球不同角落的人们的面前。体育新闻的报道亦是如此，体育信息的传播早已打破了国家的界限，现代传播技术将体育信息传播得无处不至，这些信息通过不断的碰撞与交流，将全球各民族不同文化融合到了具有人类共性特点的体育文化中，形成了具有相当规模的、开放的全球体育传播市场，使各类体育资源越来越呈现出全球化共享的态势。例如，仅 2008 年的北京奥运会开幕式，全世界就有大约 40 亿人通过屏幕观看了赛事直播。因此，为了适应这一世界性的体育传播市场，要想成为一个合格的体育记者，首先要熟练掌握国际体育报道惯例，了解各个国家的体育运动的发展状况，熟悉各个国际体育组织的运行规则，具有全球化的视野和眼光，才能在日益全球化和多元化的国际体育活动报道中游刃有余。

4. 采访的相对固定性

因为体育比赛的时间、地点、比赛规则往往都是相对固定的，参赛人员的详细情况也是事先知道的，尤其是一些热门的比赛，都是非常集中的、公开的，记者事先可以对许多情况有所了解，所以，这给体育新闻的采访提供了较为明确的方向。一般来说，体育新闻报道的内容相对集中，使得体育新闻的采访无论在采访方式还是在采访流程上都具有相对的一致性。虽然体育新闻报道存在着激烈的竞争，但它毕竟不像其他类型的新闻，如社会新闻则不同，这类新闻中存在大量突发性较强的事件，记者事先对事件的发生毫无准备，因而在采访中就充满了多种不确定因素，采访对象难以准确定位，有时甚至连采访地点也要经几番周折才能最后确定。相对而言，体育新闻的采访形式就比较固定了，只是由于新闻采访的内容不同决定了在具体的采访中的略有不同。

首先，体育新闻的采访相对固定，是因为体育新闻被采访对象是相对固定的。各个体育比赛项目的运作都具有相对固定的特点，比如田径、球类、游泳、体操等比赛项目，其比赛的方式和对运动员的要求基本上都处于一种相对稳定的状态。近些年来，一些项目的比赛规则虽然有所改动，但是从长期的、总体的角度来看，变化不是非常大，各个运动项目的竞技核心不会发生根本性的变化。而且，即使运动项目的规则发生改变，运动员在总体表现上也不会发生巨大的波动，也就是说，虽然少数运动员可能会由于规则的变化在竞技运动水平上有所起伏，但是运动员的总体排名变化不会太大，因为高水平运动员往往能够更快地适应新规则。

其次，体育新闻的采访相对固定，是因为体育比赛的形式是相对固定的。在体育新闻的采访中，经常会出现对同一采访对象在不同地点、不同比赛中的访问，这种循环往复的采访又由于比赛周期的相对固定性而不可避免。但是，无论怎样变化，选手们所参加的比赛形式都是一样的。值得注意的是，这种乍一看上去有些重复的采访，在其本质上有着根本的区别。因为被采访对象参加的每次比赛的结果和意义是不同的，体育记者在采访中要着重挖掘这些区别，避免出现简单的重复。对于竞争异常集中的体育新闻报道来讲，记者需要通过选取不同的报道角度，寻觅其他人未曾发现或未能深入挖掘的线索，力争采写出独家新闻，尽可能减少与其他媒体同质化的报道内容，从而在同行业竞争中占据有利的位置。

随着经济、社会和体育自身的不断发展与完善，体育新闻报道的进步是显著的：体育新闻的报道观念不断更新，报道的思路与视野逐渐拓宽；体育新闻的报道领域与范围更加宽广，已经拓展到了体育与其他社会组成部分的交叉内容；体育新闻的独特性日益明显，包括体育新闻报道的商业价值已经被人们广泛认可；体育新闻的报道形式走向综合化、多样化，不再拘泥于传统的报道形态……总之，体育新闻报道的实践和体育新闻事业的发展，给体育记者开辟出了更加广阔的舞台，也给体育新闻的理论研究者留下了大量值得思考的课题。

本章思考题

1. 如何理解体育新闻的基本含义？
2. 随着社会的发展，体育新闻的报道出现了哪些新的报道类型？
3. 体育新闻的特点是如何表现出来的？

第三章
体育新闻的功能与作用

体育新闻是大众传媒对体育运动进行及时的报道与传播。体育新闻依托体育而生存,服务社会而发展。体育新闻作为新闻事业的有机组成部分和相对独立的报道品种,其基本功能是向受众传播有关体育的各种信息。同其他类别内容的新闻相比,体育新闻具有自己的特征、属性和功能,这是由新闻事实本身的性质以及事物本身的特征决定的,不同事物的性质不同,其发展规律和特点也就不同。

“体育”一词的英文是 Physical Education,指的是以身体活动为手段的教育,直译为身体教育,简称体育。[①] 到 20 世纪 50 年代,人们普遍感到原有意义上的体育已不能概括飞速发展的体育领域的全部内容,近几十年来,体育的内涵有了很大的扩展,出现了身体教育、竞技运动和身体锻炼三个互相区别而又互相联系的内容,并逐渐发展成一个与政治、经济、教育、文化、健身、娱乐等紧密联系的新的体系。体育现象出现了扩大化和复杂化的趋势,如以奥林匹克运动全球化为代表的体育的国际化,作为一种生活方式的体育文化的普及以及体育的大众化发展等,并最终催生了体育社会学的诞生。体育与社会的融合和互动,丰富了体育新闻的报道对象和内容,使得体育新闻的报道特征、报道领域、报道功能也随之不断地扩展和延伸。

① 《中国大百科全书·体育》,中国大百科全书出版社 1982 年版,第 350 页。

第一节　体育与社会

在人类社会发展过程中，体育与社会的关系越来越密切。一方面体育作为一种社会行为、社会活动介入社会生活；另一方面体育作为社会的缩影和焦点，浓缩和反映了社会的种种现状，能动地对社会的发展起到促进作用。按照体育社会学的观点，既可以把体育运动作为一种微观的社会制度来考察，又可以把体育运动作为整个社会的一个有机组成部分，分析它与其他子系统间的互动与制衡。

一、体育与政治

事实上，体育产生于无阶级的原始社会，在其幼稚阶段，主要服务于生产劳动、教育和保健，的确与政治无关。但它作为一个专门的科学领域，是在阶级社会中孕育、产生和发展起来的。从某种意义上讲，体育也是一个历史的概念，它伴随着社会经济、文化的发展而不断扩展自己的内涵与发展自身的内容，同时它又在很大程度上促进了人类社会的进步与发展。虽然体育不同于政治，但在现代社会，体育与政治的关系却是复杂而密切的。体育的政治价值和经济价值也就是在这漫长的演进过程中不断被人们所认识和运用的。

1. 体育不同于政治

关于体育与政治的关系，有人主张体育与政治无关，提出“当你把一只脚跨进奥林匹克大门的时候，就把政治留在了门外，运动是目的本身”。《奥林匹克宪章》中明确指出“奥运会是运动员之间的比赛，不是国家间的比赛”。国际奥委会的有关领导人也曾说过：“我们最重要的原则之一，就是体育完全脱离政治……”

就体育本身而言，应该说是一种非政治性的社会活动，体育又是一种特殊的国际语言，不需要翻译和解释，人们可以不分肤色、种族、贫富、意识形态、宗教信仰等，大家在统一的规则约束下进行既紧张激烈又公正友好的比赛和交流。政治，特别是国际政治，是上层建筑中最为活跃的部分，而体育主要通过肢体运动来表现，它与语言文字等敏感文化表现形式有区别，因而是一种自由度很大的社会文化活动。政治与体育并不属于一个层次。在社会形态结构中，体育是政治统领下的文化活动。二者关系如何，政治起主动和决定作用。而体育则处于从属地位，这是研究体育与政治关系时，必须认识的前提之一。

政治、经济、文化等社会活动分层交织构成了网络化的人类生活。体育作为社会文化的组成部分，既受政治的制约，具备一定的政治功能，又相对独立，具有相当大的自由空间。

体育不等于政治。它既有服从和服务于政治的一面，也有自身发展的一面。在这一点事讲，我们既要反对过分强化体育政治功能的弊端，又要坚决消除淡化体育政治倾向的思潮。我们要实事求是地看待体育这一特殊的社会现象，发挥体育本身的多元功能，为广大人民群众的健康服务，同时发挥体育对我国社会和经济的积极促进作用。

2. 体育与政治相关

体育确实与政治有关，体育总是无法避开政治的。政治因素影响到体育的事件更是层出不穷。仅从奥运会的历史就可以看到体育与政治二者之间有着盘根错节的关系。奥林匹克运动首先是一个以奥林匹克主义为核心的思想体系，本质上是一种文化教育活动，起初的奥林匹克运动不带有任何政治、商业色彩。

奥林匹克运动会是超越政治制度、意识形态、文化传统、种族肤色的分歧，使全世界人民之间增进友谊和相互了解的桥梁。通过奥运会，世界人民共同追求人与人之间的和睦。然而我们翻开奥林匹克运动20世纪大事记[①]（见表3－1），纵观奥林匹克运动百年发展历史，不难发现国际政治因素对其产生了巨大的影响。

表3－1　奥林匹克运动20世纪大事记

1916年	因第一次世界大战而停办
1936年	希特勒把柏林奥运会变成了日耳曼纳粹分子的宣传表演会。作为对纳粹的让步，美国队从4×100接力赛中换下了两名犹太族短跑选手
1940～1944年	第二次世界大战中断了奥林匹克运动会
1948年	在英国伦敦举行的第十四届奥运会，因阿拉伯人威胁要抵制奥运会，以色列被拒绝参加
1952年	中华人民共和国进入国际奥委会，台湾抵制了奥运会。原民主德国不被承认，拒绝入场。两个德国作为一个队参加比赛
1956年	一些阿拉伯国家因为苏伊士运河战争抵制了奥运会

① 《奥林匹克运动20世纪大事记》，http://china2008.banzhu.net/article/china2008－6－47893.html

续表

1960 年	韩国进入奥运会,朝鲜宣布退出
1964 年	南非因实行种族隔离制度,被禁止参加比赛
1968 年	美国黑人运动员抗议美国的种族主义,被宣布终身不得参加奥林匹克比赛
1972 年	慕尼黑奥运会,11 名以色列选手被恐怖分子杀害
1976 年	蒙特利尔奥运会,非洲 28 国集体抵制
1980 年	莫斯科奥运会,美国、中国等多数国家拒绝参加,以抗议前苏联入侵阿富汗
1984 年	洛杉矶奥运会又遭东欧等前苏联阵营的抵制,以示对前一届奥运会的报复
1988 年	朝鲜民主主义共和国拒绝参加在韩国汉城举办的第 24 届奥运会
1996 年	亚特兰大奥运会期间在奥林匹克公园发生了大爆炸

社会中的体育不可能与政治绝缘,体育也不可能脱离政治而独存,坚持体育非政治化,并非是将二者隔离开来,而是主张体育不应成为政治的筹码,回归其体育的本质。比如国际著名导演斯皮尔伯格高调宣布辞去北京奥运艺术顾问一职,以此来抵制北京奥运,缘由是苏丹达尔富尔的政治摩擦问题。中国外交部发言人刘建超表示,对斯皮尔伯格的观点深表遗憾。北京奥组委的一发言人说,中国政府一直不遗余力地参与达尔富尔问题的解决,这是国际社会公认的事实。达尔富尔问题不应该与北京奥运会挂钩。“把达尔富尔问题与北京奥运会挂钩无助于问题的解决,政治与体育挂钩有违奥林匹克精神”。

体育本来就应当服务于政治,服务于和平,服务于民生,服务于国家和社会,以实现二者的良性互动。体育非政治化具体应看它对社会发展、对人类发展是否有利。不是从体育中取消政治,也不是从政治方面“净化”体育,而是应当把体育从反人民的、反动的政治方面解放出来,以有助于社会的进步。

3. 体育与政治互相作用

体育与政治的关系是相互影响、相互作用的。体育要为政治服务,而政治也制约体育的目的和性质,政治制度决定着体育制度的类型,政治思想意识也制约着体育的价值观念。政治对体育发展的促进作用也是显而易见的。

在现代国际生活中,体育同国际政治、民族政治的关系愈加密切。体育对政治的积极作用表现在:(1)振奋民族精神,进行爱国主义教育。政治与体育最直接的联结方式就是宣扬民族精神和爱国主义,运动员都是以国家为单位参加竞赛活动的。因此,他们的成败胜负就有特殊的政治含义。(2)提高国家的地位,显示国家制度的优越性。当一种新的社会制度出现,或者两种社会制度尖锐对立时,体育的这种作用是十分明显的。(3)促进国内政治的统一和各民族的团结。体育运动可以创造安定的社会环境、气氛,有利于社会的良性运行。在多民族国家和地区中,各民族之间的体育交流有助于保持民族之间的和睦团结。我国多次举行的民族运动会,对交流民族文化,对边疆地区的经济繁荣与社会发展起到了重要的作用。

二、体育与经济

体育的发展取决于两个前提:一是社会生产力的水平,二是社会经济发展的模式。前者决定体育事业发展的速度和整体水平,后者决定体育事业发展的具体模式。经济是体育发展的基础,反过来,体育又可以促进经济的发展,尤其是在现代社会,体育对于经济的促进作用更加显著,体育产业化是对这种关系的一个最好阐释。

1. 经济是体育发展的基石

根据大量的人类学、考古学研究结果以及现有的出土文物、体育史料,通过归纳可以发现,那些跟体育密切相关的原始人的游戏、竞技、舞蹈等就其内容来看,很多是当时的劳动狩猎、战争场面的再现。有的是对动物形象和动作的模仿,甚至是在游戏、竞技、舞蹈中所使用的器械,即当时的劳动工具。可见,原始经济对萌芽状态体育的决定作用。

随着社会的进步和体育的发展,体育对社会经济的依赖性也日趋明显和强烈。只要我们研究一下现代体育的发源地以及现代体育发达国家在全球的分布情况就可发现,这些国家和地区有着一个共同的文化背景,即当地的经济十分发达。甚至连现在国际通行的比赛项目的起源传播、发展也无不服从这一规律。这绝不是一种巧合,正如澳大利亚学者杰里弗·考德巩尔所指出的:“一个国家要想在运动场上取胜,首先必须在经济和社会发展方面作出成绩,否则,难达日的。”的确,在体育逐渐向科学化、高水平化方向飞速发展的今天,任何一个国家若没有强有力的经济后盾为其发展提供雄厚的物质基础,体育的高度发达只能是一种愿望。

因此,根据唯物史观,经济对体育的作用,并不是一般意义上的制约作用而是决定性作用。当然我们承认经济对体育的决定性作用,也并不否认政治、社会心理等因素对体育的影响。

2. 体育能够促进经济的发展

从体育的基本功能来看，体育运动能增进健康，增强体质，提高有机体的工作能力，保证其在复杂环境下劳动活动的稳定性。随着我国《全民健身计划》的不断深入开展，广大国民健身意识和健身观念逐步增强和形成，民众的健康水平和身体素质也不断提高，为社会主义经济建设源源不断地输送大批身体健康、体质强壮的劳动者，为市场经济的发展提供了合格的人力资源。体育在提高劳动者素质方面具有重要作用，这为经济的发展提供了一个最基本的保障。

体育运动的职业化、产业化和商品化以及大众体育健身观、体育消费观的不断加强，也带动了一些如体育服装、体育器材、体育饮料、体育旅游等产业的兴起和发展，体育已产生了巨大的经济效益。体育已经成为国民经济的一个新的增长点。体育产业已经从概念化的界定变成市场经济中不可缺少的一个组成部分，逐步成为独立行业，使该产业在国民经济中发挥特定的功能。

3. 体育与经济全面联合

进入 20 世纪 90 年代以来，在世界范围内体育与经济已完全形成全面结缘的新格局。体育已由纯福利和纯消费的事业转变成社会主义市场经济中的一项新型产业。

(1) 体育的产业属性

中国的体育事业首先是一种文化事业，是一种人们可以共享的公共产品(Public Goods)，是人们强身健体、提高国民身体素质的事业载体。人们需要体育事业，就是需要体育事业所承载的思想、知识。因此，体育事业属于一种文化事业和公益性质领域的范畴。同时，体育事业又是一种产业，它以体育项目或体育活动作为载体，并通过不同的渠道进入市场，又通过市场达到千百万消费者手中，满足消费者不同的精神文化需求。由此我们可以说，体育事业有两重属性：一方面，体育项目或体育活动是精神产品，属于公益性质领域的范畴；另一方面，体育项目或体育活动又是一种有形的物质运动，要进入市场，又属于产业的范畴。体育事业的二重性决定了体育事业是一种特殊产业。

体育事业所生产的产品是体育活动，虽然它们是含有教化功能的特殊商品，但归根到底是商品。其产品的性质和功能虽然具有文化事业的属性，但其运作方式却是经济行为。从这个意义上讲，体育事业具有明显的产业属性。

(2) 体育产业化

体育产业化就是指遵循体育自身的发展规律，充分发挥体育的经济功能，促进体育运行机制的转变，引导和培植体育企业的建立和发展并逐渐使之形成一定的规模，成为国民经济发展的一个部门的过程或状态。[①] 体育产业化所伴随的过程是体育企业的产生过程，所达成的结果是形成大量的体育企业、体育公司的目标状态。它具有较大的实施范围，辐射到体育的各个领域，包括竞赛表演业、健身娱乐业、体育彩票业、体育经纪业、体育用品业等方面。体育产业化的结果造就了大量的体育企业和组织，也正是这些企业和组织构成了体育产业化的广阔外延。

从体育运动到体育用品，从体育彩票到体育设施，由体育市场催生的体育产业，日益显示出其朝阳产业的良好投资机会和发展前景。在巨大的市场机会驱动下，一个包含体育竞技、体育健身、体育娱乐、体育用品、体育设施、体育传播、体育广告、体育材料、体育地产等若干行业的体育产业正在迅速形成之中。

据资料显示，目前世界体育产业的年产值已达 4000 多亿美元，且以每年 20% 的速度增长。在体育发达的北美、西欧和日本，体育产业的年产值都排在其国内十大产业之内。意大利体育产业年产值于 20 世纪 80 年代末期达 180 亿美元，跻身意大利国民经济十大行列，现年产值达 500 亿美元。日本 1990 年的体育产业年收入达 402 万亿日元，其产值在十大行业中排名第六位。美国 1998 年的体育产业产值达 631 亿美元，超过石油化工业(533 亿美元)、汽车业(531 亿美元)，占其 GDP 的 1.3%，到 90 年代中期，年产值超过 3000 亿美元，以职业体育、娱乐体育、竞技体育为核心的美国体育产业，已经形成了比较完善的体育产业管理、体育产品制造与营销、体育场馆管理与运营、体育媒体、体育运动联盟、体育组织、体育公共关系、体育会计、体育投资、体育律师等体育产业结构。

截至 2004 年，我国的体育产业经营机构达两万多家，总投资额 2000 多亿元人民币，年营业额 600 多亿元人民币，此外，各地举办的商业性竞赛和表演约 300～500 次，营业额约 8000 万元人民币。我国 1997 年体育产业的增加值为 156.37 亿元人民币，1998 年为 183.56 亿元人民币，约占我国 GDP 的 0.2%左右。按这一趋势，到 2010 年我国体育产业年产值占 GDP 的比重将可望从 1998 年的 0.2%增至 0.3%。发展体育产业已经成为我国《体育法》的重要原则和内容，并被纳入了《国

① 赵承磊等:《体育职业化、产业化、市场化三概念之辨析》,《首都体育学院学报》2006 年第 3 期(2),第 9 页。

民经济和社会发展“九五”计划和2010年远景目标纲要》。

三、体育与文化

在人类文化史中，体育长时间被排斥在文化之外，甚至把二者对立起来。体育因其强调身体的激烈活动而被与体力劳动等同起来。直到20世纪70年代体育文化这个概念才引起学术界的重视，体育运动作为文化的一部分逐渐获得认可。

1. 体育文化的概念

我们先来看“体育”和“文化”这两个概念。“体育”是个舶来品，本义为“体能教育”(Physical Education)。到20世纪五六十年代，体育才变成一个内涵多元的概念，主要包含以提高大众身体素质和“保国强民”为目的的体育教育，以个人追求健康体魄为目的的体育锻炼，以竞赛夺标和体现人类“坚韧不拔、挑战极限”精神为目的的竞技体育三大内涵。

对文化的定义，则有许多理解。英国人类学家E.B.泰勒说：“文化或文明，就其广泛的民族学意义来讲，是一复合整体，包括知识、信仰、艺术、道德、法律、习俗以及作为一个社会成员的人所习得的其他一切能力和习惯。”这个定义将“文化”解释为社会发展过程中人类创造物的总称，包括物质技术、社会规范和观念精神。而美国社会学家戴维·波普诺认为，文化是人类群体或社会的共享成果，这些共有产物不仅包括价值观、语言、知识，而且包括物质对象。

不管对文化的阐述有多少，但对其中一点是有共识的：体育是人类丰富的精神财富，是人类文化的重要组成部分之一，其中蕴涵着文化内涵。正是这些形成了体育文化。体育文化是人类关于体育运动的物质、制度、精神文化的总和，它涵盖了人类的体育认识、体育情感、体育价值、体育理想、体育道德、体育制度和体育物质条件等。有学者把体育文化分为三个不同层次：表层是运动形态(包括身体运动形式及所使用的场地、器材等物质形态)，中层是体育体制(包括体育的社会组织形态和教学训练体制等)，深层是体育观念(包括身体观、运动观、价值观、方法论等)。

体育文化有广义和狭义之分，广义指为丰富人类生活，满足生存需求，以身体为媒介，把满足人类需求的身体活动进行加工、组织和秩序化，形成获得社会承认的、具有独立意义和价值的文化。它包括精神文化(体育观念、意识、思想、言论等)、行为文化(体育行为、技术、规则、规范等)、物质文化(体育设施、用具、服装等)。狭义指体育是文化生活的一部分,将产生于社会生活的体育作为有价值的活动加以肯定,并赋予一定的意义,从而使体育由自然活动变成文化活动。它包括与艺术、宗教、学术、文化娱乐以及传媒等有关的体育活动和体育作品,如体育舞蹈、艺术体操、武术和体育摄影、雕塑,体育建筑、体育音乐、体育文学、体育研究、体育休闲娱乐、体育大众传播等。在体育社会学研究中,运用广义概念较多。

2. 体育文化的内涵

体育文化是关于人类体育运动的物质、制度、精神文化的总和,包括体育思想、体育知识、体育技能、体育情感、体育价值、体育制度和体育的物质条件等。

体育是一个内涵稳定、结构完整的独立的文化系统,它包括体育思想、体育制度和体育行为三种基本要素。

(1)体育思想——理论结构

这里面包括了在一定历史环境中支配并影响体育形态构成和发展演进的所有社会意识形态内容及精神观念因素,还包括人类对体育的认识水平和知识成果。前者包括价值观、人生观、健身观、竞争意识、规则意识等一系列涉及哲学、宗教、道德、美学等领域的课题;后者则包括了关于人体生物科学、训练科学等在内的体育理论研究课题。这是体育文化的软件系统。

(2)体育制度——组织结构

体育是一种特殊文化,已鲜明地标示了体育的发展史,从原始的禁忌制度、宗法制度到近代立法形成的体育制度;从原始的成年男女间的秘密结社到近代世界性的体育组织;体育的制度——组织结构是伴随人类文明的发展和社会生产关系的部分变化而演进的。这是体育文化的软件管理系统。

(3)体育行为——实践结构

包括体育的规则、项目、技术、战术、训练、比赛、宣传等。这个结构加上场馆设施等是体育文化的硬件系统。

上述三种结构相互协调,彼此互为倚重,共同构成体育的文化内涵。体育是一种特殊的文化。通过这种文化的力量,人类自我得以完善,身心得到健康发展。

3. 体育文化的特质

体育,作为一种特殊的社会文化现象有着独特的魅力。尤其现代国际体育更是以它独具的魅力让全人类为之如痴如狂。可以说,当今人类社会中没有一种文化现象能像体育般在空间上具有如此的广泛性，让不同民族、国家、信仰的人在全球找到可以自由交流的语言，没有一种社会活动能像体育般让来自各民族、各国度的人进行一场既文明又直接的较量。体育活动中的每个国家，每位参与者所必须自觉自愿遵从和维护的“费厄泼赖”精神更是人类其他活动难以具有的。

正是体育的这种其他文化现象所不可比拟的象征性意义，使体育成为向世人展现一个国家的风貌、科技水平、经济繁荣昌盛、文明强大的窗口，也同样使体育最具召唤力，最能激发和深化民族意识，增强民族凝聚力、自豪感，振奋民族精神。明白这一点，我们就不难理解当今体育为什么会受到世界各国政府及民众的普遍重视，也不难理解一些经济相对不发达国家为什么会提出优先发展体育或体育超前发展的深层动因。我们也同样可以理解，一旦一个国家或民族在经济、科技、国力等方面取得足以让世人为之骄傲的成就，而不再过分强调体育尤其是竞技体育的象征性符号意义时，会给该国家该民族的体育及竞技体育发展带来一定影响。

四、体育与媒介

“体育作为一种文化现象，其发展规模因国而异，但共同的一点是，它的影响力和普及程度过去和现在都往往取决于新闻媒介的作用。”[①]现代社会，体育运动与传播媒介关系密切、互为倚重，体育即是传播的体育，传播因体育而丰富，体育因传播而繁荣。在实践领域，大众传播与体育发展的互动体系已经建立。

1. 体育借力媒介

体育作为一种特殊的社会文化现象，具有独特的魅力。在体现民族精神、强化爱国主义、丰富群众文化生活、增强人民身体健康等方面起着其他活动难以替代的作用。但是这些功能在很大程度上要借助于大众传媒才能充分发挥出来。今天万众瞩目的奥运会离开大众传媒就无法成为全世界的盛会，体育运动也难以在全世界范围内蓬勃开展。

体育发展，使体育对新闻传播媒介的依赖性越来越强。新闻媒介也将体育，特别是诸如奥运会、足球世界杯等大型体育活动作为提高自己声誉的重要手段。如

---

① 《帕里昂蒂一席谈》，《中国体育报》1990 年 3 月 26 日。

果没有新闻传播媒介的支持，奥运会、足球世界杯等大型体育活动便无法举办下去。洛杉矶奥运会的成功之处，正是因为其抓住了新闻传播媒介。它的成功，给予国际奥委会以极大启发。萨马兰奇十分注重新闻媒介，他本人设置了新闻顾问，专门去巴塞罗那检查，第一站去奥运村，第二站便是新闻中心。奥组委现在也在考虑改革，其中一项重要内容是项目的设置和安排是否有利于电视传播，有没有电视观众。

场次安排也是如此。巴塞罗那奥运会的一些场次的时间安排，便考虑到如何服务于新闻传播。有些场次如女篮比赛，就安排在半夜。如果说早年建设体育场馆，设置观众席位，为的是便于大家观看的话，如今要考虑新闻传播的特殊性，项目安排有利于新闻传播，同样也是为了吸引更多的观众，只不过这些观众不在体育场的观众席上，而是在家里通过电视观赏，但其数量远远超过体育场看台上的观众。因此，申办奥运会的一个重要条件，是看其有没有符合要求的新闻传播条件。奥委会新闻委员会的权力很大，它可以因为申办城市的新闻传递条件不符合要求而否决其申办要求。

体育正是通过借助媒体的作用，促进了体育项目的大发展，促进了人们体育消费观念的大转变，促进了体育市场的大开拓。

2．媒介倚重体育

作为一种特殊的社会文化现象，体育有着一种独特的磁力，这使它与其他文化形式相比，有着诸多吸引的魅力，如体育的趣味性、超越性、刺激性、悬念性等。在体育运动中，人们可以轻松地享受过程——为身体的逐渐强壮而沾沾自喜，为一次动作完成得精彩而兴奋异常，为战术使用中的“大意失荆州”而扼腕痛惜，为裁判的偶尔过失而据理力争，为观众的一声喝彩而信心百倍……这些都足以成为人类亲近它的理由。[①] 这些对媒体有着足够的吸引力，如今体育信息已成为诸多媒体的重头戏，甚至是媒体间竞争的法宝之一。因此，更好的传播体育信息已成为媒体发展和体育发展的共同需要。

奥运会等重大体育活动对于新闻传播媒介越来越具有强烈的吸引力。任何一个新闻机构，都想利用某个事件来提高知名度，重大体育活动便成了新闻机构角逐的“战场”。海湾战争使美国 ABC 电视台誉满全球，在第二十五届奥运会，他们去

① 王庆军：《我国社会转型期体育媒体化现象解析》，南京师范大学学位论文（2007 年）。

了300人,美联社是144人,法新社是105人,新华社是113人。奥运会开幕前夕记者蜂拥巴塞罗那,满街均是挎着相机的各国记者。巴塞罗那市民惊呼:"外国记者入侵!"新闻竞争是一个国家或地区政治、经济、科技、文化的竞争。

第二十五届奥运会第一块金牌产生于格林尼治时间9点01分,70秒钟后,新华社播发了三行字的电讯稿,路透社是9点08分播出的,美联社是9点30分播出的。新华社为了跻身世界六大通讯社行列而获得奥运会新闻采访特权,投入了很大的人力、物力。中央电视台花费50万美元组织记者赴巴塞罗那采访,虽然比较起欧广联的9000万美元的投资,简直是小巫见大巫,但是这个数字对于我国其他新闻单位则是天文数字。

3. 体育与媒介互为依存

在当今社会,体育已成为社会文明的标志之一。它作为一种具有激励性、凝聚性、竞争性、可欣赏性的社会文化,具有其独特的魅力,在受到全社会关注的同时也备受媒体的青睐。当前,传播体育信息的媒体越来越多,体育信息的传播量也越来越大。今天的体育运动能在全世界范围内得以蓬勃开展,奥林匹克运动能有如此空前的盛况,可以说大众传媒功不可没。在推广和普及体育运动、扩大体育影响、吸引和指导人们参加体育运动等方面,媒体发挥着巨大的作用。随着体育的功能不断被认识、被开发,体育价值观的不断提升,媒体与体育关系的日益密切。

(1)体育与媒介"联姻"

不借助媒介,体育的影响也是极其有限的。就算是一次大型比赛,一般现场观众最多不过区区几万人而已,可一旦通过电视转播,观众将达数亿人之多。再经报刊、电台以及网络的进一步传播,就像经过一个大功率放大器一样,观众将以几何级数增长。由于媒介的参与,在世界任何角落的大型体育比赛,无论你在天涯还是海角,只要打开电视,足不出户便能"身临其境",一览无余。两者的"联姻",造就了体育的影响和规模无限放大。

近年来,奥运会、世界杯、NBA、F1等重大赛事期间的一次次狂热的全球消费,电视、广播、报纸、网络等各大传媒相互之间展开了一场场别开生面的场外"另类"竞赛,这都充分说明了媒介和体育"联姻"的魅力。这种魅力使得体育比赛这一世界共同文化财富所代表的体育运动精神的感召力和认同效果胜过任何广告宣传与明星代言。具有强烈冲击力的体育标题、图片,高清晰度的体育画面以及能够多角度并可以反复观赏和玩味的精彩体育镜头已经超真实地表现了体育，并大大地延伸了人类的感觉器官，也改变了体育的表达方式。

(2)体育发展的媒介观

信息社会的大众接收体育信息的渠道主要是大众传播媒介，一般社会个体接触的体育信息大都是媒介中的体育。新时期的体育发展应在传统发展观念的基础上，加入“媒介发展观”，通过与媒介的互动来赢得更大的发展空间。体育项目在比赛的规则、竞赛的形式、排列的次序、比赛的场地等方面发生变化时都应考虑到媒介的存在，尽量适应媒介传播的方便去做调整。当然，这种迎合并非“唯媒介是从”，而是从拓展体育发展空间的角度，在不违背体育精神的前提下的积极变革。

第二节　体育新闻的功能演变

纵观我国体育报道和体育媒介 30 多年的发展，大致可以把体育报道的社会功能的演化划分为三个阶段。从改革开放初期到 1990 年北京亚运会左右为第一阶段，从 1992 年巴塞罗那奥运会到 90 年代中后期为第二阶段，从 20 世纪 90 年代末到现在为第三阶段。体育新闻的功能从宣传优先回归到信息传播的本质，经历了量与质的全面提升，其传播功能也实现了由单一到多元的演变，逐步成熟起来。

一、体育报道服从政治宣传

这一阶段大致从改革开放初期到 1990 年北京亚运会左右。在这期间，我国的商品经济有所发展，但整个社会还未从计划体制中摆脱出来。

就体育报道的社会效果而言，作为新闻报道的一部分，体育新闻有着一般新闻的共性，“就是和其他新闻报道一样，反映生活、提供消息、说明政策、传播情况、抨击时弊等，即通过新闻传播的手段，反映在中国共产党的领导下，全国人民为建设繁荣、昌盛的社会主义祖国而奋斗”。另外，体育新闻的广泛传播在社会生活中还有着独特的功能，它是“焕发民族精神的振奋剂，是爱国主义的活教材，是增强人民体质、提高运动技术水平的播种机，是精神文明建设的测试仪”。①

① 马信德:《体育新闻学 ABC》，中国新闻出版社 1984 年版，第 18～28 页。

从模式上看，这一阶段的体育报道比较单一，除了一般的赛事报道外，就是先进人物和先进事迹的描写，基本上是正面报道，报道形式也比较模式化，通过这种报道来宣传积极上进的共产主义思想和中华民族精神。在这期间，人们所熟知的有关中国乒乓球队和中国女排的报道就是这种模式。

中外闻名的“乒乓外交”的成功，使得体育的政治宣传功能更加显效。随后的一段时间里，体育报道的主要基调已不再是对体育赛事本身的报道，而演变为对各项以友好交往为主要目的的国际体育赛事的宣传和弘扬，国内比赛的新闻报道也受此影响注重赛场友谊的细致描述。例如，这一阶段我国各大体育新闻媒体曾经对中国运动员参加的亚非乒乓球友好邀请赛和第七届亚洲运动会进行了规模宏大的报道，但对于体育比赛成绩大多一笔带过，有的甚至根本没有报道，更多的是对“加强友谊、促进团结”等场面的渲染和描写，“友谊第一，比赛第二”成为这一时期体育赛事宣传报道的主要导向。

80 年代随着中国重返奥运赛场，爱国主义话语迅速高涨。各新闻媒体高举着爱国主义的旗帜，通过报道中国在国际大赛上取得的成绩，弘扬爱国主义的精神。1984 年洛杉矶奥运会，中国选手在金牌上的突出表现超出了事前的预料，中央电视台紧急修改报道计划，从原定每天转播 40 分钟，增加到每天转播四小时。其目的就是要在全国掀起一场学习奥运英雄、振奋民心、激发爱国主义热情的高潮。又如对 1988 年汉城奥运会，中央电视台明确提出，“宣传中国体育形象是重中之重，我们的报道方针，就是要大力宣传中国体育健儿在奥运赛场上奋勇拼搏、为国争光的英雄事迹，达到激发全国人民爱国主义热情的目的”。①

无论是体育竞赛“友谊第一，比赛第二”的宣传基调，还是爱国主义宣传，体育报道在特定的环境中，都有其历史合理性，并发挥了积极的作用。但是不难发现，报道的品种相当单一，报道的符号也被赋予了强烈的宣传意味，采写的模式被固定化了。另外，由于此时的报道基本是正面先进的报道，负面的报道很少，新闻的指导和预警功能得不到发挥，现实的问题和不足得不到有关方面的应有注意，这在一定程度上阻碍了体育事业的发展。同时，当时的报道还存在着信息含量不高的情况，解释性报道很少，体育迷以及体育工作者信息的需求得不到充分满足。

从总体上看，这个时期我国的体育报道处在一个发展的初步阶段，其担负的社

① 岑传理、田永明:《奥运启示录》,《电视新闻论集》,人民出版社 1993 年版,第 16 页。

会功能是通过宣传为国家的经济建设和政治决策服务，报道的商品性和娱乐性在那个时候尚未提及。

二、宣传功能的弱化和信息传播功能的增强

这一阶段大致从1992年巴塞罗那奥运会到90年代中后期。这个时期是中国体育报道转型和飞速发展的时期，不仅体育报道应有的信息传播功能得到了很大程度的发展，同时体育报道的商品属性在这一阶段的后期也逐渐显现出来。

众所周知，1992年是我国改革开放关键的一年，邓小平“南巡”讲话和十四大的召开都推动了我国社会主义市场经济体制的确立，在这种大环境下，中国的大众媒体也开始把目光投向市场，媒介的新闻产品不像过去那样方方面面担负着宣传的任务，除了在党政经济等硬新闻中进行的宣传之外，其他新闻产品的传播则把新闻报道的信息功能放在首位，体育报道就是其中的典型。

巴塞罗那奥运会期间，以中央电视台为代表的国内媒体对这次赛事进行了全程报道，从报道内容和报道方式来看，基本实现了信息的客观传播，典型性的宣传话语已经很少出现，关于先进的模式化报道也明显有别于1990年北京亚运会。当然，从1992年开始的那几年毕竟是体育报道转型的时期，媒体在报道技术、报道观念上还不成熟，一些报道仍然存在着计划体制时期的印迹。

从90年代中期开始，国内外的比赛逐渐增多，特别当中国足球从1994年开始职业化进程以及中国篮球和排球随后走上职业化道路之后，国内外体育赛事的数量是80年代的数倍，如果媒体再以过去那种方式报道体育新闻，根本无法有效地覆盖这么多体育信息。从受众角度来考虑，随着市场经济的发展，人们的观念和价值体系逐渐多样化，受众的需求与往日不同了，人们接触媒体的体育报道并不像原来那样仅仅为了获得鼓舞人心的消息以及接受爱国主义教育，人们希望了解的是体育比赛本身，是体育比赛能够带给受众的刺激和快乐，如果报道者继续用宣传教化的方式传播信息，则根本无法引起受众的兴趣。中国的体育新闻工作者，面对着这种变化，在有限的设备和技术基础上尽可能多地客观报道体育新闻，体育报道的信息传播功能得到了很大程度的发挥。

中央电视台在1995年创办了体育频道，实现了体育报道的专业化。CCTV－5除了报道专业的体育信息以及进行赛事转播之外，还开辟了服务观众的体育教学娱乐项目，普及科学锻炼法，满足了人们获取专业性体育指导信息的需求。在这种

趋势下,国内的报纸、电台、电视台也纷纷开设了健身报道和健康咨询等栏目,推动了全民健身热潮。

此外,还有一个值得注意的现象就是媒介开始商业化运作体育赛事,并且通过这类活动提供体育报道,CCTV 创办乒乓球擂台赛、上海有线冠名上海男女排球队,从经济效益来看,体育和媒介实现了双赢,这既是媒介市场公关的重要策略,也是媒体与体育进一步结合的有益尝试,可以说媒介的这一举动开启了体育报道商业化的道路,体育报道激发经济利益的功能也开始得到体现。

在短短的五六年间,中国的体育报道实现了飞跃和巨变,虽然这一阶段的报道还存在着报道形态单一、专业化程度欠缺等问题,但体育报道信息传播功能的凸显已经可以算是不小的进步了,中国的体育报道在这期间积累了进一步发展的基础和实力。

三、体育报道功能的多元化发展

从 20 世纪 90 年代末开始,我国的体育报道从传播观念、传播方式到传播职能都取得了长足的进步,我国的体育报道进入全新发展时期。

经历了第二阶段的实践,体育报道的信息传播功能已经完全得到认定和强化,在第一时间向受众传递体育消息已经成为各家媒体所必备的素质。体育新闻的同步播报也已经成为受众最基本的要求,完成信息的瞬时传递只能说媒体在体育报道的竞争中完成了"规定动作",要想取悦受众,就必须在其他方面下工夫,随着媒体采编技术的进步以及体育记者专业素质的提高,富含信息量的深度报道和解释性报道开始发挥其威力。

其中最典型的就是《体坛周报》。创刊于 1993 年的《体坛》之所以成为体育媒体中的佼佼者,很大程度上得益于其专业性以及信息的高含量、高质量,不仅赛场内的一切成为报道的对象,赛场外的一些东西也成为报道的重点。因此,在一批明星记者的操作下,众多的信息成为富有个性的体育新闻报道受到广大受众的欢迎。在体育现场转播中,除了专业化的体育解说员之外,还往往会邀请一些知名的运动员和教练进行现场评说,其目的也是为了使转播更专业、具有更高质的信息。从这个意义上说,体育报道的信息传播功能到此时才真正得到充分的体现。

此外,在这个阶段最值得注意的就是体育报道娱乐化功能的体现。娱乐化近年来已经成为新闻界尤其是体育新闻界的时髦话语,《南方体育》就是其中的代表,

"中国体育媒体对美女明星的重视，对球星教头花边逸事的挖掘，对体育明星和娱乐明星(联姻)的追逐，已经使这种娱乐化倾向逐渐显现。《南方体育》使之达到极致"[①]，内容上的出奇和形式上的前卫就是其总体特色。体育新闻娱乐化有着多方面的原因，但从总体上看与以下几个因素是分不开的：(1)政府和社会对于这类新闻的传播总体上比较宽容。(2)激烈的竞争容易导致媒介采取迎合受众的做法。(3)硬新闻的采制成本较高，软新闻既不需要投入太多的人力、物力，其效果又能为受众所欢迎。(4)受众和媒体的品位尚未达到很高层次。在全球化的娱乐风潮影响下，媒体和受众更倾向于娱乐化信息。(5)社会处在一种信息泛滥的状态，人们在这种"信息塞车"的情况下有一种无力感，娱乐化信息既能引起人们的兴趣又不需要花费太多思考。在这样的情况下，我国的体育新闻报道自然而然地走上了娱乐化道路。

同时，体育报道的商品性在这一阶段得到了最大程度的发挥。在这之前，媒体报道体育新闻都停留在制播合一的阶段，报道资源和人才无法实现真正的流通和共享。从 90 年代末开始，这种情况发生了改变，随着新闻媒体集团化运营的深入，原有的体育报道媒介一直处于不断整合的状态，面对日趋激烈的竞争，集团的经营者和传媒的策划者当然希望打造强势体育媒体来取悦受众赢得市场。当然，要实现这个目标，按照媒体原有的技术和人才资源是远远不够的。在这种情况下，社会上出现了专业的体育节目制作机构和体育报道人员，他们脱离于传统的媒体之外，凭借自身的优势制作专业的高水准的体育报道精品，然后通过向媒体出售这样的"产品"获得收益，光线公司打造的《体育界》就是这种"制播分离"方式的典型。现在一些诸如《体坛周报》、新浪体育的特约评论员和撰稿人也是这种类型。另外，电视频道的专业化改革进行得如火如荼，付费电视开始出现，根据节目的"价值"进行分级收费的制度也呼之欲出，这更促进了体育报道商品化的进程。体育报道制作人员和机构力求采制更高质量的体育报道精品，媒体通过传播这些精品争取受众和广告商，两者之间实现利益上的双赢。因此，体育报道功能上的这种转化使体育信息的商品属性得到发挥。

总的说来，体育报道这个时期所担负的社会功能已完全有别于 20 年前，带有强烈意识形态的宣传功能已经弱化，信息的传播功能得到了最大程度的发挥。另

① 马信德：《体育新闻学 ABC》，中国新闻出版社 1984 年版，第 19～20 页。

外，体育报道在这段时间内最突出的特点就是商品性和娱乐性，两者存在着密切的关系，商品性需要娱乐性，娱乐性促进商品性，伴随着两者的相互作用，我国的体育报道将在很大程度上与西方国家的体育报道模式相接轨。

当前，我国媒体正在朝着专业化和大众化的方向发展，体育媒体也不例外，形态上的细化和多元化将是必然的方向，在这种情况下，体育报道担负的社会功能的演变也将继续下去。

第三节　体育新闻的主要功能

体育运动从一开始就与传播活动密不可分：它本身就是一种传播活动，人类通过体育活动中的言行、姿态或辅以器械来传授诸如力量、速度、灵敏、美感、智慧等的各种信息；人们在进行体育活动时与他人交流或参加比赛，又进行了人际传播和组织传播。但这些体育活动在与大众传媒相结合之前，其传播效应是极其有限的。体育作为一种社会文化现象，其信息必须通过各种传播媒介才能得以广泛传播。现代体育在很大程度上是依靠媒体赢得人们的关注、欣赏及合理化的市场资源配置的，因为只有借助大众传媒，才能使体育信息传播速度快、传播范围广、传播信息多、传播质量好。可以说，体育媒介成了体育运动的最佳载体，体育新闻成了体育的一种基本表达方式。

现代社会，人们接触到的现实的体育在很大程度上已为信息的体育所取代，或者说体育已经分化为“身边的体育”和“信息的体育”两种。“身边的体育”是指自我参加体育锻炼或者与他人一道参与体育活动，它主要是通过人际传播进行交流；而“信息的体育”则是世界各地值得关心的体育活动通过大众传播媒介被受众所感知，比如赛事的电视转播，电视、报纸杂志的体育新闻等。

体育借助大众传媒，适应了信息时代的要求，并实现其多元功能。体育新闻通过传播有关体育的各种信息，以实现体育的多种功能。虽然，我国体育新闻在其发展的初期阶段曾短暂地经历了两个极端——“友谊第一，比赛第二”和“金牌至上”的宣传。但伴随着改革开放的进程，它逐渐恢复了其自身独有的功能，作为以体育活动为新闻原体的传播活动，它融合了新闻和体育活动的多种属性，因而也具有多元的功能，归纳起来，其主要功能有信息传播功能、政治功能、经济功能、文化功能和娱乐功能五大类。

一、信息传播功能

基于媒体特有的属性，体育新闻的基本功能就是传播体育信息，这也是其他功能得以实现的前提。具体地说就是面向广大受众，传播与体育相关的新闻、事件和知识，可以分为赛事报道、休闲娱乐健身信息、学术信息、体育商品信息等。

1. 体育信息报道量剧增

近年来，我国媒体对体育信息的传播呈快速发展的趋势。大量专业从事体育新闻报道的媒体出现，如电视的体育频道、综合报纸的体育专刊及专业体育报刊、专业体育网站为受众提供了丰富、及时的体育信息。其中，央视的体育频道、《体坛周报》、《足球》、新浪网、搜狐等门户网站的体育频道等已经颇具影响力。不仅如此，还出现了专门从事某一专项报道的如《围棋报》《球迷》《高尔夫》《体彩导报》这样更加细化的专业体育媒体。

据新闻出版署 1998 年的统计数字显示：设有固定体育版面（固定栏目）的报刊和设有固定体育栏目、频道的电台、电视台多达 400 余种。通过专业的体育媒介，不仅重大的国际赛事、优势项目得到了报道，国内赛事、冷门项目也得到了关注；不仅竞技体育得到充分报道，群众体育的报道量也大大增加。1998 年世界杯足球赛期间，广州市的一个报摊上就可以看到 13 种体育类报纸。现在，体育节目和报道在广播、电视、报纸、互联网等各种媒体形态中都占据了相当重要的位置，并日益成为各种媒体竞争的着力点。

以奥运传播为例，从 1984 年中国派遣体育代表团参加洛杉矶奥运会开始，我国传媒就开始积极关注奥运会的赛事报道，每届奥运会都有大批记者从事现场报道，为读者营造奥运的参与氛围。在后方的信息整合过程中，国内许多报纸、电视台都为奥运会，尤其是夏季奥运会开辟特刊或专题报道，以超大规模的报道量进行奥运赛事信息的传播，把中国健儿和其他国家、地区运动员的比赛情形在第一时间传递给国内受众。

从 2000 年悉尼奥运会开始，网络也加入了奥运赛事报道的行列，充分发挥其海量信息、更新速度快、互动性强等特点，不仅随时更新比赛消息，还邀请了一批运动员与网民展开网上对话、聊天，传递出许多赛场外的信息。

雅典奥运报道，更被国内众多传媒当成了北京奥运会报道的一次重要预演，很多媒体都对此进行了精心的准备:《北京青年报》等国内十余家强势报纸早在2003年年底便组成了采访报道联合体;国内多家地方电视台也一如既往,整合各方力量,形成“大兵团作战”的态势参与奥运报道;中央电视台、新华社也在延续自身奥运报道传统的基础上,努力创新。

2. 拓宽报道范围、丰富题材、强化深度

越来越多的运动项目进入了体育报道领域,国内外赛事丰富了人们的视野,除了对赛事等一些表层信息的关注,人们更关注的是体育赛事、体育事件背后的故事,媒体从业人员的“专业化”“职业化”使得其新闻报道和新闻评论更符合大众接收心理,讯息传播效果更加明显。通过大量的多层次的报道,满足社会大众对体育信息的需求。

二、政治功能

我们反对体育政治化,却不否认体育有着独特的政治功能,除了其传统的政治效应,体育新闻的政治功能又有了新的实现方式和特点。

1. 激发国民的爱国热情

通过体育报道,特别是电视转播,在世界上任何地方的大型比赛,无论你距离赛场多么遥远 ,只要打开电视,便能“身临其境”,精彩尽收眼底。你会为运动员在赛场上顽强拼搏的精神所感动,更会为为国争光的健儿所鼓舞。

体育是爱国主义教育的重要途径,中国女排“五连冠”,大学生喊出了“振兴中华”这一激动人心的口号,从此,女排精神就在全国人民心目中扎下了根,成为激励人们为国拼搏的楷模。奥运会上零的突破使中国人扬眉吐气。1999年中国女子足球队在世界杯赛上的表现,又使中国人再掀爱国热潮。每一个重大的国际比赛无不牵动着亿万国民的心,运动员在赛场上争金夺银、每一次国歌的奏响、每一次国旗的升起都会激发起国民强烈的民族自尊心和自豪感。它使民族情感得以抒发,爱国热情得以张扬,民族凝聚力得以加强。

2. 塑造国家形象,展现民族精神

国家形象是国际社会的民众对一国相对稳定的总体评价,它以综合国力为基础,但在很大程度上源于该国的文化影响力,体育比赛是塑造和传播国家形象的重要舞台。通过举办奥运会提升主办国的文化影响力,塑造国家形象已成为国际社会的共识。2008 年北京奥运会，对中国媒体而言，是全面展示我国实力、塑造和提升我国国际形象的最佳契机。

在国际体育比赛和交往中，运动员的行为举止和精神面貌在一定程度上会影响人们对一个国家或一个民族的印象。比赛场上，运动员所表现出来的技术水平反映了一个国家在该项目上的竞技水平，而运动员的比赛作风则从一定程度上反映出一种民族精神。

3. 体育成为解决政治难题的理想工具

正是因为体育运动极淡的政治色彩，使之成为完成一些极为困难、极为敏感的政治难题的理想工具。比如，20 世纪 70 年代，中国乒乓球队访美，成为叩开中美建交大门的先导，"小球"带动"大球"至今被人们传为佳话；中华人民共和国与中国台湾同时参加洛杉矶奥运会，为"一国两制"条件下参加各种国际活动创造了切实可行的模式；曾经关系极为紧张的朝鲜南北两方，也是以探讨共同组队参加奥运会为契机而开始了直接对话。

2002 年在韩国釜山举行的第十四届亚运会，可谓是"一场体育盛会，促成了一对兄弟的握手"。开幕式上，当朝鲜和韩国运动员同握一面"朝鲜半岛"的旗帜步入会场时，当他们共同握起火种点燃亚运会圣火时，所有韩朝运动员的手牢牢地握在一起。此时，一切绚丽的焰火、壮美的歌舞都显得黯然失色，这一刻，体育的价值得到了升华，朝鲜半岛和平统一愿望的强烈表白成了整个开幕式的主旋律。亚运会期间，第一支来到南方土地上的北方拉拉队一下子吸引了各国记者的视线，当满载着 280 名拉拉队队员的朝鲜"万景峰 92"号客轮驶入韩国釜山多大浦港时，自发前来的韩国民众挥舞着朝鲜半岛旗，不停地高呼着"统一！统一！"。试想，如果不是举办亚运会这样盛大的体育赛事，在目前这种政治环境下，这样的情景恐怕是难以看到的。釜山外港多大浦也因此而一夜之间声名远扬，"去多大浦看朝鲜船了吗"已成为釜山市民亚运会期间新的"问候语"，平时外人罕至的多大浦，一夜之间成为全亚洲乃至全世界关注的话题。此情此景，难道不正说明了体育的政治价值之所在吗？

现代社会，尤其是在全球化的背景下，体育新闻的政治功能已突破了历史上体育直接作用于政治和国际关系的传统模式，更多的是通过逐渐增强的政治、社会、经济、文化、环境等功能作用于政治。体育以体育现象扩大化后的影响力，以体育产业形成规模后的经济功能，以"软权力"中的一种文化功能以及体育与环境等领域的密切关系，对政治及国际关系施加重大影响，成为体育作用于政治和国际关系、实现政治功能的新方式和新特点。

三、经济功能

体育的电视转播、体育报纸、书刊等在传播体育信息、丰富社会文化生活的同时，不仅创造了广泛的社会效益，还创造了巨大的经济效益。随着现代科学技术的发展所引起的现代传媒的变革，体育传播已经形成了自身的产业规模，不仅对体育产业发展，同时对社会产业系统的完善和发展都有一定的促进作用。

1. 体育传播产业化

体育文化传播产业是指一切与体育传播相关的产业系统，包括各种体育新闻报道、赛事转播、体育专业人才的推介以及运动项目的推广和运动技术的传授等方面的宣传。在现代社会，电视及其他传播媒体的日益普及，体育文化传播产业已成为社会发展过程中不可缺少的一部分，在整个体育产业结构中发挥着越来越重要的作用。

(1)体育传播的商业属性

职业或非职业运动员所从事的体育比赛和表演属于体育劳务范畴。当通过一定的机构将这种比赛或表演有偿地转让给一定的媒体机构，这些机构以赢利为目的所形成的一种经营方式，就形成了体育传播产业。其中最具代表性的是电视转播权的转让，转让电视转播权的主要权益方是与赛会相关的体育组织和主办单位(组委会)。一些具有独立法人资格的俱乐部、运动队等也有权分享这种权益。从产业特征来看，电视转播权属于俱乐部或体育组织的无形资产。

(2)电视转播权出售

把电视转播权变成商品，不仅使体育风靡全球，而且使体育产业不再是小打小闹。1984 年，洛杉矶夏季奥运会的电视转播权收入达到 3.6 亿美元；1988 年，收入 4.01 亿美元；1992 年，收入 6.4 亿美元；1996 年，收入 7 亿美元；悉尼奥运会出售的电视转播权收入已达 12 亿美元。

电视台对受欢迎的体育赛事转播的巨额投入是体育运动商业化的重要原因。电视台通过买下某一项比赛的“独家”转播权，再将费用转嫁到广告商身上。刊登广告的公司发现，通过体育节目的广告能有效地把产品销售给“目标受众”。1992

年巴塞罗那夏季运动会签订的出售电视转播权合同，费用已高达 6.4 亿美元。其中，美国全国广播公司(NBC)就为此花费 4.01 亿美元。

(3)媒介运作体育赛事

媒介开始商业化运作体育赛事，并且通过这类活动提供体育报道。从经济效益来看，体育和媒介实现了双赢。

由于体育市场带动下的电视转播产生了巨大的经济效益，促使许多媒体与体育机构的联合。这些在国际上都有一定影响的媒体机构或直接收购，或参股，或购买转播权，在不同程度上参与了各俱乐部的运作。在国外，媒介力量强大，甚至可以改变体育运动的规则。比如在欧洲，柯斯和贝塔斯曼公司强烈要求将足球比赛分为三个阶段，而不是上下两个半场，以便有机会插播更多广告。新闻集团创建了具有竞争力的澳洲橄榄球“超级联赛”为自己的电视台提供节目，还要考虑筹建一项具有竞争力的职业高尔夫巡回赛。

(4)体育广告

诸多的媒体介入电视转播，正是看中了电视转播的商业价值——从电视广告中获益。一些有名的广告产品如可口可乐、IBM、Kodak、McDonald’s、Panasonic等为电视转播带来了丰厚的收入。国内体育比赛的电视广告价格虽不如发达国家，但也是可观的。不同项目、规格、时段的比赛，其广告价格不同，一个主要依据是电视在这一时段的收视率的大小。1997 年，中央电视台体育频道 CCTV－5 的广告收入达四亿人民币，加上 CCTV－1、CCTV－2 的，总计六亿元。从另外一则数字也许更能反映电视转播的市场火暴：奥运足球亚洲区预选赛赛事转播广告价格为 5 秒，6900 元；15 秒，13000 元；30 秒，20800 元。

2. 我国的体育传播产业市场潜力巨大费用

随着社会的发展和经济的繁荣所带来的余暇时间增多，体育越来越成为人们生活中不可缺少的一部分，人们不仅参与运动，同时也喜爱“观赏”运动。美国人每年花费在娱乐方面的费用为 2000 亿美元，其中很大一部分用于体育。电视技术的发展为电视转播体育比赛提供了技术支持，体育比赛的独特魅力对商家也有无限的吸引力，大量比赛的举行，为体育主办者、电视台、商家走到一起提供了机会。

体育媒介的市场主要表现在以下几个方面：体育媒介(精神、人物、组织、事件)的称号、标志、专利等的特许权转让等无形资产开发市场，主要以广告、特许权授权使用等形式体现价值(公益广告、商业广告)；赛事电视转播权转让市场，间接以广告（电视广告）体现价值；体育媒体市场，以媒体广告体现价值（体育媒介与媒体合二为一）。现实表明，明星广告、赛事赞助、电视转播权销售与赛事电视广告、俱乐部冠名等都表现出了巨大的商业价值。

1998 年 3 月，国家体育总局将所属的经营单位组合成中体公司，经证监会批准上市，体育总局控股 51%，沈阳一家公司占 24%，股民占 25%。这为中国体育产业走向正规化提供了一个重要契机。初步实现了协会、媒体、商家三者之间的良性互动，开始在中国体育产业结构中引进了媒体的因素。1998 年 6 月，中体基金筹集投资 2000 万元，中国教育电视台以其频道资源投入，注册中体运动影视公司，共同创建中体运动传播网（CSBN），于 1998 年 12 月 23 日开播。这标志着体育电视转播产业正规化运作的开始。经过近十年的发展，体育比赛电视转播产业化还不够成熟，但已经成功开启了体育传播产业化的大门。

四、文化功能

体育的发展，或者说体育文化的发展，总是和一定的传播活动相联系。人类的传播活动经历了符号传播、言语传播、文字传播、印刷传播和电讯传播等几个阶段。古代的体育文化之所以能发展、演变为近代体育以至于现代体育，正是由于一代又一代人经过不同的历史时期，以不同的传播形式相互传递、相互交流的结果。现代社会媒体对体育的传播，同样是一种体育文化的传播。就其现实性而言，媒体对每一个体育赛事的报道，能够及时满足人们对体育新闻的需求，这是体育新闻传播的基本任务。人们在获得体育新闻的同时，对该体育项目的发展演变过程，竞技战术特点也会有或多或少的了解。同时，媒体对游离于体育事件新闻性特征之外的体育信息传播，也是一种体育文化的传播。

现代体育新闻传播的意义已远远超出了对事件本身的传播。人们在获取体育信息的同时，不仅获得了美的享受，愉悦的体验，也受到了一种思想、一种文化的熏陶。《奥林匹克宪章》第 59 条“关于奥运会的新闻报道”的规定：通过奥运会媒体报道内容，传播和弘扬奥林匹克精神。奥林匹克精神的本质内容包括五个方面，即参与精神、竞争精神、公正精神、和平精神与奋斗精神。可见，体育新闻不是单纯的信息传播，而是一个整合了政治、经济、民族认同等复杂要素的综合体。

1. 传播体育精神

体育媒介对于弘扬体育精神有着特定的、无可比拟的优势，它不需要课堂，更不需要灌输，是在一种休闲娱乐的状态下，使人们在了解比赛的过程中受到一种潜移默化的影响。

体育精神就是由体育运动所孕育出来的意识形态，是人类优秀品格和崇高理想的生动映现。它超出了体育运动本身，内化为人类心中的一种信念和追求。其核心是超越，内涵十分丰富，可以概括为人本主义精神、英雄主义精神、公平竞争精神、团队精神四大要素。

(1)人本主义精神

新闻报道应体现人文关怀的理念越来越受到新闻从业人员的认同。雅典奥运报道除了播放运动员在赛场上拼搏的精彩画面外，还着重突出了运动员在赛场上和赛场下的动人故事以及他们的内心世界。通过新闻传媒，读者和观众可以看到：刘翔在第一个冲线之后，面对镜头，他第一个感谢的是他的父母，说是他们给了他力量；邢慧娜看到奇迹在自己身上出现的时候，不禁在运动场上边跑边喊："爸爸，我赢了！"；大力士张国政折桂之后的第一时间，在演播室的众目睽睽之下，与爱妻高文娟通电话："老婆，你辛苦了……"这些至情至性的语言和场面，令人感动、催人泪下。"新闻媒体作为最有力的文化载体，在新的社会价值体系的建立过程中，毫无疑问负有艰巨的责任，需要新闻工作者具有强烈的人文关怀精神"。我们从那些光耀世界的冠军身上看不到高不可攀的神的影子，看到的是一个个活生生的似曾相识的邻家女孩或男孩。我们看到的是人的本来面目，看到了人文精神的回归。

我们清楚地看到当我国选手夺得金牌时，媒体记者和全国人民一齐欢呼庆祝，而对于那些没有夺得奖牌但同样尽力拼搏的运动员，我们的新闻报道也给予了足够关注。例如，央视在直播占旭刚三次试举失败泪洒运动场时仍盛赞他的勇气与精神；在罗雪娟晕倒泳池后《新民晚报》刊发《生命第一，运动第二》，对其顽强拼搏的精神给予高度的肯定。许多媒体评论说："实现了个人对自我的超越，只有征服了自己的人，才是真正的胜利者。"所有这些，恰好体现了媒体温暖的人文主义关怀。

(2)英雄主义精神

赛场是较量的舞台，人们需要冠军，需要榜样的力量。媒体关注冠军、关注金牌，从不放松对运动员争金夺银的报道，赛前、赛中、赛后始终围绕着可能和已经获得金牌的选手进行各种报道，都是英雄主义的一种体现。在重大赛事中取得突出成绩的运动员，凭借出色的竞技能力和个人气质，成为许多人崇拜的对象，成为英雄式的人物。由于他们受欢迎程度相当高,我们可以看到许多体育报道的内容围绕着他们展开,这些内容涉及他们的日常训练、个人生活、人际交往,甚至扩展到他们的家人、教练、朋友等。这种报道显现的倾向和追求的效果,都是以英雄主义为基石的。当然如果仅仅这样去理解英雄主义,显然是狭隘的,运动员坚韧不拔、英勇顽强的拼搏精神同样是英雄主义的写照,同样值得讴歌。

(3)公平竞争精神

体育精神中的一个重要部分是竞技精神,它又可归结为公平、公开、公正。在这一前提下,尊重规则、尊重裁判、尊重对手、尊重观众。对赛场外的社会,体育报道所展现的这种竞技精神,对倡导良性竞争和公平竞争起到积极的作用。

(4)团队精神

体育赛事向来强调团队精神,集体比赛项目整体水平如何,需要以个人的技术水平做保证,但更重要的是集体战术意识和队员之间的配合默契。即使是个人项目,也同样离不开集体的支持和鼓励。成功的荣耀不仅仅属于一个人,参与赛事的每一个教练员、陪练乃至普通工作人员同样是伟大的,每一枚奖牌都凝聚着他们的心血和汗水。关注每一个人、肯定每一个人的尊严和价值是对团队精神的肯定和展现。

2. 促进国家地区间的文化交流

(1)体育是一种国际性语言

体育本身就是一种国际通用的语言,当代国际体育活动逐步形成了完整的制度体系。从《奥林匹克宪章》到各种规模比赛的管理制度、章程和操作方法直至具体的规则、标准,都为全人类所接受、所遵循,具有最高的权威性。正是这种特殊的共同语言和相同的身体运动形式,使国际体育交往不受国家大小、社会制度、意识形态、种族肤色、宗教信仰、地域环境等因素的限制。来自不同国家、地区、肤色的运动员欢聚在一起,交流思想,增进友谊,形成了人类相互了解最直接、最和谐、最少障碍的环境与气氛。

(2)以体育为媒介的国际文化交流

奥运会作为全球性体育盛事,也成为国际文化交流的重要平台。奥运会是来自不同文化背景的人,在奥林匹克精神文化规则下进行文化交流和融合的过程。①

① 肖恩忠:《奥运赛事的传播模式研究》,《当代传播》2007年第1期,第25页。

奥运会能够引起国际媒体对主办国的关注和报道，从而成为相对集中的全球注意力资源，主办国借助奥林匹克传播全面展示本国文化，得以实现与世界多国的文化交流，而且此种方式更容易为公众所理解和接受，从而获得认同，有利于世界各国和平共处和人类的共同发展。

五、娱乐功能

当代社会，体育将成为现代人生活方式的重要组成部分，为处在高节奏、高竞争的现代社会中的人们创造着一个轻松自在的"休闲"境界，享受运动的乐趣，感悟生命的意蕴和人生价值，体验人际关系和谐带来的满足，建立乐观豁达的生活态度和激发积极向上的生活热情。而欣赏高水平的体育比赛更是大多数人生活的一部分，有调查显示，有一半的城市居民每周至少看一次体育实况转播。人们这种对体育直接或间接的参与，使其既得到了健康美、形态美、服饰美、道德美的文化陶冶，同时也使人们形成了合理的生活方式，也便于营造健康向上的文化氛围。

1. 体育比赛从新闻到娱乐

值得注意的是，早期新闻从业人员认为，体育比赛是新闻而不是娱乐。1956年的墨尔本奥运会成为体育比赛由"新闻"转向"娱乐"的分水岭，奥运会的转播权第一次被出售了。随后，在1958年，奥运会的电视版权被写进《奥林匹克宪章》，宪章第49条明确地划分了体育与娱乐的界限，规定奥运会现场直播是娱乐内容，并对电视台播报奥运新闻进行了严格的限制：无论私人电视台还是电视网都可以播报奥运新闻，但是直接引用奥运会的现场内容不得超过三分钟。电视台或电影可以在24小时内插播三段奥运会内容，每段三分钟，段与段之间至少要相隔四小时。如果电视台播放的新闻越过了宪章规定的界限，就变成了"娱乐"，需要另外交费。[①] 随着电视转播权费用的飞速上升，体育新闻的娱乐性质和娱乐化倾向也日益明晰。

2. 体育新闻娱乐化

(1)体育新闻的天然属性

从一定意义上讲，"娱乐性"应该是体育新闻报道的天然属性。最简单地理解

---

① 骆正林：《奥运会电视转播权的成长轨迹》，http://academic.mediachina.net

“娱乐”的含义就是让人快乐。人们消费体育新闻或参与体育运动最直接的目的就是获得身心的愉悦。当人们观看一场比赛的时候，自己的心灵获得了彻底的放松，更多人到体育节目中去寻找精神安慰。

体育新闻的娱乐性与体育本身的娱乐特质一脉相承，体育运动的起源之一就是早期人类在闲暇之时的游戏。体育是一种人们广泛参与的娱乐。正如可口可乐公司的前董事长所说：“体育就是娱乐，娱乐就是体育。”

现代竞技体育的发展使得运动员越来越职业化，反过来，职业化趋势又促进了体育运动水平的进一步提高，使比赛更具有观赏性。这种观赏性的增加与大众传播手段的进步结合起来，在一定程度上将体育比赛塑造为某种大型的娱乐活动——观众虽不能参与，却能从观赏中得到足够的愉悦。当体育在成为少数人职业的同时，它已成为大多数人的娱乐。

(2)体育新闻娱乐化的表现

体育新闻娱乐化是对体育报道的传统外延进行延伸，着重于和体育相关的人、体育故事、体育精神的挖掘传播。在表现形式上，强调故事性、情节性、趣味性；在内容上强调文化和娱乐含量；在传播符号的运用上，抛弃新闻八股文，追求语言符号的轻松诙谐，突出面部表情、肢体语言等非语言符号的“夸张软化”和“娱乐”特征。①

一些媒体在体育新闻的报道中越来越多地采用了娱乐化的手法，比如对运动员进行娱乐明星式的贴身报道、不厌其烦地挖掘教练和球星的花边轶事，邀请越来越多的体育明星参加娱乐节目，在体育频道(版面)报道与体育有关的娱乐新闻。黑幕、丑闻、斗殴、绯闻(田亮和郭晶晶的绯闻一度成为网络上最火的体育新闻)正成为体育媒体上出现频率最高的题材，于是有了明星运动员，有了江湖故事式的叙述文本，有了火极一时的“亮晶晶”……《南方体育》的出现，则使体育新闻的娱乐化达到了前所未有的程度，各媒体纷纷跟进，体育新闻的娱乐化成为潮流时尚。

(3)体育新闻娱乐化的正效用

体育新闻娱乐化有其积极的效用：第一，拓宽了报道领域。娱乐化突破了体育媒体只关注赛场赛事和运动员赛场表现的报道模式，也改变了体育就是三大球三

① 郭讲用：《我国体育大众传播的娱乐化倾向及其异化》，《上海体育学院学报》2004年第6期，第12～13页。

小球的尴尬状态，有效拓宽了体育新闻报道的领域。第二，迎合了受众兴趣。现代人生活节奏快，工作压力大，下班以后都希望能放松一下。娱乐化使得体育新闻更为轻松有趣，适应了受众需求，迎合了受众的阅读兴趣。第三，增加了阅读快感。媒体在标题设置上，加强个性和冲击力，给读者以艺术欣赏的愉悦感；而在内容上，排除了以往的平铺直叙，代之以多种多样的叙述方法，文字上描写、议论、抒情兼备，给读以阅读的享受。第四，增强对受众的吸引力。幕后的新闻、出位的标题、火辣的图片……这些内容上的选择和包装技巧还是很能吸引受众眼球的。毋庸置疑，娱乐化使体育新闻变得更丰富多彩、更好看、更受欢迎，也为体育报刊在与电视的竞争中找到了空档。

(4)体育新闻娱乐化的负效用

体育新闻娱乐化本来是顺应了体育的自然属性，也为体育新闻报道提供了一个新的思路，但是，当前的体育新闻报道娱乐化已呈过度态势，甚至有悖新闻原则和体育精神，表现出庸俗化与色情化趋势，令人担忧。娱乐化成了一把双刃剑，其负效应也是显而易见的。

① 失实报道、恶意炒作

韩日世界杯期间，某些体育记者就炮制出了惊动海内外的系列假新闻，如米卢选定接班人、中国国家队发生内讧、范志毅与郝海东打架、哥斯达黎加国脚万乔普服用兴奋剂、执法意韩之战的厄瓜多尔教练遭枪杀，这些假新闻不仅在国内造成不良影响，而且严重损害了我国体育新闻工作者的国际声誉。路透社曾做如此评论："整整400个中国体育记者来到韩国为中国足球队初次亮相世界杯做报道，他们争论、他们卖弄风情、他们贿赂、他们抄袭，甚至有时候他们的谎言也是那么明显。"制造假新闻的体育记者虽然是少数，但蒙羞的却是整个中国新闻界。

② 色情化、庸俗化

体育新闻报道娱乐化的一个特点就是报道的重点不是放在体育比赛本身上，而是掉进了与运动员或赛事有关的小道消息的陷阱里，最甚者莫过于热衷报道运动员的私生活、绯闻之类，以满足一部分人的偷窥欲。

体育新闻的色情化主要表现在个别报刊的封面、标题、图片上。一些标题大张旗鼓地使用性词汇，比如"销魂""性生活""裸露""性感"等。2002年5月《新周刊》封面是女性人体"1/3"肩部以下、腹部以上，这是该期的"世界杯专题"。

在体育回归娱乐、游戏的自然属性过程中，与市场化密切相关，我国体育新闻报道娱乐化应该有自己的基本原则,体育新闻娱乐化不同于庸俗化,低层次化,更和失实报道、恶意炒作无关。

本章思考题

1. 体育与政治的关系是什么?
2. 什么是体育文化? 其内涵是什么?
3. 体育新闻的功能是如何演变的?
4. 体育新闻的主要功能有哪些?
5. 怎样理解体育新闻的娱乐化?

第四章
平面媒体的体育新闻报道

平面媒体(或称为印刷媒体)这一概念是近些年来逐渐被新闻与传播学界认可并广为运用的。平面媒体之所以得名就是将它相对于“立体”而言的。“立体”的媒体是指新兴的网络媒体,由于网络媒体具备了图文并茂、声画兼备、传受互动的立体多维传播方式,彻底改变了以报纸、广播、电视为代表的传统媒体的传播特征,所以,现在的新闻与传播学界更习惯于用平面媒体、电子媒体、网络媒体的称呼来区分各种不同类型的媒介。平面媒体具体来讲包括了报纸、期刊、书籍等多种形态。

第一节　平面媒体体育新闻报道的演变

一、国外平面媒体体育新闻报道的演变

在人类早期的生活中,体育就作为人们生活的一个重要组成部分而存在。虽然那时,真正意义上的大众传播媒介还没有出现,但是记录与传播体育信息的载体却并不少见。例如,公元前 59 年开始颁布的古罗马的《每日纪闻》中就经常出现有关角斗竞技结果的体育信息,古希腊的希波克拉底(约公元前 460 年～前 377 年)也著有《关于养生》《关于健康时的养生》等。

体育作为人类文化的一部分,其发展总是与一定的社会生产力发展水平相适

应。18世纪中叶，资本主义工业革命在欧洲兴起。资本主义工业革命的胜利，使欧洲的社会生产力水平发展迅速，资本主义商品经济逐步确立，社会的物质文明达到了一个较高的水平。同时，在工业革命期间，一些资产阶级的先进代表人物，如法国启蒙思想家孟德斯鸠、伏尔泰、卢梭，英国教育家洛克等，他们的先进思想不仅推动了欧洲工业革命的进程，也对社会的意识形态产生了巨大的影响，他们所阐述的对体育的认识与看法，促使近代体育和体育思想逐渐形成发展起来。体育文化的进一步发展就要求体育信息的传递更加畅通。印刷技术的改进、公民受教育程度的广泛提高、交通的发达与便利等条件都为现代大众传播媒介的最早形态——平面媒体的出现奠定了必要的客观物质条件和基础。自18世纪末开始，欧洲的许多国家都逐渐开展了学校体育教育，促进了体育的发展，先进的体育教育理念需要被广泛倡导，体育终于和大众传播媒介产生了正面的、直接接触。首先是一些专门从事体育实践的人发表了各自的著述，如德意志的古茨穆茨在长达50多年的体育实践中，发表了许多体育方面的著作，其中最著名的体育著作《青年体操》(1793年出版)和《游戏》(1796年出版)被译成多种文字出版。德式体操的创始者F.L.杨和他的助于艾泽伦合作出版了《德意志体操术和体育场建设》(1816年)，全面阐述他对体操所持的观点。1794～1818年，德国的G.U.A.维特出版了《体育百科全书》。被誉为"德国学校体育之父"的施皮斯的主要著作有《体操理论》(1840～1846年出版)和《学校体育》(1847～1851年出版)。被称为德国"系统的医疗体育的创始人"的施雷贝尔于1855年出版了他的《室内医疗体操》。[①] 其次，一些战争的消息、宗教的消息和学校教育的内容也成为报纸上经常出现的传播信息。到了19世纪初，随着宗教限制的减少，人们逐渐有更多的机会亲身参加各类娱乐休闲活动，人们对这些休闲娱乐和有关体育的信息的需求，促使它登上了不同媒体的版面，逐渐成为新闻传播的内容。还有一种值得注意的趋势是，人们的生产和生活空间逐渐由户外向室内转换，许多人更乐意坐在屋内欣赏一些诸如赛马、拳击、摔跤等体育比赛，1829年，美国第一份运动杂志《美国赛马与运动杂志》创刊，这份杂志创办的初衷主要就是为了适应当时社会的赌马需求。1831年，第二份颇具影响力的运动刊物《时代精神》创刊。《时代精神》出刊后，在美国产生了很大的影响，预示着体育新闻开始进入了一个新阶段。《纽约太阳报》《纽约先驱报》《纽约文摘报》等综合

① 任广耀主编:《体育传播学》，高等教育出版社2004年版，第39页。

性日报开始相继报道拳击、赛马、板球、棒球等竞技比赛的信息，而且数量在不断增加。1873 年，《森林与溪流》杂志创刊，这份刊物侧重于报道打猎、钓鱼等户外运动项目的信息。弗兰西斯·里克特在费城创办了《运动生活》杂志，集中刊登全美通信记者的稿件并报道多种运动项目。1883 年，近代体育新闻的倡导者、美国报业改革先驱约瑟夫·普利策买下了《纽约世界报》，将之改办成以大众为读者对象的市场型报纸，同时又凭借他对体育信息敏锐的把握，在报社成立了专门的体育部，配备专职的体育记者、体育编辑，以加强该报体育信息传播报道的力度和深度。1895 年，威廉姆·拉道夫·赫斯特为了扩大《纽约日报》的发行量，专门开辟了一个体育版，之后各大报纸纷纷效仿，都增开体育版。20 世纪初，一些发行量很大的综合性刊物和各种妇女刊物也对体育产生了兴趣，这些刊物对体育休闲活动信息的传播受到欢迎，它们是《大西洋》《世纪》《哈泼斯》《斯科里波纳》《科利尔》《美国人》《蒙西》《马克卢》《大家》《周日晚邮》等。[①]

自此，各类体育信息开始在平面媒体上广泛传播，成为许多媒体争相报道的宠儿。时至今日，在欧美等主要国家拥有的专业性的体育报纸、期刊和书籍，如法国的《队报》等。当然，在非专业性的平面媒体上，也包含着为数众多的各类体育信息。可以说，现代体育的大跨步前进离不开新闻传播的推波助澜，这其中自然少不了现代平面媒体。现代平面媒体的发展也在相当大的程度上得益于现代体育的蓬勃与兴盛。两者之间的互动关系将一直延续下去。

二、中国平面媒体体育新闻报道的演变

我国古代有多种体育形式中，如“六艺”中的射、御和武术、摔跤、投掷、体操、蹴鞠等。那时，人们进行体育练习主要是为了战争的需要，当然，在闲暇时间，人们也把这些技能作为健身、养生的手段以及游戏娱乐的内容。因此，我国古代对体育的记述就着重于这些内容。我国早在公元前 11 世纪的《尚书·洪范》中，已有论及五福（寿、富、康宁、攸好德、考终命）、六极（凶短折、疾、忧、贫、恶、弱）等与身心健康有关的问题，战国末年成书的《周礼》中记载有多种卫生保健方面的措施及射礼、军礼等考核，这些都是我国体育信息传播较早的记录。[②]

---

① 任广耀主编：《体育传播学》，高等教育出版社 2004 年版，第 39 页。

② 同上，第 40 页。

中国近代最早从资产阶级全面教育的意义来认识和阐述体育的，是近代资产阶级改良主义运动的领袖康有为，他的体育思想集中反映在他的乌托邦式的著作《大同书》里。中国的基督教青年会开始于1876年，并在上海成立了第一个青年会，其干事麦克乐在1921年后，以东南大学体育科为基地，创办了《体育季刊》（后改名为《体育与卫生》）。另外他还编撰了一些体育运动的教科书。体操是最早传入中国的近代体育运动项目，中国最早的一批体育运动译著也是有关体操的，1904年，王肇鋐翻译的《普通体操学教科书》《普通体操图说》；1909年，清廷陆军部教练处编译的《体操法》；徐傅霖编著的《体操上之生理》；1911年，徐福生翻译的《体操之理论及实际》等。1910年，上海成立了"精武体育会"，该会成员整理、编著和出版了一些武术书籍，如《谭腿》《达摩剑》等。一些刊物纷纷刊登有关体育思想的论文，如1914年，我国早期著名体育教育家徐一冰先生，在《体育杂志》上撰文论述"正当体育"为"普及体育之根本"。1917年4月，毛泽东以"二十八画生"的笔名，在五四新文化运动的重要刊物《新青年》上发表了论文——《体育之研究》。这一时期，陈独秀也在《新青年》上发表文章以阐明他的体育思想。1917年6月，恽代英在《青年进步》第4期上发表了《学校体育之研究》。①

迄今发现的中国近代最早的一份体育刊物是《体育界》，创刊于1909年，由我国近代体育教育家、中国体操学校校长徐一冰先生等主编，中国图书公司发行。1918年12月9日，长沙《体育周报》创刊（出至50期停刊），这是中国最早的体育报纸。② 一批影响较大的体育教材和著作在二三十年代问世：如由勤奋书局发行的《三段教材》《新学制体育教材》《小学体育教材》《体育丛书》，另外还有吴蕴瑞、袁敦礼合著的《体育原理》等。1924年8月成立的"中华全国体育协进会"编辑出版了《体育季刊》。1932年1月，天津《体育周报》创刊（抗战前停刊）。12月，《体育研究与通讯》季刊创刊（出至四卷一期）。1933年，《勤奋体育月报》创刊（出至四卷十期）。1940年1月，《健与力》月刊创刊（出至六卷二期）。③

根据北京体育大学体育传媒系副主任易剑东的论证，新中国成立后，中国的体育传媒发展划分为四个不同的阶段。中国体育传媒的第一波浪潮是政策推动的，20世纪50年代的体育传媒经历了"创刊浪潮"，现在仍然是传统的有着不可替代

---

① 任广耀主编：《体育传播学》，高等教育出版社2004年版，第40页。

② 董广安著：《现代新闻写作教程》，郑州大学出版社2005年版，第288页。

③ 任广耀主编：《体育传播学》，高等教育出版社2004年版，第40页。

的传播力量的《中国体育报》和《新体育》即那个时代的代表。

中国当代最早的官方体育报纸是1958年9月1日创办的《中国体育报》，它是新中国的第一张全国性体育报纸。在很长一段时间里，它是唯一的一份体育报纸，发行量最多时达100多万份。到今天，它已发展成为“中国体育报业总社”(1999年挂牌)，下面有一家报社、两家杂志社(《新体育》和《中国体育》杂志社)、一家出版社(人民体育出版社)，拥有5报26刊以及各类体育图书、音像出版物，还有一个“中国体育在线”(网络媒体)，是中国最大的体育传媒基地。中国体育报业总社作为国家体育总局直属事业单位，担负着全面准确宣传体育工作方针，宣传“全民健身计划”和“奥运争光计划”，普及体育健身知识，传播体育信息，坚持正确的舆论导向的任务。

全国性的综合性体育杂志《新体育》于1950年7月由中华全国体育总会主办创刊。除1955～1959年曾为半月刊，1966～1972年停刊外，其他时期都是出版月刊，目前每期发行85万份，向35个国家和地区发行。《新体育》经常宣传中国共产党和人民政府关于体育运动的方针政策，刊登体育理论和健身经验，介绍各种体育锻炼的科学方法和卫生保健知识。还经常评述国内外重大体育比赛，报道中国体育健儿勤学苦练、为国争光的先进事迹，介绍长期埋头苦干、成绩卓著的体坛人物，介绍中国的传统体育，如武术、气功、按摩等。《新体育》还报道国际体育的新动向、新成绩以及世界体育见闻。

中国体育传媒的第一次有市场意识的崛起是由一个人和一部电影引起的——李小龙和《少林寺》。1981年，中国内地第一家武术杂志《武林》在广州创刊；1982年，《中华武术》杂志在北京创刊。1981～1985年，十几种武术方面的杂志如雨后春笋般冒出，但由于武术本身是完全中国特色的体育项目，因此这个阶段体育传媒的发展并不具有广泛和普遍的规律性。

改革开放之后，特别是1979年中国恢复了参加奥运会的身份，中国的体育事业发展到新的阶段，体育传媒也随之有了全新的表现。80年代中国女排的五连冠以及中国乒乓球队和体操队的所向披靡极大地激发了全国人民的民族自豪感。1984年在美国洛杉矶奥运会上，许海峰为中国夺得第一块奥运会金牌更是激发了中国人对体育的热情，对于体育信息的需求也就瞬时膨胀起来。公众对体育资讯的需求急剧上升，当时综合性报纸对体育的报道版面很小，常常只占1/4版、半版，对赛事的电视转播也较少，更没有网络，体育报纸诞生恰逢其时。全国各省市相继创办起以地理区位为划分因素的综合性体育报，基本上每个省以省会城市为中心，都有一份杂志和一份报纸，体育传媒迎来了第二次高潮，如《黑龙江体育报》《山东体育报》《四川体育报》等，还有以报道专注的内容差异作为区分因素的专业性体育报，如《中国篮球报》《棋牌周报》等，像《人民日报》《中国青年报》这样的全国性报纸和各省市日报、晚报等也大都辟有体育版面或专栏，现在在全国发行最好的两份专业体育报纸——《体坛周报》和《足球》就创刊于那个时期。

进入 20 世纪 90 年代，足球的火暴让体育传媒开始了第三轮的快速发展。1993 年中国足球开始了市场化改革的尝试，期望通过开展职业联赛来促进中国足球水平的提升。同时期，我国报刊的市场化改革也在进行之中，体育报刊由于它独特的自身优势，就成为全国报刊市场化改革的先锋。目前中国的专业化体育平面媒体，几乎都以足球项目作为报道的核心或重要的内容。而买体育类报纸或期刊的人，大多是关心中国足球的人。在足球职业联赛创办初期，火暴的球市直接拉动了体育平面媒体的市场，当时体育平面媒体持续大规模的发展，各种名头的体育平面媒体纷纷涌进市场。中国的足球甲级联赛与国外的赛事共同培育了《体坛周报》《足球》《南方体育》《球报》等体育平面媒体的成长。当中国足球越来越不成器，让球迷失望到极点的时候，足球报道也不得不让位于其他项目，如篮球。现在，NBA 和 CBA 大有取代足球之势，而姚明作为体育明星的传播效应也刺激了媒体在报道中开始对篮球项目的密切追逐。

第四阶段是体育类传媒分化的阶段，一些非体育类传媒也开始介入这一领域，如媒体改革后的报业集团开始筹办专业类报纸，体育是其选择的重点，各种资金比以往更踊跃地参与进来，包括外资直接或间接地进入体育传媒。①

目前，湖南省的《体坛周报》仍是“老大”，紧跟其后的是《足球》《南方体育》，其他鲜能成其敌手。

刊于 1988 年 7 月 1 日的《体坛周报》，是目前湖南省乃至全国范围内最具市场化、专业化特色的综合性体育类报纸。历经 20 年的迅速发展壮大，《体坛周报》旗下现在拥有一报(《体坛周报》)，三刊(《足球周刊》《玫瑰周刊》《全体育》)，一家网站(www.titansports.cn)和一家完全按照现代企业制度建立起来的湖南体坛文化传播股份有限公司。《体坛周报》为每周三刊(逢周一、三、五出版)，4 开 24 版，周发

① 易剑东、杜锐：《当代中国体育新闻的回顾与展望》，《山东体育学院学报》1997 年第 1 期，第 12～18 页。

行量一直稳定在 400 万份以上。2001 年创纪录单期发行 260 万份，周发行量超 500 万份。报社拥有长沙、北京和深圳三个编辑部，北京、上海两个记者站，已在全国 30 个有影响的大中城市设有分印点。在日本东京、澳大利亚、加拿大和美国等国家华人较集中的城市，也都有通过空运方式销售的体坛周报。

目前，中国体育平面媒体已经形成了报纸、期刊、书籍三足鼎立的传播格局。其中，报纸作为最迅捷的传播媒介占有相对较大的市场份额，这其中既有专业化的体育报纸，也有各综合类报纸的体育传播内容，还有其他专业化报纸和体育交叉的部分。但是，我们同样看到，即使是一些极具竞争实力的专业化体育媒介，也会因为对环境发展的不适应或者是在发展过程中出现一些战略性或技术性的错误，带来致命的打击，甚至退出市场竞争的大舞台，比如《南方体育》和《球报》这两份在国内知名度极高的体育报纸，竟然在 2005 年的一个月内相继宣布停刊。除此之外，建立之初大手笔网罗人才的《21 世纪体育》，在早期曾经和《体坛周报》并驾齐驱的、堪称元老级的《体育时报》，曾经引领黑幕揭露风气的《体育参考》和《体育快报》《青年体育》《足球 11 人》《体育生活报》《北京足球报》《体育天地》《体坛导报》等都以各式各样的方式消失了。这些媒体的成败得失都给我们留下了广阔的思考空间，值得进行全面而深入的分析研究。

第二节　体育类报纸报道模式与特点

一、报纸体育新闻报道的生存环境

1. 各类新闻媒体的竞争

随着科学技术的不断发展，如今人们了解和获取体育新闻的渠道非常多，报纸、广播、电视、网络等各种媒体都十分注重体育新闻的传播。由于各类媒体都已经认识到做好体育新闻的报道是赢得受众与市场的重要法宝，所以，在激烈的新闻竞赛中，各类媒介不断加强对体育新闻的重视，使这一领域的竞争日益白热化。

电视以其报道迅速、画面直观、声画兼备、现场感强、费用低廉、对受众的文化程度要求低等优势，成为受众的首选接收方式。新兴媒介网络从技术手段上来讲应该说是最为先进的，它既可以展示大量的音视频、文字的现场直播，毫不逊色于传统媒介，又以其方便快捷、容易收藏、传受互动、随时检索、即时更新、多媒体链接等特性而比传统媒介更胜一筹。但是，由于网站受到采访权的限制，因而在现阶段很多时候还要依托于传统媒介。不过，在刚刚结束不久的2008年北京奥运会中，网络媒体已经与电视媒体并驾齐驱，成为受众获取信息的主要渠道。以报纸为代表的平面媒体因为时效性的问题，受到了其他媒体的极大的冲击。报纸对体育新闻的报道更多的是对比赛的回顾和观点的评析。报纸要想在竞争中站稳脚跟，必须在深度报道和独家视角上下工夫，使其独具一格，才能赢得受众的青睐。

2. 同业竞争

报纸不仅要与其他电子媒体展开竞争，还要与书籍、期刊等平面媒体抢夺资源与受众。当代社会，由于人们的信息需求激增、知识更新的速度加快，为了适应时代的步伐，体育类书籍、期刊的出版发行速度都在不断提高，传播的信息内容日益细化，容量大大扩充，质量有了明显的提高。

即使是在报纸这一具体的市场中，也同样存在着专业化的体育报纸、综合类报纸的体育版和其他专业类新闻报纸中出现的与体育相关的报道的竞争。尤其是综合类报纸越来越重视体育新闻的报道，它们作为主流的强势媒体，依靠自身的资源与品牌优势，利用其设置的体育版块瓜分掉大量的体育信息、受众与市场。起初，综合类报纸对体育新闻的重视程度还不够，报道还比较粗糙的话，随着竞争的加剧，它们的报道质量在迅速提高，甚至在报道奥运会、世界杯等大型赛事时，这给体育专业报纸带来更大的威胁，使得专业的体育类报纸承受着很大的压力，其成长的空间越见狭窄的拿出了和体育专业报纸同等的版面报道赛事并以相近的价格出售，使体育专业报纸需用200％力气与其竞争。除非能不断作出比综合类报纸更有轰动性、更有内幕、更有深度的题材，否则内容就很难吸引人。

目前，中国国内的专业化体育报纸如《体坛周报》等仍然拥有较大的市场占有率，但是可以说仍然是处于一种初级阶段的繁荣。虽然以《南方体育》为代表的一批专业化体育报纸已经在激烈的市场竞争中折戟沉沙，但是中国目前现有的专业化体育报纸仍然是世界上最多的，这应该算是一个奇迹，因为纯体育报纸在国外已为数不多。在法国的体育类报纸市场中，成气候的只有一份《队报》。在美国，同样也是一两份有实力的体育类报纸占据着绝大部分的市场份额。很难想象，在各类媒体的抢夺和挤压下，中国的专业化体育报纸还会走多远。最后很可能会像西方的体育传媒市场一样，专业化的体育报纸在优胜劣汰的过程中越来越少。

二、报纸体育新闻的报道理念

1. 以赛事报道为主体，注重体育文化的传播

现代体育分为群众体育、学校体育和竞技体育三大部分。虽然群众体育、学校体育等方面的活动也是体育新闻报道的重要内容，但是以各类比赛为依托的竞技才是体育新闻报道的主要对象，甚至像《足球》《体坛周报》等纯粹的市场化体育报纸几乎见不到有关群众体育和学校体育方面的内容。

现代传媒的商业化特征与市场特征，决定了体育新闻报道的价值取向与重心所在。竞技体育的对抗性强、充满了悬念与不确定性、与受众的情感紧密相连、受到全世界范围内的公众瞩目，因此具有极高的新闻价值，为大众传媒提供了取之不尽的新闻资源和空前巨大的受众市场。所以说，竞技体育正是依靠其自身所蕴藏的巨大新闻价值和新闻资源而成为现代体育新闻报道的主要对象的。自然，报纸媒介为满足越来越多的受众对竞技体育信息的需求，竞相把竞技体育作为报道的重点也就不足为奇了。

报纸媒体对体育赛事进行报道，既能够满足人们对体育信息的需求，完成体育新闻传播的基本任务，又能够使人们在获取体育信息的同时，对竞技体育的发展演变过程、技战术特点有所了解。但是，也不能一味地追求“轰动效应”和“吸引眼球”，对竞技体育的报道不惜血本，而忽视对群众体育、学校体育等方面的关注。尤其需要注意的是，体育不仅是一种锻炼身体、增进健康、增强体质、提高运动水平的社会活动，它还是一种文化现象，其中蕴涵着人类文明。

2002 年世界杯期间，《体坛周报》《飞跃 BOOM》特刊在 6 月 3 号做了一版专题，该版以图文并茂的形式触及了一个令人深思的话题：足球给孩子们带来了什么？报道中既有牵着偶像巴蒂入场、忍不住掩面而笑的日本小球童，也有暂时忘却了硝烟和战火，在简陋空地上踢球的阿富汗少年；既有为巴蒂头球破网在酒吧间振臂狂呼的白人小女孩，也有亲手缝制出最好的足球，却无法体验足球欢乐的巴基斯坦童工。在这个专题的报道中记者不仅传递了体育信息，更重要的是以体育现象作为切入口，展示了人性的方方面面，真实客观地放大人类社会的缩影，触动受众心底最柔软的部分，体育新闻报道的精髓从中得以凸显。从这样的体育新闻报道中，人们能够找到属于自己的那一部分，可以更为深刻地体悟到人文关怀与人情冷暖。

2. 受众本位

现代新闻传媒已经实现了从以传播者为中心向以受众为中心的重大转变。在激烈的市场竞争中,报纸体育新闻媒体必须顺应这一潮流,把受众作为其传播过程中的核心,千方百计地满足受众的各种体育信息需求成为报纸体育新闻媒体的出发点。报纸体育新闻报道在内容和形式上都以贴近大众为宗旨,将平民意识渗透到体育新闻报道中,充分体察受众的观点和意见,不断丰富报道内容,创新报道形式,使体育新闻所报道的事实成为真正鲜活可触的事物,力求达到雅俗共赏、走近受众的传播效果。

众多的体育迷之所以在收看了电视节目或从网络中获取了信息后,还要转投报纸,是因为他们希望能够再次重温重要的比赛,尽情享受其中的乐趣,抑或他们想要知道赛场以外的事情,诸如在比赛结果之外,他们还想知道得更多——关键球是如何打的、明星为何输了比赛、教练对队员的表现有何评价等。美国一位资深体育记者认为:"球迷盼望知道一些有趣的杂闻、关键的比赛瞬间、冉冉升起的明星,这些东西吸引他们认真阅读关于日前自己已经认真观看过的比赛。"正是这些信息需求使报社的体育记者、编辑的工作有了明确的方向与目的,他们在传播重要体育信息的同时,更多的是要满足受众各种体育需求。

3. 深入挖掘,立体报道

报纸媒体要想在与电视媒体、网络媒体的竞争中占据一席之地,就必须扬长避短,提供它们所不能提供的内容。电视和网络直播的时效性极强,它们注重比赛赛程和比赛结果的介绍,报纸媒体就要避其锋芒,而不能仅仅局限于赛事本身的报道,尽可能地满足受众对信息的需求和方便受众对体育信息的接收,全方位、多角度、立体化的体育报道已为多数报纸媒体的体育记者所青睐,深度报道这一新的报道模式应运而生。例如,中国专业化的体育报纸中期发量最大的综合性体育报《体坛周报》明确提出,除了有"更快、更高、更强",还要有"更深、更新、更精"。解释性报道、调查性报道、预测性报道、系列报道、组合报道等都是常见的体育传播的深度报道类型。

报纸体育记者在进行深度报道时,从对体育人物、体育赛事的单一报道扩展到更大的空间、更广的时间和更深的层次。其实,体育赛事涉及的人物、事件众多,记者们可以借助不同视角和立场的介绍,对不同方面的信息给予全方位而非平面的、孤立的关注，将体育信息在时间维度上的过去、现在、未来以及空间跨度上的人物所在地、新闻事件发生现场、其他相关的地点等进行全景式的展现，与体育新闻报道的内容有直接或间接联系的人、事、细节等都被合理、科学地组织与安排，对所表现的主体人物和主体事实给予巨细无遗的展示，清晰展示体育新闻的来龙去脉、起承转合、意义内涵。这样，才能使受众了解到各个方面的情况，而不只是片面地了解了某一个点或一个方面的情况。更多的背景、内幕消息出现在体育报纸上，如2003年7月25日《南方体育》在第6版、第7版上揭示了中国地下赌球业的方方面面：赌球的渠道、赌资的高低、赌球的地点、参赌的人员、涉及的赛事，让读者对国内赌球现象有了一个深入、全面、细致的了解。当重大比赛发生时，深入报道赛事，对新闻事实进行跨越时空、由表及里、从内到外的综合反映，办出有特色的报纸专栏就成了各家报社的主要任务，也成为报纸体育新闻报道竞争的焦点所在。许多报纸更是把大赛现场的一些花絮作为每天赛事专版的一个重要组成部分，甚至有些报纸规定，体育比赛不发金牌消息、不发单项比赛消息、破纪录才上一版。

另外，在进行体育新闻的深度报道时，要充分考虑到体育与政治、经济、社会、文化、科技、历史、军事、卫生、艺术等可能产生的广泛联系，纯粹的体育报道已不再是体育报道的全部。报纸体育记者要跳出体育的圈子，站在更加广阔的视野与角度上看待各种体育现象与问题，才能使体育新闻的报道从单一走向多元，更加立体、丰满。

当然，并不是所有体育新闻报道都适于深度报道的模式，要根据体育新闻所报道的内容的本身属性来决定是要做简单、快速的报道，还是要做详细、深入的剖析。

4. 娱乐化倾向

同全球性的新闻娱乐化潮流相适应，中国的报纸体育新闻报道也呈现出娱乐化的趋势，严肃的硬新闻不断减少或是竭力使硬新闻软化，报道的内容和手段都趋于边缘化、轻松化。“体育新闻娱乐化”，是指在报道体育新闻时，报道重点不仅仅放在体育赛事本身上，运动员及与赛事有关的人、事、物的消息同样占用较多的版面、时段。[①] 在这种报道理念的指导下，很多报纸都加大对体育明星的全方位的关注，出现了大量关于运动员的私生活和花边新闻的报道。中国体育新闻娱乐化最早以《南方体育》的表现最为抢眼，其中“狂2000”“赤裸甲A”等一批专题报道博得

① 曹华：《体育报道要避免不和谐用语》，《新闻大学》2008年7月（上半月），第48页。

了不少称赞与喝彩,于是其他报纸也纷纷效仿,争相娱乐化。现代报纸体育新闻报道的娱乐化趋势已是不争的事实。

体育新闻报道追求娱乐性与休闲性是由体育运动与体育新闻的性质决定的。体育新闻是以报道体育活动为主体的,传播的内容本身就是一种休闲娱乐活动。阅读体育新闻,了解有关体育的最新消息与动向,也已经成为现代社会人们非常重要的休闲娱乐方式之一。体育新闻报道是各类新闻报道中最为开放的部分,它在本质上是娱乐的,其风格应该是时尚的、前卫的和流行的。

早在 19 世纪七八十年代,体育新闻作为一个正式的新闻品种出现的时候,美国报纸的体育记者和体育编辑就已经注意到了体育新闻报道的娱乐性质和特点。美国新闻史专家莫特在研究后指出:"当时风行一时的黄色报刊对体育新闻尤为重视,而这些报刊的俚语化和幽默风格也逐渐成为体育报道的风格。大众对棒球联赛和职业拳击的兴趣因为这些报道而更为浓厚。"体育新闻的适度娱乐化,可以丰富体育报道的内容,使体育新闻变得活泼、生动、有吸引力,可以增加可读性,提升读者的阅读兴趣。

20 世纪 90 年代以来,伴随着大众文化的流行和市场商业化的理念的盛行,现代报纸媒体的体育新闻报道更在娱乐性上大做文章,以名人趣事、日常事件、花边新闻、灾害性事件等软性内容为新闻的重点,并极力从严肃的政治经济变动中挖掘其娱乐价值的新的传播手段,在表现形式上强调故事性、趣味性和贴近性。

但是,在体育新闻报道娱乐化的过程中逐渐变味,不仅在报纸的标题、内容、文字、图片、版式等方面走娱乐化路线,还出现了体育报道的社会新闻化现象与情色化现象。前者将报道视角从赛场转向球员尤其是体育明星的私生活,后者则突出体育新闻的性感元素,以"性感体育明星""足球宝贝"等为号召。一些格调不高、内容粗俗的体育新闻充斥于报纸版面上。报纸体育媒体走上"娱乐化"的道路,不应该让体育新闻报道走向"低俗"和"色情"。

5. 多媒体合作

报纸媒体自身的局限性,使得体育新闻报道不能故步自封。近些年来,各类媒体在竞争过程中逐渐意识到合作与融合的必要性与重要性。针对一些大型体育赛事的报道就经常会形成平面媒体、电视台、网站之间的媒体合作体,这也给报纸体育新闻报道的采、写、编带来了巨大的变化。一些报纸在选题时考虑电视或网络的体育内容，通过与其他媒体合作进行互动调查等。

2006 年《体坛周报》与 TOM 在线网站合作，推出全新“TOM 体坛网站”，致力于打造一个集综合体育门户和强化各种专项体育门户相结合的多层次“体育门户矩阵”，依靠全球范围的资讯生产能力，提供全天 24 小时的不间断全球体育资讯服务。依托于互联网平台，它将真正成为名副其实的“网上全球体育通讯社”。报纸向网站提供高质量的稿件，网站为传播报纸信息提供新平台，创造了互联网时代传统媒体与现代媒体结合的典范，赢得了更多读者和广告收入。此后，又相继有其他媒体进行了深入的合作。

三、报纸体育新闻的传播要素

1. 版面

版面是报纸各种稿件的编排布局，是由编辑设计的报纸的整体结构和表现形式。在报业竞争越来越激烈的今天，版式作为一份报纸的“门面”越来越受到重视。版面是报纸传递信息的一种手段，它不仅能帮助引导受众去获取信息，同样也能体现该报的风格与特色。编辑通过版面语言——稿件在版面中所占的空间、位置以及与其他稿件的分配组合等来传达信息。一个好的版面不但要保证读者获得重要信息，而且要有助于读者在短时间内快速找到他们需要的、感兴趣的信息。

报纸体育新闻报道的版式由于报道内容的独特性，其设计相对于其他版面来说特点更为鲜明，更能体现体育本质的编排方式，比如冲击力强、动感活泼等。版式发展演变的最终目的就是为了更好地吸引受众的注意力。在报纸日益变厚的今天，专业化体育报纸头版的版式设计已经发生了根本性的变化。各报在一版基本上都以大图片作为视觉中心，一般除了一至两篇重要的报道外，其余就以链接式的标题来引导受众。导读功能的出现改变了传统的体育新闻报道的头版版式，这是适应“受众本位”的报纸体育新闻的传播理念的结果。

目前许多体育编辑在对版面的重头新闻进行编辑时，为了增强版面的视觉冲击力，都运用大图片、大标题及色彩、色块、反白等多种编排手段，创造出具有瞬间吸引力的强势区域。尤其在世界杯和奥运会等大型赛事的报道上，更加注意利用专题来进行处理。一般来说，编辑会将重头文章与相关图表以及背景资料等有机地组合起来，通过编辑手段渲染报道，制作一个版面的重点或者制作专版，在编排同一主题的多个专版时，为了保证整个系列版式的风格统一，在构建视觉冲击中心的基础上，用统一的形式，包括统一的报眉、统一的标识等。这种方式可以突出版面的重点，使其详略得当，有利于读者对信息的接收。

报纸体育新闻报道的版面要合理利用各种版面语言比如字、图、题、线条、色彩、版面空间等，从而使其版面能够更加生动。在版面语言的使用中，要充分考虑到各局部、各单元之间的相互协调，特别是字体和色块的运用，力求做到“醒目、直观、动感、形象”。

报纸体育新闻报道的版面中还应该灵活的运用图表，图表的应用不仅可以起到简洁、美化版面的效果，而且有利于读者轻松地阅读，使读者能够一目了然地获得所需要的信息，加强报纸体育新闻报道的服务性。

2. 标题

俗话说“眼睛是心灵的窗户”，报纸上的各类体育新闻报道，诸如消息、通讯、专访、特写、评论等，它们的“眼睛”就是标题。好的新闻标题，就像是水汪汪的、炯炯有神的“眼睛”，一下子就能抓住人们的心，令人赏心悦目，产生继续看下去的强烈愿望；相反，不好的新闻标题，则像是干巴巴的、呆若木鸡的“眼睛”，让人看了就会索然无味，不愿再多看一眼，甚至会望而生厌。因此，才会有了“题好一半文”的说法。

在“读题时代”的今天，新闻标题不仅要对所报道的新闻事实进行简明扼要的概括，提示、引领读者更好地接收信息，还应当实现表现报道主旨、正确引导舆论的作用，更重要的是通过多种方式对读者产生强烈的视觉冲击力，调动读者的注意力，从而给人以新鲜的感觉和深刻的印象，使人产生“急欲一读”的强烈愿望。因此，各报的编辑、记者都深知制作标题的重要性，他们都充分发挥自己的聪明才智，制作出五花八门、扣人心弦的各类标题，用来刺激读者的感官，充分发挥“明眸善睐”的效用。可以说，报纸媒体争取读者的竞争很大程度上始于标题的竞争。

伴随着体育事业的飞速发展，为了不断满足人民群众日益增长的对体育新闻信息交流的需要，体育新闻报道的内涵也不断丰富，其标题就应该既能反映出体育新闻的本质，又能给受众带来卓越的文化审美享受。所以体育新闻的标题一定要制作得精湛，体现出体育新闻报道的精神、格调和色彩，讲究语言的艺术与美感，才能使体育新闻更好地吸引受众的眼球，实现最佳的传播效果。

《百年盛会说英雄谁是英雄 八方聚首竞风骚各领风骚》——《人民日报》1996 年 7 月 21 日

《托蒂一复出罗马就发疯》——《南方体育》2003 年 9 月 15 日

《赛场沸腾看刘翔》——《光明日报》2005 年 10 月 20 日

《重装杜丽 再度出山》——《竞报》2008 年 8 月 14 日

体育新闻的标题在制作中常常会运用多种修辞手段，如比喻、拟人、双关、设问、借代、排比、对偶、回环、反复、对比、夸张、抒情……使标题在激发读者阅读兴趣的同时，又使他们在精神上得到了愉悦和满足。例如，《自行车赛场劲刮“河南风”》(《中国体育报》2005 年 10 月 19 日)运用比喻，《虎！虎！虎！》(《体坛周报》2002 年 6 月 19 日)运用反复，《两连胜 桑巴越跳越乱》(《南方体育》2003 年 9 月 15 日)运用借代，《惊喜一掷 女力士砸开金库》(《北京晚报》2008 年 8 月 19 日)运用夸张，《新竹破土尚待时日 老枝吐蕊要看气候》(《中国体育报》2005 年 10 月 20 日)运用对偶，《摇着不同的旗 跳着相同的心》(《新民晚报》1990 年 9 月 24 日)运用对比，《哭了 笑了 累了 感动了》(《中国体育报》2005 年 10 月 22 日)运用排比等。

另外，由于竞技体育的成绩绝大多数是以数字来体现的，比赛的过程、结果、时间、速度、高度、力量等都离不开各种数字。数字在新闻标题中的巧妙运用，可以反映体育新闻的特性和独到的对比鲜明性和深刻性，这样的标题简洁直观、说服力强。例如，《时隔一天一夜 尿检一阴一阳》(《新民晚报》2005 年 11 月 22 日)、《有无搞错，9 秒 69！》(《羊城晚报》2008 年 8 月 17 日)。

在体育新闻的标题制作中还会直接用新闻人物的名字加上描写、评价、赞扬等，这样既可以使体育新闻报道突出“以人为本”的特色，又可以使读者在看到标题时，就会立刻了解主要的新闻事实，比较符合读者的阅读心理。例如《阿里·汉为自己“排雷”》(《足球》2003 年 9 月 15 日)、《仲满：一剑划开新纪元》(《北京日报》2008 年 8 月 13 日)。

通俗、生动、形象、有趣、活泼的群众口语也成为体育新闻标题制作中常用的元素。这样运用群众的口头用语制作的标题，在很多时候会于平凡中见奇葩，表达的感情溢于言表。例如，《顶住，金牌到手了！》(《北京晚报》2008 年 8 月 20 日)、《乒乓跳水要“包圆儿”》(《北京晨报》2008 年 8 月 23 日)。

在体育新闻的标题中也会巧妙运用或改写古诗词，散发出浓浓的古典气息与韵律，使标题的表现力、感染力大为增强。例如，《大江东去，巴西金牌梦碎“永远的对手”》(《北京青年报》2008 年 8 月 21 日)、《奥运时节又逢君》(《北京日报》2008 年 8 月 7 日)。

谐音。在体育新闻标题的制作中使用谐音,能使汉语多音多义的特点得到充分展现,从而使标题的含义更加丰富多彩,进一步增强灵动感,使读者回味无穷。例如,《中国足球“气勿生”》(《足球》1997 年 12 月 6 日)、《楠舍》(《竞报》2008 年 8 月 23 日)。

标题的形式有很多种,如一行标题、两行标题、三行标题、多行标题等。以往的报纸比较喜欢制作“引题+主标题+副题”这种面面俱到、结构完整的三行标题,但随着现代生活节奏的加快,受众信息接收渠道的增多,快捷、明了的单行题已经成为标题制作中的主力军。体育新闻由于受到的限制较少,在标题编排手法的创新上更是走在了前面。

《中国足球“气勿生”》——《足球》1997 年 12 月 6 日

《伤! 伤!! 伤!!! 三线告急》——上海《青年报》2002 年 6 月 7 日

《磨砺十寒暑 一朝扭乾坤》——《中国体育报》2005 年 10 月 21 日

《姐妹们,就一个字:拼》——《体坛周报》2008 年 8 月 21 日

另外,在体育新闻标题的编排中还经常会出现使用不同的字体、字号、颜色的情况。编辑主要是想通过这样的编排手段产生特殊的效果,从而达到更加突出标题中某些重要的新闻事实,增强版面的活力,以吸引读者关注度的作用。标题位置的处理没有固定格式,而且还出现将同一张报纸的内页两个版打通的形态,让长长的大标题横跨两版,充分展现该报道在整份报纸中的地位与价值。

但是,各报的编辑、记者在千方百计地想通过多种方式加强体育新闻标题的文采、音律、形式的同时,不要使标题的制作走向庸俗化、色情化的歧途,像《上海足球与性感做爱》(《体坛周报》2002 年 4 月 15 日)、《赛前性生活有助于球员发挥 罗马里奥、亨利成典范》(《南方体育》2003 年 8 月 22 日)等。这样的标题制作确实大胆,但是却已经背离了体育的本质,使体育新闻报道走向低俗的境地。

3. 报道体裁

消息、通讯、评论是新闻报道的常见体裁类型,但是在报纸体育新闻中,很多报道的体裁都不像以往那样泾渭分明、中规中矩。经常会见到一些报道将消息、通讯、评论融合在一起,而且在这些常见的文体之外,随笔、手记、人物志等新闻报道

中都很少出现的体裁却在报纸体育新闻的报道中大展拳脚。一般来说，只要是有利于体育信息的传播，读者能够接收也愿意接收，就都可以进行大胆的尝试，报纸体育新闻报道的体裁已逐渐淡化。许多新的报道体裁与报道形态都是在报纸体育新闻报道中首先出现，并被推广到其他类型的新闻报道中的。

另外，在报纸体育新闻的报道中，记者不再仅仅是为了传递“5 个 W”和“1 个 H”的信息内容，他们更多地将个人的体验与读者分享，将自己的感受与读者融合在一处。在叙述人称的使用上，也从客观中立但是距离较远的第三人称发展到第一、第二、第三不同人称的交叉使用，既保证了报道的真实公正性，又使记者和读者之间建立了紧密的联系，好像是朋友之间在谈论一个饶有趣味的故事，亲切而自然。率真模拟受众在现场目击新闻事实后的特殊心理，让受众感到这就是为我而发的体育报道，这就是为我而举行的比赛。很多记者有时从现象娓娓道来，有时又用古典名著来点评赛场风云，或是以旅行家的眼光领略各地体育风情，甚至连时下流行的影视人物都能成为他们篇章的穿针引线者。一些国际经典影片在体育报道这儿有了新的版本，记者们为它们在球场上选定了一班新的人马来担任“编剧”“导演”与大小“角色”。

4. 语言

报纸体育新闻报道的语言使用不拘一格，除了专业的体育术语的使用外，军事、影视、音乐、绘画、宗教、天文、地理、医药、动物、植物等各类专业用语，都可能会被用于体育新闻报道中。虽然体育新闻报道在语言的使用上非常多样化，但是，由于体育新闻报道的专业性很强，大众又对它非常熟悉，所以就要求体育新闻记者在充分展现语言的个性与魅力的同时，还要注意用词的准确、严谨，切勿失去分寸、过于随性。

赛场是没有硝烟的战场，体育比赛具有激烈的竞争性、排他性、残酷性，其竞争激烈程度丝毫不比战场逊色。竞技、对抗的双方要凭借自己的实力、意志与智慧，通过一定的技战术手段才能最终赢得比赛、获取胜利。因此，体育似乎与军事有着天然的联系。在报纸体育新闻报道中使用“战争语言”似乎已经成了司空见惯的事情。记者、编辑常选用一些兵家词汇、军事术语，诸如“执掌帅印”“征战”“生擒”“调兵遣将”“杀出重围”“军心不稳”“再决雌雄”“凯旋”“兵不血刃”“同室操戈”“重开战火”等，把赛场上激烈的争夺表现得入木三分。这些词语的使用大大增加了报纸体育新闻报道的生动性、形象性，同时将赛场气氛渲染得更加浓烈，增强了比赛的紧张、激烈程度。

但是在“战争语言”的使用上一定要把握度。一旦用得过多、过滥，无异于在张扬和渲染暴力、仇恨，会使比赛充满血腥味，失去体育比赛的美感与欣赏性，甚至会带来负面的传播效应。例如，上海《青年报》在对 2007 年斯诺克世锦赛的报道中曾以《世锦赛第一轮对阵奥沙利文 丁俊晖：争取首轮干掉他》为题，表达了对丁俊晖夺冠的期望。但是，“干掉”的运用就值得商榷，对于一场正常的体育比赛来讲，它的暴力色彩就显得过于浓厚了。

文言文在现代文的写作中已经很少使用了，但是在报纸体育新闻的报道中却使用得较为频繁。例如，描述比赛开始的“拉开战幕”“开称”(用于棋类比赛的开始)等，用“鸣金收兵”“降下帷幕”“收称”来表示比赛结束，夺冠有“名列榜首”“夺魁”“拔头筹”等多种说法。体育新闻的报道中还常常活用一些历史掌故、诗词歌谣等，增添了体育新闻报道的文化底蕴。

语言在发展变化的过程中，词汇的变化最为迅捷，新的词汇层出不穷。报纸体育新闻在报道时，不仅运用古语词，展现古典风采，也紧跟时代发展，社会流行语也常常出现。用“埋单”意指付出代价，“拳头项目”“大腕球星”更是为读者所熟悉。

口语、方言、俚语也被灵活地运用在报纸体育新闻的报道中。例如称篮球场上的抢断球为“偷荷包”，足球场上球员踢入自家球门的球叫“乌龙球”，球员在一场比赛中踢进两球甚至三球，就是 “梅开二度”或上演了“帽子戏法”，还有“重头戏”“憋足了劲”“撂挑子”“泼冷水”“栽跟头”“爆冷门”等。

5. 图片

图片是指报纸上的照片、漫画、插图等。随着读图时代的到来，人们的生活节奏越来越快，越来越多地依靠更为直观的、形象的手段来获取信息。对于报纸这样的平面媒体来说，就应该注重利用图片让体育新闻表现得更为直观。在西方的编辑思路中，图片甚至成为版面的中心元素。由于网络、电视等媒体的冲击，中国人的阅读习惯日渐改变，报纸版面也在为符合人们视觉时代的新需求向多图化的方向发展。例如，每一期《体坛周报》的头版中心位置均有大幅的彩色照片，以其超强的视觉冲击力激起读者的阅读欲望。有的报纸还效仿杂志的做法，把头版变成封面，刊载大幅具有观赏性和冲击力的图片加要目导读来吸引读者的目光。

长期以来，图片与文字已经形成相互补充、紧密相连的关系。而且图片最大的特点是瞬间性和直接性强，现场感和诠释力强，读者可以在最短的时间内接收相对完整的信息。图片通过线条的流动、色彩的搭配、明暗虚实的变化组成可视的形象，更能表现体育运动的拼搏精神和运动员的丰富情感，揭示体育运动自身和运动员“重在参与”的奥林匹克精神，图片中形象的表现力与信息的价值有机地结合起来，使图片的传播效果并不亚于文字。竞技体育最吸引人的地方，在于体育运动动感强烈、竞技场上瞬息万变，它能够演绎出人生喜怒哀乐的各种情感体验，图片能够表现出运动的力量、速度、节奏和动感，运动员在竞赛中表现的顽强意志与拼搏精神，通过图片深深地感染读者，引起强烈共鸣。由于形象艺术较之文字艺术更容易使人迅速理解新闻内容，在很多时候图片可以概括甚至代替长篇累牍的、密密麻麻的文字，可以说是“一图胜千言”。

在报纸体育新闻的报道中，新闻图片的表现力占有不可动摇的地位，它既可以概括文字表述的内容，以言简意赅的形式表现出巨大的信息量，又可以显示出不同于文字的艺术价值。目前，报纸体育新闻的报道中图片的数量越来越多，所占版面空间也越来越大。图片的运用形式也相对灵活，除了应用单照、组照等普通手段外，图片勾边和合成的手段也频繁地应用其中。在图片的选用与制作上，不能单纯以图片本身的质量作为取舍的标准，要使图片与版面风格相协调，首先为表现和烘托报道的内容而服务。

第三节　体育类期刊报道模式与特点

一、期刊及体育期刊的定义和特征

1. 期刊的定义

我国权威工具书《辞海》中关于期刊的定义是这样的：“期刊，又称‘杂志’。根据一定的编辑方针，将众多作者的作品汇集装订成册，定期或不定期的连续出版出版物。每期版式大体相同，有固定名称，用卷、期或年、月顺序编号出版。”由此我们可以看出，期刊首先是一类定期出版物，里面汇集的众多作者的作品可以有文章、图片、故事、专栏等。

2. 期刊的特征

现代期刊通常是图书和报纸的混合体。从图书家族中，期刊获得了篇幅长以及更多文学性写作的特征,还从图书中保留了装订的形式等;期刊从报纸中承袭了时尚性、新闻报道以及评述、定期出版、订购销售、报摊分销和刊登广告等特征。但新闻性期刊却又不同于图书和报纸,主要体现在以下几个方面:

(1)和报纸相比

第一,内容。报纸以报道新闻为主,刊登的是最新的新闻信息,其首要任务是告诉人们发生了什么,如何发生的,结果怎么样等。而期刊虽说也刊登一些新闻信息,但它以刊载评论为主。在西方国家,报纸被称作"报道性媒体"而期刊则被称作"解释性媒体"。

第二,材料选择。报纸所选择的一般都是比较大众化的,满足人们"广泛"的需要的信息,而期刊的材料选择则一般是比较特殊的,有典型性的,满足人们深入的"理解"。

第三,时效性。报纸往往每日出版,在报道事实和发表言论时,迅速、及时、时效性强,能将重大的新闻事件很快地传递到读者那里。期刊由于出版周期的原因在报道新闻事件的速度上不及报纸快捷,时效性相对差一些。

第四,对人们的影响(尤其是观点的影响)。期刊所发表的言论虽不像报纸那样能够及时对读者产生影响,但由于期刊容量大,制作时间从容,对事件和言论的报道可以考虑得更周密、更详细,可以历史地、系统地记录某一事件,同时解释事件发生的背景和动向,论述可以更深刻、更透彻,所以就可以给读者提供更多的思考余地和更宽广的观察视角,对读者的影响也就更深远。

(2)和图书相比

第一,期刊的出版周期比图书要短得多,资金积累见效快,能在较短时间内及时反映某一事件或某一学科的发展过程,随着客观事件的不断发展而不断提供新知识、新信息。

第二,一本图书往往有一个集中的主题、一种体裁、一种风格甚至一个作者,呈现出"专"的特点。而期刊广收各位作者、各种类型的文章,呈现出各种内容、资料聚集、观点的"杂"的特点。

第三,图书一般是单本出现的独立出版物,即使是系列丛书,也只是一段时期出完或同时出版很多本,每本之间的相互关系也和期刊期与期之间的关系不同。期刊是持续不断地出版,后一期不仅是前一期序列上的自然延续,而且可能是前一期作者、编辑认识能力的深入扩展,这就是期刊比图书更具有拓展和积累认识的可能性。

总的来说，期刊既是图书和报纸的融合，但又具有图书和报纸没有的一些优势。有人把图书、期刊、报纸三者之间的关系形容为时针、分针、秒针的关系：报纸像秒针，期刊像分针，图书像时针，无论秒针、分针、时针，都是围绕着时代的轴心转动的，在社会发展和满足人们的阅读需要上发挥着自己的作用。期刊的定期出版的连续性，反映现实生活的及时性、深刻性、读者对象的广泛性、阅读方式的便捷性和储存的长久性等优势使其在各种传播媒介中占有很重要的位置。

3. 体育期刊

期刊的分类是非常复杂的问题，划分的角度有很多，可以从期刊的形式方面来分，也可以期刊的内容来分，还可以从运营模式、读者对象等角度来划分。那么以报道体育比赛、体育活动和体育人物为主的体育新闻类期刊是一种什么样的期刊呢？首先，按照所属的学科门类来讲，它应该属于社会科学期刊，按照《中国图书资料分类法》(第四版)的标准分法，体育和科学、文化、教育等都属于G类期刊。按照内容层次来划分，期刊可以分为高级期刊、一般期刊和通俗期刊，体育新闻类期刊应该属于一般期刊和通俗类期刊，也就是以雅俗共赏为宗旨，并满足普通大众欣赏需要的期刊。根据期刊内容性质的不同，也可以划分出很多类，如新闻信息期刊、学术理论刊物、文学艺术期刊等，体育新闻类期刊当然属于新闻信息类期刊，但由于体育本身的特点，使其又带有宣传体育知识、放松娱乐等性质。

从读者对象角度来考虑，体育新闻类期刊的读者对象一般为男性，年龄上以青少年为主，以体育爱好者为主，但我们不能把它绝对地划分为哪一种性别或哪一个年龄段的期刊。

以上对体育新闻类期刊的划分是基于以报道体育为主的纯粹的体育新闻类期刊，但关注并报道体育领域的新动向、新发展，关注和采访报道体育人物并不属于体育新闻类期刊的专利，所以，有关体育报道方面的期刊又分为两大类：一类是纯粹的体育期刊，如《新体育》；另一类则是会不定期报道体育信息、体育人物的非体育性杂志。

二、体育期刊的诞生

1. 欧美体育期刊的诞生和发展

(1)专业运动刊物的问世

18世纪以后，欧美的一些报纸便不时地刊登有关体育比赛的消息，其中近代户外竞技运动发祥地的英国及其殖民地是当时最为典型的代表，赛马、板球、划船等比赛消息经常成为报纸的报道内容。1829 年，美国第一份运动杂志《美国赛马与运动杂志》问世，这份专门介绍赛马运动的杂志维持了 15 年。

以 1831 年诞生的第二份具有影响力的运动刊物《时代精神》为代表，19 世纪 30 年代，美国专业运动刊物开始大批问世，它们带动综合性的报纸增加篇幅报道一些重要的体育赛事，也预示着体育新闻开始进入一个新的阶段。由于它们的影响，一些报纸开始提供专门版面报道一些重要的赛事，如赛马、拳击、摔跤等。

(2)报道面拓宽

19 世纪下半期开始，欧美的体育新闻传播进入了新的发展阶段。在报纸、杂志等传统媒体继续加大对体育报道力度的同时，美国 2/3 的体育杂志把赛马作为首要的报道内容。与此同时，棒球运动逐渐成为各种刊物的热门话题，1853 年 7 月 9 日威廉·波特的《时代精神》杂志刊登了第一份关于棒球的报道，标题是《哈波金的棒球比赛》，此后，波特逐渐将棒球称为美国的“国球”；阿尔弗雷德和查理·斯宾克在法国圣路易斯创办的《体育新闻》到今天仍在发行，棒球也一直是其主要的报道内容。弗兰西斯·里克特在费城创办的《运动生活》杂志，集中刊登全国通信记者的稿件并报道多种运动项目，其发行量达到了 4.5 万份，是 19 世纪 80 年代发行量最大的运动杂志。1873 年，《森林与溪流》杂志创刊，该杂志另辟蹊径，主要侧重于打猎、钓鱼和其他一些户外活动的报道。

(3)专项性体育杂志陆续进入市场

自 20 世纪 20 年代起，收音机、电视机等一系列依靠技术引领的媒体将体育新闻传播带到了一个全新的发展阶段。

面对新兴的广播新闻媒体，报纸、杂志等印刷媒体不得不增强自身的竞争力，新兴的现代体育新闻杂志陆续出现：1944 年的《运动文摘》、1946 年的《运动》和《体育图片》、1948 年的《运动先锋》《运动专刊》和《运动生活》、1949 年的《运动世界》等，1954 年，亨利·鲁斯创立了至今影响广泛的《体育画报》。

这一时期的体育新闻传播范围也从传统的职业棒球、拳击、赛马等项目扩展到职业橄榄球和职业篮球等一类新兴项目。由于大众对参与性和观赏性的体育活动兴趣日益增强，很多专项性的体育杂志陆续进入市场，如《世界网球》《每日赛马快报》《高尔夫文摘》及《游艇》等。

2. 我国体育期刊的诞生

(1)徐一冰与《体育界》《体育杂志》

清朝末年,外国列强的入侵,使中国社会政治、经济、文化和思想等方面发生了巨大的变化。随着这一变化,欧美近代体育开始引进和传入我国,成为我国近代体育的主流,我国的体育新闻传播也应运而生。1909 年,上海中国体操学校创始人徐一冰等主编出版了《体育界》杂志,这是我国迄今发现最早的体育期刊。徐一冰将理论与实践相结合,在中国体操学校的支持和配合下,向觉醒中的中国民众介绍西方体育的理论与方法。他希望通过改变国民的体质以争取国家的强盛和进步。他在《体育界》创刊号上说道:"此残弱不支之身,而今而后使与他强国强健不屈之男子竞争于天演界中,其可得乎? 故吾为此危,吾为此惧。"寥寥几笔,刻画出了近代中国渴望强壮的理想与该刊"敢为天下先"的勇气。

《体育界》创刊后不定期出版,出了十期被迫停印,1918 年 10 月东山再起,终又复刊。复刊后它更加"主张实际,不尚空谈","它所刊载的论说、学说、体操材料、教授法、生理卫生等 12 门类内容,不容置疑地向人们证明了时隔九年的《体育界》变得更加系统、成熟了"。(语出杭州大学体育系郑志林教授)《体育界》作为先进性和实践性都很强的专业刊物,也在中国近代体育史上画下了浓重的一笔。

在《体育界》停刊的日子里,徐一冰与王均卿于 1914 年 6 月又创办了上海中国体操学校校刊——《体育杂志》。《体育杂志》在内容上比《体育界》更加丰富,它的发行范围也比较广泛,除上海外,在苏州、杭州、天津等地还设有代办处,是一本以学术为主的综合性体育期刊。该刊物只出版了两期,但为学校体育的构建搭起了框架,也在技术上为中国体育提供了宝贵的理论和经验。

(2)早期体育期刊的发展

1918 年 12 月 9 日,我国最早的一份小学校体育学刊——《体育周报》诞生在湖南长沙的楚怡小学,至 1920 年 10 月,该刊共出版了 60 期,在"普及国民体育知识,促进各种体育事业"上作出了卓越的贡献。主办人黄醒联合体育界要人陆鸿仪、陈逵生、徐凯、蒋葆三、陆吉霈、徐荣甲、王运恂等 30 余人在非常艰苦的条件下坚持支撑着这份在近代体育史上影响颇大的周报经受了两年风雨的洗礼。那时,《体育周报》社址就设在黄醒的家中,编辑、经费、发行等事宜均由他一人经办。

《体育周报》诞生于"五四"运动前夕,为着"革命"而发生,带着浓厚的革命色彩。它分言论、学说、研究、材料、调查、纪事、讲演、音乐、小说、汇报、通信、杂俎等专栏，以丰富的内容和形式吸引了当时社会各界的名人，陈独秀、蔡元培、徐一冰、沈定一、王鉴武、陈逢生等曾为其撰稿。就连当时炙手可热的《新青年》杂志，也曾在第七卷第一号上以《长沙社会面面观·新文化运动》为题，较为全面地肯定了《体育周报》。遗憾的是，该刊出版了60期后就销声匿迹了。

1922年5月，著名的美国体育专家麦克乐在东南大学创办《体育季刊》，这本体育专业学术性杂志对我国近代体育的早期发展，特别是对欧美体育的引进，曾产生过一定的促进作用。

除了《体育界》《体育杂志》和《体育周报》外，还有其他许多报刊都选定了自己的方式不断撞击着中国近代体育史的时钟。

《新体师范讲义》，是上海师范讲习所主办的一本月刊，1917年3月创办，同年12月停刊，共出版12期。在上海也有一份《体育周报》，1918年12月创刊，1919年2月停刊，共出版48期。北京京师体育研究社在1918年2月创办的《体育》(季刊)，只出版了一期就停刊了。面临同样遭遇的还有南京高等师范学校体育科1918年主办的《体育研究会会刊》。另外这一时期的体育报刊还有《东亚体专校刊》，由上海东亚体专主办，1919年12月创刊，1923年7月被迫停刊。还有后来由中华体育协进会在1935年1月创办的《体育季刊》以及中华体育会于1936年创办编发的《中华体育》等，中国近代体育报刊一直与体育事业的发展相辅相成，并肩作战。

尽管这些早期的体育期刊数量较少，出版时间也较短，但它们为后来体育报刊的发展奠定了基础，它们就像页码和注释，“仔仔细细地交代了故事的顺序和读法，国人最闪光的思想精华也恰恰在这一瞬间通过那泛黄的纸张透射出来”。[①] 从《体育界》到《体育杂志》，从《体育季刊》到《体育周报》……这段时间，至少有八种体育报刊先后出现在上海、北京、长沙、南京等地。这些专门传播体育信息和体育科学知识的期刊与体育运动相伴而生、相互促进，成为中国体育事业这部“上下五千年”的典籍中举足轻重的元素。[②]

3. 新中国的体育刊物

(1)《新体育》的创刊

新中国成立后，我国各项事业都进入了起步阶段，体育事业也进入了一个新

---

① http://blog.sina.com.cn/u/1198465735

② 同上。

的发展时期。1950 年，中华全国体育总会还未正式成立，但作为筹备委员会的机关刊物《新体育》杂志于 1950 年 7 月 1 日创刊了。这意味着新中国体育新闻事业的开始。朱德同志为《新体育》创刊号题词："提倡国民体育"，并在创刊号上发表了在中华全国体育总会筹备委员会上的讲话，指出"体育是文化教育工作的一部分，也是卫生保健的一部分……我们的体育事业一定要为人民服务，要为国防和国民健康的利益服务……努力发展体育事业，把我们的国民都锻炼成为身体健康、精神愉快的人，这样才能更好地从事生产、学习的工作，才能担当起繁重的新中国建设的任务"。

《新体育》发刊词明确规定其办刊宗旨："建设新体育，要把体育普及到千百万劳动人民中去。"所以，它的栏目设置也多以体育普及和科学启蒙为主，如《运动对于生理的影响》《苏联体育介绍》《篮球运动的价值和认识》《游泳》《摔跤》《六人排球介绍》等文章，把《新体育》办成了"研究和宣传新体育建设的刊物"。

《新体育》在创刊号中就刊发了"本刊设立'问题解答'栏"的启事，欢迎读者提出有关体育方面的问题，刊物将"设法请体总筹委会及体育专家等予以解答"，以后又设立了"读者来信"等栏目，广泛联系读者，不断听取读者意见，取得了显著成绩。

1952 年 6 月 20 日，中华全国体育总会成立。毛泽东为此题词："发展体育运动，增强人民体质。"在新的形势下，中华全国体育总会对《新体育》的任务提出了新的要求：宣传体育运动，为增强人民体质、加强国防和生产建设服务的重要意义，宣传好新中国的体育成就；介绍基本的体育科学知识；指导各地的体育工作；介绍苏联人民民主国家的体育。可以看出，新中国成立之初的体育新闻事业除了承担着宣传体育运动的特点、普及体育运动知识等任务外，还担负着为国防和军事服务以及"为此而进行体育科学启蒙的时代特征"。①

1956 年，《新体育》由月刊改为了半月刊，1962 年又恢复为月刊。1966 年 10 月 15 日出至 277 期停刊，1972 年 10 月复刊。1990 年 7 月，该刊创办 40 周年，国家体委负责人伍绍祖在《愿〈新体育〉常盛常新》一文中，充分肯定了该刊 40 年来取得的巨大成就，认为它从创刊之日起，即满腔热情、始终如一地为发展新中国的体育事业鼓与呼……它是新中国体育 40 年光辉历史的生动写照，是新中国体育从无

① 易剑东、杜锐：《当代中国体育新闻的回顾与展望》，《山东体育学院学报》1997 年第 1 期。

到有，从弱到强，一步步登上世界舞台的见证、缩影。①

(2)体育期刊的发展

体育期刊的发展和体育事业的发展是密切相关的。体育事业的快速发展，对体育传媒发展具有巨大的推动作用。正如中国青年政治学院展江教授所说："无论是之前以奖牌为目标荣誉的竞技方向，还是现在逐渐倡导的全民健身方向，体育的关注度始终不会降低，而且体育的全民性将吸引更大量的体育迷，这对体育传媒而言无疑是有利的。"体育赛事的繁荣为中国的体育传媒带来一场又一场的盛宴。

1978年，党的十一届三中全会以后，伴随着中国改革大潮的步伐和各项事业的发展，体育期刊也得到了发展。进入20世纪80年代，全国的报纸如雨后春笋蓬勃发展，一批体育期刊也相继问世，如"把哲学、科学、体育三者融为一体，向读者展示一个新的意境，使大家长知识、练身体、奔四化"的《生命在于运动》，"竭诚为广大体育爱好者服务"的《体育爱好者》《体育春秋》等，其中，中华全国体育总会四川分会与香港国际企业公司合办的《体育爱好者》杂志，是内地和香港合办的第一份体育杂志。

报刊种类数量增加了，原有的一报一刊(《体育报》《新体育》杂志)的发行量也分别由创刊时的6万份、1.55万份上升到1983年时的70万份和89万份。一些体育刊物如《中华武术》《围棋》等杂志销量甚至达到过百万册。

进入20世纪90年代以后，我国体育期刊更是呈现一派繁荣景象，数量增加，发行量增大。像《运动休闲》《网球天地》《运动精品》《足球》《足球之夜》《高尔夫》等都是先后于20世纪90年代中后期创刊，并且快速地成长和发展起来的。

2001年北京申奥成功和国足出线，犹如一股强大的冲击波，更把体育期刊从边缘推向中心。看比赛，追明星，读期刊，成为一个不可忽视的文化现象，在广大球迷和体育爱好者中间蔓延。

三、我国体育期刊的发展趋势

1. 目前体育期刊存在的问题

(1)定位雷同，互相打架

在火热的体育期刊市场中也出现了一些隐忧，突出的问题就是同一类期刊在

① 宋应离:《中国报刊发展史》，河南大学出版社2000年版，第250～251页。

内容编辑方面的雷同现象，甚至出现“撞车”的现象。内容雷同、版式设计雷同，发行渠道雷同，互相较劲，但又互相模仿，“左脚踩右脚”使得体育期刊自身的进一步发展出现阻碍。由于内部没有形成良好的欣欣向荣的态势，所以整个体育类期刊整体的竞争能力就不是很强，在今天这样一个信息渠道无限畅通的时代，报纸、网络、手机等诸多媒体都在对体育类期刊的读者进行“分化”蚕食，导致读者群减少。

(2)种数增加，单个刊印数下跌

最近几年体育期刊的总印数仍有提升，但这并不说明体育期刊市场还大有可为，而是由于种数增加所致，对于多数个刊来说，印数却是缓缓下跌。这一方面是由于体育这块大蛋糕越来越诱人，使得涉足的媒体越来越多，使得体育期刊的读者得到了分流。另一方面是随着人们休闲娱乐方式的增多，读者的兴趣也被分流。但从体育期刊主观方面来看，个性不显，特色难现，而且同类刊物种数膨胀，相互竞争也是很重要的原因。

(3)过分追求娱乐化

对于体育类的杂志来说，在保持着体育自身优势的同时加入一些时尚类的元素或是借鉴一些他们的成功经验，对于杂志整体的内容与审美都是一种补充，但在一些杂志中，过分强调时尚化、娱乐化，时尚元素喧宾夺主，使杂志失去了体育本身的内涵，成了用体育点缀的时尚杂志。

2. 我国体育期刊的发展趋势

(1)细分市场，突出个性

与报纸相比，期刊是属于更加个人空间的媒体，本质上是最适合于分众化的情感纸、专门纸，最适合于和人们的情感产生亲密接触。它“可以让你在任何地方、任何时间自由阅读，它可以完完全全进入你的私人空间”。① 而且它不像报纸那样看过之后就没有意义了，它可以成为你的收藏，可以在你以后想看的时候再次成为你的最爱。当然，对于杂志，不同的人有不同的爱好。《新周刊》2003 年 8 月的专题《人人都爱看杂志》中认为：对于意见领袖，他们的杂志在嘴上，他们看的相关杂志是《读者》《新周刊》《三联生活周刊》《中国新闻周刊》等；对于办公室白领，他们的杂志在脸上，所以他们看的杂志是《瑞丽》《ELLE》等；对于背包族，他们的杂志在路上，他们看的相关杂志是《中国国家地理》《旅行家》《中国旅游》等。由此可以看出，

① 中国期刊协会会长张伯海语，《新周刊》2003 年 8 月 15 日“人人都爱看杂志”专题报道。

“期刊其实是适合期刊拥趸的需求而办出来的”，[①]所以，作出个性、区分市场、锁定目标读者是期刊得以生存的基础，也是体育期刊的发展趋势。

近些年，篮球和足球杂志发展较快。因为篮球是大家最喜爱的体育运动之一，有着数以千万计的篮球迷基础，尤其是广大青少年朋友，更是篮球运动的忠实爱好者。而足球更是让广大球迷为其痴、为其狂。这样的读者群体给篮球类和足球类杂志的发展奠定了及好的基础。出于抢占市场份额和目标读者的需要，一些综合性体育期刊改弦易辙，细分读者市场。如《体育世界》从1999年开始改变刊期，每月出版三期，两期足球版，一期篮球版。《当代体育》也由月刊变为周刊，每月出两期足球版，一期篮球版，此外还有一期定位为时尚休闲的月末版。《体育世界》还将读者重心下移至中学生，并针对这一特定读者群办刊。其他综合类体育杂志如《体坛纵横》《环球体育》等，内容也几乎都集中在足球和篮球上。

《健与美》杂志过去的报道内容庞杂，几乎一切和“美”“健”有关的东西像居室美化、健康美容都在其中，现在则开始根据市场需要扬长避短，走细分市场之路。将报道范畴锁定在单纯的健身方面的内容，结果更受读者欢迎。《中华武术》开始尝试用现代理念经营期刊，跳出单纯介绍武术技法的小圈子，突出武术运动的文化内涵，走贴近社会大众化的路子，使期刊成为武术产业的一部分。

(2)时尚化、娱乐化、明星化

体育迷关注体育比赛的一个很重要的原因就是他们有自己挚爱和支持的明星，任何一场体育比赛，都是人的参与，因此报道最具人情味的“人”，也最能引起读者兴趣。很显然，对体育明星的专门报道，已经成为了各类体育期刊的重头戏。[②]体育期刊对明星的报道一般分为三类：个人的独立报道、同类型人的PK、排行榜(Top10)。当然，在这三类以外，哪本期刊做得更好，就拥有了更多吸引读者眼球的资本。

体育运动是激情四射的，喜爱体育并愿意购买体育期刊的人也是充满活力的，尤其是一些年轻人，他们追求时尚、追求明星、追赶新潮。对于这类读者，除了必须在内容上满足他们的要求之外，在外包装、版式时尚以及纸张选择上也必须适应他们的追求，呈现出色彩丰富，图文并茂、装帧精美的趋势。以《新体育》2007年第2

① 韩松、黄燕：《当代报刊编辑艺术》，复旦大学出版社2006年版，第274页。

② 高贵武、叶杨青：《体育期刊大赛报道策略分析》，《国际新闻界》2007年第2期。

期的栏目(你说我说、闲话看台、精“采”、说吧、封面、我的路、人物、关注、走进08、环球、世界十佳、追忆、博览、随笔、互动)为例,可以看出,即使这些传统的体育杂志也在朝着更轻松、时尚的趋势发展。

(3)互动性增强

互动性既是读者的需要也是期刊生存的需要。作为读者,自主选择的主体意识、要求深度参与的意识大大增强,渴望自己钟爱的期刊能给自己一个空间发表自己对体育的感悟。作为期刊,增强服务性,加强与读者的沟通和交流是保持刊物常办常新和保持读者忠诚度的重要手段。现在,有许多体育刊物增加“编读往来”“本刊提醒”“声音”“读者热线”等专栏专版,在吸引读者方面取得了不错的效果。如《新体育》杂志,除了设专人负责“编读互动”,每月出“读者简报”,请读者评刊评赛,赠送体育明星照片的做法外,还努力办好互动型栏目《心动五环》,让读者在刊物上有自己的“话语平台”,可以与运动员、编辑交流看法。此外,刊物还在一些栏目中增加“读者点题点人”性文章,让记者带着读者的需要去做针对性采访。《新体育》还根据青少年读者占多数的特点,在近几年开展了“暑期少年体育记者团”活动,请他们深入运动队去体验去采访,并将其文章发表在刊物上。这些做法深受读者欢迎,很多读者不仅成为该刊的忠实读者,还成为刊物在全国各地的兼职记者。①

四、体育期刊的编辑要求

1. 了解读者对体育期刊的使用需要

传播学上的“使用与满足”理论认为,受众是有着特定“需求”的个人,他们出于特定的需求动机而“使用”某种媒介,从而使需求得到“满足”。从这个角度讲,受众的需求是确定传播内容、选择和取舍材料的重要依据,传播者只有了解到受众在特定条件下的特定需要,并提供与之相适应的信息,才能使需求得到满足。

读者对体育期刊的使用需求主要包括以下几个方面:

(1)认知需求

体育期刊帮助读者获取体育信息、知识。它告诉读者世界上新近发生的体育

---

① 柏强:《体育期刊编辑应当拓展的几种意识》,《中国编辑》2006年第1期。

赛事、开展的体育活动及这些变动对于受众的意义。

(2)情感需求

大多数读者会通过阅读体育期刊寻求情感、愉悦和审美的经验。他可能永远也不会成为比赛场上的一名队员,但他可以通过阅读来实现体验、感受。

(3)社会性需求

阅读可以帮助读者适应社会。学者们通常把这种媒体的作用称为“信息的社会效用”。如果你拥有足够的阅读量,你将成为一个出色的谈话者。

(4)心理需求

求乐心理也是传播学上受众的主要心理之一。体育新闻传播恰恰给了受众梦幻般的快乐,在梦幻中有高于感官刺激的精神或心理内容。所以,人们消费体育新闻最直接的目的之一就是通过移情的方法释放日常生活的压力和负担,宣泄自己,达到愉悦身心、放松情绪的目的。

2. 准确定位

任何期刊都不是适用于所有人的,体育期刊也是如此。体育期刊的准确定位要从以下几方面着手。

(1)首先要明确谁在看体育期刊,谁在买体育期刊,也就是要研究自己的读者。“一个成功的杂志的读者对它喜爱的杂志都有占有感和主人翁意识”。[①] 研究读者的年龄、职业、性别等可以帮助期刊更好地瞄准目标。体育期刊依据读者类型和读者需要的共同性和差异性,并为他们全口径地提供知识、资讯和思维方式,成为他们丰富内涵、拓展视野、深刻思想的良师益友。较强的相关性和针对性,可以使体育期刊之于个性化的群体有较高的适合度、满意度和阅读率,而且更能集中读者的精力,从而获得较为满意的传播效果。[②]

(2)读者和内容是相互作用的,所有的内容必须为特定读者的需求服务,如果内容不能满足受众的需求,无论文章或照片的版面设计多么精巧、优雅,都毫无意义。也就是说,满足需求的东西才算有价值。

内容定位也就是使期刊所有内容都限定在一个范围内。这是一个艰难但又重

---

① 〔美〕萨梅尔·约翰逊、帕特里夏·普里杰特尔著,王海译:《杂志产业》,中国人民大学出版社 2006 年版,第 7 页。

② 李昕、张秀岑:《小众期刊的品牌定位与广告价值》,《今传媒》2008 年第 6 期。

要的过程。成功的期刊都是内容定位准确的结果。美国的《体育画报》创办者亨利·卢斯是美国杂志出版界的巨人。20世纪50年代早期，继《时代》和《财富》火了之后，他还想拥有更广泛的读者。在一次和妻子一起旅游的途中，他发现很多人跟他谈论体育运动，谈话经常会涉及世界杯或其他什么体育话题，而他那时对体育几乎一无所知。渐渐的，他对体育着迷了，并激动地发现人们普遍对体育运动感兴趣，却没有关于这方面的期刊，他立即意识到，这是一个巨大的市场。结果，他创办了一份体育杂志《体育画报》——至今仍是美国最赚钱的杂志之一。可以说，是准确的内容定位使这本杂志长盛不衰的。

(3)风格定位。期刊的风格一般是指它表现出来的独特的、统一的、一以贯之的个性、思想和艺术特点，是由其所蕴藏的文化底蕴和显现的个性气质结合而成的特定形象。一本体育期刊从刊物整体形象的设计、长期出刊规划、年度编辑计划、题材内容、栏目设置、版面编排到补白、题饰等细节，都会力图体现既定的宗旨，并逐步形成自己的风格。

总之，体育期刊林林总总，同类型的期刊竞争激烈，如何让读者钟情于自己，这是需要精心策划的。定位准确，是一个刊物生存的前提。比如体育博览杂志社旗下的五个杂志在定位上都比较明确自己的读者对象和杂志特点：综合性月刊《体育博览》力求“做中国体育产业的记录者和见证者”，双月刊《赛马》则锁定为“高尚项目、高尚人群”，《模型世界》(静态)月刊、《模型世界》(动态)双月刊要“给青少年一片梦想的天空”，双月刊《门球》是为了“让夕阳更美好”，季刊《北京信鸽》则呼吁“放飞有灵性的生活”。

3. 精心策划选题

期刊选题策划是指“刊社按照新闻出版规律，根据刊物的市场定位和内容定位而科学的设计选题、制作选题、包装选题、实施选题的过程，是实行信息资源的最佳组合和配置，更好地发挥刊社主观能动性和创造性思维的一种表现”。[①]

选题策划包括一期选题的策划和重点选题的策划。

期刊的每一期内容的确定并不是随心所欲的，因为读者正是通过阅读每一篇文章、每一个栏目、欣赏每一幅图片进而认识一本期刊的。所以，每一期内容的确定是需要精心策划的。以《搏》2007年第一期为例，新春伊始，第一期应该给读者

① 赵丽杰：《期刊的选题策划》，辽宁人民出版社2004年版，第15页。

什么样的饕餮大餐让读者感觉出新年新气象呢?《搏》把基本内容定在了滑雪上,因为是一本户外杂志,而冬天最好的户外休闲方式就是滑雪,所以,这一期杂志就把读者带到了法国阿尔卑斯山的拉普拉涅滑雪场、爱斯基摩小镇等,让读者认识了许多酷爱滑雪的雪友,还使读者了解到了冰上王者运动——雪地马球等,使读者在文字和图片中像那些迷恋滑雪的雪友一样享受雪野带给自己的刺激和快感,也享受雪野带给自己的心灵宁静和一年的好心情。

每一期杂志重点选题的策划也叫专题策划,有的叫特别企划、本刊专题、特别报道等。在侧重新闻性杂志中,这种专题一般以深度报道的形式出现。如我国比较有代表性的周刊之一《新周刊》最引人注目的内容当数"新周专题",它是这本杂志最重要的选题,专题所用版面分量十足,不同体裁的文章思路开阔,角度选得十分新颖。一些选题如"中国不踢球""世界杯大批判"等,极富特色与锐气,给读者留下了深刻的影响。2007 年 5 月 15 日上午,北京市体育局举行了"全民健身与奥运同行"发布会,标志着北京市"全民建设与奥运同行"正式启动,目的是推动群众体育全面、协调、可持续发展,实施"人文奥运"理念,为构建和谐社会主义作出贡献。针对这一事件,2007 年第 6 期的《体育博览》在"体育资讯"专栏里做了报道,同时,本期的"特别策划"也把关注的目光投向了"全民健身与奥运同行",分"访谈篇""活动篇""攻略篇""人物篇"四个部分对这一事件进行报道,为读者提供了全面而丰富的内容。

期刊编辑常常在专题策划上下很大的工夫,提前很长时间精心设计,派出骨干记者,花大量时间调查、整理。因此,期刊虽不如报纸拥有丰富的信息源,但是往往会因有影响力的专题而产生轰动效应,给读者留下深刻印象。

4. 在突出新意上下工夫

作为新闻类刊物,当然要报道时事,突出"新"字,给人以"新"意。体育报道(尤其是竞赛报道)相对于其他报道,更是易碎品,抢先一分一秒都会使新闻价值和媒介自身的影响力大大提高。但这种抢先对于时效性相对较慢的体育期刊来说,几乎是不可能的。因此,期刊的新意不可能都体现在时效性上,而是要对已有的、将有的信息资源进行合理的组合和配置,在创新上下工夫。

(1)打出提前量

打提前量包括两个方面:一是对未来发生的事作提前准备。由于出版周期的缘故,期刊在时效性上和自己较真的主要手段就是打提前量。由于体育比赛或和体育相关的活动大多数的时间表是早就排好了的，所以，对于大的体育新闻事件，需提前做好整组稿件的工作，等事情发生时，刚好赶上出版。二是把握大的趋势，做“擦火花者”。期刊做新闻常在锐度上下工夫，以此达成议程设置。期刊编辑要把握整个时代的最新动脉和最大趋势，应能在思想和眼光上领先同行半步到一步，不就事论事，善于提出新话题和新观念，引起其他媒体的跟风和讨论。做期刊，在一定程度上即是做“未来”。

(2)做深度报道

任何事物都有一个发生、发展的过程，也有它特定原因和背景，要作出新意，期刊可聚焦于事件的来龙去脉，做全景式还原，并强调细节和可读性，多用夹叙夹议的手段，让编辑记者“跳出来”对事件进行解析，多侧面、多层次、多色彩、立体化地展示事物的发展。也可以对已经发生的事跟踪报道，给读者展示他想知道而无从知道的内容。如 2004 年雅典奥运会上我国体育健儿取得了骄人的战绩，当一年以后，雅典奥运会已经过去，昨日的辉煌早已成为历史的时候，那些曾经辉煌的奥运会冠军又在做什么呢？他们这一年是怎么过的呢？《新体育》杂志在 2005 年第 8 期开辟了“奥运冠军一年间”专题，组织了一批文章，追踪报道了十几位奥运冠军一年间的变化情况，涉及心理、情感、事业、家庭等多方面，制造并满足了读者的需求，收到了很好的效果。

(3)做读者的“信息管家”

期刊对信息的处理体现在对信息的整合上，它就是一个信息整合平台。如果说报纸主要是逐日信息的充分而客观的提供者，让读者自主判断，那么期刊的一大功能就是对一段时间内出现的新事件、新知识、新思想、新概念、新现象、新问题进行独到而系统的集纳、盘点，帮助读者作出分析，为他们判断形势提供经过整合的有效信息和意见，做读者的军师和信息管家。

在体育赛事的报道中，当快捷媒体报道完每日的赛况后，期刊就应把这些随意的、零散的、片面的信息整合起来，给读者展现一个系统而连贯的比赛过程，并且对大赛做全面的总结。当然，做总结也要找到一个新颖的角度，如果一味地罗列每场比赛的数据统计则没有多大意义，最重要的是要在这其中找到话题。《当代体育·足球》在 2006 年世界杯的报道中，曾策划了一个《第一次》的专题，将本届“世界杯”赛场上球队有史以来的第一场胜利(或者第一个进球)做了一个盘点，可谓别出心裁。

2007 年第 1 期《搏》杂志，对 2006 年发生在户外圈中的大事做了梳理和盘点，并将最值得玩味、最鲜活有趣的内容以《撩眼迷魂，2006 年中国户外大赏》的总标题呈现给读者，让读者对 2006 年度户外时间、年度户外人物、年度户外装备、年度户外线路、年度户外悲情、年度户外电影、年度户外图书等一系列和户外有关的内容有了系统的了解。

再以北京奥运会期间的《体坛周报》为例，虽然是“报”，但它却具有“刊”的特点。《体坛周报》把以往的信息整合与追踪探究的杀手锏用在了奥运日报上，用每期的 64 个版面把自己变成了读者获取奥运相关信息的管家和探究家，把为读者逐日提供的信息充分而客观地进行了集合收纳，每一份报纸就是一个信息整合平台，犹如在读者眼前放着一个个有名有姓的盒子，读者会根据自己的意愿和兴趣去打开一个个盒子。

写着“纵横”的盒子让读者从一些名家有个性的言说中得到更具体育精神和快乐意义的启示。如颜强的《给失败者一束追光……》(2008 年 8 月 10 日)、《你微笑转身，你还有伦敦……》(2008 年 8 月 18 日)引导读者感受失败中蕴藏着的生命的真实和伟大；白岩松的《超越悲情，我能》(2008 年 8 月 15 日)告诉读者超越悲情，战胜自己的可贵和厚重感。

“巅峰对话”的盒子让读者在记者与一些包括国际官员、著名运动员、教练员在内的高端人士的碰撞和交流中更多地了解了他们对中国、对体育、对队友的认识和评价，并且所有的标题都是直接引用采访对象的语言，客观中透着生动。如克罗地亚总统梅西奇认为“中国就像姚明一样，是一个让人喜欢的巨人”(2008 年 8 月 9 日)，国际奥委会副主席和德国奥委会主席巴赫则认为“中国人让奥运更具生命力”(2008 年 8 月 13 日)，体操运动员李小鹏由衷地感慨“李宁大哥的地位我们后辈很难超越”等。

更多的中国运动员的比赛情况则装在“中国新闻”的盒子里，它给读者提供了立体的、全方位的中国军团的奥运赛况。如围绕龙清泉获得男子 56 公斤级举重奥运会冠军的报道有《第一个 90 后奥运冠军》《小龙初长成》《恩师：这只是一个开端》《三只眼就看小龙》《初生牛犊不怕虎》《我看好他的未来》六篇相关文章在一个版面上，让读者尽情享受。其他国家的运动员及比赛成绩则会在“世界报道”的盒子里看到，关注篮球和足球的读者会在“扣篮 2008”“射门 2008”中尽情享受这两项运动带给自己的快乐。

标有“五环杂志”的盒子像一个包罗万象的奥运世界，尽可能给读者呈现的是和奥运有关的其他信息和话题。

所以，如果期刊奉献给读者的是经过集纳、盘点、梳理、分析并以新颖的角度、焦点的话题形式呈现出来的内容，既能满足读者对体育信息“多”的需要，还在一定程度上满足了读者“深”的需要。对信息的重新整合，使期刊形成了差异化竞争的能力。

(4)旧闻翻出新意

任何一个体育赛事，都有可以挖掘的历史。在这些历史之中，必定有让人难以忘却的精彩时刻，有不为人知的趣闻和秘密，有突破和超越……正因为这样，体育运动才有了人文气息。[①] 这一种看似极为普通的报道思路，却极易被读者所接受。“因为在时间拉开一定的距离之后，人们回首过去的事物，往往会产生新的感受，同时，不甚了解或闻所未闻的新一代读者也会因此而获得新知。”[②]并且，这些史料具有可重复利用性，可以不断地以旧翻新，创造新的视点、新的价值。《当代体育·足球》2006 年第 10 期的一篇文章《世界杯 A TO Z》就是旧闻翻新意的典型。它不是简单地以举办地的罗列来报道世界杯的历史，而是选取了世界杯史上的 26 个关键词，分别以 26 个字母打头的英文单词，从各个方面展现了世界杯的历史。第十届全国运动会之前，《新体育》专辟了 20 个版的专题报道《从 1 走到 10》，以即将发生的新闻事件为由头，将历史与现实的距离拉近，调动多种平面表现手段，全方位地扫描前九届运动会的变化，展望新一届全运会的前程。其中的历史部分，一改过去死板地铺陈大会规模、参赛人数、冠军数目等写作模式，采用请有代表性的运动员、官员等当事人“说当年”的形式，以点带面，有血有肉地展现了历届全运会的情景，同时将一些运动项目的成绩、器具、服装用文字、图表等做历届纵向对比，配上新老照片，增强其反差。

5. 办出“杂志味”

期刊从报纸那里承接了新闻性和时事性的特征，但它又可以用完整一册的篇幅集中对一个主题做历史、现在、未来全景式的描述，有宏观，也有微观，有现场，也有评述，有冷静的分析，也有温情的小故事，还有夺人眼球的花花设计。许多文章中都充盈着作者的个人风格。所以，杂志又有自己的专业格调、精美品质和人文趣味。更重要的是，“优秀的期刊从始至终贯穿着一种精神内涵，凸显一种理想信念，它给读者的鲜明感受是文化和文明的，这种境界，许多快速的日报不一定能达

① 高贵武、叶杨青：《体育期刊大赛报道策略分析》，《国际新闻界》2007 年第 2 期。

② 柏强：《体育新闻期刊与再生性信息的发掘》，《新闻战线》2004 年第 6 期。

到”。[①] 这就是“杂志味”。

《搏》2006年某期曾做了一期“户外边缘人”的专题，有户外青年旅社老板、汽车改装技师、户外装备店店主、高山大厨、汽车自驾导游、背夫等，把目光聚集到这些从事着与户外活动密切相关的工作的人身上是非常有新意也非常有深意的，真像这一期卷首语中所写的：“他们是户外运动的配角，也是各自人生的主角”“拥有了配角的主角，与拥有了主角的配角，谁又分得清，哪个是主角，哪个是配角？翻开人类登顶珠穆朗玛峰53年的历史，在乘船的记录与无数的第一中，哪一次没有高山向导默默的协助？一人登顶的背后是无数人的智慧与力量。这样的配角，谁能说，他们不是人类登山史书中感天动地的主角呢？”“其实，主角和配角总是在一定的时空相互转换，正如万物，总是在伟大而单调的摆动中轮回不已”。

(1)采用灵活多样的文本样式

期刊的文本应该是多种样式灵活运用。比如，《中国国家地理》创造了“事件＋知识”“由头＋知识”“新闻＋小说”的文本样式，该期刊在“9·11”后做的阿富汗专题，悉尼奥运会后做的澳大利亚专题，都沿用了这种手法。它们还惯用第一人称的介绍方法，引入感性、新鲜、惊诧、满意、生动等个性化感受，比报纸的文章更有主观感。一本名为《ACT电影故事》的电影杂志，在2006年世界杯期间为了使读者的眼光不游离于电影之外，还特别策划了专题《足球：以电影的名义》。这本杂志大胆的尝试将足球与电影恰到好处地结合在了一起，让足球为电影“伴宴”。从全民运动到全民娱乐，从观赛到观影，读者感觉可谓酣畅淋漓。体育期刊完全可以有如此创意，任何历史、文学、艺术资源都是选题策划者可以开掘的一座金矿。

(2)经典的封面故事

期刊要在报摊上摆放一周到一个月，因此封面故事或者主打文章对于期刊来说有着非常重要的意义。封面是选题的脸，很大程度上，期刊卖的就是封面。读者极有可能就是冲着这样一个封面文章掏钱买这本杂志的。期刊封面故事除了内容方面要求很高外，形式的设计也需要非常讲究。要有“大片”的感觉，刺激读者的眼球，引发他们的丰富联想。但轰动的封面毕竟不是一份期刊长期赢得读者眼球的权宜之计，不会降临到每一本杂志头上，所以，还要把每一个栏目、每一个页面都做得精彩、耐看，读者随手翻开一页都不会失望。

---

① 韩松、黄燕：《当代报刊编辑艺术》，复旦大学出版社2006年版，第275～277页。

(3)让读者享受的叙述方式

《三联生活周刊》主编朱伟认为,一本优秀的周刊"一定会有非同一般的叙述方式和版面语言"。著名作家苏童这样评价《三联生活周刊》的叙述方式:"我敬佩这本刊物的办刊风格,既知识分子化而又不排斥世俗众生,既有超前意识又不鄙视人们的智商。它有一种可贵的温文尔雅的说话态度。"所以,要让读者形成阅读情结,叙述方式很重要。

美国著名的广告大师埃尔默·惠勒主张"不要卖牛排,要卖牛排的嗞嗞声",这种嗞嗞声就是超出实用价值之外的一种愉快的感觉。对于体育期刊来说,这种愉快的阅读感觉,可能需要随意而不随便,个性而不个色,轻松而不轻薄、幽默而不油滑,激情而不滥情,崇拜而不狂热、多色而不黄色、英雄聚首而不是角斗场、活力而不暴力的进取、健康、乐观的叙述方式。读者购买杂志,除了体现出对体育的关注之外,还有一层热爱。阅读杂志,就是一个享受体育的过程,所以,谁让读者享受到阅读的乐趣,谁就抓住了更多的眼球。

2004年《体育博览》的第9期和第10期连载了专题《红星照耀雅典》,打破了体育报道的传统形式,不仅巧借了《红星照耀中国》的名字,还采用了古代章回体小说的写法,讲述了众多运动员的夺冠历程。将全文读下来,就像是在读一部环环相扣的武侠小说。

在严肃报道之外,辅以小说、散文、诗歌的写作方法,用小说展现故事性和悬念性,用散文和诗歌来抒情。另外,记者的叙述角度、叙述人称等可以灵活多样,有时,尝试用第一人称的口吻来讲述,会让读者更易进入运动员的内心世界。

(4)重视图片的作用

体育运动本身有很强的动感、美感,因而体育图片也具有更强的刺激性和冲击力,也更容易吸引读者的注意力。在《新体育》杂志所做的调查中,读者特别是年轻读者,浏览体育杂志最先注意的是图片,而且是高质量的图片。图片在体育期刊的版面上十分重要,是用最直接的视觉语言来传递信息。它比文字更直观、更生动,因此也就更容易为读者所接收。

图片可以分为封面图片、新闻图片、文章配图、插页图片及广告图片五种。

封面图片的选用首先要突出自己的个性。体育期刊的封面图片大多采用的是各类体育明星的大幅照片。因大家关注的体育明星是有数的,如果在版式设计上大同小异,明星也多有重复,期刊就失去了个性,进而也就失去了读者。《搏》的封面图片就体现出了刊物的特点。这是一本户外杂志，所以它的封面一般不是什么大明星，但无论是人还是物，它的背景都是以蓝色（蓝天）为主，集中体现了户外的特点，而且封面左上角红底白字的“搏”字非常醒目，彰显出自己的个性。

其次，封面图片和封面上的文字要互为映衬，互不干扰。不要将图片和文字混乱地叠在一起，要将图片颜色和期刊名称颜色区别开来，不要把期刊名称掩映在一堆花花绿绿的图片和文字中，以至于让读者看不清期刊的名称。如《新体育》《五环明星》等期刊，对每期封面都进行专门研究，有时还组成策划班子，聘请高水平的摄影师，邀请体坛当红巨星，量身打造，选择不同场合，多角度拍摄，百里挑一地精选作为封面主体的图片，精心设计，巧妙地安排最具悬念的要目导读，力争刊物摆上报刊亭更为抢眼，使得读者通过封面这个窗口所透露出来的重要信息，产生购买欲望。①

插页图片可以提升刊物的欣赏和保存价值。在《五环明星》的“读者点题”中，有接近50%的读者指名道姓地要求刊载某某当红明星的大幅彩插而购买或邮购整本杂志。大幅精美图片在体育期刊中具有特殊的作用和价值，不仅反映了体育明星所能产生的市场效应和体育运动所特有的魅力，还具有保存价值和“招贴画”的广告宣传作用。因此，受到体育期刊编辑的格外重视。

相对于其他期刊来讲，体育期刊更容易用图片叙事，所以，以图片为主、文字为辅也是很多体育期刊的采用的手段。有的甚至一期就有图片将近200张。如老照片永远是历史最忠实的记录者，用照片来展现历史也会收到意想不到的效果。《体育博览》在2004年7月号的雅典奥运专辑中有一个“奥运百年经典瞬间”的专题，就是以很多罕见的老照片讲述历史，使抽象的历史具体化、形象化了。

(5)新颖的版式设计

精彩的内容是杂志成功的基石，新颖出挑的包装则是杂志的整体造型。新颖的包装体现在每一个细节上，除标题、图片外，每一根线条、每块版的留白等，都能使读者从中感受到杂志的风格。

关于封面的设计在前面已有讲解，这儿就不再赘述了。但还要注意的是封面文字的处理。封面文字本来主要是为了导读，让读者不用翻开杂志就知道里面的主要内容，并决定自己是否购买。如果封面文字信息量多并且无序，会给读者杂乱无章的感觉。所以封面文字的数量要适度，字体、字号、颜色等既要达到吸引眼球

---

① 王家力：《浅析图片在综合性体育期刊中的作用》，《中华新闻报》2007年5月30日。

的目的，但也不要过度夸张，自己互相干扰或对图片形成干扰。

目录的作用是导读，要一目了然，使读者按图索骥很快找到自己需要的文章。但除了考虑它的导读功能外，还要考虑视觉效果。它是读者除封面之外的又一重要印象。有的体育期刊的目录淹没在大大小小、花花绿绿的图片中，让读者花时间往出捞目录，实在是得不偿失。所以，目录首先要保证一目了然，然后强调视觉性。

另外，杂志的一些细微的表情如栏眉等也是需要精心设计的。从事报刊发行工作的人有一句行话：在报摊前的十秒钟，是报纸全部价值实现的关键时刻，要在五步十秒之内吸引住读者，靠的就是对头版以及内容包括图片的精心处理和包装。这同样适用于体育期刊。

6. 把握好“度”

在以往的报道中，经常有这样的现象：在报道范围上，只重热门项目、奥运项目而忽视冷门项目和非奥运项目，只重竞赛报道而轻视健身报道，只重视胜利者而忽视失败者；在报道时机上，“抢跑”过度，提前泄密；在采访方式上，毫无顾忌，伤人情感；在报道内容上，捕风捉影，无中生有；在写作或表现手法上，没有分寸，大加渲染，过激过烈；在风格情调上，把体育比赛的竞争性演化为人身攻击性、地方保护性，把体育报道的边缘化扭曲为低俗化，新闻性异化为绯闻性①……凡事都要有度，过度和不及都会使事物发生质变。体育运动本身带有较强的刺激性、悬念性、娱乐性，对受众的感染力很大，体育报道也是如此，因而编辑对其度的理性把握就显得尤为重要。要把握好度，体育期刊编辑就应全面掌握体育精神和规则知识，不断加强对各种事物度的理解和研究，及时总结经验教训，注意培养把握度的能力。

本章思考题

1. 根据过往国内外体育平面媒体的发展情况，分析今后中国的体育平面媒体的发展方向与途径。
2. 体育报纸生存环境的变化对其报道理念产生了怎样的影响？
3. 体育报纸通过哪些要素和方式来展现报道的特点？
4. 期刊和报纸、图书相比有哪些突出的特点？
5. 体育期刊有哪些编辑要求？

① 柏强：《体育期刊编辑应当拓展的几种意识》，《中国编辑》2006 年第 1 期。

第五章
通讯社体育新闻报道

在体育新闻报道中，国际赛事占有很大比重，各国媒体无不投入巨大精力对有影响的国际赛事进行报道。由于通讯社的业务覆盖范围广，信息网络发达，在传播时效上具有明显优势，因此通讯社对国际赛事的报道作用是不可替代的。

第一节　通讯社在体育新闻报道中的地位

按照联合国教科文组织在1953年出版的《通讯社：它们的结构与运转》一书中对通讯社的定义，认为它是一种企业，它的主要目标是搜集新闻和新闻材料，其唯一宗旨是表达意见或提供事实，发给一些新闻机构，在特殊情况下也发给私人，以便在收费和符合商业法律及规定的情况下，向他们提供一种尽可能完善和公正的新闻服务。

我国一些学者认为，新闻通讯社是专门搜集和供应新闻稿件、图片和资料的新闻发布机构。[①] 通讯社是新闻流通的主要渠道，被称为“消息的总汇”“供应新闻的大动脉”。进入21世纪以来，新闻的传播更为迅速，内容更加丰富，其中就有新闻通讯社的贡献。如今，在世界各国，不论是地方性、全国性还是世界性的报纸、广播电视，还是网络等新媒体，都倚仗着新闻通讯社的信息传送，以解决自身信息不足

---

① 郑超然、程曼丽、王泰玄：《外国新闻传播史》，中国人民大学出版社2000年版，第24页。

的问题。

一、通讯社的不同类别

全世界目前有近180家大大小小的通讯社，根据我国学者李永健、展江的研究，从不同的方面对通讯社进行了划分。[①]

1. 依据覆盖范围划分

根据通讯社的业务所覆盖的地理范围，将其分为世界性通讯社、国际性通讯社、地区性通讯社和国内通讯社四种类别。

(1)世界性通讯社

界定世界性通讯社的因素有三个，第一是级别最高、影响最大，在全球拥有新闻采编网，搜集新闻信息的体系能够覆盖全球的各个角落。第二是有遍布世界的新闻传播网，拥有最新通信技术装备和现代化的通信网络，供稿系统畅通。第三是拥有广泛的用户，新闻用户网遍布全世界，能够左右世界舆论。

目前在国际上得到一致认可的世界性通讯社主要有美联社、路透社和法新社，塔斯社随着苏联的解体，在更名为俄通社—塔斯社之后，世界性的地位已经拱手相让。我国新华社随着实力的不断加强，已经具备了世界性通讯社的基本条件。

(2)国际性通讯社

这一级别的通讯社采集和发布新闻的范围超过了某个国家和地区，虽在全球各大都市设立了分支机构，但其信息的搜集与发布尚不能覆盖全球。西班牙的埃菲社、意大利的安莎社、德国的德新社、俄罗斯的俄通社—塔斯社、日本的时事社和共同社、埃及的中东社等属于这一级别。

(3)地区性通讯社

此类级别的通讯社是某个地区的通讯社组成的合作性质的通讯社，通过交换新闻的方式获得区域其他国家的新闻。非洲的泛非通讯社和亚洲的亚大通讯社组织就属于这个级别。

(4)国内通讯社

此类通讯社占了大多数，它们的业务范围限于本国国内，在本国分支机构的人

---

① 李永健、展江：《新闻与大众传媒通论》，中国人民大学出版社2003年版，第150～158页。

员远远大于驻外记者。多数发展中国家的通讯社属于这个级别。

2. 依据产权归属划分

通讯社的产权归属不尽相同，可以分成私营、官方、半官方和合作性质四种。

(1)私营通讯社

这类通讯社的产权归私人所有，追求利润是其主要目的，出售新闻或新闻类资料时，将其看成是纯粹的商品。通讯社的活动是根据经济规律而不是新闻规律进行的，基本不受外部的干涉。19 世纪的路透社、哈瓦斯社，20 世纪美国的合众社、国际社，就是这类商业性通讯社的代表。

(2)官方通讯社

这一类的通讯社所有权归属国家，其经费来源于国家的财政，同时，事业规模也受到国家宏观经济规划及其政治战略的制约。在报道业务上，直接接收政府或执政党的领导，它们的存在实际上是国家机关或现实政治体系的一部分。前苏联塔斯社、中国的新华社和阿根廷的美洲通讯社就是典型的代表。

(3)半官方通讯社

它们在形式上属于私营或合作性质，但无论在人事还是经费上都由政府左右，在重大的新闻报道中，它们必须反映政府或执政党的观点和态度，比较典型的是法新社。

(4)合作性质的通讯社

由若干新闻机构、报纸、电台或电视台合股经营，虽属于商业性新闻活动，但其主要的服务对象是本社的会员，以满足其新闻需求为己任。此类通讯社是受托经营性质，其全部或大部分股份与资本属于成员机构所有。典型的代表是英国的路透社，在进入 20 世纪以后，它改组成了合作社性质的股份公司，其股权属于多个成员机构，其中有澳大利亚报联社、新西兰报联社和印度报业托拉斯等。美联社、共同社、德新社等也属于这个类别。

3. 依据业务类型划分

按照提供服务的业务内容，通讯社可分为综合性和专业性两大类别。专业性也称为图片社和特稿社。

(1)综合性通讯社

这类通讯社不仅提供文字，同时还供应图片、视频等产品，涉及的范围非常广泛。世界的大多数通讯社属于这个类别。

(2)专业性通讯社

此类通讯社的业务范围比较固定,所采集和发布的新闻具有较强的专业性,只为特定的用户提供服务。有代表的是一些专业的经济信息服务机构。

二、通讯社在体育新闻报道中的地位

在体育新闻报道中,国际赛事占有很大比重,各国媒体无不投入很大精力对有影响的国际赛事进行报道。由于通讯社的业务覆盖范围广,信息网络发达,在传播时效上具有明显优势,因此通讯社对国际赛事的报道作用是不可替代的。

我国的平面媒体、广播电视以及网络等新媒体的新闻报道,目前主要依赖通讯社提供的信息,而每年在世界各地举行的各类项目的比赛不计其数,除了奥运会、足球世界杯、田径世界锦标赛等大型国际赛事外,一般媒体不会派记者前往比赛现场进行采访,大多数比赛的信息都来源于通讯社。

1. 注重体育新闻报道的十大通讯社

从报道密度、报道水平和产生影响等因素考虑,世界主要通讯社中有十家在体育新闻报道中占有重要地位,它们依次是美联社(美国)、路透社(英国)、法新社(法国)、新华社(中国)、埃菲社(西班牙)、德新社(德国)、共同社(日本)、俄通社－塔斯社(俄罗斯)、合众国际社(美国)和中东通讯社(埃及)。

以上十家通讯社都对体育新闻十分关注,世界各地的重要比赛基本上是依靠其各自的信息网络传播出去的。这十家通讯社有的在世界范围内产生巨大影响,有的则在所在洲或一定区域产生影响,这十家通讯社的一个共同点是侧重对体育的报道。

(1)四大通讯社享有特权

人们经常会提到四大通讯社,而对四大通讯社的界定,不同国家的人会有不同看法。对于前三家似乎没有疑问,都认定是美联社、路透社和法新社,但对于第四家则看法不一。由于近些年新华社在不断壮大,已经可以和三大通讯社相提并论,特别是在体育新闻报道上,新华社的信息量和报道质量并不比三大通讯社差。因此,有理由把新华社纳入体育报道的四大通讯社之列。

前面已经提到,通讯社是信息传播中不可替代的载体,它的作用也因而受到国际奥委会(IOC)的重视,在对重要赛事报道时,IOC 给予了四大通讯社报道特权,这些特权令其他媒体十分羡慕。

在全球各种比赛的采访级别中,公认为最高级别的比赛是以下三项大型赛事,即奥运会、世界杯足球赛和田径世锦赛。这里所说的比赛级别不仅仅针对比赛的水平而言,而是根据获得采访资格即记者证的难易程度来评定和划分的。目前,对媒体进行采访限制的比赛并不是很多,只要资金充足,基本上是媒体想采访什么比赛就能采访到。只有这三项赛事除外,媒体必须得到各比赛组织者所属的新闻委员会的授权,才能获得采访资格。

在以上三项国际顶级赛事中,属夏季奥运会最难获得采访资格。近几届奥运会以来,申请采访的各国记者成倍增加,IOC 不得不进行名额限制,实行配额制。比如雅典奥运会,IOC 新闻委员会把记者的数字压缩在 11000 人以内,但加上非持证记者在内,大约有 15000 人参与了这届奥运会的报道,采访的记者人数大大高于参加比赛的运动员人数。在庞大的新闻队伍中,有 5500 多人是文字和摄影记者,电视人员则占了另一半的名额,文字、摄影与电视媒体采访人员获得采访权的方法是不一样的。IOC 根据媒体在国际上的地位和影响力把采访名额分配给各国奥委会,然后由各国奥委会再分配到本国的新闻机构。

一般情况下,IOC 官方给予奥运采访报道便利的通讯社只有美联社、路透社和法新社三家,其采访名额是单独拨出的。从 2000 年悉尼奥运会起,对新华社另眼看待,即单独拨给新华社采访名额,不用占本国奥委会的配额。除了名额单独拨给之外,IOC 还要在举办国际奥委会全会或申办奥运会投票活动期间,为三大通讯社开辟出免费工作间。相比之下,其他通讯社不仅要申请采访名额,往往还得不到批准。世界大通讯社享有的特权,在奥运会上表现得最为突出。

IOC 新闻委员会的章程明确规定,除了电视实行另一种采访审批系列外,其他媒体的所有记者划分为四大类:A 类、B 类、C 类、D 类。A 类为通讯社,B 类是全国性的报纸(含专业报),C 类是地方性报纸,D 类是各种刊物。比如,我国媒体第一次大规模派出记者参加奥运会采访是在 1984 年的洛杉矶奥运会,IOC 给中国平面媒体的采访名额共 50 个,新华社就占去了 31 个。到 2000 年悉尼奥运会时,我国媒体获得的名额是 110 个,新华社分到了 35 个,由于报道面扩大,不能满足报道的需求,新华社向 IOC 提出增加名额的申请,IOC 为其又增补了四个名额。

在北京奥运会上,国际奥委会授权新华社为第二十九届奥运会东道主通讯社,并组建"奥林匹克国家摄影队"。这是国际奥委会在近几届奥运会中,首次将"东道主通讯社"与"奥林匹克国家摄影队"授权给同一家通讯社,身份和地位的转变给新华社的体育报道提供了广阔的空间。

(2)十大通讯社的体育新闻报道规模

①美联社(Associated Press,AP)

美联社的总部设在纽约,在伦敦还设有欧洲总分社,这是因为世界的大部分重要信息来源于欧洲地区。在体育新闻报道中,欧洲的比赛占有很大比例,因此美联社相当一部分用户也在欧洲,设在欧洲的总分社能够及时处理各地区的体育新闻,先发往纽约总部,再转发世界各地。

美联社的触角深入到世界的各个角落,多年的体育新闻报道使他们积累了丰富的经验,拥有了许多世界知名的体育记者。美联社设有体育新闻部,总部人员30多名,设在各地的记者站也都负责提供体育稿件,但大多数驻外记者不是专职的体育记者。美联社每天编发的体育消息约140多条(一般通讯社工作量的统计单位是条而不是字数),这其中包括了滚动式消息,即对某一事件或赛事发展进程按时间顺序连续发稿。假如遇上奥运会等重大国际赛事,其体育新闻的条数会成倍地增长。

美联社的体育新闻报道是有侧重点的,比如,他们最为关注的是NBA(美国职业篮球联赛)、MLB(美国职业棒球大联盟)、NHL(北美职业冰球联赛)和NFL(美式足球)。在报道的区域上也有差别,美联社比较关注在本地区、北美举行的比赛。近年来美联社对欧洲的赛事也重视起来,报道欧洲的体育消息逐渐增多。美联社的体育新闻报道范围还扩大到了亚洲、非洲以及其他地区。通过多年对其体育报道的观察,美联社对亚洲、非洲地区的体育报道往往负面内容多一些。比如,在亚运会举办期间,美联社往往只报道一些突发事件,以坏事居多,像某某服用了兴奋剂、裁判不公引起纷争等。这种状况随着北京获得了2008年奥运会的主办权有了明显好转,美联社开始关注亚洲,关注北京,特别是在北京筹备奥运会期间、奥运会举办期间及赛后,都从多角度、多层面进行深入的报道。

通常情况下,美联社驻北京的注册记者一般只有五六个,而大量的体育报道主要依靠其中国雇员,在奥运会期间则增派人手,大大增加体育信息的发布。

②路透社(Reuter Ltd,Reuter)

路透社的总部设在伦敦,其用户数量是世界上所有通讯社中最多的一家,它追求信息量，虽然互联网的出现对其业务产生了一定影响，但路透社在体育新闻报道中享有很高声誉。

路透社的体育部编辑近40人，同美联社一样，它在世界各大城市都派驻了记者，小城市则雇用当地的通讯员，以此来节约开支和提高工作效率。

一般情况下，路透社比较侧重足球、F1赛车、板球、网球的体育新闻报道，如遇国际重要赛事举行，路透社则及时作出调整，增加报道量。路透社对英联邦国家的体育十分重视，尤其侧重在这些国家举行的板球赛事的报道，相比之下，这个项目在其他通讯社则几乎不会提及。路透社根据用户的要求，会临时增加一些项目的报道或发稿量。路透社的日均体育发稿量在140条左右，与美联社基本持平。

路透社的一个拳头产品是对体育赛事的独到分析。特别是足球的报道，路透社的足球评论员同时也是英国最有权威的足球评论家。根据我国国际足球专家周继明(《中国体育报》竞赛新闻部高级记者)的看法，在他20多年的足球报道经历中，认为路透社的足球评论水平最高，在重大赛事的分析上都非常准确，且有独到见解，从不人云亦云。每当重要足球比赛举行，或发生重大足球事件之时，他总是在阅读了所有媒体的报道之后，再看路透社的专家如何评论，而他们的评论往往是让人心悦诚服的。

③法新社(Agence France-Press，AFP)

法新社的总部设在巴黎，体育方面的消息通稿有英文、法文两种，并根据不同地区的需要编发西班牙文和阿拉伯文的消息。平均每天编发的体育消息为100多条。

法新社的体育报道内容随着赛季而变化，除了足球之外，一般夏季是田径、击剑、自行车赛事的报道比较多，而冬季则以滑雪为主。特别值得一提的是自行车，由于环法自行车赛的举行，每年的7月法新社都会全程采访环法赛，发稿量成倍增加。

在追求时效方面，法新社是比较突出的，但同时也带来了问题。法新社的一大特点是“快”，但“萝卜快了不洗泥”，其差错相对而言较多。比如，在报道游泳世锦赛时，把一位选手获得的400米混合泳世界纪录说成是4×100米混合泳，这个错误在于，把单人项目变成了四个人的接力项目。

④新华社

新华社体育部成立于1984年，目前北京编辑部的人员共40多人，为局级单位。每天发布的体育消息中文约 70 多条、英文 50 多条。从发稿量看似乎新华社比三大通讯社少一些，但这些消息都是独立发布，不是滚动式的。在北京奥运会的特殊时期，新华社每日发出的中英文体育消息从 130 条增加到 400 多条。

说到新华社的体育新闻报道规模，首先要了解新华社的基本情况，新华社总共有 17000 多个用户，国内有 12000 个，包括报纸业用户 3000 多家，还有很多大企业，比如鞍钢和首钢等。国外有 5000 多个用户。

从体育新闻通稿的采用情况看，每天有 300 多家非洲、拉美和南美、东南亚、海外的华文报纸在采用新华社的电稿。非洲之所以没有选用三大通讯社的体育通稿，其中一个原因是新华社的费用比较便宜。同时，一些欧洲的报纸也经常采用新华社的体育稿件。

新华社在世界各地共设立了 105 个分社，其中美国有三个分社，国内有 31 个分社。信息的来源很广。新华社与 80 多个国家的通讯社签订了互换电稿的协定，彼此可以免费使用信息。

新华社体育部目前派出五名记者到分社工作，分别是在美国纽约、华盛顿、伦敦、香港等地。体育部的电稿 24 小时不停地编发，而英文的体育消息则均由北京编发。

在体育新闻报道的内容上，新华社的运动项目还不够全，比如板球的报道就很少，还有一些是在我国基本不开展的项目。相比之下，新华社对我国的优势项目报道量很大，例如乒乓球和羽毛球，不仅报道规模大，并且很有深度。同时，新华社对大众体育也给予了极大的关注。

由于东道主通讯社的特殊身份，新华社在 2008 年北京奥运会期间的体育报道产生了质的飞跃。从 7 月 25 日新华社奥运报道团进驻奥运会主新闻中心到奥运会闭幕，新华社播发奥运中文稿件 7600 多条、英文稿件 6900 多条，法、西、俄、阿、葡五条专线播发奥运文字稿超过 11800 条，是平时发稿量的四倍。播发中文图片 42000 张、英文图片 26972 张，法、西、俄、阿、葡图片 21139 张，是平时发稿量的八倍。制作音视频新闻节目 1446 条，超过 4700 分钟。根据新华社营销平台统计数据显示，新华社奥运专线文字稿件被国内用户采用率为 99%，图片、图表稿件采用率为 62%，音频稿件采用率为 83%。对外中英文文字、图片稿件被境外媒体平均采用率为 30%。新华社在世界大通讯社中的地位进一步得到巩固和确认。

⑤俄通社—塔斯社(ITAR-TASS)

从经营的规模看,俄通社—塔斯社比起苏联解体前的实力已经大大削弱,但其对体育新闻报道依然十分重视。这主要是因为俄罗斯是个体育大国,有深厚的体育传统。俄通社—塔斯社的体育新闻报道不仅内容广泛,且有深度,历史资料非常充实。

俄通社—塔斯社是很重视体育的一个通讯社,有许多经验丰富的体育记者,跟新华社有着友好关系。俄通社—塔斯社驻外记者站一般不设专职体育记者,但基本都能采访体育比赛,因为几乎每位记者都从事过某个体育项目的锻炼。从体育条目的日发稿量看,俄通社—塔斯社的总量在七八十条左右。其体育报道的特点是全面而翔实,不仅对新闻事件交代得清楚,且提供新闻背景。比如,泰国某位职业拳击手在比赛中受伤,送到医院后因抢救无效死亡,俄通社—塔斯社的消息不仅及时报道何时何地发生了死亡事件,文后还会附上一份历史上职业拳手死亡的图表。这样的做法被称为“链接”,在当今网络时代算不了什么,但俄通社—塔斯社早在20年前就已经做到了。这可能是基于俄罗斯人擅长史料工作的经验以及对历史的尊重,俄通社—塔斯社注重对信息的及时处理和归类,它们提供的新闻背景给媒体帮了很大忙,免去了报道中的不少麻烦。

⑥埃菲社(La Agencia,EFE)

创办于1938年的埃菲社是西班牙语系国家中规模最大的通讯社,总社设在马德里。其在国外的发展重点是拉美地区,在这里建立了30多个分社,人力占了驻外记者总数的一半,全力与美联社、合众社、路透社和法新社拼抢那里的新闻市场。

西班牙埃菲社的体育新闻主要用西班牙文发布,另有英文信息,但在条目和内容上少于西班牙文。西班牙语的使用范围和人口覆盖率较高,在美国的迈阿密以及整个拉美地区都讲西班牙文。这是埃菲社能够进入十大通讯社体育新闻报道的一个重要因素。从经济实力上看,埃菲社并不突出,之所以能在世界上产生较大影响,第二个重要因素是前国际奥委会主席萨马兰奇是西班牙人,他在主席这把交椅上坐了20多年,统领着全世界规模庞大、影响巨大的国际组织,其所属国的通讯社自然也受到世界的瞩目。

⑦德新社(Deutsche Press Agentur,DPA)

全世界讲德语的人口不多,德新社的体育消息主要用德文发出,部分译成英文,在条目上少于德文稿。德新社总部设在汉堡,相对其他世界知名的通讯社,其规模小一些，工作人员总数不到千人。在十大通讯社的体育报道中，德国却占有一席之地，主要是因为德国在世界体坛的整体实力较高，备受世界关注。德国在夏季奥运会和冬季奥运会上都有出色的成绩，按照评价一个国家整体竞技实力的标准，冬、夏两个奥运会的名次都看做是确定其整体水平的指标。

德新社侧重足球、田径、网球、F1 等项目的报道，稿件内容广泛，颇有深度。美联社、路透社和法新社的德文电稿内容很多都来自德新社，而其分别设在美国、英国和法国总部的通讯网络，则成为德新社发布体育信息的良好载体。

⑧共同社(Kyodo News Agency)

总部设在东京的共同社是日本报纸、广播、电视的联合体，有 60 多个加盟社。在日本国内有五个支社，国外有 30 余个分社，通过亚太新闻交换网向本地区 20 余个通讯社及世界许多其他新闻媒体供稿。

共同社注重体育新闻，并侧重在日本举行的体育赛事。在运动项目上，共同社重视日本的优势项目及民族传统项目，如相扑、围棋等，报道量最大的项目是棒球。体育通稿用日文发稿，每天的条数为七八十条，英文的体育消息日均仅为七八条。共同社体育部共有五六十人，派驻各国的体育记者有七八人，分别在伦敦、华盛顿和北京等地。

⑨合众国际社(United Press International, UPI)

合众国际社曾是与美联社、路透社和法新社齐名的著名通讯社，但随着 20 世纪 70 年代出现的巨额亏损，加之国际新闻界的竞争日趋白热化，合众国际社几易其主，却始终不能阻止其下滑趋势。在这种情况下，曾经在世界体坛享有盛誉的合众社大牌体育记者纷纷调出，无法再与三大通讯社相竞争。然而，合众国际社在体育报道上一向有优良的传统，对赛事的分析和评论也很到位，因而其体育新闻传播还能产生一定的影响。

⑩中东通讯社(Middle East News Agency, MENA)

中东通讯社是阿拉伯埃及共和国的官方通讯社，该社是中东和阿拉伯地区成立最早的通讯社，在阿拉伯国家影响非常大。其总部设在开罗，工作人员千余人，国内有 26 个分社，国外有近 20 个分社和记者站，大多集中在中东和北非各国。每天用阿拉伯、英文和法文三种语言发稿，着重报道埃及、中东、非洲和不结盟国家的事务。[1] 虽然中东社依据自身实力在世界通讯社的地位并不高，但由于阿拉伯国家在世界和平事业中所占有的重要地位，其发布的信息受到了世界各国的关注。中东社与路透社、法新社、德新社等十多个国家的通讯社订有新闻交换协定，并与20多个外国新闻机构建立了图片、电视片的供给关系。它还代理路透社向当地用户供稿，为法新社将法文稿件译为阿拉伯文稿，为阿联酋通讯社发稿。[2] 中东通讯社内设体育部，每天发稿约60余条，大多为独立稿件。

埃及地处非洲东北部，但因领土中含有亚洲的西奈半岛，因而成为地跨亚非两洲的阿拉伯国家。其拥有的独特地理位置，使中东通讯社在体育报道中具有自己鲜明的特点。中东社侧重足球报道，足球新闻占了近体育报道总量的一半。每当足球世界杯期间，中东社的体育新闻条目大增，报道形式也多种多样。中东社最具特色的体育报道是赛骆驼。这项运动在海湾国家历史悠久，它已超越了体育范畴，成为阿拉伯国家的一个节日。每年阿拉伯国家都要举办多次正规比赛，获胜的骆驼可为主人赢得高额奖金，因此备受人们关注。随着世界赛骆驼锦标赛的兴起，中东社对此项目的报道量也不断增加。近年来，中东社加大了职业篮球的报道，同时网球、F1、壁球等项目也成为体育报道中必不可少的内容。

第二节　通讯社体育报道模式及其特点

通讯社的主要职能是采集和发布新闻，是以报纸、期刊、广播电台、电视台为主要服务对象的新闻机构，所以它又被称为“媒介的媒介”。这一性质决定了通讯社在传播体育信息时独有的模式和鲜明的特点。

一、自身网络传送信息，自采新闻为主

每年在世界各地举行的体育赛事难以计数，任何媒体都不可能派出记者采访所有的赛事，因此，体育信息的来源主要依赖于通讯社。

通讯社能否向用户提供需要的信息，靠的是自己建立起来的信息采集网络。大多数通讯社的网络形式是树状结构，层次分明，四个层次分别是记者站、分社、总

① http://www.mena.org.eg/index

② 李良荣：《当代世界新闻事业》，中国人民大学出版社2002年版，第104页。

分社、总社。这样的传递方式使通讯社的信息传递畅通而快捷。

以美联社为例，其在世界各地建立的242个分社，形成了严密而庞大的信息网络，使得在任何一地举行的比赛都能纳入可采访报道的范畴。

再来看世界第二大通讯社路透社，它的通讯网络主要设在了国外，六个分社分管世界的不同区域：伦敦主管欧洲，香港主管亚洲和大洋洲，纽约主管北美，巴林主管中东，内罗毕主管非洲，布宜诺斯艾利斯主管拉美，下辖的170余个分社和记者站可以保证路透社提供的信息"既是全球的，又是地区的"。当体育比赛在某地举行时，分站除了将编发的体育新闻传给本地区，还要向总部发送，再从总部传往世界各地。[①] 自采新闻是通讯社的命脉，也是衡量通讯社水平高低的重要环节。美联社、路透社和法新社在世界各地的分社负责该地区日常新闻报道业务，遇到重要体育赛事时会组建特别报道小组，他们的新闻触角遍布全世界，自采新闻总量达到90％以上。

除了自采新闻，通讯社也并不排除其他新闻来源的有价值新闻。例如，援引所在国的国家通讯社发布的该国体育新闻，引用电视新闻和报纸新闻，尤其是一些有影响的体育报纸或报纸体育版的报道。例如德国的《图片报》《踢球者》，意大利的《体育邮报》和《体育报》，法国的《队报》，英国的《星期日泰晤士报》《太阳报》、BBC英国广播公司和天空电视台，巴西的环球电视台等。但通讯社在引用时，一般都会说明消息的来源。

二、体育信息需求量大，用户广泛

近些年来，世界各大通讯社的体育信息量都呈上升趋势，这不仅是因为奥林匹克运动自身的蓬勃发展，而且得益于奥运会成功的商业运作。各种职业体育赛事、休闲运动也越来越受到人们的推崇，各种因素综合起来，使各国通讯社对体育信息情有独钟，不惜花费人力、物力采访比赛，发布大量体育新闻。如果说在过去体育信息只不过是一种陪衬，那么现在体育新闻已经和政治、经济、军事新闻并驾齐驱，成为争夺用户的一个法宝。

美联社、路透社和法新社的体育报道量在20世纪70年代起逐渐加大，并形成了各自的风格。体育报道在三家通讯社新闻业务中都占有重要份额。据有关资料

① 孙宝玉等：《世界新闻出版大典》，中国档案出版社1994年版，第59页。

统计，体育新闻在路透社新闻总量中占 20%以上，每逢重要比赛举行时，发稿量成倍增加。美联社和法新社的体育报道的比重与路透社相近，但法新社在体育新闻总量上超过了其他两家。

从用户的广泛性看，仅美联社一家通讯社就拥有国内订户 7700 家，其中包括报纸 1781 家，电台、电视台 6000 家；国外订户 8500 家，遍布 115 个国家和地区。美联社自称，全球每天有 15 亿人会接触到美联社的新闻，这其中也包括体育新闻。有如此得天独厚的传播平台，体育信息的影响力会不断扩大。

路透社的国内外订户也相当可观，媒介直接订户 3000 余家，间接订户（指由直接订户转发的媒介）10000 家，订户遍及世界 160 个国家和地区。路透社的体育新闻有其传统性，尤其是世界第一大运动足球方面的信息，对许多订户都有吸引力。F1 是其体育报道的一大特色，第一届 F1 世界锦标赛在英国的银石赛道举行，这使得路透社的赛车报道积累了丰富的经验，深受用户的欢迎。相对而言从事人数较少的板球运动的新闻，一般情况下也只有在路透社才能找到。

北京奥运会的举行，为新华社带来了新的契机，用户的采用率大大提高。据统计，奥运专线文字稿件的国内用户采用率高达 99%，图片、图表稿件采用率为 62%，音频稿件采用率为 83%。对外中英文文字、图片稿件被境外媒体平均采用率为 30%。由新华社奥运报道团开设的“奥运特稿”栏目共发稿 35 篇，用户采用率为 98%。

三、体育新闻报道各具特色

世界著名通讯社的体育新闻报道模式并无两样，差别体现在对运动项目的侧重上。通讯社的体育报道具有以下特点。

1. 体育报道范围广、项目全

通讯社的体育报道既有共同点，又有不同之处。共同点首先体现在报道范围广泛，他们从不遗漏任何一项可能引起受众兴趣的比赛。而且会充分考虑到世界不同地区对不同项目的欣赏口味，这是任何其他媒体难以做到的事情。通讯社的体育报道体现出消息总汇的特点。其次，通讯社的体育报道已经不满足于量大的简单指标，继而在深刻性上大做文章。尤其是每当重大比赛举行时，通讯社的报道不再是对赛事记流水账式的泛泛报道，除了数据化的直观报道，还有透视实质的解释性新闻，满足了不同用户的不同需求。

在通讯社的体育新闻中，主角还是大众普遍关注的一些体育项目，如足球、网球、篮球、田径、游泳、赛车、高尔夫、拳击等，同时冬季项目也是通讯社日常报道的重点。这些报道不仅细致详尽，而且达到了“用户需要什么，通讯社就提供什么”的标准。如果举行以上项目的世界锦标赛、世界杯赛、大奖赛、系列赛，或是争霸战、公开赛，通讯社的体育报道则会格外关注，展开重点报道。对一些区域性比赛，如英联邦运动会等通讯社也予以全面报道。

通讯社体育报道的不同点体现在报道范围和报道重点上。美联社、路透社和法新社的报道范围和重点不尽相同，一般情况下，美联社对北美地区特别是美国国内的各项比赛报道得详细，其中棒球、美式足球、冰雪项目的报道占了80%以上，质量也比较高。[①] 相比之下，对亚洲地区的体育赛事比较忽视，即使举行亚运会这样的综合赛事，其报道也是蜻蜓点水，一带而过。路透社注重报道足球、F1报道，法新社青睐足球、田径、环法自行车赛，他们根据不同各自国家的体育传统与国民的喜好，依据用户的需求来决定自己的报道内容，也因此形成了不同的报道范围及其报道重点。

随着时代的发展，情况也在不断发生变化。美联社原本并不重视足球报道，稿件写得也不够内行，但看到足球作为世界第一运动的趋势已经无法改变，美国的足球运动水平在近年内也迅速提升，美联社便及时调整了报道方针，加强足球报道力度，使体育报道的范围有所拓展。同时，在报道品种上，美联社除了一般的赛事新闻报道，还有人物特写及赛事前瞻和综述，体育报道有厚度、有深度、有广度，体现出一个世界性通讯社顺应潮流，闻风而动的良好素质。

与美联社相比，路透社的体育报道更为全面。在所有项目中，足球报道最见功力，资料详尽，目光锐利，分析精辟，报道水平高于美联社。法新社的体育报道充满活力，时效性强是最显著的特点。与美联社、路透社不同的是，法新社十分重视第三世界体育新闻的报道，尤其对中国体坛十分关注，在三大通讯社中是援引新华社稿件最多的一个。

2. 重大赛事报道全方位多角度

通讯社体育新闻报道的另一个特点，是对大赛采取全方位、多角度的“立体报

---

① Ynet.com 01/08/24 13:32

道”。以路透社对2006年德国世界杯足球赛的报道为例，世界杯开始之前一个多月，路透社的世界杯报道就已经开始，先后发出了几个世界杯的组稿，其中包括32强入围世界杯全过程，32强介绍（包括球队打法和技术特点，世界杯历史最好成绩和历届表现，教练、队内球星情况），热点球星特写等。决赛阶段比赛正式开始之后，路透社的报道计划更为周密：各种数据化新闻（包括成绩公报、每天各小组积分、射手榜变化乃至更为详尽的各种技术资料统计），每场比赛的快讯、简讯、详讯，新闻分析，全天比赛综合新闻，比赛结束之后的各种反应（参赛队所在国新闻发布会从当地发稿），当天热点人物追踪，第二天赛事预测，各种场外花絮等。当世界杯结束时，路透社的报道也没有结束，跟着进行深入的报道，发出几个组稿，一一回顾每支球队在世界杯上的表现，分别对欧洲、南美、非洲、亚洲球队的整体表现进行评述，球星“星运”世界杯前后的涨落，形成了立体化的报道。

除了奥运会、足球世界杯，在对待其他重要性稍逊的比赛上，通讯社采取的也是相同的报道原则，即从各个角度、各个方面对新闻事件进行尽可能详尽、客观的描述，形成一幅立体的画面。

在报道赛事的手法上，通讯社对一般比赛的报道包括赛前预测、赛事报道和赛后总结三大内容。无论是每周例行公事的欧洲各国足球联赛，还是世界聚焦的网球大满贯赛事，通讯社都会十分注重赛前报道。内容包括球队探营、明星采访、形势预测等。在足球报道上独树一帜的路透社深谙用户心理，对任何一场引人关注的两强相遇都会浓墨重彩地加以报道。例如英超联赛中的曼联对阿森纳或是利物浦之战，意大利甲级联赛中的米兰双雄和尤文图斯之间的比赛，西班牙甲级联赛中的皇家马德里和巴塞罗那之争，尽管不一定是非常重要的比赛，只要能引起球迷的极大兴趣，路透社都会采用立体式的报道策略。赛前发每支球队的详尽资料（包括每个球员的技术特点和两队之间过往交锋记录），赛后则进行各种评述，体现出通讯社的综合报道实力。

第三节　通讯社体育新闻报道的变革

西方知名通讯社经过上百年的经营与磨炼，已成为名副其实的“百年老店”。无论从报道队伍的数量、技术装备的先进程度，还是从人员业务素质、雄厚的经济实力等方面，都要胜人一筹。其报道范围、报道形式和写作风格也日趋成熟，形成了自己的报道模式。尽管如此，面临后来居上的网络新媒体，面对日趋激烈的媒体新闻竞争，通讯社再也不能像过去那样，倚仗固有的传播优势立于不败之地了，紧迫的形势使通讯社不得不进行报道上的改革。

一、大力发展网络新闻

因特网的迅猛发展，给通讯社带来巨大挑战，使其“新闻信息总汇”的地位受到威胁。同时，因特网又给通讯社带来极大的机遇，大量网站的出现，为通讯社孕育了一个巨大的新闻信息市场。西方三大通讯社在发展其网络服务时，采取了基本相同的策略，首先是采用通讯社的传统模式向网站提供新闻信息，其次是走资源整合的路线，与外部公司特别是 IT 公司合作，向全球提供无限上网服务和技术。[①]

在挑战与机遇共存的时代，美联社、路透社、法新社三大世界性通讯社不约而同地将网络业务列为新世纪的业务发展重点，制定了中长期发展战略和规划，投入了大量人力、物力和财力资源，取得了显著的成效。

路透社的网络业务在三大世界性通讯社中起步最早、规模最大，而且其发展模式也极具特色。1994 年就组建了路透新媒体公司，负责全社的网络业务。1997 年，当大多数网络公司都负债累累时，路透新媒体公司已经开始赢利。

美联社从 1995 年开始酝酿发展网络业务，1996 年 10 月推出了为其成员服务的网络新闻网站“连线”(The Wire)。该网站不但能够随时在网上发布全球最新消息，并实现 24 小时更新。美联社成员中有 950 家开设了网站，其中 300 家定购了“连线”。为适应网络业务发展的需要，2000 年 3 月 27 日，美联社宣布成立一个名叫“美联数字”的新部门，专门负责向网络媒体销售美联社的产品，该部门有自己的技术、销售和营销人员。网络信息的发展扩大了美联社体育新闻的传播途径，尤其是在国际大赛期间，美联社的文字、图片和视频等体育信息得以广泛传播。

法新社网络业务发展的规模和力度在前期一直逊色于路透社与美联社，但从 1999 年起发生了巨大的转变。法新社在当年 9 月 14 日公布了一项为期五年的发展计划，该计划的重点是向用户提供多媒体产品和吸收私营部门的投资，从人力、物力、财力等方面加大对网络业务的投入。目前，法新社的主要网络产品有三类：第一类网络产品是“网站服务”(website，e，ViCe)，即向网站提供即订即用型

① 唐润华：《西方三大通讯社如何应对互联网带来的挑战与机遇》，《国际新闻界》2001 年第 6 期。

(Ready-to-Display)新闻网页,上面有最新的世界新闻和图片。第二类网络产品是面向公司以及机构用户的新闻邮件服务。第三类是WAP(无线应用协议)因特网服务,即向提供手机上网服务的网络公司提供新闻。法新社还与诺基亚公司合作,开展手机上网新闻服务。在悉尼奥运会期间,法新社与中华网合作,开设了奥运报道频道,与美联社和路透社展开了新一轮的竞争。

二、传播技术不断更新

除了在传播媒介上的改变,各通讯社在传播手段上也不断更新,采用最先进的传输技术,大大提高了体育新闻的时效性。

作为客户遍及全球24个时区的国际通讯社,路透社每时每刻都面临着各种报纸、杂志等媒体的截稿问题。为了让照片更快更多地传到客户手中,增加图片的使用率,路透社采取了各种措施。

一般的体育比赛,摄影记者会将拍摄的图片通过笔记本电脑或手机无线传输回通讯社的编辑室,路透社对于一般比赛的要求是,开赛十分钟要将图片传到编辑手中。

对于重大的体育赛事,路透社使用了一套自主研发的无线传输系统。摄影记者在现场拍摄的每一张图片,都会被瞬间传到在新闻中心的图片编辑的屏幕上。图片编辑看到好的图片就会点击选择,随后进行裁剪和编辑,配上图片说明,由新闻中心直接上传到卫星,发送给全球的客户。尽管如此神速,路透社也要求摄影记者不能随便按快门,尤其是不能随意连拍。连拍不仅会造成图片编辑更大的工作量,还会使好照片随意跳过。

为了适应不同比赛的需要,路透社设立了一套用于图片编辑不在比赛现场的远程编辑系统。摄影记者在拍摄前将相机和笔记本电脑相连接,电脑连接网络,每张照片小样会即刻被传输到路透社伦敦总部的服务器上。图片编辑可以直接用小样照编辑图片,这套系统在2006年的德国世界杯上就使用了。如一些在法兰克福举行的比赛,编辑在柏林就可以轻松编辑图片。不仅如此,这套远程编辑系统使路透社的图片编辑可以查看全球所有摄影记者电脑上的图片。2008年奥运会期间,路透社也使用了这套设备,与其他通讯社进行了新一轮的报道竞争。

相比之下,新华社的技术革新步伐更加快捷。当1984年新华社第一次参加洛杉矶第二十三届奥运会报道时,通信技术水平还远远低于三大通讯社,技术装备落后。在由24人组成的前方报道组里，特别派出两名技术较好的报务员和一名传真技术人员，租用一条从洛杉矶到纽约的75波特的报路发文字稿，利用长途电话发传真。那时，用图片传真机发一张图片需要15分钟，而且只能发送黑白照片，如遇信号干扰，则要反复重发。这些图片通过新华社驻联合国分社的工作人员人工转发回北京。当时的技术装备只有两台作孔机、两台电传机、一台文传机和一台图片传真机。

文字记者发稿更为困难，英文稿件还可以用打字机打，中文稿件则只能在纸上手写。英文稿件审定后，由专业报务员敲击电传机（或在作孔机上直接敲击键盘），通过作孔机同时输出一条由五个孔洞组成的英文字母的连续不断的纸条，在校对无误后，再通过放报机将报文发出去。发送完的孔条还必须在专门的柜子里分类保存，随时供重复使用，速度和时效无法与今日的计算机相比。①

时隔20年后的雅典奥运会，新华社报道组携带了108箱技术设备，其中包括四台服务器、文字与图片编辑机26台、架设网络设备20多台以及其他照相器材等。文字和摄影记者都可在采访现场利用有线、无线和手机方式将文字或图片传至新闻中心的新华社工作大平台。新华社在雅典奥运会的报道上，不仅有中文、英文报道，还用西班牙文、法文和俄文发稿。摄影记者大规模使用数码相机、数字传输、彩色图片供稿（一分钟左右将一幅彩色图片发至用户端）。音频报道也第一次走进奥运会，在现场进行报道。新华网第一次派出工作人员，携带设备在奥运现场进行网上直播。所有这些多媒体报道形式，既丰富了新华社的报道内容，也极大地提高了新闻的时效性。

比较通讯社对雅典奥运会的报道方式，美联社实现了文字、图片、语音三种形式的处理，法新社仅实现了文字、图片两种形式的处理，路透社实现了文字、图片、网络三种形式的处理。而新华社则实现了文字、图片、网络、语音四种形式的全方位报道。② 新华社的多媒体数据库、多媒体待编稿库显示出了极大的作用。

为了高质量地完成2008年奥运会的报道，新华社把2006年11月举行的多哈亚运会当做一次实战演练，在报道的流程运作、组织方式、内容及形式等方面做了新的尝试，采用了多种形式传播新闻，取得了显著成效。新华社依照国内外用户的

---

① 丁宝富：《新华社奥运报道技术装备与时俱进》，《中国传媒科技》2004年第10期。

② 同上。

需求组织了这次报道，从 11 月 23 日 19 时至 12 月 15 日闭幕时止，报道前方共播发中文稿件 2122 条，英语稿件 2869 条；图片中文对内 2294 底，中文对外 3735 底，英文 5687 底；网络发布文字稿件 856 条，制作图片 616 张；制作了 81 条视频节目；音频编辑部播发音频稿件 405 条。如果加上后方平台各编辑部的报道，新华社在多哈亚运会期间共播发各类稿件 24093 条，日均 1205 条，除了中文、英文、阿拉伯文的消息和图片外，发送音视频 230 条，短信 912 条，WAP 2322 条，彩信 1417 条，手机报 1289 条，嘉宾访谈 37 条。[①]

在北京奥运会期间，新华社采用了更先进的技术手段，在图片的传送上提高了时效，在摄影报道史上创下了历届奥运会发稿新高和单日发稿量新高。在赛事报道的高潮阶段，新华社奥运报道团每天签发照片超过 4000 张，绝大部分出场运动员都有照片，尤其注意拍摄只有机会参加预赛甚至首轮比赛的发展中国家运动员，既满足了亚非拉国家媒体的需求，也为应对突发事件做好充分的资料准备。开幕式当天，新华社在“鸟巢”现场派出摄影记者 28 人，并组成了七人现场编辑签稿小组，实现了稿件的即拍即传即发，大大提高了报道时效，在所有重要时间节点新闻图片播发速度上均领先于世界其他通讯社。

本章思考题

1. 你如何理解通讯社在体育新闻报道中的作用。
2. 以一家通讯社为例，谈谈其体育新闻报道的规模。
3. 简述通讯社的体育新闻报道特点。
4. 通讯社的体育新闻报道发生了哪些变革？

① 丁玫：《多哈亚运会报道为北京奥运会报道探索成功之路》，《新闻业务》2007 年第 2 期。

第六章
广播电视体育新闻报道

从古至今，体育不断见证着人类超越自我、挑战自然的能力，在体育事业的发展中，各类媒体和社会传播起着不可低估的作用。广播和电视作为最普及、最直观、最具贴切感的一种传播媒介从诞生起就与现代体育传播关系密切。体育因为广播电视关注的目光而发生改变，并且通过广播电视的“眼睛”为观众对体育的认识、体验与参与提供了另一种工具。

第一节　广播体育新闻的兴起与发展

一、世界广播事业的开端

19 世纪末，科学家和无线电爱好者的无线电试验使得用声音进行传播成为可能。1920 年，美国西屋电气公司开办的 KDKA 电台第一个获得营业执照，被认为是美国广播事业的开始，也是世界广播事业的开端。之后，许多国家相继建立了无线广播电台。1922 年 9 月 17 日，莫斯科中央广播电台开始播音，第一次成功地举行了一场大型的音乐会，这个日子被认为是前苏联广播事业的诞生日。到 1922 年年底，法国巴黎埃菲尔铁塔的无线电台也正式播音，英国广播公司(BBC)也在伦敦正式开播。此后，比利时、德国、加拿大、新西兰、中国、日本等国也相继开始正式广播。到1930年,无线电广播(语言广播)几乎遍及世界。从此,广播成了人们了解世界的又一个重要窗口。

二、广播和体育结缘

广播事业一经诞生便取得了很大的进展。广播作为人类声音器官的延伸,从其诞生开始就以独特的听觉伴随性、动态性、感染力和播出即时性被人们所喜爱和接受。而体育也因它激烈的竞争性、强烈的冲突性以及在体育比赛中表现出的体育精神为人们所喜爱。广播与体育的结合是历史发展的必然。1921年世界上第一家广播电台——美国匹兹堡的KDKA电台第一次为听众提供了棒球比赛的消息,次年该电台记者在世界职业棒球联赛现场通过电话连接电台演播室,直接向公众直播比赛情况。成立于1922年11月14日的英国广播公司(BBC)在成立不久后也开始了体育新闻的报道。广播体育新闻的诞生使得体育新闻的时效性大大增强,同时也打破了以往印刷媒体一统体育新闻的格局,而且开创了比赛现场即时直播的报道方式。

三、中国广播事业的诞生

1. 外商在我国境内开办广播电台

同早期的近代报刊、通讯社一样,我国境内出现的第一批广播电台,都是由外国人首先创办的。1923年,美国人奥斯邦在上海创办了我国的第一座广播电台,呼号XRO,发射功率为50瓦。该台于1923年1月23日晚首次播音,每晚播出一小时,内容有由《大陆报》提供的国内外和上海的新闻,大量的则是音乐类节目。星期日设有《布道》《祈祷》等宗教性节目。为了推销收音机,扩大广播的影响,该台还举办无线电基本常识讲座。但奥斯邦私自运进无线电设备并建立广播电台一事未经中国有关当局批准,触犯了当时北洋政府的有关法令,大约在4月间停止了播音。

1924年5月,美商开洛公司又在上海法租界办起了一座广播电台,呼号KRC,发射功率100瓦,这座电台与《申报》合作,在报馆安装发音室以利报告新闻。该台每天上午、晚间各播音一次,共两小时。《申报》刊登报道称:"上午为汇兑、市价、钱庄兑现价格、小菜上市等,晚间为重要新闻及百代公司留声机新片。凡本外埠各处安装有无线电收声机者，均可听得本馆之报告，除上述各项外，有时发出音乐、名人演讲等节目。如有特别音乐或其他重要事件，本馆均于先一日在报上预告。”

开洛公司广播电台播音一直持续到 1929 年 10 月才结束，前后共存在五年多时间，是早期外商在上海开办的广播电台中时间最长、影响较大的一座。

2. 我国自办的广播电台

中国自办的第一座广播电台是哈尔滨无线广播电台。1926 年 10 月 1 日，哈尔滨无线广播电台正式广播。每天广播两小时，广播内容为钱粮行情、新闻、音乐、文艺等节目。

1940 年 12 月 30 日，中国共产党领导下的第一座人民广播电台——延安新华广播电台首次开播。其“播音室”设在窑洞里。之后，几经迁址、改名，曾先后叫陕北新华广播电台、北平新华广播电台、北京新华广播电台等。1949 年 12 月 5 日，北京新华广播电台改称中央人民广播电台。延安新华广播电台是中国共产党领导创办的第一座无线电广播电台，因而该台开播的日子 1940 年 12 月 30 日被定为中国人民广播创建纪念日。

四、中央人民广播电台《体育节目》——中国广播史上开播最早的体育节目

中国广播事业诞生后一直是传播体育新闻的重要媒体。中国的体育广播最早出现在 20 世纪 30 年代，这一时期还诞生了中国体育竞赛实况广播早期的解说员。1936 年，中国足球队在参加第十一届奥运会之前，与上海西联会足球队在上海江湾体育场举行了一场热身赛，由瞿鸿仁进行了现场实况播音。1946 年 6 月，菲律宾华侨群声篮球队访沪，在上海市体育馆与上海华联队比赛，由记者马友于担任对全国实况广播的解说员。1948 年第七届全国运动会上，马友于，话剧演员陈述，电影演员石挥、张伐等分别担任了篮球、游泳和田径比赛的实况广播员。

1950 年春，前苏联国家男子篮球队到上海参加了三场比赛，这三场比赛都进行了现场广播，上海人民广播电台邀请陈述担任现场解说员。这也是新中国成立之后的第一次体育比赛的转播。

随着我国经济、文化等方面的发展，体育事业也取得了很大的进步。广播体育节目的播出量逐渐增加。20 世纪五六十年代使用广播开展体育活动最突出的事

例是广播操。1951 年 11 月 25 日,《人民日报》发表了《大家都来做广播体操》的文章。在此之前,中华全国体育总会与中央人民政府教育部、卫生部等九个单位发出《关于推行广播体操的联合通知》,中华全国体育总会筹备委员会与中央人民政府新闻总署广播事业局联合决定在中央人民广播电台和各地人民广播电台举办广播体操节目。规定每天早晨、上午、下午各抽十分钟作为广播操时间。中央人民广播电台是 1951 年 12 月 1 日开始播放广播体操的,每天广播喇叭一响,学校、工厂、机关、商店都有人随着乐声做操,成为当时群众体育的一大特色。当时,这套广播体操成为普及国民体育的一个重要步骤,同时也是最基本、最简单、最宜普及的群众性体育活动,有效地改善了国民的健康状况和身体素质。广播体操节目在 20 世纪 60 年代末和 20 世纪 70 年代末曾两度停办,1980 年恢复后,又继续发挥它在普及群众体育运动方面的作用,直到 1987 年元旦起停办。

中国广播史上开播的第一个以体育报道为内容的专题节目叫《体育谈话》,1955 年 4 月由中央人民广播电台正式播出,1957 年 5 月更名为《体育运动节目》,"文化大革命"开始后停播。1972 年 5 月 17 日恢复播出,更名为《体育节目》。

20 世纪 50 年代中期至 80 年代后期向全国传播重大体育新闻最快捷的信息渠道就是《体育节目》,该节目每天分别于 12 点 15 分和 21 点 45 分播出。许多体育迷把收听中央人民广播电台的《体育节目》当成了每天的必修课。在许多体育转播中,宋世雄等的解说引领着听众展开想象的翅膀,"亲临"烽火连天的赛场,在金戈铁马中领略体育之美。半个世纪以来,该节目全程记载了中国体育发展的辉煌历程,其自身也不断发展进步,在中国体育广播界始终处于龙头地位。1995 年,经由听众投票评选,《体育节目》荣获听众最喜爱的节目之一。

五、广播体育节目的发展

20 世纪 90 年代中以来,随着广播事业和体育事业的发展,广播体育节目的播出频率、节目时段都明显增加,节目内容、节目样式也变得更丰富,在满足听众对体育信息的需求、丰富听众的生活、促进我国的体育事业发展等方面都发挥了重要作用。

1. 报道量增加,报道面拓宽

广播体育节目开办初期虽说在及时报道国内外体育动态方面做了很多努力,

但内容较单一，不能全方位、立体地报道各种体育活动。随着体育事业的发展和人们对体育信息需求的增长，广播体育节目的报道面不断拓宽，信息量不断增加。体育节目内容既有赛场内的消息，也有了对赛场外的关注，既有对乒乓球、羽毛球等我国擅长的球类运动的报道，也有了对我国受众不熟悉的冲浪、帆板、F1 方程式赛车等运动项目的介绍。

以中央人民广播电台为例，2004 年 1 月 1 日，第一套新闻综合频率以“中国之声”的呼号全新改版，加大了体育新闻的报道量，体育专题节目的时间也进一步拓展，每周体育专题节目时间接近 400 分钟，并全部实现了直播播出。

随着报道量的增加，体育节目突破了单一的新闻报道样式，谈话节目、现场报道、深度报道、评论节目等体裁和样式大大增加，报道方式也灵活多样，并在激烈的竞争中充分发挥了广播传播迅速、信息量大、听众广泛、覆盖面广、声情并茂、参与性强等特点，在促进体育事业的发展方面作出了积极的贡献。

2. 互动性和服务性增强

电视、互联网的出现使通过广播了解体育动态、关注比赛情况、体验体育精神的人数大大分流，广播也曾一度出现了低迷的状态。但为了进一步增强竞争优势，近 20 年来，广播充分发挥了自身的特点，创新推出了“对讲机——电话机连线直播”“网络——广播互动直播”“外设直播间——越洋手机多点直播”“极地——高原卫星直播”等多种广播技术，形成了非常有吸引力的互动式广播节目。

以中央人民广播电台的《体育沙龙》为例。《体育沙龙》针对听众对通过热线电话讨论体育话题很感兴趣这一点，将听众参与的环节命名为“媒体联动”，来电听众遍及新疆、青海、西藏、云南等 30 多个省、直辖市、自治区及新西兰、澳大利亚等国家。栏目从 2000 年又开始试行网上广播参与讨论，最多一次网上讨论人数达到 1700 人。2002 年 2 月冬奥会期间，旅美华人通过网络收听和参与《体育沙龙》节目，与祖国的距离拉得更近了。从 2002 年 4 月 9 号开始，它试行面向全世界的音频、视频网上同步直播，将直播间现场谈话语音、画面和事先采访的画面、数码照片、嘉宾背景资料相结合，实行多媒体互动播出，收到了很好的效果。2003 年初，体育部又对主打板块直播式大型谈话节目《体育沙龙》进行整合，推出五档创新栏目：周一的《奔向奥运》、周三的《关注 NBA》、周四的《体坛情缘》、周五的《散打决战》、周日的《竞技周末》。五档栏目分别从体育经济、体育文化、体育娱乐、体育资讯及大众健康等内容入手，引领听众参与节目互动、关注节目发展，突出了“邀请体育界、文化界、科技界关心竞技体育和全民健身的专家、学者、体育爱好者、体育明星走进直播间讨论热点体育话题”的主题内容。

现在,除了中央人民广播电台外,一些省市电台都实行了部分节目通过网络的在线点播,让观众了解当天的最新内容,同时也可以了解之前的一些信息。

3. 专业体育广播频率的兴起和发展

广播频率专业化是现代广播生存和发展的必然趋势。它是指“广播电台根据广播市场的内在规律和广播听众的特定需求,以一个频率为单位进行内容定位划分,使节目内容和频率风格能够比较集中地满足某些特定领域广播听众的需求”。① 体育广播是以体育爱好者为主要听众群,以体育赛事和体育活动的信息传递和宣传为主要内容的专业频率。我国第一个体育广播是 2002 年 1 月 1 日开播的北京体育广播,当时的办台宗旨是“体育立台,竞技健身并举”,以宣传、参与、服务、娱乐为手段,以宣传北京奥运为己任,以弘扬奥林匹克精神和爱国主义、促进中国体育运动和全民健身运动发展为最高目标和行动指南。如今,北京体育广播以“大体育”概念立台,为听众提供权威体育资讯、搭建全民健身健康平台为办台的根本宗旨。体育广播的节目设置以体育新闻和专题、全民健身和健康专题节目、赛事直播、奥运板块、娱乐类节目为主要节目构架,节目追求时新性、趣味性和互动性,同时注重开发和推出有较高影响力的社会活动。

目前,我国已有北京、上海、广东等省级广播电台和沈阳、南京、大连等城市广播电台开办的专业或“半专业体育频率”(广东电台文体频道是体育与娱乐、音乐的交叉频率,沈阳叫体育健康台,大连的叫文化体育台),这些专业程度不等的体育电台所在的省市,经济相对发达,体育活动开展得也比较普及,具有良好的体育社会基础和体育氛围,为体育频率的开办和发展奠定了基础条件。

第二节　电视体育新闻的兴起与发展

电视是 20 世纪人类最伟大的发明之一。电视的诞生带来了大众传播史上的革命,也带来了人类文明中宏伟而壮丽的文化景观。

① 孙孔华、谭奋博:《频率专业化——广播与时俱进的必由之路》,《中国广播电视学刊》2002 年第 10 期。

一、世界电视事业的开端

无线电广播发明之后，人类受其启发，开始研制电视广播。1929 年 3 月，英国广播公司(BBC)开始了电视试播。

1936 年 11 月，英国广播公司在伦敦以北的亚历山大宫建成英国第一座正式的电视台，这也是世界上第一座正式的电视台。11 月 2 日，以一场规模盛大的歌舞开始了电视的正式播出，这一天被认为是世界电视的诞生日。英国成为世界上第一个播出黑白电视节目的国家。

之后，前苏联于 1937 年，法国于 1938 年，都开始了正式的电视广播。美国正式开办电视的时间较晚，到 1941 年 7 月 1 日，美国一家商业电视台才经联邦通信委员会批准，第一个正式营业开播。

二、电视和体育的结缘

从世界上第一座电视台诞生至今已有 70 多年，虽然 70 多年的历史无法与人类体育的历史相比，但电视从问世起，就从不间断、持续地发挥着自己在体育传播方面的影响力。电视在视像上不可动摇的地位和体育运动的强烈动感相得益彰。

电视的产生把体育比赛现场带入了寻常百姓家，给观众带来了全新的视觉冲击。拳击比赛是第一项由电视定期转播的运动项目。1936 的柏林奥运会便出现了闭路电视转播，人们可以通过电视收看到奥运会的比赛盛况，这是电视转播技术在体育界应用的开始。20 世纪 40 年代后期，世界电视体育报道主要集中在拳击、篮球、保龄球等项目。到了 1950 年，世界职业棒球联赛和高尔夫球巡回赛也成为电视台的报道项目。棒球、橄榄球、拳击等运动项目在电视上频频亮相，非常受观众的欢迎。

三、我国电视体育新闻节目的发展

1. 体育栏目的发展

我国电视和体育的亲密接触始于 1958 年。1958 年，北京电视台(中央电视台前身)成立，开播后不久就有了体育报道，并在同年开办了第一个体育专栏节目《体育爱好者》，初为不定期播出，从 1960 年起开始在固定的时间播出，即隔周的周二、周五播出。《体育爱好者》十分注重报道群众性体育活动，着重宣传介绍锻炼身体的科学知识和群众体育活动与健身方法，播出的专题节目主要有《怎样做广播体操》《怎样练滑冰》《怎样学游泳》《怎样练长跑》《怎样打太极拳》《怎样下象棋》《怎样打桥牌》等，为广大观众进行体育锻炼和娱乐活动提供了有益的帮助。在《体育爱好者》栏目中出现较多的还有少数民族体育、中国武术和国防体育等内容，比较全面地反映了我国当时体育发展的状况。之后，上海等地方电视台也开办了一些体育节目。

"文化大革命"期间，《体育爱好者》因故中断了播出。"文革"结束后，1978 年 4 月，中央电视台为了适应观众需要，重新恢复了专门的体育栏目，开办了《体育之窗》，设有《体坛人物》《体坛漫画》《佳作欣赏》《问与答》等小栏目。主要是普及体育知识，向观众介绍运动员、教练员的训练生活和群众性体育活动、体育成就、体育科研动态等，也向观众报道当时为数不多的国内外赛事和体育交流的消息。随后，中央电视台又相继开办了《世界体育》《体坛纵横》两档栏目，每周各播出一次。

开地方电视台体育栏目之先河的是 1979 年 12 月 30 日开播的广东电视台的《体坛内外》栏目。随后，北京、上海、广东等许多地方电视台都设立了专门机构或者确定了专人负责体育节目。到 1984 年，全国大多数电视台普遍开设了体育栏目。

1984 年我国运动员在洛杉矶奥运会上的骄人战绩使全国上下掀起了一阵体育热。同时，电视转播技术的不断更新和改善，使许多比赛都可以进行现场直播，观众可以在比赛的同一时刻在家中欣赏激烈的比赛过程。但随着观众对体育休闲性节目需求的提高和对体育内涵理解的加深，单纯报道赛事的专题节目已无法满足观众越来越高的欣赏要求，于是，中央电视台在《世界体育》《体坛纵横》两个栏目中播出了不少国外的体育节目，受到观众青睐。

1985 年以后，《体育之窗》栏目不再仅仅以单纯的赛事作为主要内容，而是寻找赛场外的有价值的、观众又期待的内容，更多地把镜头延伸到运动员的身边和运动队里，让观众能够看到一些在现场直播里看不到的东西。特别是大型运动会开始的前几个月，《体育之窗》节目中就开始播出介绍这个运动会的历史、主办地、各参赛队情况、中国代表团的准备等内容，为比赛期间的报道做了很好的铺垫，既帮助观众了解了赛事，又为观众继续收看以后的节目打下了基础。

1989 年元旦，中央电视台开办了《体育新闻》栏目，每周播出六次，以"在第一时间为体育爱好者提供最权威、最全面、最准确、最客观、最专业的体育消息”为宗旨,为国内广大体育爱好者提供国内、国际体坛的最新动态,进一步丰富了电视荧屏上的体育内容。

随着电视事业的发展和体育竞技水平的提高,观众的欣赏水平也越来越高,对电视体育报道的要求也越来越高,原有的体育报道方式和体育栏目已不能适应观众的需求。1991 年 5 月,中央电视台取消了播出长达十年之久的《体育之窗》《世界体育》《体坛纵横》,开办了新的杂志性栏目《体育大世界》和展示激烈比赛现场的《赛场纵横》栏目。从此,除体育新闻和赛事直播外,中央电视台每周有 140 分钟的自办体育节目。

《体育大世界》于 1991 年 5 月 6 日播出第一期后,很快得到了电视观众和同行的好评,当年就被评为全国电视专题节目一等奖。这一改革的成功,标志着中央电视台的体育专题节目有了较大的发展。

进入 20 世纪 90 年代,不少经济实力相对较强、观众体育信息需求较高的地方电视台的体育栏目也有显著发展。在各地屏幕上,陆续涌现出像北京电视台、上海东方电视台和广东电视台联合制作的《中国体育报道》和四川电视台制作的《体坛追击》、上海电视台制作的《体育大看台》、山东电视台制作的《侃球评球》等一大批受观众欢迎的体育专栏节目。其中,《中国体育报道》的综合性、包容性强,集消息、评论、专题于一体,资源丰富,依托北京、上海、广东三地丰富的体育赛事资源,广泛报道国内重大体育消息,见证了中国体育代表团在国际比赛中的动态,及时反映了中国体育的热点、焦点,在广大观众中产生了广泛的影响。到 20 世纪 90 年代末,全国省市电视台先后设立了 200 多个名称各异的体育专栏,每周播出体育节目超过 300 小时。

2. 体育赛事转播的发展

电视转播创造了全球化时代的真正魔术——让地球真正成为一个村落。体育的普及离不开电视的转播,正是电视转播技术一日千里的发展,才使体育运动获得更多人的青睐。1936 年柏林奥运会是人类运动会历史上第一次采用电视直播的方式转播的比赛。

1958 年,优良的照明系统在体育界得到更多的应用,法国马赛维洛德罗姆球场看台上安装了聚光灯,使体育场可以举行夜间比赛了。同年,电视转播权被正式写入奥林匹克宪章,而奥运会越来越高的电视转播权价格,也给组委会带来了巨大的经济收益。

体育赛事转播的发展主要经历了以下几个阶段:

(1)电视转播体育比赛零的突破

1958年6月19日,刚刚成立的北京电视台(中央电视台前身)转播了“八一”男女篮球队和北京男女篮球队的友谊比赛。篮球在20世纪50年代的中国可以称之为第一运动,部队、机关、厂矿都有自己的篮球队,周末许多年轻人都是在各种各样的篮球场上度过的。因此体育工作者选择了这场篮球比赛作为中国体育电视史上也是中国电视史上的第一次实况转播。这次转播使用了日本在北京举办展览时留下的一辆两讯道转播车。

电视转播综合体育赛事始于1959年的第一届全国运动会。1959年9月13日,第一届全国运动会在北京举行,这是毛泽东提出“发展体育运动,增强人民体质”的口号后对中国体育的一次大检阅。北京电视台转播了运动会开幕式及足球、篮球、排球等重要场次的比赛实况,在新闻节目中报道了比赛的消息,还在全运会结束后播放了电视纪录片。

(2)1978年,中国体育电视转播史上的一个转折点

1978年6月25日、26日和7月2日,中央电视台向全国直播了在阿根廷举行的第十一届世界杯足球赛的两场半决赛和决赛,这是中国电视第一次通过国际通讯卫星传送国际体育比赛的实况。也是中国观众第一次看到高水平的国际足球比赛实况。世界杯足球赛的精彩画面和激荡人心的声音经由太平洋国际通讯卫星传到北京,播音员看着屏幕配加普通话解说向全国播出。

1978年12月4日至22日,第八届亚运会在泰国曼谷举行。我国首次派运动员参加比赛,我国电视机构也是第一次派专人在海外进行现场直播,体育评论员宋世雄在曼谷为我国观众现场解说了开幕式和女排、男篮决赛的实况。

中央电视台对第十一届世界杯足球赛和第八届亚运会的转播,是中国电视体育报道“冲出国门,走向世界”的开始。1981年11月,中国女排夺得第三届世界杯女子排球赛冠军,这是中国篮、足、排三大球的第一个世界冠军。比赛过程中,中央电视台转播了中日、中美、中苏、中古等重要比赛的实况,许多观众通过电视见证了中国女排的夺冠历程。中央电视台先后接到4000多封观众电报、信件和大量电话,对中国女排表示由衷的祝贺以及对电视转播充分的肯定。这是中国电视同步报道中国运动员在重大国际比赛中取得辉煌成绩的初次尝试。

(3)与香港地区和海外电视机构联合直播

1981 年 9 月 27 日在北京举行了首届北京国际马拉松赛。中央电视台出动近 200 人,动用 16 台摄像机、30 多辆车,与日本东京广播公司联合直播了比赛实况。

1982 年夏天,中央电视台第一次通过购买报道权的方式,从"亚广联"获得了在西班牙举行的第十二届世界杯足球赛报道权,并派出了四人报道小组到香港通过卫星收录了 52 场比赛。收录的同时对画面配加解说,转播了其中的 24 场,另编辑制作了 19 部每集一小时的特辑。对这次足球赛的转播,为中国电视此后的重大国际赛事的报道探索了一条路子,即派编辑和解说员到香港,借助香港的电视力量现场转播在各大洲举行的重要比赛。同时,每天将赛事编辑成特辑,由民航机组带回北京播出。此方式一直沿用到 1992 年奥运会。

(4)电视技术日趋成熟,艺术质量节节高升

1984 年 7 月,第二十三届奥运会在美国洛杉矶开幕,中央电视台第一次派出五人电视报道组,与在香港工作的报道组密切合作,成功转播了开幕式、闭幕式、体操、游泳、跳水、举重、击剑、手球、篮球、排球、足球、柔道等精彩比赛,并播出了每集一小时、共 30 集的专题报道《洛杉矶奥运会》,播出新闻 53 条,发表评论三篇,总计约播出 70 多小时的节目。这次奥运会的实况转播和所有有关奥运会的新闻及专栏节目,在国内产生了巨大的反响。

1992 年巴塞罗那奥运会的电视报道,又向前迈出了一大步。中央电视台建立了后方演播室,开设了早间专题,每天 6∶30 至 7∶00 直播,比赛高潮期间不间断播出,观众的收视热情也非常高涨,开创了中国电视连续播出 90 小时的纪录。运动会期间共播出各类奥运节目 250 小时,充分体现了电视传媒的优势。

1993 年 9 月 23 日,国际奥委会在蒙特卡罗开会,决定 2000 年奥运会的主办地。北京是有力的角逐者之一,举国关注此事。中央电视台首次使用国际通信卫星多点双向传送申办情况,同时,派出多个报道组分赴有关地点组织报道,所有报道组采制的信号、素材汇集台内,统一经中心演播室处理播出,并与事先制作好的节目相穿插,形成了一个以事件报道为主线,新闻、文艺、体育相结合的大型直播节目。尽管北京这次未能申办成功,但中央电视台通过申奥报道锻炼了队伍,检验了由新技术设备组建的节目制作系统,为 1994 年的广岛亚运会报道做了一次成功的预演。

1994 年 10 月 4 日,第十二届亚洲运动会在日本广岛举行。中央电视台派出了

由53人组成的报道队伍在广岛亚运会国际广播电视中心租用了250平方米的工作用房。中央电视台第一次在海外设立了自己单独的播出制作中心，租用了一条单独的卫星通道，所有广岛亚运会的节目都从这里直接播出。它标志着中国电视技术日趋成熟。16天时间里，中央电视台从广岛向全国成功播出了240小时亚运会报道节目。

1995年5月1日至14日，对在天津举办的世界乒乓球锦标赛的转播可以说是技术力量和艺术质量均达到了较高的水平。

这届世乒赛的国际公用电视信号由天津电视台和中央电视台联合制作提供，并向全国播出。美国的ESPN有线电视网购买了全球报道权，全球电视覆盖人口为20亿。在世乒赛期间，天津电视台和中央电视台联合转播了开幕式、闭幕式及男女团体、单打、双打和混合双打的各项比赛共68场，播出105个小时。这是我国首次向世界如此多的国家和地区传送世乒赛实况，国外电视同行对此次转播信号的技术和艺术两项指标均打了满分。美国ESPN公司经理评价说：电视图像清晰，构思美妙，切换流畅合理，具有国际水平。

1996年亚特兰大奥运会，我国在新闻报道上首次实现了卫星双向直播，前方报道人员59人，全天候24小时播出，CCTV－1、CCTV－2、CCTV－5并机播出精彩比赛，夜里看直播，白天看重播使观众重新安排了自己的作息时间表。

2000年悉尼奥运会，中央电视台派出由108人组成的报道队伍，在国外采用“注入点”记者现场直播报道，采用主演播室、分演播室配合报道。前方后方同心协力，悉尼、北京两个演播室架起了五彩缤纷的奥林匹克彩虹。整体报道的内容是全方位的，包括了中国参加奥运会回顾、奥运知识百问、中央电视台奥运报道纵览、赛事分析和展望、历届奥运会简介、悉尼奥运会当日新闻、奥运当日赛场、金牌运动员做客演播室与观众对话等，报道内容可谓异彩纷呈。

2002年第17届世界杯足球赛，中央电视台在韩国汉城IBC内设立了CCTV前方报道中心，报道中心设有演播室、配音室、评论室（集中设置）、电子编辑、卫星传送、信号收录、多路信号调配等功能。这次转播，将评论席设到了比赛现场，在七场重要的比赛中，评论都是在现场完成的。前方报道团及时准确地完成了所有比赛场次的实况报道，现场记者与北京大本营演播室的实况对接和赛中、赛后闪电式现场采访的单边信号的及时传回，大大提高了新闻的时效性。在本届世界杯转播中还首次在赛前实现了异地三方三视窗对接现场直播，在20个比赛现场既有实况又有编辑重放，报道形式多样化，光缆和卫星线路使用调度频繁。中央电视台还为大赛组委会提供了赛后采访的公用信号。中央电视台派出了九个独立作战的ENG报道小组，往返于日韩两个国家的20个比赛现场。在40天的时间里，前方九个ENG小组给CCTV－5传回205条新闻专题，还协助CCTV－1完成了50次《明日看点》节目的制作，并协助《电视你我他》及经济部拍摄了部分专题。北京后方设立了三个演播室(800平方米、100平方米、35平方米)，《我爱世界杯》《球迷世界杯》均在800平方米演播室制作。

2004年雅典奥运会，中央电视台在雅典的国际广播电视中心租用了400平方米作为工作空间，在里面搭建配置了两套播出室，还有两个演播室，一个收录室，15套ENG，12台直编机，四个配音间。两套播出室中，有一个专门服务于CCTV－5北京时间14：00至凌晨2：00的节目。播出室不但负责节目的播出，还负责节目的传送。整个播出系统不仅负责体育频道16个小时的节目和奥林匹克专题，还要负责第一套每天上午和晚上11点以后的直播以及第二套晚11点以后的直播，另外还有两套收费频道的内容。两个演播室中，有一个是虚拟演播室。虚拟演播室用于整个CCTV－5的体育节目和CCTV－1的节目播出，还有特别节目《奥林匹克回到故乡》以及一些访谈节目。演播室同时还要为新闻频道和国际频道服务。

收录室用来收录比赛信号。奥运会一共有28个大项、301个小项，所有的比赛场次一共是2200场，所有提供的播出信号是3000小时，系统共有40台收录机收录这3000小时的比赛信号。在15套ENG中，有专门做羽毛球、乒乓球、体操、射击、跳水、游泳、举重这七大项的现场直播和现场的采访，另外八套在其他的比赛场地做采访拍摄。前方节目的配音和直播解说在四个配音间中进行，一共有12台直编机做编辑。另外，他们还用15台笔记本电脑组成了一个远程新闻处理系统，负责新闻文稿的处理，并用一套蓝光新闻远程传送系统负责新闻的传送。这次在前方从事报道的工作人员达160多人，除了充分利用奥运会广播电视中心提供的公共信号，做好各项精彩赛事的直播、录播之外，还有十几个采访组将摄像机镜头深入各个赛场，向观众提供更加鲜活的独家奥运新闻。

雅典奥运会的报道第一次采用了远程网络编辑制作系统。前方记者使用专业光盘摄录一体机采集记录比赛的场景，在第一时间进行节目素材的高速传输与编辑，并与中央电视台已有的新闻共享系统互通互联，在实际应用中使“全程非线性”的崭新理念得以实现。这项新技术的采用大大提高了体育转播和新闻报道的时效性，丰富了节目内容，保证了播出的可靠性，为央视的节目制播流程的最优化提供了一条新的思路。[①]

2005 年 10 月 12 日开始的第十届全运会是 2008 年奥运会之前的唯一一次全国运动会，不仅是各路选手练兵的绝佳机会，更是对我国承办奥运会能力的一次综合检验。为此中央电视台把“十运会”定位为“模拟奥运会”，也就是说将完全以奥运会标准进行报道。为此，央视共有 300 多人组成了大型报道团奔赴南京，规模丝毫不逊色于雅典奥运会。在节目播出上，体育中心启动了 24 小时的“十运频道”，并且成功地使用了全新的蓝光盘网络制播系统，大大加快了采访素材传输的速度。除足球、拳击、F1 等赛事保留原时间外，取消其他传统赛事报道，每天 8：00 至 23：30这一时段全部留给十运会赛事。这次全运会对北京电视台、江苏电视台等地方电视台的体育频道来说也是一次大练兵，这两个电视台联合制作了 64 集的十运会全国公共版节目《联合十运》，总计时长 1920 分钟，在全国 30 家电视台播出，受到了普遍的好评。

(5)新技术的运用让北京奥运会的转播载入史册

北京奥运会是奥运史上第一次全程高清转播的夏季奥运会。由于高清信号采用最新图像处理技术，能够提高快速移动画面的清晰度，同时，高清信号的亮度控制和色彩还原能力可以高精度显示精彩的画面内容，所以，奥运会期间，从国外来的 57 辆高清转播车和国内各电视台租赁的高清转播车辆组成世界上规模最庞大的高清转播车阵容，为全球电视媒体提供了一份高清晰电视图像和 5.1 声道环绕立体声的奥运转播“大餐”。

北京奥运会上另一个新技术的运用是超高速摄像机的运用。体育比赛瞬息万变，并且对局部特写、细节拍摄要求非常高，因此对摄像机的要求也很高。北京奥运会的许多比赛中第一次用新型高速摄像机，为不能到现场观看比赛的观众提供超越现场的感受。跳水运动员的慢动作回放、飞碟被准确射中后的碎裂瞬间、游泳比赛最后的触壁瞬间等，这些精细传神的画面正是源于高速摄像机的精湛技术。“这种技术的采用，使得人们从过去观摩比赛的方式进入到把比赛看成一种讲故事，用一种特写的方式来进行报道，比如一个运动员的汗珠流下来，运动员的表情你能看得非常逼真。这样人物就活了，就像某种电影的手法都可以进来。然后去

---

① 张兴：《关于央视 2004 年雅典奥运会前方报道》，《广电前沿论坛》2004 年 12 月 18 日。

通过镜头来获取一种感动。"①

除了超高速摄像机之外，为跳水比赛准备的高清自由落地高速摄像机，为田径赛场准备的电兔子摄像机，为游泳比赛准备的水下摄像机等，这些顶级摄像器材在奥运会上大展身手，让观众享受到了新技术引领下的一顿真正的奥运饕餮大餐。

3. 专业体育频道的成立和发展

1975 年 12 月，美国发射的"通讯卫星一号"开创了有线电视时代。有线电视技术的发展又带来了电视报道的革命，使得电视频道资源被释放出来，直接导致了大量体育专业频道的出现。1979 年 ESPN(美国娱乐与体育电视台)问世，宣告有线体育电视频道的诞生。这家电视台的前身是美国康涅狄格大学篮球队的一个报道组，到 20 世纪末，它已经成长为全球影响最大的体育有线电视网。目前 ESPN 向全世界 180 个国家和地区播放体育电视节目，它同时拥有全球最大的体育网站 www. espn. com 以及全球发行量最大的体育杂志之一的《ESPN 杂志》。ESPN 不仅报道新闻，同时介入体育比赛的过程，导致了体育比赛规则和运动员行为方式的变化，它还创造了一种全新的运动项目——极限运动(X Game)。

美国有线电视的专业化非常明显，专业的电视体育频道有 ESPN、Classic Sports、Golf (高尔夫频道)、Outdoor Life(户外活动频道)、飞行、航行、Speed(赛车运动频道)等。

1992 年巴塞罗那奥运会后，中央电视台体育节目面临的首要问题是观众日益增长的对体育节目的兴趣与中央电视台综合频道中体育节目时间有限的矛盾。尽管 1992 年中央电视台第三套节目中的固定体育节目时间已经增长到每周 295 分钟，1993 年又增加了周六"美国 NBA 篮球"和周日"国内赛事"的 240 分钟固定节目，加上大量的非固定的现场直播，平均每周播出的体育节目超过十小时，但还是不能满足观众的需要。为此，1994 年初，中央电视台决定开设专门的体育频道。当时世界上只有美国的 ESPN 和黄金时间体育网(PRIME)及香港卫视体育台三家设有专门的体育频道，香港卫视体育台还是与 ESPN 合办的。经过几个月的工作，中国第一个自办的体育频道于 1995 年 1 月 1 日如期播出。体育频道开播之后，为满足广大受众的需求，中央电视台采取了不少措施，诸如设立众多单项栏目(开播不久就设立了 48 个)为观众提供定向服务；加大国内赛事的报道，增加节目

① 北京奥运会媒体运行部部长孙维佳语：《朝闻天下》，中央电视台 2008 年 2 月 14 日播出。

来源；采用制片人负责制，使其在本栏目中享有充分的创作自由；利用社会上的制作力量，弥补体育部人员的不足等。

1995 年 11 月 1 日，中央电视台体育频道通过卫星向全国播出，每天播出 16 小时(首播节目十小时)。这一专业电视体育频道的出现给体育新闻报道带来了全新的变革，标志着中国的体育电视也从先前的零散自由状态发展到有相当影响和规模的体育频道。经过 1996 年和 1997 年两年的努力，体育频道拥有了一批质量高、有影响的栏目。例如《体育新闻》经常播出独家报道，人们常常可以在第二天的报纸上读到“据中央电视台体育新闻”的字样；《足球之夜》成了球迷每周的节目；《世界体育报道》被观众称为最有文化的体育报道；周末的体育栏目更是琳琅满目，足球、篮球、排球、乒乓球、象棋、围棋从早到晚，至少有五场来自世界各地、全国各地的现场直播。

随之，专业化在 20 世纪 90 年代后期风起云涌，出于抢占市场份额的需要出现了频道数量的扩张，一些地方台的有线电视也开办了体育频道。2000 年集团化改革之后，无线和有线合并，成立专业频道成为合并后的省级电视台的改革重点。频道的专业化呈现良好的发展趋势。北京、上海、湖南、浙江、山东等地的电视台相继推出了数量不等的专业频道。无独有偶，一些省市电视台的频道专业化也是从体育频道开始的。如 2001 年 10 月 8 日，上海文广新闻传媒集团首个对外播出的专业电视频道就是体育频道，它以“全新的团队，更高的起点，更新的目标”闪亮登场，由此奏响了上海电视传媒业向频道专业化进军的序曲。

地方台体育频道的开办，体现了各省市电视人给予体育的满腔热情，客观上也带来了我国体育频道资源前所未有的丰富局面。截至 2003 年年底，全国共有 42 个体育频道，但其中就有十六七个是省会城市和地市级电视台开办的。体育频道的开设呈现一种力量分散、规模小、实力薄弱的状态，有的定位也不明确。① 经过了几年的实践历练，地方电视台的发展也并不均衡，有的在不断拓展生存空间，已在同类媒体和观众心目中占据了重要的位置，如上海台体育频道、广东台体育频道、北京台体育频道等，而有的则改弦易辙，或不得不归入其他频道。

中国传媒大学柯惠新教授认为由于频道本身资源和影响力以及目前的政策环境，我国体育频道形成了三个等级，占据第一等级的无疑是中央电视台体育频道，

① 柯惠新、王兰柱：《媒介与奥运·雅典奥运篇》，中国传媒大学出版社 2006 年版。

它掌握着90%的资源，在全国影响最大；第二等级由北京、上海、广东三家电视台组成，这三家电视台位于我国最有影响力的三个地区，它们的发展和联合引起了广告商的关注；其他的省市级的体育频道为第三等级。[①]排在第二梯队的上海体育频道、北京体育频道和广东体育频道由于有着较厚实的经济基础、广告支撑、较雄厚的技术力量和人员储备，使其转播赛事成为可能，体育节目的报道经验也较丰富，这些台已具有或经过联合具有转播大型赛事的能力并积累了一定的经验。比如上海电视台体育频道凭借上海丰富的体育节目资源和良好的体育氛围，用自己骄人的体育赛事转播和体育节目制作战绩让上海观众保持了对体育及上海体育频道的忠诚度。上海文广下属的SMG体育传媒已购买了中超、CBA、NBA、英超、意甲等千余场重要赛事的全部和部分电视转播权，关于日韩世界杯等重大赛事的转播和报道，奠定了其在体育的报道和转播领域中不可动摇的地位。

其他一些地方台体育频道虽说都被归入第三等级，但也都在积极找准定位，锻炼队伍，精心策划栏目，以取得良好的生存空间。如2004年成立的江苏电视台体育频道在2005年第十届全国体育运动会上锻炼了队伍，积累了经验，成长了起来，在2006年世界杯报道中也表现出了上乘的水平。另外，山东、湖北、天津等体育频道也都在根据自身的特点量体裁衣，扩大报道空间，提高报道质量，不断扩大自己在观众中的影响。

中国体育电视起步较晚，节目制作水平与电视发达国家相比，存在明显差距，自制节目能力薄弱是一个典型的体现，在奥运新闻传播上也存在这样一个问题。但在最近十年，也就是在体育频道成立以后，尤其是2000年悉尼奥运会前后，自制节目有了长足的进步。中央电视台有关奥运的自制节目，一方面是自制赛事转播节目、奥运新闻节目，另一方面是自制有关奥运的专栏、专题节目。中央电视台从20世纪90年代以来，开出的专栏、专题节目有《开放的中国盼奥运》《直通悉尼》《奥运点睛》《中国骄傲》《奥运健儿西部行》《奥运特别节目：凯旋、瞬间、传奇、希望、永恒、幕后、拼搏、感受悉尼、辉煌》《五环夜话》《北京2008》。这些专题与专栏，都连续多期播出，或以常规定期播出的形式，分别在CCTV－1和CCTV－5的重要时段与观众见面，给观众留下了深刻的印象。

---

① 柯惠新、王兰柱：《媒介与奥运·雅典奥运篇》，中国传媒大学出版社2006年版。

第三节　广播电视的传播特点

一、广播电视的传播特点

要了解广播电视的制作要求，首先要了解广播电视的传播特点。广播是以声音作为基本的传播符号，而电视则是以声音和影像作为传播符号。广播电视的根本特点是缘于它与印刷媒介在传播手段、符号上的差别。这种传播手段和符号决定了它的传播特点。

作为电子媒介，广播电视有许多共同的特点。

1. 时效性强

广播电视信息采集、处理与传播手段的现代化，使许多信息从其发送到受众所接收的整个过程，可以在同步完成，所以，遇到重大的突发性的新闻事件，广播可以随时插播，而电视可以通过字幕插入的方式，在不中断原有传播秩序的前提下及时插入新的信息或直接播出。如2001年美国发生“9·11”恐怖事件，凤凰卫视就及时打断原播出顺序对这一影响重大的事件进行直播，使观众在第一时间看到了那悲惨的一幕。

2. 直接感受性强

广播的传播符号是声音，电视的传播符号则是声音和图像，传播者或所传播的具体对象直接作用于人的听觉和视觉，使人们能够听其声、观其行、察其情，具有极强的直接感受性。对于广播来讲，尽管只有声音这唯一的传播符号，但声音本身又可以分为语言、音响、音乐三大类，语言的语气、语调、停连、重音、节奏可以传递出丰富多彩的意义；典型化、个性化的音响则可以给听众“描绘”出现场的情景；不同风格、表情的音乐的表现力和传递给听众的情绪则完全不同。电视给观众的直接感受性尤其强烈，它除了可以同样运用声音符号传递信息外，还可以运用图像、图表、字幕、图片等画面语言来传情达意。再进一步从画面的造型符号来讲，色彩、光线、构图等无不给观众传递着信息。更重要的是，电视的声画结合的特点能够给观众真实地再现事物的发展过程，真实地展示事件现场的情景，给观众身临其境的感觉。比如关于刘翔在世界田径竞标赛上夺冠的电视报道，观众可以从画面上看到站在第九跑道上的刘翔的准备、起跑、跨栏等动作，他在比赛过程中撞倒的栏杆，他冲刺之后兴奋的神情，他和师弟史冬鹏身披五星红旗绕场向观众致意的过程等，画面上展示的声音、形象、行动、情感等都直接影响着观众，感染着观众。

3. 互动性和参与性强

如今，媒体的发展趋势是拆除媒体和受众之间的藩篱，从灌输与被灌输到双向互动的交流，甚至是多维互动的动态传播。广播和电视的传播方式决定了观众的参与方式更为灵活多样，包括写信、打电话、网络参与、手机短信等。记者获取信息之后，不但可以在第一时间传回直播室或者是编辑室，同时受众还可以通过电话、互联网、手机短信和节目主持人或嘉宾沟通。广播和听众、广播和主持人、嘉宾和听众这样一种即时参与、及时互动的回应，最大程度地满足了听众的需求，也提供了广播节目信息量。

4. 转瞬即逝，保存性差

报纸是印刷在纸上的"白纸黑字"，固定、长久，而广播电视传播具有转瞬即逝、生命周期短、保存性差的特点，它没有也不可能给受众提供足够的时间去分析、判断、体验、理解。

5. 时序性的信息传播方式

所谓时序性的传播方式是指"广播电视的信息是存在于时间流程当中的，随着时间的推移而不间断地产生和消失，既不可以凝定不变，也不可以前后颠倒"。这种时序性的传播方式使受众在信息内容、接收时间、接收过程中对时间的控制和接收方式的控制等方面都失去了主动权和选择权。由此，在一些大型的国际体育赛事期间，由于比赛地和我国时差的关系，经常会有人半夜起床看现场直播的情形，这就是受众只能在特定的时间去收听或收看特定的内容的原因。

二、广播的传播特性

1. 伴随性媒介

随着传播技术的进步，广播接收机从家庭媒体成为个人伴随性媒介，广播可以声声相随，时时相伴。随着科技的发展，收音机的体积也越来越小，越来越便携，这可以使听众随时随地携带收音机收听广播，也可以边做其他事情边听广播。对于一些因各种原因不能坐在电视机前观看体育比赛的人来讲，收听广播的现场直播则可以满足自己想了解赛事的强烈欲望。

2. 想象性媒介

广播的传播符号是声音，声音是可听到的空气和其他材料的振动。声音除了具有物理特性外，还具有心理性、表情性等特点。广播不受视觉形象的限制，广播听众不但听到了编辑让他们听的，他们还可以通过声音的响度、音调、音色的不同组合所产生的丰富内涵，结合自己的经验和体会，展开联想和想象的翅膀，在自己的内心中勾勒出一幅图景和观念意向。因为想象是不受眼睛限制的，所以，在报道体育比赛时，体育记者对比赛环境的生动描述，对比赛过程的精彩讲解，对运动员神情的准确刻画，对现场典型音响的运用都可以使听众展开想象的翅膀，沉醉在广播的声音世界里。

比如关于 NBA 球员罚球的姿势的描述就可以使听众结合自己的以往经验，通过想象在内心勾勒出一幅幅奇怪的罚球画面：

……198cm 的海耶斯在罚球线上比 226cm 的姚明还要笨拙。海耶斯罚球时先以深呼吸的方式放松压力，再将球拍两下，然后再深呼吸一次，将球举起来，双腿向下一蹲身体顺势下沉，随即像弹簧一样弹起。这时候如果不了解海耶斯的罚球习惯，很有可能过早进线形成罚球违例，因为很多人都以为他身体向上“弹起”前倾的同时球已经出手，或者以为他要投篮了，事实上这时候球还在海耶斯的手里，等到整个身体都直起来了，他才缓慢地将球射向篮筐……

……每次在罚球线上，纳什在罚球前都会梳理一下他凌乱的长发(头发剪短后改作抹两下脑门上的汗)，双手在鞋底蹭两下，然后用舌头舔双手，空手做两个罚球动作才正式罚球。纳什这种不讲卫生的罚球方式，居然让他职业生涯保持着高达 89.5% 的罚球命中率，大概是他的口水有神奇的魔力吧……

3. 技术简便，在突发事件中不可代替

广播技术的每一次更新，都会带来广播的传输，包括制作成本的降低，同时也带来了收听质量的提高。与此相近，新型的接收媒体不断出现，使广播终端技术也更加容易掌握。现在的收音机更小巧灵通，价格便宜，而且音质好，这样也就拓展了广播生存的空间，也奠定广播在突发性事件中不可代替的地位。2008 年 5 月 12 日，汶川大地震发生后，当一切通讯和交通中断时，广播媒体发挥了举足轻重的作用，不仅详尽地向全国人民报道了有关灾情和救援进展，同时还作为前方救援和后方支援之间信息传递的重要"桥梁"，对于整个抗震救灾工作起到了相当关键的作用。

三、电视的传播特点

1. 传播符号的综合性

电视同时拥有画面和声音两大符号系统，电视画面包括有图像、图片、图表、字幕等符号，声音中又包括同期声(包括人物同期声和音响)、解说词、音乐等。符号的多样性是电视先天的特点，多种多样的符号构成一种多维多向的立体结构，它们不是简单的相加和拼凑，而是一种整合，是多声部的合唱或重奏。整合后的信息传达，不仅依赖于他们各自承担的不同的表现任务，而且依赖于他们的相互关系。它们的组合方式与配比，不是任意的、无序的，而是艺术的、巧妙的协调配合。不同的新闻报道，它们所处的位置及相互间的关系都不同，各符号自身的逻辑可能也并不连贯，但和谐要素整合在一起的时候，却能传达准确的信息。它们是一个统一的有机体。所以，电视新闻传播符号的综合性包括两个方面：一是指符号的多样性，二是指多种符号的有机统一性。

2. 传播信息的直观立体性

电视新闻画面的生动传神、声音的具体可感传达给观众的是立体、直观的形象。视听兼备、声画并茂不仅可以使人们获得的信息量最大化，而且可以使人们真实、立体地感受到事物的特征、人物的形象，全面而深刻地认识、感受人和事。

3. 家庭式的收看方式

电视节目的接收往往以家庭为单位。家庭也是人们心目中最有安全感的环境，家庭宽松开放的环境使得观众看电视处于一种随意收看的状态，观众随时会把眼睛移向屏幕外面，去关注别的事情，所以这样的环境决定了电视节目的内容、形式及编排方式等都要注意吸引观众专著的目光并让它保持下去。

4. 电视媒介传播的明星效应

电视走进了千家万户，个性鲜明的媒介特点使得电视记者、嘉宾逐渐深入人心，电视这种看得见的媒介因素，相当程度体现了人际传播的优势，使人和媒介之间的距离拉近了，增加了认同感。美国哥伦比亚广播公司的名牌节目《60分钟》使我们知道了迈克·华莱士、丹·拉瑟这样的明星主持，同样，敬一丹、白岩松、崔永元、水均益、王志等这些具有明星效应的主持人也正是因为电视才被广大观众熟悉的。

电视传播的明星效应还体现在可以使传播对象明星化。比如姚明、刘翔、贝克汉姆、齐达内、费尔普斯、博尔特等这些体育明星，他们头上的光环虽说是通过自己的努力和骄人的比赛成绩得来的，但和电视对他们的塑造也绝对分不开。

第四节　广播电视体育节目的类型及特征

随着传播理念的发展和观众对体育节目需求的增长，广播电视体育节目呈现出了各种各样的类型，各类型之间既有区别，又相互交叉、融合。广播电视体育类节目，如果按节目的形态划分，可以有消息类的、专题类的、赛事转播类的、评论类的等；如果按节目内容划分，有综合的体育新闻栏目、专项的体育新闻栏目，还有体育服务、娱乐等栏目；从节目内容的组合方式来讲，有消息集纳式的新闻节目，也有专题类的新闻节目，还有经过精心搭配、组合的板块式的新闻节目等。

一、消息类的体育新闻节目

消息类的体育新闻节目以国内外的体育赛事、体育人物、体育活动等为报道对象，向观众及时、快捷地传递信息，提供服务。消息类的体育新闻节目是广播电视体育新闻节目中最基本的、主要的节目类型，它具有时效性强、短小精悍、内容丰富、信息量大等特点。

消息类体育新闻节目一般是频道（频率）基本的节目类型。一般在专业的体育频道（频率）和综合性频道（频率）中都有播出，有的穿插在其他新闻报道之中，如中央电视台的《新闻联播》之中的体育新闻，有的独立成为一个栏目，如中央电视台体育频道的综合性体育新闻栏目《体育新闻》《体育世界》《午间体育报道》《体育晨报》《体坛快讯》等。中央人民广播电台的《体育直播间》的早间版也是这样一种类型的节目。《体育直播间》的早间版（8∶00～8∶15）是以北京时间当天凌晨、清晨全世界最新体育新闻为主，利用中央人民广播电台、中央电视台、中国国际广播电台、地方台记者的电话直接播报刚刚或正在发生的体育新闻事件，并对重要赛事进行综合点评。

消息类的广播电视体育新闻节目，除了具有一般的广播电视新闻所具有的快速、简短、鲜活等特点外，对电视图像质量或声音质量等要求更高。以电视体育新闻为例，它的画面除了具有实证功能以外，还要具有一定的观赏性，把赛场上或体育活动中精彩的动感十足的场面展示在观众面前，让观众在得到体育信息的同时，还享受到体育带给自己的美感。

消息类体育新闻中的六个要素中，一般来讲，时间、地点、事件、人物等要素是事先预知的，不具有突发性的特点，报道前可以有充分的准备；但比赛过程的突变性很强，比赛结果又是难以预料和把握的，所以，结果、原因等要素又是变化多端的。体育新闻和一般的电视新闻相比，表现元素更灵活，比如画面可以有定格、慢动作等，播读更为轻松，也多有配乐等。

二、专题类的体育新闻节目

专题类的广播电视体育新闻是综合运用各种表现手段与播出方式，深入报道重大的体育赛事、体育新闻人物、体育活动的新闻报道形式。

专题类的广播电视体育新闻节目是消息类新闻的延伸和拓展，从思想内容上来说，是消息类新闻的进一步深入、深化；从时间长度来说，是消息类新闻报道时间的延伸——足够的长度，容纳动态新闻无法容纳的内容。[①] 从表现形式来说，它充分调动图像、文字、声音等多种传播符号，更好地满足了信息时代的受众对信息更多、更精、更深的要求。从节目的结构形式来讲，它比一般的动态新闻更加灵活多样。总的来说，专题类的体育节目可以在三个方面进行拓展：

一是时空方面的拓展。专题类体育节目通常是一个体育事件或者一个体育主题的展开，要说清楚这个体育事件的背景、过程、结果以及与之相关的所有一切，必然要涉及不同的时间和空间。

二是内容方面的深化。专题类体育节目无论对观点还是事件的讲述，必须"向内容的实质上开掘下去"[②]，这是它区别于消息类的新闻节目和赛事直播的体育节目的很重要的一点，也是它取胜的利器。

---

① 叶子：《电视新闻节目研究》，北京师范大学出版社 1999 版，第 242 页。

② 李辉：《中国体育的电视化生存》，学林出版社 2007 年版，第 197 页。

三是题材方面的拓展。专题类体育节目关注的题材应该更广泛一些，可以是体育比赛，也可是与体育有关的一切。

专题类的体育新闻节目包括谈话类体育节目、评论类体育节目等。

专题类的体育新闻节目一般分日常播出的常设的单项专题和在一些重大的赛事期间播出的特别节目。日常播出的单项专题性节目如2002年7月16日创办的大型奥运专题类节目《北京2008》栏目，该栏目以"发布权威的奥运人物，关注北京奥运的进展，讲述感动的奥运人物，发现百姓的奥运故事"为宗旨，发挥消息的权威性、消息流的快捷性和丰富性等优势，对焦点事件及时反映和相应的分析，给观众留下了深刻的影响。重大赛事期间的特别专题节目多是传递前方赛场内外的新闻及花絮，或对赛场所在地的风土人情、文化环境等做一个全景的扫描。如2004年雅典奥运会期间，中央电视台就开办了《奥林匹克回到故乡》《全景奥运》等深度专题报道；2005年第十届全国运动会期间，北京电视台在开幕的前几个月就增加了《联合十运》栏目，还增加了《声声十运》《十运印象》等专题节目。下面以中央电视台在大型足球赛事期间推出的《豪门盛宴》为个案来分析临时性的专题节目的报道模式：

(1)整合播出内容，建构全新的节目形式。《豪门盛宴》是一档综合性资讯节目，它打破了传统资讯节目与专题节目的界限，以赛事为纽带，以演播厅空间为载体，对资讯进行整合，拓宽了资讯的边界，建构以一种全新的综合性资讯专题节目。① 节目内容既有赛场分析，也有场外花絮，既有情感片断，也有轻松小片，开设了《巅峰时刻》《王牌对王牌》《我在现场》等子栏目，栏目之间衔接自然，散而不乱，张中有弛。

(2)采用多样化的互动手段。如"博彩"、短信、网络论坛、博客和播客，建立虚拟的网络直播室等。

(3)以情动人但不滥情。情绪传播就是要诉诸观众的情感世界，触动心灵，唤起心理共鸣。《豪门盛宴》的情绪传播主要包括两个层面，制造愉悦与激发感动。第一层面主要体现为通过互动环节与有趣资讯的传递方式来制造愉悦轻松的环境，营造快乐的收视氛围，让节目更有趣，更吸引人。

第二个层面主要体现为通过镜头的选择与剪辑，捕捉世界杯中动人心魄、撼人心灵的画面，激发观众的深层情感体验。除了精彩的进球外，体育赛事最激动人心

---

① 付晓静：《构建电视体育报道的新模式》，《现代传播》2006年第5期。

的无疑就是人的命运。球迷不仅要看比赛，同时也要通过一定的渠道实现情绪的宣泄，寻找情感的认同。由于历史和现实的原因，各足球豪门在中国都有着数量庞大的支持者，一场比赛，胜利者只能够有一个，每一支球队的离开，都会牵动大批球迷的情感。《豪门盛宴》充分把握住观众的心理，在每支球队离开时，都会播放一段短片，主题是“他们，像英雄一样离开”。制作人员通过各种技术手段，精心选择比赛画面，将失利球队的努力、拼搏、伤心、无奈等多种情绪一一呈现，再配上舒缓的音乐，营造了一种触动心灵的情感氛围。情绪传达收放自如，既为观众寻找到情感的释放窗口，又将这种情绪控制在一定的范围之内。①

广播中的专题类体育节目如中央人民广播电台《体育直播间》的午后版(16∶35～16∶50)就是一档侧重于对早间节目的深度报道或扩展报道以及重大赛事的专题报道。

三、赛事转播类的体育新闻节目

体育赛事是体育精神、力量、美感的集中体现，体育赛事节目也是最令人兴奋、最受欢迎和关注的节目类型，是体育频道(频率)节目构架的支撑点。

体育赛事的转播可以分为直播和录播。体育赛事的录播是指在规定时间内按时播放已经编辑录制好的体育比赛内容，由于播出的内容是经过精心编辑、严格取舍的，所以，节目播出的质量和安全性都有保证。但这会让新闻的时效性大打折扣。

体育赛事的直播是指不经过预先录音或录像对大规模的综合或单项的体育比赛的现场情况、演播室播讲或其他形式同步播出的广播电视传播形式，它以一种不间断的方式忠实地记录下比赛的全过程并同步传达到观众面前，自身所体现的是一种极为动态、极具动感的现场新闻，是最能体现广播电视传播优势和体育比赛跌宕起伏、充满悬念等特点的播出形式。突破了赛事的时空限制，使更多的人能够足不出户地体会并享受这些特点。

如果说新闻是广播和电视的本体，那么，现场则是新闻的灵魂。直播就是一种摒弃传统的对“发生了的新闻进行报道”的“整理型”新闻制作理念，积极倡导对“发生着的新闻进行报道”的新闻制作理念。重要的、受众关注程度较高的体育比赛是非常适合直播的题材。

---

① 付晓静:《构建电视体育报道的新模式》,《现代传播》2006 年第 5 期。

第一，体育赛事直播的优势表现为及时性。直播实现了信息生成、信息采集、信息传播、信息接收四个环节的完全同步，使坐在家中观看比赛的观众或收音机前的听众和现场的观众能够同时感受到现场的情景，充分满足受众在信息方面“先知为快”的心理需求。

第二，现场转播体育比赛具有明确的共时性，电视机前的观众、收音机前的听众和现场的观众一样与场上的队员同欢笑，共悲伤，现场的情绪、气氛，看台上球迷绝望的眼神、荡气的热泪同样感染着电视机前的观众，使观众在心理上同步参与比赛的进程，从而产生身临其境的感觉。

第三，瞬间的震撼感。体育比赛的现场直播突破了新闻审美整体上的单一性，使观众和听众在同步了解比赛过程中随比赛的进行而产生瞬间的情感复杂变化，这种瞬间震撼包括了深刻的审美内涵。比如在2004年奥运会上，中国女排和俄罗斯女排的冠军争夺赛就让观众看得惊心动魄，荡气回肠。在小组赛中曾以0∶3败给中国队的俄罗斯女排，在决赛中一反小组赛中的萎靡之气，显示出一副咄咄逼人的架势，中俄两队的比分交替上升。经过激烈的奋战，俄罗斯女排连拿下两局。此时此刻，俄罗斯女排离奥运会冠军只有一步之遥，只要她们一鼓作气，继续保持领先优势，就可能成为本届奥运会冠军。然而，令俄罗斯女排姑娘们意想不到的是，第三局形势竟然是急转直下，发生了不可思议的逆转，第三局中国队的比分始终处于领先地位，并且士气越来越旺，以不可阻止的气势连连得分，最终以25∶20拿下了关键的第三局。接着，中国姑娘一鼓作气，最终以25∶23拿下了第四局。此时，双方的比分变成了2∶2，又站在了同一起跑线上。进入决胜局后，中国队的比分一直领先，俄罗斯队曾一度追成10∶9，女排姑娘们奋力拼搏着，观众的内心煎熬着，当最后中国姑娘以15∶11顺利结束了战斗的时候，女排姑娘们紧紧拥抱在一起的场景以及比赛结束的一刹那教练陈忠和张开双臂跑着去迎接他的队员们的画面深深地感染着观众，先是连输两局的落寞，接着是连胜两局的兴奋，接着是一种揪心的期盼，这种复杂的情感是直播带给观众的。

第四，赛事直播的优势是现场转播体育比赛具有“未知”的生动感。体育比赛过程中下一个分数的未知、结果的未知、比赛场上偶发的事件等，这些未知性和偶发性共同构成了观众和听众的“欲知”，也让观众强烈地感受到了现场信息的鲜活性和生动性。在2006年德国世界杯上，在法国与意大利向冠军发起最后的冲击的比赛场上，当比赛进入加时赛下半时，场上突然出现了齐达内在无球情况下一头顶在马特拉齐胸口的情形，这一突然事件使裁判震惊了，也使现场的观众和电视机前的观众感到震惊，这使得比赛陷入了中断。当主裁判与助理裁判简单交流之后，亮牌将齐达内罚出场外。尽管我们事后知道了齐达内撞人的原因，也为他感到遗憾，但这个突然事件可以典型地说明电视转播的魅力。

第五节　广播体育节目的制作要求

广播的传播符号是声音，广播新闻的特色和优势就在于充分地使用各种声音，通过典型的声音来传递信息，制造气氛，表达情感。由于广播传播符号的特殊性，使得广播体育节目的制作也具有自己独特的要求。

一、发挥广播优势，加强音响语言的运用

音响语言是广播声音的三要素之一。恰当地运用音响可以增强广播新闻的真实性和感染力，让听众听其声如见其人，听其声如临其境。

音响是事物或人物发出的各种声音的总称，包括现场音响和资料音响。现场音响包括新闻事件的实况音响、新闻事件中的人物访谈（也叫人物同期声）、新闻现场的环境音响等。音响资料是指非采制于此次新闻事件现场，但与新闻事件有关的音响。它不仅提供新闻背景材料，而且对丰富报道内容，增强报道力度，揭示报道主题有重要的作用。[①]

音响是录音报道最本质的特征，也是体现广播优势的主要手段。对于体育广播节目来讲尤其如此。广播体育新闻要能够以传真、传情、传神的音响语言，以最快捷的方式把体育比赛现场的情景展示在听众面前，展现广播独特的魅力，并以此与其他媒体相抗衡。

音响语言的运用，应该注意以下两个方面：

(1)音响要典型。典型环境中的典型音响更能真实地反映出事物的特征。

(2)音响应该层次分明。不同音响在时间上应该有连续性，在空间上应该有距离感。

---

① 饶立华、杨钢元、钟新：《电子媒介新闻教程》，中国人民大学出版社 2000 年版，第 227 页。

二、避免劣势，为耳朵而写

广播没有视觉的冲击力，没有文字和身体语言的辅助，听众接收信息的唯一渠道是声音，而且声音传播的线性特征及转瞬即逝的特点，使其不可能暂停、回放，听众也不可选择，不能停歇，思维必须紧紧跟随广播的内容，容不得细细揣摩。所以，说的一方与听的一方必须达成一种默契，才能达到良好的传播效果。为了实现这种默契，体育广播节目的语言要注意做到简练、通俗、具体、形象、入耳。

1. 口语化，力求简明扼要

报纸上的新闻是供人阅读的，书面化的语言能够被人接收，如有一些文字拗口、不够通俗，将会影响读者对新闻内容的理解，读者可以通过重复阅读或借助一些工具书去进一步接收信息。电视解说词虽说也是诉诸观众听觉的文字语言，也要讲求口语化，但因它是配合画面的，观众把画面和声音结合起来理解所传递的信息，而对于广播来说，它只作用于人的听觉器官，而且稍纵即逝，所以，保持口语风格至关重要。也就是像说话那样去写，像告诉你的朋友、你的家人你所看到的、了解到的事那样去告诉你的听众，不能有过长的句子，不能用晦涩难懂的词汇，不能使用太多的转折词，也不能出现因读音相近而产生歧义的现象。

2. 具体明确

模糊、概括性语言很容易让听众感到困惑。即使表达复杂、深奥的内容，也要采取一种更有利于听众理解的表达方式。

3. 形象

广播是听觉艺术，它对事物的感知是间接的，缺乏直接的视觉体验。广播体育新闻只有充分调动听众的想象和联想，唤起听众记忆中存储的各种对应的物化形象，才能使听众引起美感，从一种感觉过渡或延伸到另外一种感觉，从而构建出没有画面出现的现场感。所以，广播语言必须具有形象化的特点，广播报道必须包括更多的描述性语言，要求记者、主持人等把自己所看到的事件、人物、行动、环境等通过让听众易于感知，乐于感受的形象化语言传达“引人注目的视觉图像”，体现出“电视的镜头”“报纸的图片”，增强节目的感染力和吸引力。

下面以 2005 年获中国广播新闻一等奖的广播现场报道《翱翔雅典，跨越历史——刘翔夺得男子 110 米栏金牌》为例来分析广播新闻音响的运用和广播语言的特点。

翱翔雅典，跨越历史

——刘翔夺得男子110米栏金牌

各位听众，现在是雅典当地时间8月27日晚上9点25分，北京时间8月28日凌晨2点25分，我现在正在雅典奥运会主体育场为您报道。五分钟之后，男子110米栏决赛就要开始了，我国选手刘翔在前三轮比赛中一路过关斩将，轻松顺利地进入决赛。

现在运动员已经站在了起跑线上，刘翔实排在第四道，他身着中国队传统的红色运动衣，加上他那年轻、自信而又富有朝气的脸，就像一轮即将升起的旭日。

现在运动员都在起跑线上做着最后的准备，他们在放松着自己全身的肌肉。确实是非常紧张的时刻，起跑之后在短短的十几秒之内就会决定运动员的成绩。刘翔做了个深呼吸，给自己鼓劲儿。对于刘翔来说，已经进入决赛，他应该能够放下所有的包袱，奋力地朝着他的梦想去飞翔。

好，现在运动员已经蹲在起跑线上准备起跑。

（出发令枪声）

起跑！第一个栏，我们看到刘翔和旁边的选手并驾齐驱。

第八个栏、第九个、最后一个。刘翔第一个冲过了终点，中国选手刘翔第一个冲过了终点！他以12分91秒的成绩获得了男子110米栏的冠军，刘翔刚才的成绩也是平了这个项目的世界纪录。刘翔今天晚上真的太出色了，这个成绩超过了他以往创造的个人最好成绩。在奥运会的决赛场上他如此完美地发挥出自己的水平，并且能够超水平发挥。刘翔为中国田径夺得了本届奥运会的第一枚金牌，也为中国田径和亚洲田径夺得了第一个奥运会短跑项目的金牌。现在的刘翔身披着五星红旗，正在绕场奔跑着，他就像展翅飞翔的大鹏，他以超人的速度为中国田径乃至亚洲田径开创了新的历史。刘翔向场下的观众挥手致意，并不断地把五星红旗展示给世界。现在刘翔身披国旗绕到了我所在的看台的前面，他自己忍不住哭了起来，太让人激动了！我想今天的赛场会给他留下永远的记忆。

（出国歌声，掌声，压混）

刘翔已经站在了最高的领奖台，金牌挂在刘翔的胸前沉甸甸的。中国田径今天能在短跑项目上有所作为，凝聚了多少人的努力啊！如果刘翔的经验能够被更多的中国队员学习、接受，能够为更多的项目带来一些启示，那么这枚金牌的意义将会更大。现在我们去混合区采访一下刘翔。

（记者齐声喊："刘翔，刘翔，刘翔！"）

（刘翔录音："太完美了，太完美了我觉得。根本就没有想到，我自己也没有想到能跑到 13 秒里面。我可以说，在黄皮肤的中国人或者亚洲人来说，我实现了一个不大不小的奇迹吧。"）

〔中央人民广播电台，2004 年 8 月 28 日播出〕

这是一个现场报道，记者在事件发生的现场，把他所看到的刘翔夺得 110 米栏奥运会冠军的激动人心的时刻以生动想象、平易质朴的口述和典型的音响传达给了收音机前的听众，使听众如临其境。首先，这条新闻的叙述语言朴实真挚，形象具体。比如，"现在的刘翔身披着五星红旗，正在绕场奔跑着，他就像展翅飞翔的大鹏，他以超人的速度为中国田径乃至亚洲田径开创了新的历史。刘翔向场下的观众挥手致意，并不断地把五星红旗展示给世界。现在刘翔身披国旗绕到了我所在的看台的前面，他自己忍不住哭了起来，太让人激动了！"这样的语言就像一个朋友在你的耳边给你叙述他所看到的一个场面，平易自然，同时又仿佛给你描绘了一个具体的画面，形象可感。其次，这条新闻的音响运用非常典型到位，一共运用了四次音响语言，第一次的发令枪声把田径比赛的特点展现了出来，而且给听众传递了比赛开始的信号。第二次的国歌声和掌声则把刘翔夺冠后的自豪和喜悦传递了出来。第三次记者齐声呼喊刘翔既是现场记者急切表达祝愿心情的反映，也似乎把收音机前听众的心情表达了出来。最后，以采访刘翔的同期声结束新闻，刘翔谈话真实，而且让人扬眉吐气，抒发了所有中国人的情感。可以说，音响语言真切地展示了现场气氛。

4. 适时确认播出内容

广播的版面是"听觉版面"，是时间流程分分秒秒负载的广播节目。广播除了连续不断的声音符号，没有其他辅助符号提示刚打开收音机或刚调换频率的听众播出的是什么节目，而且听广播常处于"一心二用"漫不经心的状态，有很大的随意性，所以在节目中经常出现"下面由我向您播报""请您继续收听我们的节目""广告之后再回来""听众朋友，您现在收听的是……我是……"等语言，适时确认播出内容提醒听众注意收听。确认的播出内容一般包括正在播出的节目名称以及关键人物、时间、地点等要素的即时提示与关照，还包括对将要进行的节目进行预告。使听众对无形的时间版面内容达到心中有数。[①]

三、加强评论，用深刻、独到的观点吸引听众

如今，听众获取一场比赛、一个体育事件的信息渠道越来越多，听众自主选择的意识很强，听众的需求也呈多样化趋势，一场惊心动魄的比赛传递给听众的是一种瞬间的满足和激情的绽放，广播在深刻、独到的评论上下工夫，给听众在激情过后的理性的思考，对听众来讲又是另一种享受。

第六节　电视体育节目的制作要求

一、消息类体育新闻和专题类体育新闻的制作要求

消息类体育新闻和专题类体育新闻除了报道内容是和体育有关外，其制作要求和一般新闻和专题节目制作的制作要求类似，但同时由于体育这个内容范围的界定，使得与其相关的采访、编辑等都具有自己独特的要求。

1. 拍摄时要注意画面的叙事能力和冲击力

电视机前的观众不能像现场观众那样在整个比赛场地中自由地挑选自己的目标，他是被摄像、导播等一系列制作人员引向特定的内容，从而也引导了他们的注意力和情感。他们自己不能选择焦距，镜头的运动、景别的变化，而是通过镜头的引导来聚焦物体、事件、动作、人物，甚至是一些细微反映。这就要求拍摄时反应快、机位稳、抓拍及时，镜头到位。体育的动感性很强，所以体育新闻节目画面就必须反映出这样的动感，善于运用推、拉、摇、移等各种运动镜头和各种景别的镜头达到叙事的目的。

体育比赛本身是充满刺激性的，这表现在它的紧张激烈和悬念性，要特别注意抓拍一些有张力的特写画面，如运动员相互鼓励的一个细微的动作，场上观众想看

① 曹璐：《广播新闻理念与实务创新研究》，中国广播电视出版社2007年版。

又不敢看的细微表情，运动员、教练员、看台上观众的表情等。

2. 善于运用现场音响

现场音响具有其他表现形式所无法比拟的真实、自然、感染力强等特点。对于体育新闻来讲，现场音响能够最真实地反映赛场的气氛和情境，如田径场上的发令枪声、胜利者的吼声、现场观众的欢呼声等，这些声音能够使画面"活"起来，所以采录和合理地运用现场音响也是体育新闻节目制作中的重要要求。比如电视新闻《获胜瞬间》采自13个城市的16个场景，片中没有解说，现场音响、记者的采访贯穿全片，将申奥成功那一时刻万众欢腾的喜庆热烈气氛表现得淋漓尽致，令人过目不忘。

还有，比赛结束后，记者对运动员或教练员的采访是非常有说服力和吸引力的，他们的话可能就是对比赛场上队伍的表现最好的评价。

3. 现场报道应该成为电视体育新闻的基本采访报道形态

电视记者要以"我"的第一人称的身份出现在现场，同时能够成熟地驾驭现场，将现场的原生态、真实的情况传达给受众，提升报道的真实感和权威性。在现场报道中，记者不仅要及时地报道现场的变化，还要及时地提供必要的背景、必要的新闻要素、选择合适的采访对象，进行深入的报道，成为受众观察新闻事件的引导者。从某种意义上说，记者在现场报道中也成了新闻报道的一个符号，而且是一个重要的符号，从而也体现了电视记者新的角色定位。

4. 轻松、自然的叙述方式

体育新闻一般属于软新闻，它的主要功能是给观众传递信息，提供娱乐。轻松自然的叙述方式既适合于体育的特点，也能让观众感到亲近和舒适。下面山东电视台吴健、孙伟采制的体育新闻《小丑滑水记》的叙述方式就给观众非常轻松的感觉。

小丑滑水记

导语：在滨州中美滑水对抗赛上群星荟萃，他们都奉献了精彩的表演，但最受观众欢迎的却是一个呆头呆脑、笨手笨脚的小丑。

比赛一开始，这个小丑就出现在运动员当中，他红头发，大鼻头，一身肥大的衣服，真是丑相十足。原本我们都以为他只是活跃现场气氛的配角，但没想到比赛过程中，他竟然要披挂上阵，当一回主角。虽然道具十分专业，可他的本行毕竟是幽默表演，玩滑水只是邯郸学步，还没下水就露怯了。（稍空）刚刚由运动员表演过刺激的高台跳跃，小丑很不服气，他也要来试试，可是一上跳台，怎么又打退堂鼓了，像临阵脱逃，观众可不乐意啊，还是老老实实得跳下去吧。（稍空）献丑了，再来，再来。（稍空）这动作更不怎么样啊。不过还是给点掌声，勇气可嘉嘛。

别看在水里十分笨拙，可一上岸小丑又来精神了。他不远千里跑到观众席上，和观众击掌，热情的滨州观众看来是十分喜爱他的表演，把分贝最足的尖叫声和最持久的掌声都给了他。小丑看起来十分得意。

这位小丑的扮演者叫做伊恩，是美国明星队成员。由他扮演小丑，主要是队友觉都得他的外形比较像，开心的伊恩倒也坦然地接受了这份工作。

采访伊恩（美国滑水明星队成员）。

在给观众带来乐趣的同时，自己也享受乐趣，这就是小丑伊恩的小故事。

二、赛事转播节目

体育比赛转播既包含了制作的概念，又有节目的概念。对于一些大型国际体育比赛来讲，“制作”指的是电视体育比赛转播的前半部分“电视公用信号制作”；而“节目”的概念主要在体育比赛转播制作的后半部分，例如：体育比赛中评论员的解说部分，比赛休息时插入的广告部分以及比赛前后插入的电视采访和电视专题部分等。[①] 对于一般的区域性的单项体育比赛来说，可能转播赛事的只有一家电视台，体育比赛转播即指拥有赛事转播权的电视台，派出自己的人员和设备（在外地或境外则需要租用）在现场拾取声音和图像信号，并对比赛镜头进行同步或后期加工，然后直接播放比赛节目。

1. 电视公用信号的制作

以奥运会为例，电视公用信号是在国际奥委会电视委员会的指导下，按照各国

① 任金州、马国力：《体育赛事电视公用信号制作标准研究》，中国传媒大学出版社 2005 年版，第 3 页。

电视制作者大家共识的理念和统一的标准，由分布在各个赛场的电视制作区的电视信号制作队伍，用摄像机和话筒把比赛现场的实况采集和拾取下来，再经过导播对摄录的画面和声音进行流畅而合理的切换，配上慢动作、字幕和特技，组成一个以现场画面为基础形式带有现场同期声以及英文字幕或特技图像的电视信号成品。这个成品信号经过制作区的技术控制中心（TOC）传送到奥运会国际服务中心（IBC）的信号收集、分配和传输中心（CDT），再由它按照预先的约定把信号分配给各国电视机构，各国电视机构按照各自的需求对信号进行再加工后呈现给观众。

在公用信号的制作中，导播起着核心的作用。体育赛事电视公用信号制作的导播是指在制作公用信号时，负责调度、选择、切换、整合处理比赛现场的视频、音频信号，掌握制作时间及质量的人。

导播工作是体育比赛转播的关键环节，所以要对赛事项目的运动规律和特点做深入的了解，要熟悉视听语言的呈现方式并整合运用各种视听元素，熟悉专用的技术设备，还要与摄像、视频音频等技术部门密切合作。比赛前期导播工作的主要内容包括以下几个方面：

（1）与组委会取得联系，了解组委会对比赛的公用信号的制作要求和以往的公用信号制作规则。

（2）熟悉比赛项目的项目特点、比赛规则、比赛流程等，了解比赛队的基本情况及教练员、运动员等人员的基本情况。

（3）根据比赛的情况和观众的视觉需要事先考虑机位的设置、镜头的运动、画面的剪辑节奏等。机位的设置和镜头的切换都必须能够反映项目的特点并最大限度地给观众提供丰富的视觉内容。

（4）查看比赛现场，和各工种人员协商讨论，制定出各岗位工作任务的预案。

（5）录制前要进一步明确所有工作人员的任务和职责，进一步检查录制比赛所需的各种设备的运行情况，查漏补缺。并通过预先的演练加强各岗位工作人员的配合和判断节目的整体传播效果，找出问题，并加以调试和预防。①

导播对一场比赛的切换应该从以下来考虑：

（1）客观公正，胜者优先

体育实况转播能使世界几亿甚至几十亿电视观众能在同一时间欣赏同一节

---

① 任金州、马国力主编：《体育赛事电视公用信号制作标准研究》，中国传媒大学出版社 2005 年版，第 55 页。

目,除了体育比赛特定的因素外,客观地、全面地、公正地进行镜头的切换是转播体育比赛盛况的一个关键因素。只有做到这一点才可使不同民族,不同文化背景,不同欣赏习惯的电视观众同时出现在电视屏幕前。

2000年悉尼奥运会开幕电视导演把世界五大洲不同国家和地区的国旗、会旗,不同民族肤色的运动员代表,不同文化语言的团队习俗,其画面切换、镜头大小、时间长短、角度变化,非常公正客观地展现在电视屏幕前,并没有对国际上有影响的体育大国、经济强国及东道主,在镜头给予特殊的关照,全世界各地观众在电视屏幕前观看起来非常自然。

在一些竞技体育项目比赛中,导演对运动员镜头的掌握应是一样的。如在田径和游泳等体育项目比赛介绍道次时,无论是大牌明星还是一般队员,每一位运动员特写镜头的规格应该是一样的。冲线时原则上应看到每个运动员到达终点的情况,因为高水平大赛能够进入决赛已经是不容易了,对于开展此项运动并不广泛的国家和地区能拿到第七名、第八名同样意义重大。

(2)观众为本

在体育比赛电视转播中,观众除了要看到比赛的过程外,还希望看到赛事进程和细节,所以电视转播导演镜头切换过程中切记观众此时此刻对事件的反应,要随时分析电视机前观众此刻的视觉需求。应善于发现和抓住比赛过程中的一些有趣的细节和事件,突出运动员、教练员的个性化的表情和动作,通过画面讲述一个个动人的故事。1988年汉城奥运会百米飞人大战,当电视导演介绍完八名参赛选手之后,把镜头对准了两个最强有力的竞争对手:刘易斯和约翰逊,运用了大特写突出反映起跑前他俩的面部表情、腿部肌肉和手指的颤动,当比赛结束后,又把他俩的起跑、冲刺的过程放在一幅画面里进行对比,使观众对这场“世纪之战”留下了深刻印象。

(3)尽量按照比赛节奏切换

切换还要随着场内比赛节奏和场景情节的变化而变化,在田径比赛的短距离和中距离比赛中,必须保持比赛画面的连续性,尤其是短距离冲刺项目切不可加入其他画面,否则会使观众对比赛记录真实性产生怀疑。转播田赛跳跃项目,必须使用一个连贯的镜头来反映运动员助跑、起跳、空中姿态、过杆、落地全过程,这样的镜头才能令人信服。马拉松中长跑少用跟摇镜头,让运动员自然出画,然后看到后面队员,使观众能有距离感。在田径、体操、球类项目的直播中,过渡画面宜多用中性镜头(纵向及观众反应)。不要引导观众产生方向性的错误。电视转播导演在图形信号运用上,应将字幕叠加在较稳定的全景或中近景镜头上,无大幅度推、拉、摇现象。只有这样电视前观众才能清楚地得到信息而不会受任何视觉上的不适影响。

掌握镜头切换节奏的舒缓、快慢。因此,必须在保持比赛节奏的基础上,适当切换一些短的特写、反应镜头。这有助于加快观众的视觉节奏,让观众看清运动员的表情反应。

有些比赛的镜头是根据动作变化来切换的。如体操的亮相、助跑上器械、空中姿态、落地等一般不在动作中间切换,宜在动作前后切换。在激烈的比赛过程中观众、教练的反应镜头在比赛一个段落结束后切换或进行慢动作回放,不要因反应镜头的切换影响下面的比赛。有些比赛还要考虑音乐因素,如花样游泳、冰舞、艺体、体育舞蹈等,就要考虑切换与音乐旋律变化结合。这就要求导演要对音乐有一定的研究。

(4)慢动作重放镜头的使用。很多观众认为在家中收看电视转播要比在体育场馆看现场比赛要精彩、清楚得多。主要原因是在电视中可以看到比赛的近景特写、慢动作重放镜头和丰富的屏幕资料。慢动作作为体育节目中出现几率最高的画面技巧,这种效果的形成是一种弹性的动力美,能制造出来一种虚幻神秘的气氛。在体育实况转播中的作用,主要是放慢运动速度,让观众看清楚某一动作的运动过程。

电视机前的观众不同于场内的观众,他们是通过电视画面和声音了解比赛的。电视直播导演镜头切换不可随意性,必须坚持原则讲究规律。要把自己当成一个挑剔的观众,观众想看的我有、他们意想不到的我也有,让电视观众比现场的观众能从更多的角度、更多的空间去欣赏,让电视观众更过瘾、更富激情。①

公用信号制作对摄像、录音等工作要求是非常高的。要遵循比赛的规律,突出各项赛事的技术细节,多角度全方位地展示项目的特点和魅力,尽可能与现场呼应。比如,转播球类比赛的机位设置就有一定的规则。固定机位包括球场侧边的高角度机位、低角度机位、足球球门后甚至球门球网里的固定机位、篮球篮

---

① 刘树海、王喆、李胜:《电视体育赛事直播导演的镜头切换原则》,http://blog.sina.com.cn,2007 年 1 月 18 日。

筐上的固定机位等，这些机位在比赛中不会移动，比赛的主要镜头来自这些机位。移动机位，比如足球场地长边上的轨道，或者肩扛、腰架式的摄像机，还有方便移动的三脚架机位，当然还包括长长的吊臂。这些机位的特点比较灵活，而且拍摄的画面是动态的，比如轨道上的镜头跟着边路进攻的球员一起移动，使比赛的拍摄更为有趣。

在游泳比赛中，为了让观众看到运动员游泳的水下镜头，采用了安装在游泳池底部的遥控摄像机。摄像师采取遥控方式操作摄像机，特殊的角度拍出不少精彩镜头。而在体操和其他一些比赛中，采用吊在空中的微型摄像机、采集单杠、双杠和鞍马的空拍镜头，从独特的视角给予观众独特的画面审美，大大提高了节目的可视性。

2. 赛事转播节目的制作

赛事转播节目的制作是指购买报道权的电视台根据本地观众的收视需求，对比赛素材进行包装和加工，如添加各种片头、片尾和片花、字幕等或插播广告，还要配上自己的解说、分析和采访等，构成一个完整的适合本地观众的体育比赛转播节目，再传输给电视观众。

(1)充分的准备。虽然不用现场录制比赛的情况，但这个环节依然要做充分的准备：了解竞赛规程，比赛的时间、地点、场地、设备等；了解比赛各队的情况，为比赛过程中的空当准备足够生动的背景材料，如与以前运动相关的信息、统计数据、形势表、关于时间历史与细节的材料、参赛者的背景材料、与比赛本身或参赛者相关的人们感兴趣的报道等，任何能激起观众兴趣的事件或能帮助观众清楚了解比赛的东西都可以成为背景材料。

(2)加强包装。不同电视频道转播相同的内容，赛场信号是一样的，不同之处在于各自的评论解说和直播节目的包装。赛事包装是对赛事的有益补充，拉长了赛事直播时间，也拉高了赛事收视率。赛前包装是赛事的预热，让观众提前“进入”，赛后的包装主要是给观众一个宣泄情感的渠道。[①]

比如关于片头的包装。无论是各类型的体育栏目还是体育运动会的开、闭幕式以及每一项目的比赛开始，都要播放制作精美的动画片头。一个成功的体现运动会精神和力量的艺术片头将是电视转播的最佳开始。再比如字幕、图形和计时

① 陈国强、高频：《体育赛事转播的包装》，《中国电视》2006 年第 8 期。

计分系统。这个系统是整个体育运动会转播中重要的说明性系统。关于运动员的姓名、号码、国籍情况、比赛得分情况，奖牌决出后的优胜者的姓名、国籍、国旗奖牌图形，各运动会的成绩、纪录情况，背景材料等，随时随地，电视屏幕出现所需的字幕图形和计时计分状态。电子计算机系统需要输入数以万计的数据并需根据比赛情况随时调出，显示在电视屏幕上。

(3)根据电视规律和各种运动项目的规律来恰当地选取比赛项目。众多的信号传输到演播室，我们应当为观众朋友们选择什么项目的赛事；同一项目赛事中，我们又要选择哪一场；而同时有多场竞赛赛事时，我们该如何取舍。这就要根据电视规律和各种运动项目的规律来恰当的选取比赛项目让受众尽可能多地看到所有精彩的赛事。比如精彩的篮球赛和决定金牌归属的游泳决赛相冲突了，那么可以根据篮球比赛的规律，每节之间的空歇以及一些战术暂停都可以及时插播游泳，而第二节、第三节之间的 15 分钟时间休息，则可以全面的重播一下游泳的实况，再对此进行一些介绍和解释。

3. 加强评论

观众看完一场比赛，就像在体验一次激情之旅，当比赛结束的一刹那总有一种意犹未尽的感觉，渴望和人交流，和人分享自己对比赛、对运动员场上的表现、对教练员的指挥的看法或对胜利和失败的体会等，在家庭式的收视环境中，这种愿望更多是通过观看电视台的有关评论来实现的，或自己的想法得到认同或从别人的观点中受到启发。总之，观众接收信息的渠道不再唯一的今天，独到而深刻的评论就是观众在比赛结束后要寻找的知音。

本章思考题

1. 以奥运会的转播为例，谈谈体育赛事电视转播的发展。
2. 广播电视体育节目有哪些类型？各具有什么特征？
3. 结合某一档广播体育节目，谈谈其制作要求。
4. 结合某一档消息类和专题类电视体育新闻节目，谈谈它们的制作要求。

第七章
网络体育新闻报道

第一节　网络体育新闻的兴起

一、网络与体育

1994 年，以中国正式全面接入互联网为标志，中国步入了网络时代。网络作为继报纸、广播和电视之后的第四媒体也从此登台。在中国的网络媒体已走进它的第二个十年①之际，今天几乎所有的综合类网站都有体育频道，更不用说那些大大小小的体育专业网站了。回过头来再看网络体育报道的发轫，却带有一点戏剧性。是网络成就了体育，还是网络借力于体育？这个问题已经不再重要，重要的是网络与体育从此结缘，开启了网络体育报道的先河。正如熊斗寅所认为的“体育网络化或可称为‘网络体育’将是体育现代化的鲜明标志”。②

1. 新浪与体育的结缘

新浪起源于四通利方公司，靠技术起家的四通利方最终转向做提供新闻的门户网站，一个做软件的纯技术公司跨入了新闻传播的队列，居然是体育带的路。

1996 年 4 月底，新浪网的前身“利方在线”网站开通，最初与新闻无关，只是做

---

① 彭兰把 1994～2003 年定义为“中国网络媒体的第一个十年”。

② 熊斗寅:《网络时代与体育》,《体育与科学》2001 年第 3 期(2),第 5 页。

售后服务、公司介绍等。为了做售后服务网站开通了 BBS,原本讨论技术话题的论坛又衍生出一个“谈天说地”的论坛,“谈天说地”的话题无所不有,但这里的网友对体育问题宠爱有加,于是“利方在线”顺时就势推出了中文论坛“体育沙龙”。就是这个“体育沙龙”对于新浪投身网络新闻传播起到了重要作用。

1997 年秋,中国足球队参加世界预选赛。“体育沙龙”迎来了它的第一个黄金季。汪延、董纳新和陈彤一起做了十强赛的网上多媒体直播,开创了网络直播的先河,使得访问人数在短时期内大幅上升,确立了中国第一足球网站的地位。此前他们就试着做过甲 A 的文字直播。同年 10 月 31 日,中国足球队兵败大连金州。次日凌晨,一个署名“老榕”的网友在体育沙龙发了名为《大连金州不相信眼泪》的帖子。这个帖子促使“体育沙龙”24 小时之内就被点击了上万次。这个点击率在 1997 年的中国是惊人的。原四通利方网站体育沙龙版主、新浪全球资深副总裁、总编辑陈彤这样评价:“《大连金州不相信眼泪》不仅对四通利方来说是历史性的,对中国的互联网来说也同样前所未有。当《南方周末》转载刊登后,立刻轰动了新闻传媒界。”

1998 年初“四通利方”提出了“竞技风暴网刊”计划,时逢法国世界杯,可谓天赐良机。“利方在线”的“法国 98 世界杯风暴”成为最成功的法国世界杯中文网站,创当时中文站点访问量的最高纪录,并被法国官方站点指定为唯一中文站点。“体育沙龙”几乎办成了世界杯专题,配以精彩图片的实时战况发布、丰富的背景资料以及专家点评令受众饱享世界杯大餐。后来成为新浪 CEO 的汪延当时在法国,他从世界杯赛场附近发来大量的第一手消息。在 1/4 决赛时创下了 300 万人次的访问纪录。在 1998 年世界杯期间,利方在线有 18 万元的广告收入进账。

世界杯进行中,四通利方也开始融资,收购华渊,成立了新浪。1998 年 12 月 1 日新浪网宣告成立。

从某种意义上说,新浪是以体育起家,伴着体育一起成长的。1998 年,新浪以对法国世界杯的报道一鸣惊人,成为今天“第一门户”的起点,此后不断续写自己的新浪体育史。1999 年,新浪网承办了中国足球协会的“中国足球职业联赛”官方网站;2000 年新浪网成为第 27 届奥运会中国体育代表团唯一互联网合作伙伴;2001 年 7 月 13 日北京申奥成功,新浪网当日访问量又创下了 3000 万人次的历史新纪录;2002 年 3 月 12 日,中国足协正式宣布新浪网成为中国足协正式授权的中国之队全球唯一世界杯互联网合作伙伴,并正式开通中国之队官方网站(teamchina.

sina. com. cn)，新浪网也宣布新浪世界杯专题网站(2002. sina. com)在同日开通；2002年6月，新浪融合六地六站优势，全力报道2002韩日世界杯，赢得媒体好评和网友喜爱。新浪世界杯网站日流量一度超过1.4亿兆，日平均流量一亿兆左右。

回顾新浪体育史，我们可以发现，“新浪体育”称得上是网络与体育联姻的天合之作，也堪称网络体育报道的开山之作，它开启了我国网络体育报道的先河。

2. 体育报道步入网络时代

2002年由韩国和日本共同举办的第十七届世界杯足球赛期间，各路媒体都对世界杯倾注全力，其中网络的报道尤为引人注目。新华网背靠新华社庞大的信息采集力量与丰厚的背景资料，再加上与世界各大通讯社信息共享的“特权”，优势十分明显，丰富多彩的世界杯报道吸引了众多网民的目光。据国际足联公布的消息，仅仅在韩日世界杯小组赛的两周时间内，世界杯官方网站的总访问量已经突破了10亿次。与同在2002年举办的盐湖城冬奥会相比，这一数字相当于其总体流量的三倍。即使那些观看电视实况报道的人，互联网也可以填补空隙，给球迷们提供交流意见的机会，满足人们对花絮的渴望。因此，有人把这届世界杯称为“网络世界杯”。①

网络介入世界杯报道并不是从2002年开始的，在四年前的法兰西世界杯上，网络就已经初露锋芒，成为受众了解信息的一个重要渠道。但相比于如今网络报道的铺天盖地，相比于网络在本届世界杯报道上所表现显出来的成熟、规范，其中地位与作用的变化已经有着天壤之别。同时，由于中国网络事业相比于西方发达国家来说起步较晚，而发展速度则极其惊人，而这种变化就显得尤为明显。国内网站对1998年第十六届世界杯赛的报道整体来说是较为零散与单薄的，影响最大的就是新浪网的前身“利方在线”推出的“法国98世界杯风暴”，虽然从今天看来有诸多不尽如人意之处，但在当时已经是最成功的法国世界杯中文网站，创下当时中文站点访问的最高纪录。

四年间网络在世界杯报道中作用的变化，实际上是网络体育报道逐步成熟的一个缩影，是网络在体育新闻报道中地位日益提升的标志。从近年来媒体对悉尼奥运会、2000年欧锦赛、2006年足球世界杯，特别是从日常体育新闻报道的情况来看，至少在体育新闻报道领域中，旧的电视、报纸与广播三足鼎立的局面已经打破，

① 李勇华：《网络时代的体育新闻报道》，《新闻与写作》2002年第3期，第41～43页。

网络取代广播的地位，与电视、报纸成为同等重要的报道力量，甚至在不少报道中发挥的作用更为明显，它由技术特性衍生出的大存量、即时性与互动性优势日益凸显出来。

在重大事件和突发事件发生时，互联网往往成为受众的首选媒介。第二十七届悉尼奥运会期间，对奥运会的官方网站浏览量达到 65 亿次，而这一数字在 1996 年亚特兰大奥运会时只有 1.87 亿次，1996 年的长崎冬奥会也只有 6.34 亿次。浏览量的飞速增长，说明了公众对奥运会关注程度的增加，也印证了互联网体育报道的影响力。

门户网站对重大事件的报道更是倾注全力，如对 2004 年夏季雅典奥运会的报道，新浪、搜狐等奥运频道的日点击率纷纷过亿，相当于平日体育频道点击率的六倍。奥运开幕第一天新浪奥运频道访问量就蹿升至前所未有的 1.3 亿页读数(Pageview)，23 日更是达到创中文互联网纪录的 1.5 亿页读数。[①] 8 月 28 日凌晨中国选手刘翔在男子 110 米栏决赛中以平世界纪录的 12.91 秒获得金牌后，从 28 日凌晨 2 点至中午 12 点，新浪奥运频道的网友留言数量达到 32000 多条，几乎平均一秒钟就有一条网友评论，而网友留言总量从 8 月 13～28 日达到 49 万多条。[②]

另外，从网络体育信息的使用层面来看，根据中国社会科学院《2005 年中国五个城市互联网使用状况及影响调查报告》[③]对网民阅读网络新闻内容一项的调查结果来看，上网阅读新闻是大部分网民的重要网上活动。此项调查将网络新闻内容分为国际时事、国内时事等七种类型，调查表明，网民上网最多阅读的是娱乐新闻，其次才是国内时事、社会生活和国际时事。而在专业新闻里，网民上网阅读体育新闻的比例远高于 IT 和财经新闻。同时，还有 5.5% 的网民上网并不阅读新闻。

不论是从网络媒体参与体育报道，还是从网民使用网络体育信息的层面来看，我们都可以说，中国的体育新闻报道已经进入了网络时代。

---

① 《奥运新闻网战门户抢食六亿奥运大餐》，《北京娱乐信报》2004 年 8 月 19 日。
② 《刘翔夺金掀网民狂潮新浪创互联网留言世界纪录》，《新浪体育》2004 年 8 月 28 日。
③ 《社科院调查报告四：互联网的影响》(部分)。

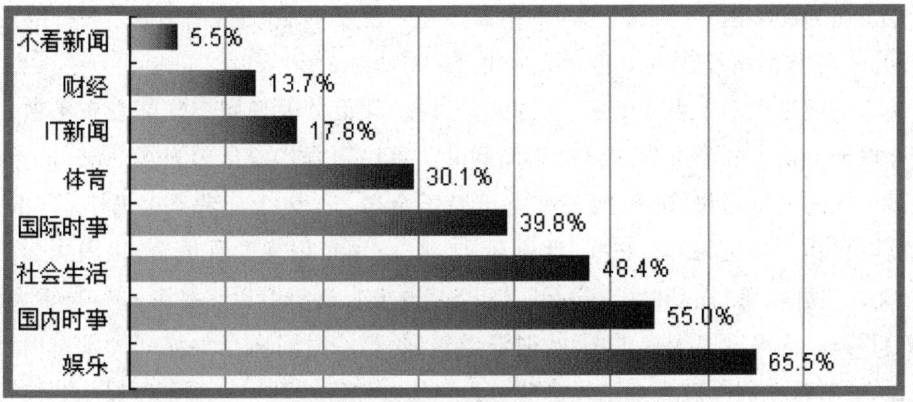

图 7-1 网民阅读网络新闻的内容

二、网络体育报道与传统体育报道的关系

毫无疑问,网络媒体给传统媒体带来了巨大的冲击。曾经有人惊呼,第四媒体将为传统媒体敲响丧钟。杰·尼尔森(Jakob Nielsen)更是在《传统媒体的终结》文中,毫不讳言:"未来的五至十年间,大多数现行的媒体样式将寿终正寝,它们将被以综合为特征的网络媒体所取代。"传统媒体真的会如尼尔森所预言的那样,成为历史名词吗?从传播发展史上看,每种新媒体都有旧媒体所不可替代的特点,但新媒体的产生并不能宣判旧媒体的死刑。在未来网络媒体将仰仗传统媒体的公信力和资源优势实现对新闻舆论的整合而传统媒体也会借助网络技术,形成独特的生存方式。优势互补、携手共进,将是 21 世纪传统媒体与网络媒体发展状况的写照。

1. 合作与发展

1995 年 1 月 12 日《神州学人》杂志和 1995 年 10 月 20 日《中国贸易报》首开我国报刊上网之先河。中国报业同互联网接轨,是从中国最大的日报《人民日报》开始的,自 1997 年 1 月 1 日《人民日报》网络版进入国际互联网后,中国大报纷纷"触网",把网络建设当成发展自身事业的重要手段。报纸媒体都先后上网,最初是报纸网络版,然后再过渡到网站。名称的改变意味着新闻媒体网站经营理念的提升,反映出一些有实力的新闻媒体网站已将自身今后的发展定位于大型综合网站,而不仅仅是"网络版""电子版"的概念。新华社网站于 1999 年 7 月 12 日全面改版,正式定名为新华网。《人民日报》网络版经历了三次改版，于 2000 年 10 月改称人民网。[①] 这些网站都在力图建立综合性门户网站。

人民网是世界十大报纸之一。《人民日报》建设的大型网上新闻发布平台，也是互联网上最大的中文和多语种新闻网站。人民网合作媒体超过 500 家，依托人民日报社的采编力量，人民网现拥有记者千余名，70 余个记者站遍布全球，中文(简体、繁体)、英文、日文、法文、西班牙文、俄文、阿拉伯文七种语言，以图文、音视频、论坛、博客、手机、动漫、聚合新闻(RSS)、网上直播报道等多种形式参与重大活动的报道。人民网每天提供 24 小时滚动新闻，第一时间向全世界网民发布信息。还设有“时政”“国际”“观点”“经济”“科教”“社会”“IT”“环保”“军事”“娱乐”“体育”“生活”“资料”“图片”等 31 个频道，近 50 种分类新闻，300 多个栏目，拥有 2000 多个新闻专题和 200 多亿汉字的资料库，其内容已远远超过了纸质母报的容量。

2000 年 3 月 7 日北京的“千龙新闻网”正式启动，5 月 28 日上海“东方新闻网”的正式开通构成了新闻媒体网上发展的一个新景观，这是地域内报纸媒体联合其他媒体，众多媒体联手建立有规模效益的传播平台，作为独立的网络机构在网上发布新闻。

除了传统媒体创办网站外，不少由海外风险投资的商业网站涉足新闻(主要是转发新闻)发布，有的网站干脆开辟“新闻中心”或“新闻频道”，将新闻发布作为自己的主要业务。其中最具代表性的是新浪网。由于商业网站本身不具备传统新闻媒体的资源，因此通常只能采取“整合新闻”的办法，目前商业网站与传统新闻媒体的合作已形成多种方式，如获得授权转发新闻及文章、为传统媒体网站建立镜像链接、协助传统媒体办网络版、合作开设专题网站、共同办频道或网站等。目前，中国一些主要商业网站都设有类似的新闻中心，这些都对传统媒体办的网站造成了冲击。

2. 竞合与创新

虽然，网络媒体给传统媒体带来了极大的挑战，但这并不意味着新媒体取代传统媒体，就如广播电视的繁荣不意味着报纸的死亡，而是新旧媒体寻求有益的合作，共同发展。“竞合”作为一种新的思潮颠覆了以往那种你死我活的单纯竞争模式，因特网与传统媒介的竞合成为媒介发展之大趋势。这种竞合是技术的竞合、体

---

① 人民网简介：http://www.zjol.com.cn/05cjr/system/2002/01/21/000753936.shtml

育资源的竞合。“竞合”理念在传媒业的发展，将为传媒业提供一种可持续发展的生态环境。

网络媒体可借助传统媒体的优势来弥补自己的不足，网络媒体目前还不具备新闻采访权，可以和传统媒体签约，为自己提供丰富的新闻来源；传统媒体可抢滩互联网上网创办电子版。这是新旧媒体的简单初级合作，如今二者有了更深入更广泛的携手。

网络上提供的即时性海量体育新闻信息，使得体育新闻从业人员真正能做到“天下大赛，尽在掌握”。那些从前不可能派人去采访，包括电视都未安排直播的赛事，在第一时间内，被详尽地呈现在互联网上，而这些无疑将成为传统媒体报道的第一手素材。

以2006年1月中旬进行的南非八国足球邀请赛为例，贾秀全率领的中国青年足球队应邀参赛，广受国内球迷关注，但由于路途遥远，签证时间紧迫，包括中央电视台、新华社在内的传统媒体，都未能派记者前往采访。令人惊奇的是，新浪网和搜狐网的体育频道，因为在南非当地找到了合作的网友，对全部赛事以及赛前赛后中国队的动态进行了细致入微的报道。短短一周内，这两家网站的体育频道便有1000余篇现场报道，在极大满足网络受众求知欲的同时，这些材料也改头换面出现在了国内的各大报纸上，显然，是传统媒体记者利用网络上的信息进行了深度加工。

事实上，每有体育大赛或出现体育圈的大事件，新浪体育频道、搜狐体育频道等都要组织网民的调查活动，这类活动从本质上属于民意调查。这样的一些活动，因为互动性极强，常常吸引数以百万计的网民参与，代表性极广。传统媒体组织此类活动显然难度极大，于是它们转而主动与网络媒体合作，以达到双赢。如2005年深圳健力宝足球队主教练迟尚斌下课之际，该球队的董事长杨塞新提出了“球霸”的说法，在足坛引起空前的反响。新浪网当即就事件的一些关键点在体育频道组织了调查，前后竟然吸引了150多万名网民参与。此时，《新京报》《足球周报》等传统媒体作为协办单位，就在报纸上刊载了网络调查的结果。

网络不断开发的视频、即时通讯等新功能，使得传统媒体的体育新闻工作者得以克服交通等不利因素，利用这些技术或功能达到从前不可能做到的采访、了解信息等目的。2006年年初，中国足球队主帅朱广沪巡游欧洲，传统媒体记者没有人能够采访到他。不过，新浪网却利用视频直播技术，邀请他通过网络与亿万网民面对面接触。而朱广沪的发言以及视频中的表现,也就成为传统媒体报道的素材。

网络媒体与平面媒体合作中,最具代表性的就是"TOM 体坛网站","TOM 体坛网站"(titan. tom. com)是由 TOM 在线和《体坛周报》合作推出的一个多层次"体育门户矩阵",除《体坛周报》《足球周刊》《全体育》《高尔夫大师》等体坛集团内各媒体提供的国内外体育报道外,还能看到法国《队报》、西班牙《阿斯报》、阿根廷《奥莱报》等全球专业体育媒体的独家资源,内容形式涵盖文字、图片、音频、视频等多媒体手段。由 30 多位《体坛周报》资深驻外记者组成的"德国世界杯报道团",其中的每位记者,都以个人专栏形式提供独特视角的文字和图片报道、视频访谈、网友聊天。由于双方在各自领域的强势地位,有利于迅速扩大新平台的品牌影响力,使双方的读者与网民用户相互间形成转化和扩张,享受到参与无处不在的体育娱乐体验。集平面、网络、无线等多媒体于一体的"TOM 体坛网站"令强势的平面媒体与网络媒体合二为一,优势互补,提升了品牌影响力,也为今后跨媒介的综合性体育媒体集团打下基础。

三、网络体育报道的媒体

中国互联网络信息中心(CNNIC)《第 20 次中国互联网络发展状况统计报告》显示,截至 2007 年 6 月,我国网民人数达到了 1.62 亿,占中国人口总数的 10.5%。在我国互联网快速发展的大环境下,越来越多的人选择通过互联网进行学习资源的收集、整合和利用,社会各领域对互联网地址的需求和应用大幅提升。从域名、网站数、IP 地址、网页数增长情况来看,我国互联网资源得到了全面提升。与此同时,我国体育类网站的数量和质量也得到了长足发展。

1. 体育类网站的概况

根据马沛军等人针对我国体育类网站所做的一项调查研究,截至 2007 年 10 月,我国已经建立的体育类网站总数约为 8261 个(不包括港澳台地区),但就数量而言,体育类网站仅占全国各类网站的 1.2%,其中拥有独立顶级域名的网站有 3494 个,占已经建立的体育类网站总数的 42.3%。其研究按网站性质和内容特征进行混合分类,将国内体育类网站分为九大类别,即以新闻为主的体育综合网站(包括大型门户网站的体育板块)的新闻综合类,以单个体育运动项目为主的官方、企业或个人网站的运动项目类,以官方或群众性的单项体育协会、组织、俱乐部的协会组织类，以国家及地方体育行政部门的官方网站的体育行政类，体育科研机构网站、各级各类体育院校网站（不包括综合类大学的体育学科网页）的科研院校类，以体育项目、裁判员、教练员、社会体育指导员等培训学习为主的学习培训类网站，以运动器材、体育服饰、体育场馆、体育经纪等为特色的体育商务类网站，具有一定知名度的体育明星、体育界人士的个人网站（不包括个人博客），即体育人物类，以网络游戏、电子竞技、小型休闲娱乐、民间游艺为主的休闲娱乐类特色网站。各类别间排除了交叉重复。这种分类方法，较系统地反映了体育类网站的多重功能与特性。

据统计，涉及多个商业领域的体育商务类网站数量最多（见表7－1）。运动项目类网站的类别最多，几乎涵盖了全部奥运类项目、大部分非奥运项目和民族传统体育内容。体育人物类网站在更新数量、板块设计和资源服务方面排列在最后，其数量也最少。

表7－1　体育类网站分布表

Tab.1　The distribution table of sports website

数目	体育类网站类别								
	新闻综合	运动项目	协会组织	体育行政	科研院校	学习培训	体育商务	体育人物	休闲娱乐
数量（个）	245	3105	298	106	108	276	3504	249	370
百分比（%）	3	37.6	3.6	1.3	1.3	3.3	42.4	3.0	4.5

其中，大型门户网站的体育新闻类网站服务项目与内容迅速扩张，甚至开始分化成多个服务板块。由于占据良好的资讯平台，依托网民不断增长的体育需求，体育新闻综合类网站的更新及访问量居所有网站之首，其大部分网站指标均高于其他网站。

2. 体育类网站的分类

从总体情况来看，无论是以哪一类功能为主的体育网站，都拥有网站应具备的基本服务功能，即主要信息资源、信息服务、商业服务、互动交流等功能。我们根据开设网站的性质，对我国现有的体育网站进行一个分类梳理。①

① 张德胜：《体育媒体通论》，广东人民出版社2006年版，第246～252页。

(1)官方体育网站

官方性质的体育网站主要有三类。一是各级体育行政部门网站。从国家体育总局到省、市体育局,一般都开设自己的体育网站。如国家体育网站(www. sport. gov. cn),又名中国体育信息网,由欢迎词、体育总局、政策法规、全民健身、竞技体育、体育产业、站点链接等板块组成,主要涵盖了体育行政部门的日常工作,以传播体育行政事务为主。这类网站通常以体育活动、行业新闻、政策法规等内容为主。二是官方组织网站。其权威性仅次于国家体育总局的有中华全国体育总会的官方网站(www. sport. org. cn)也称体总网、中国奥林匹克委员会(简称"中国奥委会")的官方网站(www. olympic. cn)和第二十九届奥林匹克运动会网站,即北京奥组委官方网站(www. beijing2008. cn)。三是单项协会网站。它们主要是中华全国体育总会所属协会(同时也是国家体育总局所属协会)官方网站(参见体总网),下分 32 个奥运项目和 29 个非奥运项目两大类。这类网站依运动项目而设,分门别类,数量众多,几乎涵盖了全部奥运类项目、大部分非奥运项目和民族传统体育内容,具有功能模块多,服务内容广泛等特点。

(2)综合性网站体育频道

综合性网站体育频道主要包括党政机关门户网站的体育频道和商业门户网站的体育频道。我国从中央到地方各级党委和政府的门户网站,一般会下设有体育频道。如广东省委机关网站的体育频道是南方网体育频道(www. southern. com/sports)。商业门户网站体育频道是体育网站的重要力量,如新浪网竞技风暴(sports. sina. com. cn)、搜狐网搜狐体育(sports. sohu. com. cn)、TOM 鲨威体育(sports. tom. com. cn)等。这些体育网站以体育资讯为主,内容丰富,它们的显著特点是,发布的信息比较及时、权威,是目前最为活跃、影响力较大的网络体育报道媒体。

(3)专业体育网站

专业体育网站也在迅速成长,其中影响比较大的有华奥星空(www. sports. cn)、体育在线(www. sportsonline. com. cn)、华体网(www. book. sea. com. cn)等,它们提供全面及时的体育信息,网站的内容丰富,涵盖的体育项目多,专业性强,论坛里体育评论自由,网友间的互动性较强,实现了体育报道的在线全天候大容量滚动播出。

(4)传统媒体体育网站

有影响的传统媒体也开设了自己的体育频道和网站。传统媒体体育网站主要有两种类型即综合性媒体体育频道和体育专业媒体网站。前者如中央电视台开办的央视国际体育频道(www. cctv. com. cn/sports)、由人民日报社所有的人民网体育在线(www. sports. poeple. com. cn)、中国新华社所办的新华网新华体育(www. xinhuanet. com/sports)等,后者的典型代表有作为中国体育报社机关网的中国体育在线(www. sportsol. com. cn)、体坛周报社主持的体坛网(www. titansports. cn)、足球报社的网站劲球网(www. goalchina. net)等。传统媒体的体育网站以传统媒体为依托,与其主办单位关系紧密,与主管单位媒体同步发展,由主管媒体提供主要内容,同时它也能以互补的形式,促进主管媒体的发展。

第二节　网络体育新闻报道形态

一、体育报道的"网景化"特征

网络赋予了体育报道以全新的时间和空间形态,像所有的新闻报道一样,网络体育报道呈现出"实时、海量、互动、个性化、多媒体"等网络化的传播特征。

1. 实时性

网络新闻传播在时效性方面得天独厚,能够在第一时间向受众传播最新新闻信息,传统媒介很难与之相比。[①] 网络使新闻的"及时性"标准达到一个极致,新闻的及时性从"几小时前"到"几分钟前"再到"几秒钟前",最终变成"即时、同步"传播。

实时报道指的是,以最快的速度对一个正在发生的事件或一个事件的最新进展进行报道。它可以是完全的同步报道,例如直播,也可以是稍有时差的即时报道。[②]

网络奥运新闻报道的实时性,使网民可以第一时间了解赛况,以几乎同步的速

① 雷跃捷、辛欣主编:《网络新闻传播概论》,北京广播学院出版社2001年版,第57～66页。
② 彭兰:《网络新闻学原理与应用》,新华出版社2003年版,第194页。

度获得最新战报。而且网络在即时更新赛事新闻方面,比传统媒体方便得多,可以不受空间和时间的限制,随时添加或更新信息。

新浪、搜狐等网站的雅典奥运专题频道每天都以滚动字幕的形式实时播报最新的奥运快讯,每天24小时不间断更新内容,雅虎网站配合奥运比赛的进程,推出《烽火17日》,第一时间总结当天奥运赛事各奖牌得主以及相关新闻,网民们在早晨或者上午就能读到最新的比赛进程回顾。千龙网首页上的"奥运金牌榜"始终是最新的。同时,网页最醒目的位置上每天都会在最短的时间内安排一篇对昨日中国队表现的全面综述,令网民们大呼"过瘾"。网络媒体传播体育信息的时效优势在奥运报道中体现得淋漓尽致。

目前,几乎所有网页上都有滚动报道,它包括文字滚动报道和图片滚动报道。网络媒体把最新体育信息以滚动的方式呈现在受众眼前,起到一个导读的作用,并且增添了网页的生动性。

下面是摘自新浪网的一段直播2006年世界杯比赛的文字内容——

直播员:下半场比赛,澳大利亚队的阵形压得非常靠前,看来他们是想在90分钟内决出胜负了,意大利0:0澳大利亚下半场1:31。

直播员:意大利队中场任意球,马特拉齐把任意球吊到禁区前,格雷拉头球解围,意大利0:0澳大利亚下半场2:08。

直播员:意大利队的机会,亚昆塔右路下底传中,佩罗塔第一点打门,被后卫挡出,球正好落在了禁区前的托尼脚下,后者打门,打高了,太可惜了,意大利0:0澳大利亚下半场3:13。

直播员:施瓦泽开出任意球,卡希尔在和加图索争头球的时候犯规,被主裁判出示黄牌,意大利0:0澳大利亚下半场3:41。

直播员:场上风云突变,马特拉济禁区前铲球犯规被主裁判红牌罚下!!!

2. 海量性

网络的海量性表现为它具有巨大的信息容纳和信息存储能力,可以为传者提供近乎无限的版面和空间。这使得网络能够发布丰富的新闻信息和建立庞大的新闻数据库,提供给读者和研究者使用。万维网(WWW)的超文本、超链接使得信息之间的联系不再是线性的、一元的，而是网状的、多元的。[①] 超链接不仅大大方便了人们上网获得信息，还给我们提供了一个前所未有的信息海洋。

各网络媒体千方百计集纳最广泛的信息源。如新浪的雅典奥运报道获得了三大通讯社——美联社、法新社和路透社的独家文字和图片的授权，每天获得近千张独家图片和大量视频录像。不仅如此，新浪还取得了视频播放权益，不但有比赛的经典镜头和精彩片断，还包括奥运冠军和奥运参赛者的聊天直播。[②]

网络媒体除了横向采集各种赛事新闻之外，还可以纵向存储历史体育新闻信息。随着时间的推移，网络媒体将一些重大赛事的相关信息归纳、分类，建成既能了解事件全貌又便于检索的资料库。如搜狐的奥运资料库，汇集了自 1896 至 2004 年总计 28 届奥运会的全部资料，内容包括历届奥林匹克运动会介绍、各国历史成绩库，历届奥运冠军介绍、各项目的世界纪录、奥运会纪录等，供人们随时查阅。

3. 互动性

网络传播集人际传播、群体传播、组织传播和大众传播于一体，它改变了过去从传者到受众的单向传播过程，使得传播活动实现双向互动。其一，传者和受众之间可以进行及时、良好的交流；其二，网络传播使得受众的主动参与性得以实现，受众不仅可以及时作出回馈，如果愿意，还可以从信息的接收者进而成为信息发布者；其三，受众之间的信息交流也成为可能。

网络传播环境中，在不违法的前提下，任何一个有信息来源的受众都可以在 E-mail、论坛或个人主页、博客中发布信息和言论。

在雅典奥运赛事报道中，各个网站结合自身优势，在传播的参与性、互动性上有所创新。奥运期间，TOM 在线在奥运专题网站开辟了一个互动专区，这一专区设立了包括有奖竞猜、问答、游戏在内的互动项目以吸引网民并提高他们对赛事的关注程度和兴趣；新浪则举办了明星访谈、赛事竞猜、明星评选等活动；搜狐也开展了队员与网友座谈专访、网民互动等活动，更好地提高了网民的参与热情。

此外，各大门户网站还通过定制奥运短信来加强与网民的互动。如新浪网联合中国移动，推出"全球通奥运快讯"服务，将短信中心与网络连接，用户可通过手机直接获取互联网内容资讯。TOM 则以短信为主要方式，开展无线互联网服务，

---

① 彭兰著：《网络新闻学原理与应用》，新华出版社 2003 年版，第 17 页。

② 仲志远著：《网络新闻学》，北京大学出版社 2002 年版，第 239 页。

实现网民互动聊天、互动游戏等多种活动。①

网络的互动性还体现在BBS和聊天室上。雅典奥运会期间，各大网站的BBS十分火暴，人们收看电视的现场直播后可以立即上网在BBS上表达自己对当天比赛的看法。网民除了在BBS里自由发帖、交谈，还可以进入聊天室和运动员、教练员直接交流。如TOM在线在奥运现场建立了直播间和聊天室，特约奥运冠军以及中国奥运代表团的相关工作人员进行访谈，和网友进行互动聊天。

可以说正是由于网络媒体良好的互动性，使网民参与度大大提高，从而拉近了奥运会与人们的距离，拉近了参赛运动员与体育爱好者的距离。

4. 多媒体性

传统媒体的功能大多是单一的，如报纸仅供阅读，广播仅供收听，电视虽声画文并茂，但却不能用来进行信息传输或处理，网络媒体则实现了媒介功能的融合，利用多媒体技术，将丰富多样的传播功能融于一身，为受众提供全方位、多维的信息服务。网络媒体的多媒体功能不仅仅要显示文本，而且要显示图形、活动图像和声音，它被定义为“数据、文本、声音及各种图像在单一、数字化环境中的一体化”。

雅典奥运会期间，各网络媒体根据各自受众群需要，纷纷运用多媒体报道手段，以便能在内容和受众之间找到最佳结合点。奥运新闻网络报道除了采用常见的文本、图片、声音相结合的报道形式外，最大的亮点就是大量采用流媒体技术来丰富奥运新闻报道形式。

采用流媒体技术可以对体育比赛做生动的记录。本次新浪拿到独家播放的视频权，制作了奥运报道的视频内容，包括奥运赛事的经典镜头和精彩片断等。广大体育爱好者可通过互联网观看比赛视频回放，弥补因北京与雅典五小时时差造成的重大赛事不能观看的遗憾。

通过流媒体技术演播室就共同感兴趣的话题进行交流是广播电视等媒体经常采用的方式。网络媒体也运用这种传播方式，让新闻人物走进演播室，在网上与网友交流，并在网上同步直播。例如新浪的奥运嘉宾聊天室，获得奖牌的中国运动员、教练员在比赛结束后都被邀请到此进行访谈，所有画面全部通过网站视频实时传播。

此外，运用Flash技术回放比赛录像在这次奥运报道中也得到观众的广泛青

① 雷跃捷、辛欣主编:《网络新闻传播概论》，北京广播学院出版社2001年版，第57～63页。

睐。例如搜狐奥运频道把胡佳在跳水决赛夺冠的过程制成 Flash 动画，就收到了良好的效果。

5. 个性化与多元化

到目前为止，中国内地有 1000 个网站提供个人网站服务，最大的网站有 100 万个个人主页，这些飘扬着个性风采的个人网站组成了因特网上一道靓丽的风景线。

尼葛洛庞帝在《数字化生存》一书中曾断言，在数字化生存的情况下，我就是我，而不是人口统计当中的一个数据。

因特网真正实现了个性化的传播服务，大众传播中的"受众"在网络传播中已不复存在，他们摇身一变变为"信息寻求者"和"信息传播者"二者合一的身份，既可以利用网络自由获得自己需要的各种信息，更能够利用网络自由传播信息。同时，这种个性化的信息服务系统，会帮助人们在众多信息的包围之中，排除冗余信息的干扰，从而大大提高信息的利用效率。网络的"个人化传播"使得新闻的受众从大众到分众、小众，最终直接到个人。

自己的报纸(My Daily)、自己的节目(My Program)、千奇百怪的新闻组、电子杂志、BBS 及其他服务，使得今天网络信息的分散化和个性化成为可能。[①]

二、网络体育报道的形式

1. 网络体育新闻

从"利方在线"的"体育沙龙"论坛到"法国 98 世界杯风暴"的世界杯专题再到新浪、搜狐、千龙等各大网站的"体育频道"及专业体育网站，如华奥星空、华体网、中体在线等。网络体育新闻速成气候，在网络新闻报道中占有重要的一席之地。

在各色各类的网络体育报道中，网络体育新闻稳居各类题材之首。点开体育网站(频道)的首页，体育新闻无一例外地都占有绝对优势。就算是致力于将 Sports. cn 打造成中国第一体育娱乐网，同时开展体育彩票、电子竞技、视频点播及运营中国奥委会官方网站和中华全国体育总会网站以及各体育协会网站等众多娱乐和服务项目的华奥星空，也同样是从首先为受众提供丰富的体育资讯和信息为基础的，更不要说其他以"体育新闻"为主打产品的网站(频道)了。

① 杜俊飞：《网络新闻学》，中国广播电视出版社 2001 年版，第 79 页。

(1)网络体育新闻的概念

近年来,网络新闻传播学的快速发展为网络体育新闻研究提供了理论基础。学界对“网络新闻”的概念从不同层面和角度给予了界定。董天策在其主编的《网络新闻传播学》一书中就列出了闵大洪、彭兰、杜俊飞等五位研究者的定义。最后他把网络新闻界定为:通过互联网传播的新近变动和正在变动的事实的报道和评论。并对其做了广义和狭义的区分,广义的网络新闻是指在互联网上传播的一切新闻性信息及其评说,狭义的网络新闻则是指网络媒体所传播的新闻报道及其评论。① 援引研究者对网络新闻的界定,我们可以把网络体育新闻定义为:通过互联网发布和传播的体育新闻及言论。在这里,网络体育新闻可以被初步区分为新闻和言论两部分。本节所讨论的网络体育新闻体育事件,暂时不包括网络体育言论,网络体育言论将在体育新闻评论部分另述。

(2)网络体育新闻的主要内容

综观各大体育网站(频道)的体育新闻,可以发现网络体育新闻报道同传统媒体一样,赛事报道是绝对主角,国内外众多体育赛事占据了最多的“版面”资源。千龙体育首页的中超、英超、意甲、NBA 综合、CBA、亚洲杯、世界杯等;鲨威体坛的滚动、英超、意甲、NBA 等都在第一时间发布竞技资讯。有关体育的非赛事素材不计其数,缘何独独是竞技体育始终独领风骚?究其原因,还是竞技体育本身和电子传媒具有某种天然的亲和力。正如有的研究者所说,竞技体育竞赛的悬念性,竞技体育运动赛事的丰富性,竞技体育运动竞赛项目的多样性,使竞技体育每天都可能有绝不重复的报道内容。从而竞技体育的信息源源不断吸引着热爱与关注竞技体育的受众,而成为体育新闻报道的主要内容。②

此外,当今的体育新闻传播包括网络体育新闻报道中软新闻的比例日渐上升,体育新闻传播越来越将名人趣事、球场暴力、灾害事件、花边新闻及带煽情性、刺激性的内容作为报道的重点。几乎所有的体育网(频道)都设有“明星”“花边”“秀色”一类的板块。复旦大学新闻学院李良荣教授曾指出:“传媒的硬件越来越硬,但传媒的内容却越来越软。”③当前,体育新闻传播内容的“软化”趋势,有向低趣味滑坡的畸变现象。

---

① 董天策主编:《网络新闻传播学》,福建人民出版社 2005 版,第 27 页。

② 伍绍祖:《中华人民共和国体育史·综合卷》,中国书籍出版社 1999 版,第 571 页。

③ 李良荣:《娱乐化本土化——美国新闻传播的两大潮流》,《新闻记者》2000 年第 10 期,第 12～13 页。

(3)网络体育新闻的表现形式

网络作为一种可以集文字、声音和图像为一体的多媒体平台,弥合了传统的视听媒介(广播电视)和纸质媒介(报刊书籍)之间的鸿沟,实现了视、听、读的有机结合。网络的这种多媒体特性使得网络体育新闻报道实现了数据、文本、声音和图像完美融合,从而使网络体育新闻拥有了多种表现形式。除了传统的也是最为多见的文字播报,还有文字直播、图片新闻、音频新闻、视频新闻和卡通新闻、漫画新闻等。[1] 比如千龙网专门聘请了一批专业的播音人员,开设专业的录音间,把每天的重要新闻制成音频新闻。尤其值得称道的是,千龙新闻网利用 Flash 技术,在全国首创了卡通新闻,以动画形式表现新闻。

图 7－2　千龙体育的篮球 Flash——《杰克逊三分球一箭封喉》

图 7－3　漫画:《尤文伤别世界杯》

2. 网络体育评论

新闻和评论是历来是新闻传播活动的两个支点,在网络媒体中,评论的主体和方式变得更加多元化和灵活。网络新闻评论给普通网友一个前所未有的表达平台。BBS、Online Chat、E-mail 等满足了体育新闻受众交流、发表意见的需求。

(1)网络体育评论的概念

网络新闻评论,实质上就是利用网络来采写和传播的新闻评论。严格意义上的网络新闻评论,包括文字、声音、视频、图片或几者相结合的多媒体形式,目前以

① 千龙网,http://www.qianlong.com/2006－12－04 14:47:50

文字评论形式居多。[①] 网络体育评论既可以看做是网络体育新闻的一个组成部分,也可以作为网络体育报道的一种形式。网络体育评论是各种评论主体在网络媒体上以多种形式就新近发生的体育事实发布的言论。与传统媒体的评论主体较为单一不同,网络媒体的评论主体变得多元化了,特别是普通网民享有充分的话语权,他们在阅读体育新闻同时就可以在网上发表自己的见解,并与网友进行讨论,当然也可以和主持人、嘉宾、体育明星在线讨论感兴趣的话题等。

(2)网络体育评论的特点

网络体育评论是体育新闻评论和网络媒体结合的产物,我国的网络体育新闻评论经过数年的发展,从一开始的克隆传统体育新闻评论发展到今天,它凭借网络媒体的互动、快捷、容量大等优势,已经显示出自己的一些独特魅力。

①意见传达的快捷性

时效性是新闻最重要的特征,在新闻竞争中,时效性成为媒体竞争的关键。新闻评论作为新闻的一种体裁,快速评论是对它的基本要求。网络媒体信息的发布不像传统媒体那样复杂,只要有联网的电脑,人们就可以对刚刚发生的事件作出及时的评论。再加之体育新闻评论本身对速度的要求也很高,体育运动瞬息万变,许多体育运动都是运动员速度的较量。对于体育赛事来说,每一分钟都有可能出现比分的变化,每一分钟都可能会有精彩的瞬间,也正是因为这些不确定因素,才使得体育具备了无限的魅力。随着社会发展水平的提高,人们对体育运动的关注度也随之提高,各种各样的体育赛事自然而然地成为人们关注的对象。人们关心的不仅是比赛的结果、过程,人们还渴望了解为什么会这样,怎么看待这场比赛,这就需要体育记者能够及时地对所发生的事情发表评价性意见。

网络传播以数字化电子通讯技术为基础,以光纤通信线路为传输载体,这些决定了网络信息传播的快捷、方便。网络媒体传递信息的快捷性使得网络体育新闻评论的快速传播成为必然,这也适应了体育新闻传播对速度的要求。网友可以在网络媒体上及时地发表自己对刚刚发生或者正在发生的体育赛事的评价,并在无形中相互交流意见,网络媒体的这种优势吸引了大批网友,特别是当一些重要体育赛事发生时网络媒体能够吸引网友参与评论,大量网友的评论在短时间内汇集在一起,就形成了一种对赛事的连续动态的评论。这种连续动态,也表明了网络体育

① 中国社会科学院语言研究所词典编辑室编:《现代汉语词典》(修订本),商务印书馆1996年版,第981页。

新闻评论时效性的极大提高。

②意见交流的互动性

传统体育新闻评论基本上都是单向交流，而在网络传播过程中，受众不再如传统媒体的受众那样只是被动的接收信息。在网络媒体中，受众既是接收者也是传播者，受众可以直通过网络与传播者交流意见，同时也可以与其他受众直接交流，真正实现交流的互动性。再加之体育的群众性较高，体育爱好者对于体育赛事有交流意见的渴望，这也使得在网络体育新闻评论中，互动性更为突显。尼葛洛庞帝曾说："在网络上，每个人都可以是一个没有执照的电视台。"受众在网络传播的过程中可以充分发挥自己的主观能动性，正如有学者说："人们在电脑前既可以读，也可以听，还可以看，特别是对感兴趣的信息，可以下载、录音、录像，还可以进行存储、整理、评说、复制、剪裁，还可以自由地调用和发送信息，更加接近自然的人际传播，使传统媒体带来的传播距离感大大减小。"①

网络体育新闻评论可以被看做是一种互动式的体育新闻评论，具有强大的互动性，也是网络体育新闻评论的一个优势，加之网络特有的超文本链接功能，使人们无论在新闻报道还是在评论专栏都可以与自由链接个人议论形成互动，便于对同一事件汇集多元意见。姚明在 NBA 打球，在中国广大体育爱好者中掀起一股姚明热，网络体育写手对火箭队和姚明的表现给予了极大的关注，并形成所谓的"姚蜜"和"姚黑"两大主要评论派别，双方各持己见，莫衷一是。著名篮球评论员苏群为此也感叹不已："中国有两亿'火箭专家'。"对于何智丽回国发展一事，新浪网上的评论呈现一种意见的多元性，也不是过去那种一味的声讨和谩骂。网络媒体要充分利用这个特性，在实践中不断探索，进一步加强网络体育新闻评论的互动性，从而扩大它的号召力。搜狐体育频道就设置了专门的"互动专区"，主要由社区和博客组成，网友们可以充分发挥自己的主观能动性，参与其中。

③平民化特质

传统的体育新闻评论大多数时候只是掌握在新闻从业人员及专家等少数精英手中，普通人不是很容易就能介入其中的，相比而言网络媒体的介入门槛低，人们只需要一台可以上网的电脑就能进入到浩瀚的网络评论领域中自由发言，这也就决定了网络传播是一种自由而又平民化的传播。与专业的体育团队不同，发表言

---

① 叶琼丰：《时空隧道——网络时代话传播》，复旦大学出版社 2001 年版，第 200 页。

论的网友来自各个领域、从事各种行业，他们往往可以跳出专业的局限，从同一个新闻信息中寻找不同的切入点，表现出多元化的解读倾向。比如对于英格兰球星欧文继博比·查尔顿、莱因克尔、格里弗斯之后成为第四位为国家队进球超过40个的球员，《体坛周报》以《金童欧文四十不惑》为题，分析了赛前足球夙将、对手主帅对欧文进球的预测和前瞻，从技术角度详细解读了两个进球。① 而新浪的体育博客则纷纷以《当只有一个迈克尔的歌声再次响起》《冷峻的眼神》《王者归来》等为题，站在一个更加平民化的视角从更为感性的角度解读欧文的第40个进球。

网络介入门槛低，并具有海量的信息存储量，受众在网上还可以隐藏自己的真实身份，自由出入以及匿名性的特点使受众获得心理上的安全感，这也给受众自由地、毫无顾忌地发表自己的真实想法提供了客观基础。在网络论坛中我们经常可以看到，围绕着某一体育赛事，很多的网友自由地表达自己的真实看法，虽然网友的语言并不规范，有些类似于现实生活中的街谈巷议，但这正说明网络体育新闻评论具有平民化特质。

④强大的集纳性

传统媒体的体育新闻评论因受版面、播出时间等客观条件的限制，无法在一时间将大量的观点集纳在一起，这也给人们全面了解意见性信息带来不便。网络体育新闻评论以超链接的文本方式出现，针对重大赛事或者体育事件，可以做成专题评论的形式，跟随着比赛或者事态的发展，不断地向专题评论中充实最新最快的评论信息，以尽可能快的速度跟进赛事的发展。

在网络专题体育新闻评论中，编辑还可以将与赛事相关的横向报道以及背景资料通过链接的方式联系在一起，这样只要网友打开自己感兴趣的专题体育新闻评论，各种相关信息都可以尽收眼底，网友可以很轻松地对体育赛事或者体育事件有一个全面的认识。网站把不同的意见集纳在一起，可以令网友在此听到多种声音，从中得到启发，这样可以促进网友进行思考，也有利于他们形成自己的看法。网络存储空间的庞大性和时间的无限制性，令它可以吸纳大量的体育新闻评论，还可以把相关过往的体育新闻评论集纳成体育评论数据库，网友需要的时候，只要通过相关关键词的检索，就可以查阅到这些信息，这也是网络体育新闻评论优势的一种体现。

---

① 《体坛周报》2007年9月14日B4版。

(3)网络体育评论的形式

网络媒体体育评论是传统体育评论在网络上的延伸，指网络媒体作为评论的主体对重要的体育新闻或体育事件发表的观点、意见或看法。一般是在体育网站(频道)主页设置言论专栏，列出评论标题，可点击打开阅读全文。根据评论主体和形式的差异，我们可以把网络体育评论大致分为：网络媒体评论、网民评论和网络新闻论坛。[①]

网络新闻评论的另一个重要特征是，网站评论、专家评论和网民评论及新闻论坛可以即时互动，互为交融，共同构成一个网络评论圈。比如新华体育的“体育观察”下面又设置了代表本网的“天天视点”、转载其他媒体的“媒体言论”“网民观点”和“江湖茶炉”四个栏目。

网站体育评论是代表网站立场的评论。它通常由网站或网站所依附的传统媒体的记者和编辑，或网站的特约评论员来撰写。如评论员文章、编者按、编后记等。

专家体育评论是指由网站邀请的专家对某个体育事件发表的评论。专家评论的形式有专家自由选题撰写评论后提交给网站或者是网站主持人、专家和网友在线(聊天室等)采访、提问做论坛式的交流。专家体育评论主要表现为体育记者独家专栏和专栏作家评论。新浪竞技风暴体育记者的独家专栏聚集了一批知名记者，如张斌、董路、李承鹏、黄健翔等人。

2008年北京奥运会，人民网还推出了《奥运江湖，看我两“昭”》(《人民日报》两著名记者汪大昭和陈昭，见图7—4)

图 7－4

网民体育评论通常包括网民新闻点评和网络体育论坛。网民体育点评是指在阅读体育新闻的同时，在“即时评论”中方便自由地发表言论。比如某体育网的“我来

① 彭兰：《网络新闻学原理与应用》，新华出版社2003年版，第394页。

说说"等,链接在当条新闻目录下,既能表达自己的思想,又能与人共享。网络(电子)论坛,从广义上讲包括论坛、新闻组、邮件列表、聊天系统等各种通讯组。这些通讯组实际上是网上对某一专题有着共同兴趣的一组用户组成的专题讨论组。有网站专门开设电子邮箱征求网民对新闻事件的看法。狭义的电子论坛一般指BBS,指的就是网络就某一最新的新闻提供电子公告服务,以电子布告牌、电子白板、论坛、留言板等交互形式为网民提供发表评论的场所。[①] BBS论坛丰富多彩,以新闻讨论为主的网络新闻论坛处于核心地位。网络体育论坛可以看做是专业论坛之一,通常是指以体育话题讨论为主的BBS。

新浪、搜狐、网易等各大网站都开设了专门的体育频道,也拥有较为稳定的受众群。对于这些体育频道来说,仅仅依靠即时性的新闻还不能满足网友的需要,所以在各大网站体育频道设立伊始,都很重视体育新闻评论,出现了一些专门的体育新闻评论栏目、体育论坛,尤其是网络体育论坛极大地推动了网络体育新闻评论的发展。例如办得相对较好的搜狐的"技术论坛"、网易的"火热篮球论坛",它们不仅成为广大体育爱好者交流意见、发表言论的重要阵地,而且这些论坛的存在也增强了受众对网站的忠诚度。网络体育论坛为体育爱好者提供了一个便利的发言平台,能够实现他们对体育赛事或问题的意见交流。这也使得体育新闻评论不再是被少数新闻人及专家等精英人物所把持,它成为大多数体育爱好者都可以轻松拥有的表达方式。

3. 网络体育专题

(1)网络新闻专题概述

近年来,网络新闻专题在网络媒体表现形式中运用极广,已经成为各家网站在应对竞争的"独门利器",它在网络媒体中占有首选地位。在网络媒体日常运营中,遇有重大事件的报道任务时,网络专题常常是首先考虑的项目。反过来说,网络专题也是最适合于报道重大事件的表现形式。

网络专题最早以"专题"栏目和"专题报道"两种形式出现。这两种形式不同之处在于访问入口的差异。专题栏目只是简单聚合相同主题的网络新闻,访问者点击栏目链接时,展现在屏幕上的通常是多条新闻标题的列表;而专题报道则由一则重头网络新闻为主,辅以背景资料、相关报道作为链接出现在该条重头新闻的页面中。前一种专题形式无须编辑过多干预,至多编写一个栏目导语;而后者则侧重对

① 蒋晓丽主编:《网络新闻编辑学》,高等教育出版社2004年版,第294页。

报道主题的挖掘，背景资料需要历史数据库的积累，即时报道则需要时时更新。网络专题栏目由于其形式简单，逐渐演化为网站频道的下一级栏目。

网络专题的演化历程决定了它是网络媒体表现形式中的集大成者，网络专题以集中的平台，融合了其他各种网络报道形式。网络专题常常表现为微型网站频道的状态，这样文字、图片、音视频、Flash、互动调查等表现形式很容易就能放进专题中，只要这些素材是围绕专题所要表达的主题而来。因此，在网站内容管理层的决策中，其他网络表现形式往往以网络专题的子集或者从属物而出现。这样看来，网络专题在网络媒体中的首选地位也就不难理解了。

(2)网络体育专题的概念

前面我们介绍了网络体育新闻有多种表现形式，单体新闻可以根据情况选择做文字报道还是图片表达或者是视频播报等。实际上，若干有关联的单体新闻围绕某个主题被编排在一起，又可以获得一种新的身份，即“网络体育专题”。

“网络新闻专题通常是围绕某个重大的新闻事件或事实，在一定的时间跨度内，运用新闻消息、特写及背景性资料、新闻分析、评论、新闻调查等体裁，调用文字、图片、声音、视频图像等多种表现方式，通过专门的编排与制作，进行连续的、全方位的、深入的报道和展示新闻主题的前因后果、来龙去脉的新闻报道样式(组合)。这样一组相关新闻或信息汇集的整体，就是新闻专题。”[①]与传统媒体新闻专题不同的是，网络新闻专题从内容到形式都极大地丰富了新闻主题。

2008年8月18日，刘翔因伤退赛后，人民网第一时间推出特别策划，鼓励运动员重拾信心(见图7—5)。

图7—5

网络体育专题是众多新闻专题中的一个门类，它是指基于网络技术支持，综合运用多种表现手段，展现某个体育主题或事

① 廖卫民、赵民:《互联网媒体与网络新闻业务》，复旦大学出版社2001年版，第345～346页。

件的一组新闻信息的汇总。

(3)网络体育专题的特点

网络体育专题用固定的网络页面集合网络特有的超文本结构、容量巨大的数据库功能、形象生动的直播视频和 Flash 等元素,以深厚的背景资料、同步的现场信息、深刻的追踪报道、多样式的互动反馈,全面、及时地反映新闻事件的全貌和进展。网络新闻专题在内容上能对某一新闻主题做较全面、详尽、深入的报道,在形式上可以集网络媒体的各种表现手法、技法之大成,因而它被认为是最具有网络媒体特色,最能发挥网络媒体新闻报道优势的表现形式,备受网站和网络受众的青睐。

①数据库

传统媒体受版面或播发时段的限制,传播容量只能在一个很小的空间内调整和扩充,这也是为什么传统媒体的"把关人"必须对信息作出大比率筛选的基本原因。网络新闻专题通过主题网页相关信息进行系统介绍,对相关题材进行深度挖掘,保证传播内容的丰富性和完全性;理论上无限容量的数据库,方便地将文字、声音、图片、图表、动态图像等网络媒体符号集合和存储,既保证信息的大容量,又能达到传播的综合效果。

②多媒体性

符号是传播的基本构成要素之一,声音、语言、文字、图画、手势、姿势、表情等都是符号,任何传播过程都要借助于这些传播符号才能实现。传统媒体中报刊主要使用文字、图片、图表符号,广播只使用声音符号,电视使用的传播符号相对丰富,由于其自身的线性传播方式,造成综合集成度不很高。网络新闻专题利用超文本结构和无限容量的数据库,方便地将文字、声音、图片、图表、动态图像等媒体符号综合在一个页面中,构成多媒体信息集成向导,使传播更具综合性、直观性、形象性,最大程度地还原信息的本来面目,更加符合人们的接收习惯和思维规律,有效地提高传播的综合效果。

③即时交互性

即时、远程化是传统媒体追求的目标,受信息采集、筛选、播发制度和程序、传播方式等方面的影响,除去对那些特别重大的新闻事件能给予完全及时的报道外,时效性往往只是一种追求目标;而其跨越时空的特点在现实生活中又往往受到各种现实因素的制约,很难实现即时性与远程化的统一。网络新闻专题的传播借助全球化数字通讯通道,能够保证即时性、远程化同时实现。从许多突发事件、重大国际事件的报道,我们已经切身感受到网络新闻专题所具有的、对任何传统媒体来说都是难以想象的即时远程化威力。

网络将传统媒体"一点辐射"式的单向传播,改变成"多点对多点"式的交互传播。网络新闻专题利用"分层"设计,会聚了多体裁、多样式的新闻作品,受众可以浏览标题新闻,也可以点击出相关内容,甚至同时打开多个"窗口"观看不同报道,极大地满足了受众接收信息的自主选择需求。网络受众不仅是信息的浏览者,也是信息的提供者和发布者,这就破除了传播组织的特权,实现了信息传播动机的多样化,形成了多点交叉式的传播格局。网络新闻专题可以方便受众参加讨论、发表看法、接受调查,及时主动地进行"传播参与",传播过程可以像面对面交流那样成为一个双向交流的过程,也使多点交叉成为一个动态的和即时的过程,受众反馈方便、快速、准确,缩短了受众反馈过程,信息发布者可以根据受众需求,及时调整传播策略,改善传播方式,达到最佳传播效果。

(4)网络体育专题的类型

网络体育专题目前尚未有统一的分类,我们按照网络新闻专题比较常见的分法将其分为栏目类、事件类、主题类三大类。

①栏目类专题

栏目类专题一般源自于不特定的事件、人物,但围绕同一个主题,持续周期往往是长期的,基本等同于网站的固定栏目。网络专题早期,就是以栏目类专题为主,这类专题只是简单聚合相同主题的网络新闻,展现形式通常是多条新闻标题的列表。这种专题形式无须编辑过多干预,至多编写一个栏目导语,通过新闻的属性自动提取生成,这些新闻属性包括新闻发生的地点、人物、行业、事件等。也就是说,这些新闻列表的新闻,有着共同的新闻属性。这一类专题如果进行时间相当长,或者某些特定报道适合于长期播出,最终将演变为一个专栏或一个频道,如搜狐体育专题设有 NBA、CBA、足球、综合体育、彩票、互动专题等多个专题。每个专题下集合了若干个同类专题,如 NBA 第一视点 2008 年 1 月至 8 月共推出包括"大鲨鱼重回西部""'易网'情深"等共 29 期精彩专题。

②事件类专题

新闻类专题一般源自于突发事件,新闻性较强。由于是突发的不可预料事件,因此不可控,在策划上是被动的。在网络媒体日常运营中,遇有重大事件的报道任务，网络专题常常是需要首先考虑的优先报道形式。新闻类专题持续的周期，由新闻事件的进程决定。如唐娜"国籍门"事件专题、国奥英国拉练斗殴专题、北京国安足球俱乐部罢赛事件等可以归于此类。

事件类网络新闻专题以报道新近发生的重大事实为主要内容，可分为自然性重大突发事件和社会性重大突发事件两种。由于事件的突发性和不可预知性，显然事件类的及时性是第一位的。但报道过程中应注重客观、公正、准确传播新闻事实，追踪整个事件的发展态势，提供背景材料佐证事件的意义，满足受众获取信息的需求。同时，要及时开通受众信息传输、反馈通道，及时调整报道内容。对事件现场，不能仅仅停留在文字、声音等符号的报道，尽可能播发现场画面，演绎事件原由和进展，提高传播效果。

③主题类专题

主题类网络新闻专题以可预见的重要活动、公众关注的人物为主要内容，可分为活动主题、人物主题两种。主题是可预见的，许多网站可能在相同时间推出同一主题，相同的新闻信息来源、共同的新闻背景，如何制作出不同反响的专题，是新闻网站策划能力、采访水平、编辑质量、制作实力的综合体现。媒体的首要责任是"以正确的舆论引导人"，新闻网站应该充分利用主题类新闻专题增强新闻报道的针对性、贴近性，最大限度地传播社会主流意识形态和主流价值观，凸显主流媒体魅力。

主题类专题一般源自于可预见的主题，服务性较强。由于前期可预见，在策划上往往就是主动的，持续周期由策划或者主题进程共同决定。如德国足球世界杯专题、十运会专题、北京奥运专题等。

2006 年德国世界杯，几乎各大网站都设立了专门的 2006 年世界杯网站或者世界杯专题栏目，为受众提供全方位的资讯服务。相对于传统媒体来说，网络媒体提供的背景资料、最新赛况、评论以及历届杯赛情况的丰富程度、更新程度以及交互功能更胜一筹。世界杯的资料信息也是一应俱全：世界杯揭幕和决赛时间、赛程表、世界杯会徽、海报、吉祥物、观战必备、德国交通指南和体育场介绍。不仅如此，许多网站在世界杯新闻里直接加入了关键词链接；几乎所有网站都开辟了论坛、聊天室、新闻跟帖以及读者调查、投票等互动形式，满足了网民个性化的要求。

4. 网络体育视频直播

随着网络技术的发展，通过互联网收看体育比赛的视频直播也已经成为球迷们关注比赛的主要途径。网络直播的体育赛事因其及时性和互动性的特点，越来越受到体育爱好者的欢迎。

(1)流媒体技术的应用

流媒体(Streaming Media)指的是在网络中使用流式传输技术的连续时基媒体,即在因特网上以数据流的方式实时发布音频、视频等多媒体内容的媒体,音频、视频、动画或者其他形式的多媒体文件都属于流媒体之列。流媒体是在流媒体技术支持下,把连续的影像和声音信息经过压缩处理后放到网络服务器上,让浏览者一边下载一边观看、收听,而不需要等到整个多媒体文件下载完成就可以即时观看的多媒体文件。

流媒体技术的出现,音频、视频文件得以在网络媒体中顺利、实时地播出,人们不仅可以在网络上顺畅地收听广播、观看影视节目,还可以直接收看赛事实况直播。网络媒体也由以前单纯地发布静态的文字和图片,发展为对动态的音频、视频的传播,这是对网络媒体功能的拓展和传播价值的整合。

2006年,流媒体的发展更是来势汹涌,一日千里。直播点播、Internet TV、P2P流媒体、IPTV、视频监控、可视电话、视频会议、音乐视频网站、网络游戏,流媒体几乎在音视频应用领域中遍地开花。

(2)网络体育电视后来居上

体育网络传媒的实效性体现在它可以现场转播各种比赛并同时提供其他同时进行的多场体育比赛情况,我们都知道在每个赛季的星期日,甲A有时要同一时间进行五六场比赛。中央二套转播其中一场,主持人经常说这样一句话:“编导正用电话和在其他赛场的采访记者联系,看看那里的比赛结果。”从2000年开始,黄健翔的解说台前开始有了一台笔记本电脑,其他同时进行的各场甲A比赛情况一目了然。世界各地同时进行的各种各样的比赛,在网上你可以看到最新的比赛情况,高兴的话还可以发个帖子谈谈你对比赛的评述。

2006年世界杯大部分比赛都在北京时间深夜至凌晨3点进行(中德有七小时的时差),多数中国球迷难以观看电视直播,球迷上网看球、上网评球成为首选。时差给网络媒体带来难得的历史性机遇,调查显示,中国有5000万人通过网络获取世界杯新闻。

2007年11月刚刚拉开新赛季帷幕的NBA比赛,吸引了众多球迷的关注。11月10日雄鹿与火箭的“中国德比”让搜狐视频直播NBA收视率创造了历史新高,在中央五套和地方体育台同时直播比赛的情况下,搜狐视频直播同时在线观看人数高达 130 万，总观看人数达到 700 万。体育视频直播一片火暴景象。天盛传媒斥巨资购得英超转播权后，将英超转播搬到了互联网上，球迷可以付费观看。在中国内地，新浪、腾讯以及易讯旗下网站 500wan 也取得了英超网络的转播权。

2000 年悉尼奥运会时，法新社第一次建立了“奥运会多媒体服务”，以网络视频、手机短信等形式，满足新媒体客户的需求。网络电视（或者说网络视频）在 2008 北京奥运会直播中更是大显身手，作为奥运互联网和移动多媒体的官方传播机构，央视国际极为重视网络电视，将其作为旗下手机电视、IPTV、公交移动电视等其他新媒体的龙头和基础。据央视国际有限公司副总经理王秀云介绍，奥运共有 3800 小时赛事，而中央电视台转播奥运的各个频道加起来只能提供 1200 小时的播出空间。还有 2600 小时，即 2/3 的比赛项目难以通过传统电视得以展现。网络电视为剩下的大部分比赛提供了播出平台和空间。奥运期间，央视国际网络奥运台开通 60 路直播轮播频道，全天候提供 3800 小时赛事点播。

“网络视频总算熬出头了，在奥运会后会将继续领跑互联网业务。”新浪 CEO 曹国伟在总结奥运报道时，表示网络视频为新浪取得门户网站奥运流量之首立下汗马功劳。实际上，根据互联网数据中心发布的统计数据显示，奥运会开幕式当日创下 1.61 亿次网络“收视率”的纪录，这丝毫不逊于电视转播。

根据权威数据统计，新浪、搜狐、悠视网等获得奥运赛事转播权的九家网站在奥运期间几乎天天创互联网视频收视新高，奥运网络频道群浏览总量首次突破 14 亿。这几乎意味着一家仅次于央视的“电视台”诞生。而在大洋彼岸拥有直播权的 NBC 网站也创下视频直播的全新纪录——视频浏览量也达到 7200 万次，超过了该网站 2004 年雅典夏季奥运会和 2006 年都灵冬奥会流量之和的两倍多。看来无论是在东方还是在西方，网络视频都以横扫之势迅速崛起。

5. 体育博客

体育博客已经成为体育报道中的一股不可小视的力量并在一定程度上改变了单纯依赖传统媒体发布消息、表达看法的旧有观念模式，将受众由被动的接收者转变成为观点、信息的积极发布者，在 2006 年的世界杯报道中，博客队伍首次成为重要的组成部分，共有 25 万博客在新浪上发表了 110 万篇文章。[①] 长春亚泰夺取中超冠军这一条信息仅以新浪博客为例，截至 2007 年 11 月 19 日，以“亚泰夺冠”为

① 张见悦：《新浪世界杯访问者攀新高 广告收入超过七千万》，《京华时报》2007 年 7 月 4 日。

题目的体育博客就达到254条，而其中内容涉及亚泰夺冠的博文就达到29064条。在各种体育媒介中，由资深媒体人、体育明星、草根阶层所组成的体育博客群的崛起已然成为一个不争的事实。

中国互联网协会发布的《2006年中国博客调查报告》显示：截至2006年8月底，中国博客用户已达到1750万，博客读者达7500万人，博客进入成熟发展的繁荣期。

(1)体育博客的兴起

世界上最早的知名博客之一，当属以披露克林顿性丑闻而闻名的麦特·德拉吉，其所开办的"德拉吉报道"(Druge Report)被认为是一种典型的Weblog。在中国，博客的概念从2002年开始出现。2003年底博客中国成为中文第一博客网站。2003年，王吉鹏在"博客中国"转发关于互联网反对传播黄色内容的帖子，引起极大轰动。这是中国博客的媒体影响力第一次获得社会认知。

2004年，我国进入博客的兴起阶段，国内提供博客托管服务的网站和博客社区多达72个，涉及IT、管理、教育、商业、法律等诸领域。2005年9月，国内新浪、搜狐等门户网站相继推出博客大赛，全力打造自己的博客。随后新浪网将大批名人招至旗下推出名人博客，诸如徐静蕾、李冰冰、李承鹏、韩寒、郭敬明等，演艺圈、体育界、文学界、媒体、地产各路名人纷纷加盟，使新浪博客的人气剧增，"名人博客"给博客频道带来的流量增长约为30%～40%左右。眼看新浪博客日益红火，搜狐、网易也不甘示弱，相继拉拢一批批名人为自己的博客造势，这其中自然少不了包括体育明星、知名体育记者、评论员、著名体育电视解说员以及爱好体育的各界知名人士。

截至2006年5月，新浪设置了博客体育频道(http://sports.sina.com.cn/blog)，开设了"博客世界杯大赛""热点体育博客""体育博客群""美眉博客"等几个栏目。搜狐博客设置了搜狐体育频道博客群，里面开设了"体育明星博客群""体育评论员博客群""体育写手博客群""体育美女博客群""足球宝贝博客群"等栏目，最新的博客及时更新。德国世界杯更是各家博客网站和门户网站博客板块借势发展的一大契机。搜狐组织了11位博客高手以及夏雨、羽泉、高峰等20多名演艺界、体育界明星组成的"搜狐世界杯博客军团"奔赴德国世界杯第一现场，为网友带来第一线的报道和评论。

目前，从获得奥运金牌的著名运动员，到长期在第一线采访的知名体育记者，再到默默无闻的网友体育迷，博客写手们纷纷到门户网站或者博客网站注册博客，形成了体育博客的独特景观。

体育博客一般指在特定时期内将各类体育事件、相关体育评论、相关体育人物等为主要题材的博客，某些博客只在特定时期内集中写体育题材，并不一定自始至终以体育为主题，在某个特定时期内，仍属体育博客范畴。体育博客为许多网站提供了新的、吸引人的亮点，在新浪、搜狐、网易等各网站都在较醒目的位置设有体育博客专区或“博客群”。以新浪网博客为例，在最近点击率排名前100位的博客中，约30%的博客涉及过体育题材，以体育题材为主要内容的有12个，其中，董路、李承鹏（“只因有李”）的博客点击率分别以高于3350万人次和2907万人次位居总排名的前十位（2007年5月9日统计），[①]他们是体育评论人士的代表。还有吸引了大量的体育迷的注意力的，如刘翔、桑兰、杜威、王治郅、李铁、刘璇、丁俊晖、高明等博客的点击率也达到数万甚至是数十万。同时，众多体育爱好者正投身与体育相关题材文章的写作中，并将这些文章发表在自己的博客上，他们组织网络社区或单兵作战，将大量精彩的以体育为主题的文章呈现在广大受众面前，从而有效推动体育文化的传播。

(2)体育博客的基本类型

根据博客写作者身份的不同大致上可将之分为体育明星博客、体育记者博客和体育迷博客。

①体育明星博客

名人开博已经成为博客世界里的一道靓丽风景线，博客也成为体育明星展示自己的一个平台。知名博客、德国之声国际博客大赛评委安替认为，在中国缺乏两个机制，一是好莱坞机制，一是文化经纪人机制。明星、名人固有的资源没有得到全面的开发和利用，所以，他们只有通过博客来展示自己。[②] 体育明星在自己的博客里叙述不为外人所知的有关赛事与生活感受，提高了亲和力，拉近了和普通百姓的距离，偶尔也能爆出独家新闻，提供重要的新闻线索。

搜狐网站的“体育博客圈”、新浪体育博客“运动员博客名人堂”招徕现役、退役的知名运动员开通博客，这既是为网站本身招徕人气，也迎合了运动员表达、宣传

---

① 新浪博客总流量排行榜，http://blog. sina. com. cn/lm/top/index. html? prourl＝99

② 《知名博客安替现场致辞》，新浪网，http://tech. sina. com. cn/i/2006－04－20/1156911514. html，2006年4月20日。

自己的需求。体育界的明星、运动员纷纷开设了自己的博客，诸如足球界的冯潇霆、杜威、祁宏、韩端等人，篮球界的刘炜、王治郅，台球界的新星丁俊晖等知名运动员。例如前北京国安足球俱乐部运动员周宁的博客，在体育明星博客中一度是人气最旺的。周宁将和他同时代的北京国安老队员的合影放在博客上，这正好迎合了不少怀念那批老队员的球迷的口味，再就是他以足球圈内人的身份大胆地对当前足球界的一些事件发表自己的观点，言论颇有见地。

体育明星在博客中对于比赛的专业看法以及赛后的心理活动，是体育记者无法替代的，他们的博客在某种程度上，将可能改变体育报道的形式。

②体育记者博客

在博客出现之前，国内各商业网站的体育频道就聘请了知名体育记者、电视解说评论员等开设专栏，用以丰富、充实自己网站的评论内容，吸引网民，但这类不定期发表的评论内容容易被网络上浩瀚无尽的信息所湮没。博客的出现为他们提供了一个集聚个人言论的场所。每逢大赛之前，体育记者的博客会及时发布有关赛事前瞻性的报道和评论；比赛之后，他们的博客会在第一时间对比赛以及运动员的表现评头论足，其时效性大大超过了第二天才能见诸报端的纸质媒体。体育记者本身具有较高的文化素养，他们的博客内容不仅仅局限于体育方面，还涉及社会、人文、旅游等各个领域，深受广大体育迷及网民的欢迎。

知名体育记者董路自从 2005 年 10 月底在新浪开通博客以后，天天笔耕不辍，坚持写博客。董路的博客充分利用博客的视频、音频等功能，做成一个多媒体平台，内容涉及广泛，比如在线点评春节联欢晚会、举办博客新年晚会、写博客观察等。2006 年 6 月份德国世界杯期间，董路的博客点击率突破 1000 万次，这甚至引起了海外媒体的关注。

博客也是专业记者稿件的第二出口。一个传统媒体也会将一个博客网站作为补充出口，将其文字和摄影记者获得而未能在传统媒体上刊登的内容在博客网站上披露，满足一部分人的需要。体育记者的博客，往往能传递更多的资讯，表达更自由的思想，因为他们的博客毕竟不是完全等同于发表在他们所供职的媒体上的看法，他们不再因所在媒体的种种制约而压抑自己的个性，一些无法在传统媒体上发表的稿件，体育记者也可以通过自己的博客发表。

③体育迷博客

在为数众多的体育迷当中，不乏一些有着较高文化素质，同时又热爱体育、时时关注竞技场的人，他们思维活跃、见解独到、文笔犀利，总是在比赛后写出一些表述个人观点、见解的文章，并时有惊人之语和经典之作。以前，这些人到各网站的论坛上张贴自己的文章，博客出现以后，他们便有了展示自己的一片小天地。

在新浪“博客体育”的首页，我们可以看到其重点推荐的一些体育博客文章，其中不仅仅是知名记者、明星的博客，一些体育迷的精彩文章也被放在显著的位置上。值得一提的是，有一批在网络上小有名气的博客写手，无论是在各大论坛，还是在各博客网站上都表现得异常活跃，他们俨然是专职的网络写手，每当有重要的体育赛事，我们都可以在各著名的博客网站、论坛上见到他们应时而出的评论文章。这些文章文笔老练、风格独特，颇受部分网友的欢迎，以至于新浪网总编辑陈彤都不得不承认“真正的高人在网民当中”。

体育博客开启了一种全新的体育新闻报道与传播模式。成千上万的网民，特别是那些格外活跃的“博客”们，不再只是新闻的旁观者，他们真实地参与到了新闻的制作与传播过程中。比如，对于网民针对某一条新闻留下的评论，网站编辑会进行仔细的挑选，将其中一些具有代表性的言论添加到报道正文中去，增加报道的丰富性，甚至会对网民留下的新闻线索进行追踪，在他们的协助下丰富媒体报道的视角。

体育明星、体育记者、体育迷三者博客可谓形成的是独特的“三位一体”。博客不仅为体育明星和记者提供了在赛场外展现自我、发表言论的机会，也给他们与体育迷的“直接”交流提供了一个平台。体育迷不仅可以在自己的博客上发表对赛事、运动员的评论，也可以直接访问体育明星的博客，了解他们在赛场内外的活动与心情，表达自己的心声；体育迷还可以访问知名体育记者、评论员的博客，了解他们对于赛事的一些独到的见解，甚至可以针对他们的工作发表自己的看法。为数不少的文化素养比较高的资深体育迷长期在博客上浸淫写作，练就了扎实的文字写作功底和独到的分析评论能力，从默默无闻的体育迷成长为颇有名气的博客。

第三节　网络体育新闻报道业务

网络的飞速发展给体育报道带来的变化，不仅在于网络对体育新闻报道的增多，更重要的是它改变了传统的体育新闻报道流程，给体育新闻采写带来了巨大而又深刻的影响。

网络体育的报道颠覆了传统的新闻报道模式，新闻作品经由采访、写作、编辑而诞生的线性流程在网络时代已经不再具有唯一性。超链接技术、数据库技术及网络信息的海量性使得网络体育报道可以在网站不具有采访权的情况下仍然能够实时发布新闻。而且，往往网络体育报道的采访、写作和编辑是同步完成、立体化操作的。

一、网络体育新闻采访

互联网络如今已成为继报纸、广播、电视之后的"第四媒体"。与此同时，网络新闻的采访、写作和编辑也成了新闻业务中新的重要组成部分。网络新闻是指在互联网上利用网络技术和网络功能对新近发生的事实所做的多媒体、全方位的报道。网络新闻的采访业务正是为这种报道所做的准备。网络新闻的采访大致有两种基本方式：

1. 实地采访

实地采访是传统媒体记者最经常、最普遍使用的采访方式，也是网络新闻采访仍采用的基本方式。它要求记者亲临现场，与被采访者进行面对面的谈话或者亲眼目睹新闻事件发生、发展的整个过程。通过记者的深入采访、现场目击和认真核对，保证新闻报道的真实性、准确性和客观公正性。事实上，尽管受制于网络新闻采访权的限制，目前在网络媒体上播出的大量新闻特别是原创性新闻，仍是记者包括网络记者通过在实地访问、观察、调查研究的结果。"眼见为实，耳听为虚""不入虎穴，焉得虎子"，这些我们过去耳熟能详的格言在网络时代仍然不会过时。2006年德国世界杯，国际足联首次将正式的记者名额发放给了网络记者，众多网络媒体都派出了庞大的采访队伍奔赴德国。新浪网获得五张采访证、搜狐网获得七张采访证，网络媒体就占到我国内地地区总共80个正式采访名额的15%；由于拥有直接采访权，网络媒体相对传统媒体在发稿量方面的优势更加强化，从最新的战报到球星绯闻、小道消息，内容无所不包。并且，不少传统媒体开始从网络新闻摘取世界杯信息。

我们知道，不同的媒体有不同的传播方式，记者的采访工具会因为媒体的传播方式不同而各异。如报社记者有文字记者和摄影记者，采访工具主要是笔记本、钢笔和照相机；而广播电台和电视台的记者则要求携带录音机和摄像机到现场去录音或摄像。网络传播是现代高科技的产物，它以数字化和多媒体为特征。网络记者随身携带的不是笔记本、照相机、录音机或摄像机等单一的采访工具，而是包括由数字照相机、数字摄像机和便携式计算机组成的数字移动采访设备和移动通信设备。

这些现代化的采访工具使网络记者在任何时间或任何地点都与编辑部保持着联系，随时发回采访中获得的最新消息并在编辑的直接指挥下做现场报道。如《美国休斯敦纪事报·网络版》的网络记者就经常带着数码摄像机和其他先进的电子设备外出采访，专门为网络版采制第一手的多媒体报道。他们还在网上用多媒体特写的形式创办了一个叫“虚拟旅行者”的栏目，将他们外出采访的经历制成有声有色的多媒体报道，使网站的访问者如临其境、如闻其声，产生强大的视觉冲击力。网络新闻的采访要求网络记者必须是一个多面手，不仅要具备文字记者、摄影记者的采访能力，而且要具备广播记者和电视记者的采访能力，在任何情况下都能独立完成采访任务。

2. 在线采访

在线采访是一种借助在线服务进行新闻采集或借助公共或私有的数据库进行数据的收集与分析的采访方式，国外称计算机辅助报道(Computer Aided Reporting，简称 CAR)。互联网的飞速发展和网上信息的“爆炸”，不仅给网上大量的、实时更新的新闻报道提供了平台，也为网络新闻的采访提供了一个新的有力的工具。在线采访已经成为网络记者以至于传统媒体记者的一种重要的采访方式。在线采访也称网络采访，是一种新兴的采访方式，它与面对面访谈、电话采访不同，网络采访借助的是网络技术与网络手段，如电子邮件、视频采访、搜索引擎等。通常具体有网络访谈、寻找线索、查找资料和查证事实四种功用。

二、网络体育新闻写作

随着网络媒体的迅速发展和网络技术的日趋成熟，网络媒体独有的文、图、声兼备的特点和优势日益突出，网络新闻摒弃了初期几乎完全采用了报纸新闻的写作格式，逐渐形成真正适合自己的写作风格和特色。

1. 网络体育新闻写作的特征

(1)标题至为重要

网络媒体传播信息的程序与传统媒体有很大不同,从主页上的标题到正文最少要有两个层次,其标题适宜于单式结构,一般情况下只有一条。网络新闻在标题制作方面可利用的空间相对较小,因而要求有较高的信息含量和较强的艺术性。

网络新闻的标题和内容是分离的,一条消息的内容无论多么重要,在网页上也往往只有一条用于链接的标题,受众对标题感兴趣了,才会点击标题,进入下一个页面阅读内容的本身。况且网络媒体容量的无限性使每天都会有大量的新闻信息呈现于受众面前,新闻受众的选择性非常强,标题成为引导读者阅读至关重要的因素。这一切都对网络体育新闻的标题制作提出了相当高的要求。它要求在短短的一二十个字内既要高度浓缩消息的主要内容,提供尽可能多的信息,又要具有较强的艺术感染力和吸引力。

(2)导语制作相对宽松

在报纸新闻中,导语起着"点睛"和"导游"的作用,对受众的阅读选择有着较大影响。因此,报纸新闻十分注重导语制作,艺术性也非常强。相比之下,网络新闻对导语制作要求十分宽松,有相当一部分网络新闻甚至根本就没有导语,这主要是由网络新闻的接收方式和受众阅读心理特点决定的。网络新闻写作还必须充分考虑到受众屏幕阅读的心理特点,受众选择网络新闻的关键因素是其内在的信息性,而对于导语并不在意。网络新闻的标题在很大程度上已经涵盖了传统意义上的新闻导语的功能。

这并不是说网络新闻完全不需要导语,为了使读者在尽可能短的时间内知晓新闻的内容要点,大多数网络新闻采用倒金字塔的写作模式,即发挥新闻导语的作用,把最重要、最新鲜、最能吸引人的新闻事实放在最前面。如新华网上一则关于我国选手在冬奥会上获得第一枚金牌的报道的导语是这样写的——"新华社美国盐湖城消息:中国选手杨扬今天在这里进行的第十九届冬奥会短道速滑女子500米决赛中,夺得中国冬奥会历史上的第一枚金牌,使中国冰雪运动经过54多年的奋斗,终于实现了冬奥会金牌'零'的突破。"该导语开门见山,"五个W"俱全,浓缩了新闻中最有价值的部分,同时也引起了读者往下阅读的兴趣。新闻则通过导语右下角的"深入报道"链接到更详细的报道中去。

(3)背景资料“无限丰富”

背景材料是新闻报道中不可或缺的重要组成部分。它可以将单一的新闻事件置于无限大的空间中,与更多的事情联系起来,使新闻受众能全面地、深层次地了解到新闻事实。

网络新闻的背景材料则是非常丰富和富有层次的。网络新闻在空间能力上最突出的特征就是信息贮存与转运的能力较强,超链接方式使其背景材料在理论上具有无限的扩展性与丰富性。一方面,由于网络新闻不必受空间的制约,具有容量的无限性,可以很详尽地根据受众的需要使用所有可以使用的背景材料;另一方面,网络新闻传播方式的独特性,也使得网络新闻在背景材料的使用上有着得天独厚的优势。在网络新闻中,新闻信息的链接不再仅仅是线性的,而是网状的,通过关键字可以在文本之间建立多层面的链接,比如可以通过文中涉及的某个人物的关键字的链接,进入与这个人物相关的许多文章中,充分了解这一人物的背景材料。也可以通过“相关新闻”的链接,进入与当前新闻有关的许许多多新闻之中,查阅与此有关的丰富的背景资料。受众的视点可能在网页的任何地方因鼠标的点击而到达另一个网页、另一个新站点,以满足自己了解相关背景的期待。

(4)跳跃式结构

网络体育新闻在行文结构上有较大的随意性。它根据读者阅读的需要来组织材料,没有条条框框的限制,跳跃性很强。由于网络可提供信息的无限性以及网络新闻超文本格式的特殊性,读者的接收活动是主动的,即读者需要什么就搜索什么。

网络新闻传输、编排方式的独特性和信息形态多样化的特征,给了新闻受众极大的选择空间。网络新闻在一定程度上可以实现对传统媒体新闻信息载体形式的兼容,实现对图、文、声、像全方位、多层次的信息提供。这较之于三大媒体而言,为用户提供了到目前为止最为广阔的选择空间。而且超链接的阅读方式,还打乱了传统阅读方式中根据上下文的了解阅读语境以进行整体信息的把握与分析的过程。因此,适应接收者的需要和网络新闻超文本格式的特点,网络新闻在结构安排上就有了明显的随意性和跳跃性。

(5)超文本格式

较之于报纸和其他媒体,网络新闻在写作和编排上有两个独特的特点:一是超文本格式,即各个文档之间可以通过关键字建立链接;二是使用多媒体语言,将声音、文字、图形、动画合为一体。超文本格式打破了人们原有的顺序思维和阅读习惯,而代之以跳跃式思维和阅读方式。[①] 我们可以在姚明的官网(见图 7—6)看到图文并茂的信息,也可以打开链接欣赏视频等。

图 7—6

在传统的新闻写作中,记者的思维一般都是凝固在相对独立的一篇作品中,即先收集素材,在此基础上形成主题思想,然后把有价值的细节及其背景材料等按照一定的结构模式组织起来。而在网络新闻中,这种写作方式就有一定的局限性。因为网络新闻的超文本格式使读者在阅读网络新闻时具有较强的开放性。这就要求网络新闻在写作方式上要充分考虑到网络新闻读者的阅读规律,根据网络新闻的写作要求将材料进行有效的分层。分层主要是为了适应“www”所具有的“超链接”的需要。“超链接”能将新闻素材组织成多个层次,以供有不同需要的读者阅读。具体而言,第一层材料可以是粗线条的,只介绍主要框架;第二层材料即具体细节可以通过调用关键字的“超级链接”去展开,一些背景材料也可以用这种方式进行。[②]

2. 网络体育新闻写作的结构

有人提出了网络新闻写作的“树状结构”:不但要有茂密的枝叶——醒目引人的标题、诱人的导语;还要有粗壮的主干——对事实的深度挖掘,对主题的高度提炼;更要有庞大的根系——对背景材料、信息进行全历史、全过程向度的运用。

---

① 张东军:《网络传播对人们的心理影响》,《新闻爱好者》2000 年第 10 期,第 19～20 页。

② 张羽:《试论网络传播与记者传播方式的调适》,《西北大学学报·哲学社会科学版》2000 年第 3 期,第 152～157 页。

(1)茂密的枝叶——醒目的标题、诱人的导语

标题是新闻的眼睛，俗话说题好文一半，这话对网络新闻来讲是最恰当不过了。一条好标题点睛传神，不仅概括出新闻的主要内容，且以其语言艺术的魅力吸引读者往下看。好标题能够吸引受众的注意力，导语即交代了新闻主要内容，又激起了受众深层探究的欲望，使之不由自主地点击继续看下去。

(2)粗壮的主干——对事实的深度挖掘、对主题的高度提炼

网络新闻不受版面和截稿时间的限制，可对事实进行深度的挖掘，对主题进行高度的提炼。可以表现为围绕一个体育人物或体育事件制作专题。

(3)庞大的根系——对背景材料、相关信息的全历史、全过程、全向度的运用

与传统新闻相比，这个层面是网络新闻独有的，因为这是网络新闻"超链接"带来的结构特征，围绕着主题新闻，通过链接可以形成一个全方位的、超越时空的、立体的整体信息体系，并做成专栏或专题报道，也可能聘请专家来加以评述，组织交互式讨论，甚至策划成更大规模的跨平台新闻战役，对新闻做深度的分析性或调查性的报道，就好比给了网络新闻一个庞大的根系。

三、网络体育新闻编辑

和传统媒体一样，网络体育新闻业务也包括采访和编辑两块，由于网络媒体并没有明确的采访权，加之网络媒体海量的信息需求，编辑业务始终是网络新闻业务的核心。

1. 网络新闻采访权问题

网络媒介从它诞生时起，在内容上便实行了"拿来主义"的策略，它的新闻是靠粘贴传统媒体的报道，自己从事的则是整合、整理的工作。网络媒体尚无自己明确的信息采集渠道。国家广电总局明文规定网络媒体没有新闻采访权，中国现在的网络媒体还不是完全意义上的新闻媒体单位。在2004年由国家新闻出版总署颁发的新版记者证中，并不包括网络记者，时至今日依然如此。政府认可的新闻网站如人民网、新华网、千龙网等，是依托传统媒体的新闻资源，由网络编辑给予编发。而少数有记者证的网络记者，因为恰好是政府认可的新闻网站的记者，或是依托传统媒体有着"双重身份"的记者，所以说，真正的网络记者还没有诞生。

然而，在不拥有自主采访权的前提下，各大门户网站，加上其他大小有新闻业

务网站，都有自己的专业或业余的记者团队，他们对社会上新发生的各种网民感兴趣的人和事进行访问，或做成专题报道，或以会客室的访谈等方式进行正规或非正规的报道，不以文字形式出现则以视频形式出现，跟法律法规打擦边球。而网络编辑作为互联网时代的新兴职业，2006 年首次被列入国家职业大典。网络编辑，是网站内容的设计师和建设者，通过网络对信息进行收集、分类、编辑、审核，然后通过网络向世界范围内的网民进行发布，并且通过网络从网民那里接收的反馈信息而产生互动。这些利用相关专业知识及计算机和网络等现代信息技术，从事互联网网站内容建设的人员即网络编辑在提供原创新闻方面发挥着重要的作用。

2. 重组即原创

正如新浪网陈彤所言：互联网新闻现在更多地进行着一种信息整合的工作，而非新闻制作，并且和传统媒体保持着相当紧密的合作关系。[①] 根据彭兰的研究，网络新闻处理大致可分为四个层次：一是简单的“粘贴新闻”，靠快和全来赢得受众的眼球；二是“编辑新闻”，即对新闻进行加工、整理，使其具有更好的质量与可读性；三是“组织新闻”，包括形式上的组织与内容上的组织，即进行合理的界面设计，合理的新闻栏目与专题的策划，另一方面对现在的新闻进行整合，一方面争取独创性；四是“解读新闻”，即对新闻事件或其中某些环节的来龙去脉、前因后果进行深度的剖析，释疑解惑。现在，网络报道早已经告别了单纯“粘贴新闻”的阶段，而“编辑新闻”也有了更为丰富的内涵，它融粘贴、组织、解读新闻于一体，网络编辑本身就成为一个创作的过程。

从编辑部的角度来看，网络体育报道是一种二线或者二手报道。传统媒体在体育比赛的一线往往派有强大的新闻采集发传力量。网络体育报道一方面来自记者的一线采访，更多的来自网络编辑的“创作”。所谓“重组即原创”，它包括选择、整合、配置，配置又包括内容的配置、形式的配置、功能的配置（如互动功能）等，新闻资源重组本身就是一种原创。对现有的、二手的新闻资源进行重组，本身就融入了网络新闻编辑的再创造，是编辑思想的一种表达。这种二次加工、深度开发也是一种原创，网络编辑的成果就是这种原创。而且这种原创，解决的是“面上的原创”，而非采访的那种“点上的原创”。

① 彭梧：《陈彤眼里的网络编辑　新浪内容编辑“八字经”》，《新京报》2008 年 10 月 7 日。

3. 网络体育新闻标题的制作

为了适应受众扫描式阅读的需要，网络新闻编辑应该更加重视对新闻标题的拟制。这是因为标题是一篇新闻的标示。更重要的是，网络报道通常采用在首页集中展示新闻标题的逐层导入式版面结构。呈现在受众眼前的是由大量新闻标题组成的链接群，受众看到的具体内容，需通过点击标题进入正文，也就是说标题具有特别显著的导读效用。因此，标题是否具有吸引力、具有新颖性和创造性，其事关着整个新闻的写作是否成功的关键。因此，网络新闻必须强化“标题意识”。

(1)多为单行题

网络新闻的标题不同于报纸新闻的标题，有眉题、肩题、正题、副题等复杂多变的形式，一条新闻的内容无论多么重要，在网页上往往只有一行链接。标题的长度通常限制在 25 个字以内。因此，拟制网络新闻的标题就需要把握两项重要原则：一是要用极其精练的文字清晰、准确地表明新闻事实，其二就是要突出新闻事实中最重要、最引人关注的信息。体育网站通常对当日重要体育新闻加以突出标示，以一条新闻居首构成有一个标题集合，如搜狐体育 2008 年 12 月 31 日“1 日 8 时播火箭 VS 雄鹿　穆托姆博重返火箭”下附有[姚明：欢迎老爷爷　大叔：受巨人威胁][策划——大叔归来][麦迪就医不缺阵][兰德里握交易权][巴蒂尔因伤休十天][詹姆斯 38 分骑士负　视频][绿军再负][1 日 4 时篮网——活塞]共八个单行题相处一个标题集群。同日，体坛网对同一事件的报道方式也类似，“穆大叔重回火箭辅佐姚麦　姚明二字总结耻辱比赛”下附[姚明主动让先发][大叔扫除两大疑问　王猛评][回归火箭始末][视频][麦迪七大秘事][姚麦挤压阿泰生存空间][球迷为巨人喊冤][今日赛果]八个相关标题。

(2)实题为主

目前网络媒体的新闻均采用的是实题，只有部分评论文章采用虚题，或虚实混合。如体坛网“丁俊晖 5：1 胜黑马　轻松夺取中巡赛三连冠”“朱骏将任申花临时主帅　热身赛挑战欧洲杯冠军教头”“上海游泳馆投资 20 亿超水立方”等。由此看出：网络新闻标题的实题写作方式可以把事件核心要素完全展现给受众，避免了事件不被点击仅仅传播结论的现象。如果上述的事件采用虚题的方式来写作，就不会将事件最关键的核心要素摆在读者的眼前。在网络媒体中，应该提倡“核心要素”前置的结构模式。

(3)标题＋提要

单行化的标题通常很难将新闻关键内容一言而概,许多有价值的信息不得不舍弃。对于重要的新闻,如“头条新闻”,可采用“标题＋提要”的形式,在新闻标题下面加一句类似新闻导语的内容提要,概括新闻的内容要点和最吸引受众的信息,便于受众对是否阅读该新闻进行取舍。以此弥补单行标题的不足。比如搜狐网欧洲体育“老国王留守蓝黑现转机”标题下的提要为:阿德将连续第二个赛季离开米兰城吗?国际米兰主席莫拉蒂认为这种猜测不会成为现实,而且看到阿德走人会很伤心的。这种方式在体育新闻报道中较少用到,但在体育评论类栏目中较常见,如体坛网“七日谈”之“梁文博叫板‘一哥’丁俊晖”,其提要为:从世锦赛上一鸣惊人后,梁文博已经逐渐显露出对丁俊晖的威胁。上赛季结束,丁俊晖仅排第 11 位,而梁文博排名则飙升到第 40 位。

新闻摘要的形式在一些西方主要新闻网络媒体上开始被大量采用,并且深受欢迎。这一形式可使用户在只浏览主页及各分类新闻主页的情况下,就能对当日要闻要点了然于胸。英国 BBC 网站的做法是在各个栏目的每条新闻标题下面给出简短的概要,类似报纸上常用的小标题形式。这样做的结果是它的新闻网页的长度增加了许多。

4. 网络体育新闻编辑的一般准则

网络新闻编辑包含了“选稿、改稿、制作标题、编排稿件、组织版面、设计网页、多媒体制作”等具体的编辑业务,这是一个完整的制作流程,最终表现为一个这样或那样的版面与受众见面互动。

(1)视觉中心原则

人们阅读时存在一个“视觉心理中心”(CVI),所以在版面安排上一定要形成一个强有力的 CVI,它可以是一幅图片或一个醒目的标题,以吸引受众的注意力,而且它不能从版面的其他部分中孤立出来,它应该是有特色的、不同风格的,能最有效地集中注意的结构,而且一个版面只能有一强大的 CVI,不允许其他部分削弱它的作用。如果版面上有第二个区域与之竞争,受众就会被搞糊涂,因此,我们在进行网页设计时,强刺激点不应该太多,最多不能超过三个,否则,容易造成受众心烦意乱。

(2)合理运用编辑符号

色彩符号有自己独特的含义和功用。不同的色彩能引起人们不同的心理感受,使人产生不同的情感反应。比如,红色被认为是一种典型的激励性符号。因此一些激情高昂的新闻,就应佐以红色来配合传播,又如蓝色被看做“理智”的色彩,代表清新、明晰、合乎逻辑的态度,一些评论与深度分析就可以选择它来做底色。题花、线条等编辑符号加在稿件之间用来清楚地区分,这种区分便于阅读,给形式或内容上相近的稿件围边、勾线,可以使之看上去紧密,能够起到突出主题的作用。

(3)信息编排张弛有度

相近的信息放在一起,用统一的版面语言进行包装,使之形成一个统一的整体,容易混淆的信息利用色彩、字符、线条等加以区分,克服受众浏览时的“前摄抑制”或“倒摄抑制”发生。“组与分”要从稿件内容的实际情况出发,要顾及版面的整体要求。

在追求网页不断翻新、栏目位置不断调整,隔段时间要改版追求变化的同时,也要考虑到受众的浏览习惯,即在固定的地方找信息,页面和栏目设置相对固定。

另外,信息容量要适度。根据“艾滨浩斯遗忘曲线”理论——如果单位系列不是太长——包含七个或少于七个单位,那么读过一次就可以记住它,要想记住八个以上的单位就已经办不到了,这就需要再一次阅读”。因此,一条信息的呈现条数不宜太多,编辑在编排信息时最好在“五至九条”范围内运作。我们在给一篇文章制作标题时要考虑如果文章不是很长,不多于七个超句子结构,通常就不要求用小标题将它划分开来,如果多于七个超句子结构,就应该为它制作成小标题,只有这样才能方便记忆。

(4)版面设计符合美学原则

版面设计应体现对比、统一、平衡、节奏、动感的原则,并处理好主次与聚散、图与地(背景)、群组与间距、四角与对角线、空白与版面率等的关系。

版面设计中,要力求通过文字、图片、装饰等符号的编排来寻求对比所需的“相反性质”。比如有底纹与无底纹的对比,比例纵长的图片与横阔的图片的对比,标题字形体与大小的对比等,以构成视觉刺激。页面各种元素的统一不仅是方便阅读的需要,也是产生视觉美感的需要。

网页中的平衡一般来说可以通过网络版标志、栏目导航区、图片包括广告几部分的大小位置关系来获得。例如,现在大部分网页都是把报头或标志放在正上方,栏目导航部分放在左部，图片放在中间或偏右位置，这样使页面看上去显得比较稳定。

网站把文字分成不同及级别，如栏目标题、文章标题、正文等，给予不同级别不同的风格，并使它们相互交融，就能得到视觉上节奏的变化与反复。此外版面的分割要符合黄金分割的规律。

本章思考题

1. 体育报道的“网景化”特征指什么？
2. 网络体育报道的形式有哪些？网络体育评论有哪些特点？网络体育专题有哪几个类型？各自的特点是什么？
3. 怎样看待网络新闻采访权问题？
4. 网络体育新闻写作的特征是什么？怎样制作网络体育新闻的标题？

第八章
世界著名赛事报道模式及其特点

第一节　奥运会报道模式及其特点

在世界各地，每一年举行的各种赛事多达上万起，有职业赛事，也有非职业赛事，但公认为最重要的比赛只有一个，那就是奥林匹克运动会（奥运会）。只有四年一度的奥运会有能力召集全球200余个国家和地区的运动员参加比赛，而无论持何种政治立场的媒体都会不遗余力地报道奥运会，五大洲的观众、听众和读者则会如饥似渴地获取奥运会信息，这种壮观的景象可称之为"奥运会效应"。人们为何对奥运会刮目相看呢？媒体又是如何进行报道的？这正是我们想要探讨的问题。

一、奥运会的起源与发展

1. 现代奥运会的诞生

奥运会是奥林匹克运动会的简称，这项大型综合性竞赛的组织者是国际奥委会（IOC），它起源于古希腊的奥林匹亚竞技。第一次全希腊性的运动竞赛会是在公元前77年（希腊纪年之始）举行的，以后每四年举行一次，由于举行的地点是在希腊南部伊利斯境内的奥林匹亚，故命名为奥林匹亚竞技会。

古代奥林匹亚竞技会一共举行了293次。公元394年，侵入希腊的罗马皇帝狄奥多西下令禁止竞技会的举行，此项活动就此中断了1500多年，直到1894年6月，在法国巴黎成立的国际体育组织——国际奥林匹克委员会，才决定恢复综合性的运动竞赛会,并定名为奥林匹克运动会。

1896年,第一届现代奥运会在希腊雅典举行,以后仍每四年举行一次,形式为各会员国轮流举行,参加者也不再限于希腊人和男子,全世界男女运动员均可报名参加。除两次世界大战中断过三次外,至今已举行过26次。

历届奥运会的举办时间及地点——

第一届:1896年雅典奥运会(希腊)
第二届:1900年巴黎奥运会(法国)
第三届:1904年圣路易斯奥运会(美国)
第四届:1908年伦敦奥运会(英国)
第五届:1912年斯德哥尔摩奥运会(瑞典)
第七届:1920年安特卫普奥运会(比利时)
第八届:1924年巴黎奥运会(法国)
第九届:1928年阿姆斯特丹奥运会(丹麦)
第十届:1932年洛杉矶奥运会(美国)
第十一届:1936年柏林奥运会(德国)
第十四届:1948年伦敦奥运会(英国)
第十五届:1952年赫尔辛基奥运会(芬兰)
第十六届:1956年墨尔本奥运会(澳大利亚)
第十七届:1960年罗马奥运会(意大利)
第十八届:1964年东京奥运会(日本)
第十九届:1968年墨西哥城奥运会(墨西哥)
第二十届:1972年慕尼黑奥运会(德国)
第二十一届:1976年蒙特利尔奥运会(加拿大)
第二十二届:1980年莫斯科奥运会(前苏联)
第二十三届:1984年洛杉矶奥运会(美国)
第二十四届:1988年汉城奥运会(韩国)
第二十五届:1992年巴塞罗那奥运会(西班牙)
第二十六届:1996年亚特兰大奥运会(美国)
第二十七届:2000年悉尼奥运会(澳大利亚)
第二十八届:2004年雅典奥运会(希腊)

第二十九届：2008 年北京奥运会（中国）

（第六届、第十二、第十三届奥运会由于“一战”和“二战”未能举办）

2. 奥运会比赛项目的变迁

1896 年举行的奥运会只有田径、举重、射击、自行车、古典式摔跤（当时称希腊—罗马式）、体操、击剑和网球等 9 个比赛大项，43 个比赛小项。到 1956 年墨尔本奥运会时已发展到 16 个大项，151 个小项的比赛。2000 年悉尼奥运会和 2004 年雅典奥运会的比赛大项都是 28 个，小项分别是 300 个和 301 个。到 2008 年北京奥运会时，比赛大项是 28 个，小项是 302 个，达到了顶峰。

奥运会参赛国家和地区越来越多显然是件好事情，表明在全球加入奥林匹克运动的人数逐渐扩大，但是，日益增加的运动员人数和不断扩展的比赛项目，给举办奥运会的国家造成了巨大的压力。因此，前国际奥委会主席萨马兰奇在当政期间就提出了奥运会“瘦身计划”，罗格接任国际奥运会主席后，继续推动这一计划的执行，先是将比赛大项控制在 28 个，后决定在 2012 年伦敦奥运会再减掉两个，压缩到 26 个大项。罗格对“瘦身计划”毫不动摇，即使是奥运会举办国也不能享受增项的优待。正是由于国际奥委会高层采取了坚决措施，奥运会才得以健康发展和持久繁荣。

3. 夏、冬季奥运会参赛运动员的演变

世界各国对夏季奥运会的重视程度要远远超过了冬季奥运会。1896 年的第一届夏季奥运会只有希腊、英国、美国、法国和德国等 13 个国家参加。到 1980 年莫斯科奥运会时，参赛国家和地区的数量已增加到 80 个。1996 亚特兰大奥运会时，有 197 个国家和地区参加了比赛，参赛国和地区达到了新高。2004 雅典奥运会，参赛国和地区数量实现了历史上的突破，有 202 个国家和地区参加了比赛。而在 2008 年北京奥运会上，参赛运动员人数再次被打破，共有 204 个国家和地区参加了奥运会。因此，北京奥运会成为历史上参赛国家和地区最多的一届奥运会。

从参赛人数上看，1896 年第一届奥运会时运动员只有 295 人，这个数字在第二届时就被打破，达到 1000 人。1908 年突破了 2000 人，1952 年突破了 5000 人。到 1996 年亚特兰大奥运会时，参赛选手首次突破了 10000 人。雅典奥运会上，参赛运动员人数为 10500 人，与悉尼奥运会人数基本持平。北京奥运会上，参赛人数达到 11000 多人。

相比夏季奥运会，冬季奥运会的参赛国家和地区要少许多，参赛选手数量也相形见绌。主要原因是整个非洲、南美和亚洲的部分国家的地理环境和气候条件受到了限制，冬季项目难以展开。同时，从奥运会的传统来说，夏季奥运会的影响力更大。在 1924 年于法国举行的第一届冬季奥运会上，只有 16 个国家和地区参加了比赛。到 2002 年美国盐湖城第十九届冬季奥运会时，参赛的国家和地区上升到 77 个。而到 2006 年在都灵举行第二十届冬奥会时，共有 80 个国家和地区派出选手参赛，国际奥委会的参赛成员也达到了新高。

从参加冬奥会运动员人数上看，1924 年第一届法国冬奥会时只有区区 294 人，1968 年时突破了 1000 人，1998 年突破了 2000 人。2002 年盐湖城冬奥会运动员人数达到 2399 人，其中男运动员为 1513 人，女运动员为 886 人。2006 年都灵冬奥会的参赛选手达到 2633 人，比赛项目为七个。从参赛人数上看，冬奥会的影响正在不断扩大。

二、奥委会与大众传媒的联姻

1. 奥林匹克运动对大众传媒的需求

四年一度的奥运会是能够引起世界高度关注的一起“媒介事件”，它能够在一定时期内成为相对集中的全球注意力资源，成为大众传媒的主要报道内容。大众传媒与奥运会的紧密关系，是从现代奥运会诞生之日起就开始的。在奥运会与大众传媒联姻的过程中，顾拜旦的功劳不可磨灭。

伟大的“奥林匹克之父”皮埃尔·德·顾拜旦本人就是一名体育新闻的好手。早在 1889 年底，他就创办了专业性的体育学术刊物——《体育运动评论》(*Revue Athletique*)。1894 年 7 月，在顾拜旦的主张下，国际奥委会的季刊《通讯》问世，这份专门报道现代奥林匹克运动最新进程，宣传与研究奥林匹克思想的刊物，为大众传媒作出了一个榜样。在顾拜旦的带动和影响下，欧洲各国及美国新闻界积极响应并大力支持，各国报刊相继发表了大量有关奥林匹克的文章和新闻。在获得了大众传媒广泛支持的背景下，第一届现代奥林匹克运动会于 1896 年在雅典隆重开幕。在首届现代奥运会期间，东道主希腊人为全球大众传媒作出了表率：雅典《信使报》(*Massager*)成为第一份专门刊登奥运会信息的报纸。它不仅报道奥运会信息，还登载和解释比赛项目的规则。与此同时，欧洲与美国的各大报纸也以极大热情报道了首届奥运会。大众传媒的参与很好地宣传了奥林匹克思想,推动了全社会对奥运会的关注,使人们了解到体育的本质。在这个意义上说,大众传媒的加入,促进了体育的科学化、社会化和国际化的形成。新闻界与体育界形成的合力,使得现代奥林匹克运动得以在世界各国妇幼皆知,深入人心。因此可以说,首届现代奥运会能够成功地举行,也有赖于大众传媒卓有成效的传播。

(1)国际奥委会的媒体政策

由于顾拜旦的表率作用,国际奥委会历来对大众传媒的作用都很重视,并在《奥林匹克宪章》中明确规定了宣传政策。在第五章第59条中对传播媒介的地位有这样的描述:"为了确保奥林匹克运动会得到各种媒体最充分的新闻报道并获得最广泛的视听群众,国际奥委会执行委员会应制定一切必要措施由奥运会组委会贯彻执行。"

经过多年奥运会的组织与运作,国际奥委会充分认识到大众传媒对奥运传播的重要作用,因此在工作程序上制定了相应的规定。例如,国际奥委会要求举办国使用英语和法语两种语言向国际奥委会做口头和书面的工作报告,报告内容不仅要包括经费、计划、奥运会组织与准备进展等内容,还必须在报告中包括奥组委和主办国奥林匹克传播机构的汇报内容。这些内容涉及为文字、摄影记者以及国内外电视转播权所有者提供的基础设施、工作设备、服务等各方面的情况,以上汇报内容还要分头提交给国际奥委会新闻委员会和广播电视委员会两家专门的机构。

(2)国际奥委会的新闻机构

目前在国际奥委会内部,与新闻传媒相关的委员会有两个,其中一个是国际奥委会新闻委员会(IOC Press Commission),另一个是国际奥委会广播电视委员会(IOC Radio and Television Commission)。国际奥委会建立这两个委员会的目的,就是希望通过专门的组织机构,促使世界各国报道奥运会的媒体,切实起到传播奥运知识,弘扬奥林匹克精神的作用。

新闻委员会属于国际奥委会的常设专业委员会,定期召开会议,研究和讨论奥运会有关宣传及大众传播媒介的相关问题。国际奥委会新闻委员会自成立以来,在奥运会筹备期间、主办国奥委会和新闻管理机构紧密合作,起到了监督、指导与保障的作用。当遇到共同问题时,国际奥委会新闻委员会与主办国奥委会和新闻管理机构成立联合媒体工作组,进行协同作战,以确保奥运会的新闻工作得以顺利进行。

目前,国际奥委会新闻委员会主席由国际奥委会委员、第29届奥运会协调委员会副主席凯文·高斯帕担任。国际奥委会新闻委员会现有委员两人及各方代表22人。高斯帕是一位有着丰富的奥运会组织工作经验的专家,在他的带领下,新闻委员会的影响力和职能不断提高。

国际奥委会新闻委员会主要职责是向奥运会组委会提出建议,以使参与奥运会报道的世界各国的文字和摄影记者尽可能享有最优越的工作条件。国际奥委会新闻委员会由体育新闻或奥林匹克新闻专家组成,它要定期向国际奥委会执行委员会提供关于新闻媒体管理以及为媒体服务等方面的计划。国际奥委会在积累了历届奥运会组织工作的经验后认识到,一届奥运会的成败,在很大程度上取决于公众的评价和媒体的报道。因此,协助大众传媒在奥运会期间获得良好的服务,使其发挥最佳的报道功能,成为国际奥委会新闻委员会的工作目标。同时,在发布各项奥林匹克新闻的同时,保持和促进与公共媒体之间的关系。

国际奥委会广播电视委员会是国际奥委会与新闻传媒相关的另一个专业委员会,属于常设委员会。国际奥委会广播电视委员会主席暂由国际奥委会主席罗格担任,电视技术顾问为罗梅罗,他负责视频方面的事务,广播电视委员会现有委员五人和各方代表13人。

国际奥委会广播电视委员会的主要职责是:与奥运会组委会和主办国新闻传播机构紧密合作;在奥运会期间为使广播、电视媒体获得优越的工作条件提出建议;通过确保媒体工作条件与效率来推动奥林匹克运动的传播,进一步弘扬奥林匹克精神。其中,电视新闻委员会除了发布有关奥林匹克运动的各项新闻,还要担当起促进与影视方面公共关系的责任。

广播电视委员会的日常工作包括:审查通过广播、电视等视听媒介传播奥运会的情况,研究并回答各候选城市提出的相关问题,研究奥委会组委会提出的各种技术问题。

在1988年汉城奥运会之前,奥运会电视的转播基本上是由主办国电视台承担的。国际奥委会希望通过电视信号的转播,能够让购买报道权的世界各个国家和地区的电视观众都能看到公平的竞争,国际奥委会成立了电视和互联网转播委员会,主席由国际奥委会主席罗格担任。

电视和互联网转播委员会的职责是专门处理和解决电视转播的技术问题。2000年悉尼、2004年雅典和2008年北京三届奥运会的转播都获得了巨大成功,进一步验证了这个机构的工作效率与存在的必要性。

2. 大众传媒对奥运传播的需求

奥运会能够成为相对集中的全球注意力资源，有着主观和客观两个方面的原因。其一，从主观因素上分析，让世界各国了解和支持奥运会，并通过举办奥运会达到弘扬奥林匹克精神的目的，国际奥委会自身有着强烈的传播愿望。其二，从客观因素上分析，奥运会在申办、筹备、举办的三个不同阶段，新闻媒介都会获得更多的受众。如此鲜明的“焦点效应”，促使大众传媒不失时机地对奥运会进行全面的报道，以达到吸引受众，进一步扩大知名度的目的。有了主观和客观两方面的因素，奥运传播就成为大众传媒不可缺少的环节。从表 8－1 可以清楚地看出，电视传媒对奥运传播有着强烈的需求，通过报道奥运会，各国的电视媒体或多或少地提高了自身的影响力。

表 8－1　夏季奥运会电视转播国家和地区统计表(1956～2008 年)

城市	年度	转播国家和地区	参赛国家和地区
墨尔本	1956	1	67
罗马	1960	21	83
东京	1964	40	93
墨西哥	1968		112
慕尼黑	1972	98	121
蒙特利尔	1976	124	92
莫斯科	1980	111	80
洛杉矶	1984	156	140
汉城	1988	160	159
巴塞罗那	1992	193	169
亚特兰大	1996	214	197
悉尼	2000	220	200
雅典	2004	220	202
北京	2008	220	204

(数据来源：IOC，有补充)

另外，奥运会与新闻媒介之间密不可分的关系，还有经济因素在起作用。新闻媒介需要奥运会，除了奥运会是新闻媒介的重要传播内容之外，还有一个原因是，奥运会已经逐渐成为媒介重要的收入来源。媒体主要通过三个渠道从奥运会获利，第一是通过报道奥运会提高电视台、电台的收视、收听率，印刷媒体的发行量以及新兴媒体网络的点击率。第二是在奥运会举办期间出售广告以获得可观的经济收入。奥运会是个十分理想的广告载体，奥运会的比赛方式也为广告时段提供了方便，在比赛间歇播放大量广告不容易引起观众的排斥，比赛内容的多样性也为不同内容的广告提供了空间。第三是从事奥运传播可以树立新闻媒介良好的社会形象，奥运会已经成为当代体育精神的象征，成为真善美的化身。通过报道奥运会，受众自然而然地将媒体与这一美好印象相连，媒体从而获得受众的信任与认同，这么好的宣传自身的机会媒体当然不肯放过。

三、大众传媒对奥运会的传播

随着奥运会参赛国不断增加，奥林匹克思想日渐深入人心，奥运会的影响力与日俱增，奥运会已经成为大众传媒不可或缺的报道内容。

1. 国外大众传媒的奥运传播

自 20 世纪以来，传统媒体报纸对体育的报道与日俱增。进入 90 年代后，美国许多报纸的体育版甚至超过了政治版、社会新闻版和经济版，尤其是在奥运会举办期间，报纸的体育版都要占到 1/3。

在电视方面，1936 年第十一届奥运会开始尝试对比赛进行电视转播。当时，投入的摄影机不过三部，收视半径只有区区 15 千米，观众仅 15 万人。但到了 1964 年，当在东京举行的第十八届奥运会首次通过卫星进行实况转播之后，电视的作用已经变得不可替代。

1988 年汉城奥运会，有来自世界各国的 117 家电视台对比赛进行了现场直播或转播。四年后的巴塞罗那奥运会，在 13082 名采访记者中，电视工作者为 7951 人，参与转播的国家上升到 193 个。其中获得电视转播权的美国广播公司就出动了 17 辆电视转播车、93 台电影摄像机和 158 台录像机。

1996 年亚特兰大奥运会，媒体动用的摄影、摄像机共 203 台，电视转播覆盖 214 个国家和地区，累积观众达到 196 亿人次。2000 年悉尼奥运会，仅澳大利亚广播机构就出动了3500名工作人员。

有一个现象值得注意,记者采访奥运会是无偿的,但电视台想要获得奥运会转播权,却必须付出高额的代价。1936年柏林奥运会,电视转播权的标价仅为3000美元。以后逐届大幅度升高,1984年洛杉矶奥运会飙升到了2.87亿美元。2000年悉尼奥运会则更创天价,为13.2亿美元。出售电视转播权,已经成为国际奥委会一大经济来源。

能够在奥运会比赛现场亲身感受奥运会比赛,对于许多人来说已经不再是奢望,每届奥运会的现场观众中不仅有数量众多的本国观众,还有数量可观的外国观众。2000年悉尼奥运会发售的门票为960万张,其中在国内发售的门票超过500万张,其余的门票则售给了外国观众。2004年雅典奥运会组委会预计发售门票500万张,由于受"9·11"恐怖袭击的影响,国外观众数量有所下降,但门票发售仍达到300万张左右。在2008年北京奥运会上,共发售门票700万张,其中国内销售部分约占75%,海外销售部分约占25%。

在2000年悉尼奥运会上,全球共有电视观众39亿人,其中有37亿人观看了奥运会。亚洲的电视观众数量最多,为21.8亿人,其次是欧洲,为6.5亿人,其余各大洲的电视观众数量也非常巨大。2004年雅典奥运会,全世界有39亿人在电视中不同程度地观看和经历了奥运会盛大的场景。2008年北京奥运会,观看开幕式的各国观众达到40亿人。

奥运会作为全球规模最大的体育盛会,不仅能够让来自不同国家的数百万人在奥运会比赛的现场亲身经历奥运会的盛大场面,同时,信息技术的高速发展,出现了实时的报道,通过电视、因特网和其他传媒,使世界各地的观众及时得到所有的信息。传播技术的进步,使人对奥运会产生了近距离的感觉,进一步扩大了人们对奥运信息的兴趣。

在各国电视台的报道中,体育逐渐成为主角,而奥运会更是体育报道中的重点。对美国三大电视网的一项统计就很说明问题。在2004年,美国全国广播公司(NBC)、哥伦比亚广播公司(CBS)和美国广播公司(ABC)各自的年度体育节目已经超过了2000小时,其中NBC对雅典奥运会的转播总时长为1210小时,是悉尼奥运会的三倍,是亚特兰大奥运会的七倍。NBC曾表示,"如果没有了体育节目,电视台的节目将会减少1/3"。

国际奥委会的统计表明,在四年一度的奥运会期间,全世界有一半人在收看奥运会电视节目，有更多的人收听广播或阅读报刊的报道，奥运会的全球电视转播时间也在不断攀升(见图 8－1)。奥运会在大众传媒传播内容中所占的比例逐渐扩大，分量也日趋加重，这不仅反映出媒体之间的竞争日益加剧，同时也表明受众对奥运会的关注达到了前所未有的程度。

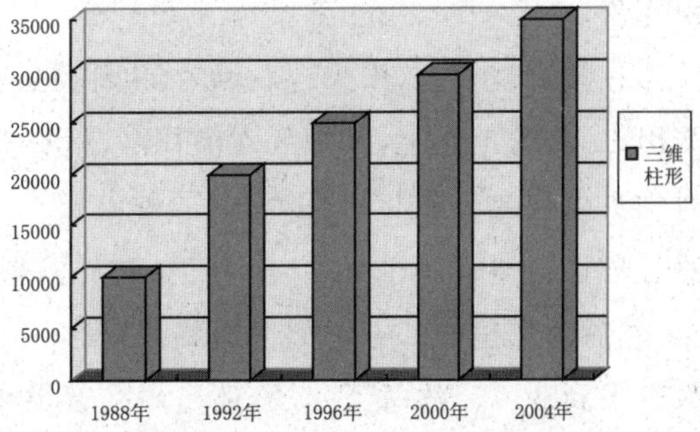

图 8－1　奥运会全球电视转播时间(小时)

(数据来源：IOC，有补充)

2. 国内大众传媒的奥运传播

中国对奥运会的传播，经历了从无到有、从平面到立体的一个过程。这个过程不仅让中国媒体积累了奥运会的报道经验，更重要的是理解并传播了奥林匹克价值和精神，动员更多的民众对体育运动感兴趣。

中国记者第一次采访奥运会，要追溯到 1932 年的第十届奥运会。那时，国民党的官方通讯社中央社派遣南昌分社主任冯有真单枪匹马奔赴洛杉矶。可悲的是，当时中国体育水平极其落后，国际地位低下。冯有真无奈，留着一小撮胡须，佯装外国记者，连其身份也不敢暴露。

同是在洛杉矶，52 年之后，以国家通讯社新华社为首，新中国的 15 家新闻媒体的 60 多名记者采访了第 23 届奥运会。这是新中国成立后，首次派出大型代表团全面参加奥运会。中国选手一举获得 15 枚金牌，列奖牌榜第四位，震惊了世界。

1992 年巴塞罗那奥运会，中国前往采访的记者达到 112 人；四年后的亚特兰大奥运会增至 176 人；2000 年悉尼奥运会，中国代表团的金牌数空前地达到 28 枚，列奖牌榜第三位，前往采访的记者也上升至近 200 人。作为 2008 年奥运会东道主，国内媒体参与采访的机会和条件大大改善，参与采访的记者总人数达到 5869 人，其中注册记者 4479 人，非注册记者中，内地记者 708 人，港澳台地区的记者 682 人。[①]

从新中国体育全面进军奥运会的那天起，中央电视台就加入到与各国电视同行竞争的行列。央视的奥运会报道历程，反映了中国媒体奥运对传播的重视与不

① 中新社北京 2008 年 7 月 29 日电。

断完善。

在报道规模上,中央电视台在不断突破。1984 年洛杉矶奥运会,中央电视台派出 12 人的工作组,其中五人前往洛杉矶,七人到香港协同作战。受条件限制,当时中央电视台只能与新西兰、中国香港及东南亚国家一些电视台合租一条卫星线路。奥运会电视节目必须"接力"般先从洛杉矶传到香港,再自香港用微波送到广东,然后由那里的邮电部门传送到北京。除了专题节目,最受欢迎的实况转播全部只有不到 20 场,约每天一场,还是由播音员在香港边收看电视图像边解说,同时传回国内的。而到了 1996 年亚特兰大奥运会,央视派往比赛第一线的人员就有 59 人。他们在奥运会国际广播中心建立了自己的独立报道中心,包括演播室、播送中心和办公区,占地 300 平方米,并租用了两条国际通讯卫星线路,进行越洋双向直播。其中体育频道奥运会期间实现了 24 小时昼夜连续报道。

2000 年悉尼奥运会,央视报道力度更大。他们陆续派往悉尼的人员达到 108 人,除租用两颗卫星、在国际广播中心设主演播室外,还在悉尼港建立了实景演播室、在比赛现场设立了单边注入点,实现了 CCTV－1、CCTV－2、CCTV－5 三套节目全天播出或并机播出。悉尼奥运会前后 20 多天,央视共播出奥运会节目 580 多小时,其中直播比赛达 160 场,录播 30 场,播出新闻 800 多条。

雅典奥运会上,央视派出了 160 人的庞大采访队伍,体育频道全天播出奥运节目,加上综合频道和经济频道的奥运节目,17 天内总播出时长 1400 小时,大大超过了悉尼奥运会,处于世界领先水平,而买断奥运转播权的 NBC 用七个频道转播了 1500 小时。同时,央视还推出奥运两套数字付费频道,全天 24 小时播出,每天直播 16 至 20 场比赛,开辟了新的播出方式。此外,央视新闻频道、西部频道以及 CCTV－4、CCTV－9 节目也每日滚动播出奥运新闻。

为了搞好在本国举行的 2008 年奥运会的转播,中央台早早就公布了奥运报道方案,在奥运会期间投入了七个频道报道北京奥运会,播出时间达到 3800 小时以上,比上届雅典奥运会的转播时间多出一倍。央视在北京奥运会期间将三个报道中心连成一体,前方指挥部是"IBC"奥运会国际广播电视中心,播出总部在位于军事博物馆的旧台址,总指挥部则位于朝阳 CBD 的中央电视台的新址电视文化中心。参与北京奥运会转播的七大频道既有分工又有合作,CCTV－1 反映北京奥运会全貌,在赛事选择上是关注度最高的比赛,如游泳和跳水等。CCTV－2 以转播中国观众关注的国际赛事为主,以足球、篮球、马术、帆船为主项,辅之以柔道等。

CCTV－5从2008年1月1日被定名为奥运频道，对中国观众普遍关注的优势项目，如有可能产生中国金牌的项目，都被分列在这个平台上，它分别直播了51枚奥运金牌的诞生。CCTV－7以奥运经典赛事的重播为主，包括少量直播赛事，以满足错过直播的观众收看比赛。CCTV－高清频道2008年5月1日正式开播，此频道选择了那些具备高清画面特点的赛事进行转播，例如游泳、跳水、体操和田径等。风云足球和高网频道则以直播足球和网球为主。

四、奥运会报道特点

1. 报纸媒体的奥运会报道特点

报纸作为传统的媒体，具有新兴媒体不能替代的优势。因其携带方便，阅读者可以根据自己的喜好保存相关内容，而在激烈的媒体竞争中保留着一席之地。与电视媒介和网络媒介相比，报纸的现场感和观赏性处于绝对劣势，只有依靠突出纸质媒介的特色，才能把电视机前的受众转化为报纸的读者。

(1)编排形式丰富多样

报纸要想抓住受众的眼球，首先要在版面上下工夫，使读者一看到它就能产生浓厚的兴趣。虽然报纸的发行时间比电视转播晚很多，但是人们想要看到更深入的东西，或者需要思考和收藏，报纸是适宜的媒介。而一份报纸能否引起读者兴趣的因素包括标题制作、图片运用、报道形式、报道内容四个方面。

①标题制作

标题是发挥报纸优势的一个重要方面，它运用多种形式和多种修辞手法充分发挥了电视所不具有的优势。在北京奥运报道中，许多报纸都运用巨幅对联式双行标题的形式。比如，《中国体育报》8月21日一版的《零的突破 女帆剑挑金牌 改写历史 女曲搏进决赛》，8月23日一版的《续写单打传奇 女乒包揽金银铜牌 奥运征程无憾 女曲一步一个脚印》，同日6版的《三面红旗同时为女乒升起 三代人承载昨天今天明天》，这样的标题无论在内容还是形式上都带给读者较强的视觉冲击力，有一股强烈的气势。

有些标题虽然不是双行大标题，但也体现出特有的气势。比如，《中国青年报》2008年8月18日标题《托梅斯库匹马领先　三大高手望尘莫及》，《北京晚报》8月13日的《24载历练一朝剑出鞘——仲满亮剑》，《北京晚报》8月17日的《9天8金7

破世界纪录 “菲”鱼铸就百年传奇》,《京华时报》8 月 11 日的《八年收失地 君临天下时》等标题,运用文字的特有魅力和各种修辞手法,既给读者一股气势,又有一种韵味和美感。

②图片运用

好的体育摄影照片具有凝固某个珍贵瞬间的保存和欣赏价值。例如,北京奥运会结束之时,许多报纸刊登了所有金牌获得者神采各异的照片,有的是组合在一起,有的是按类别分别刊登。这些照片大多是彩色印刷,每一幅都很传神,读者可以将这些奥运英雄永久地保存下来,让奥运会的美好回忆凝固在纸上。

在北京奥运会开闭幕式结束后,《人民日报》《中国青年报》《中国体育报》《北京青年报》等国内报纸都大做文章,有的打通两个版,突出开闭幕式的画面,有的串成几个版来烘托奥运会气氛,表达了喜庆、庄严、隆重、宏大、快乐、激情等不同的主题。

由于照片拼接组合的便利,报纸媒体的奥运会报道在照片的运用方式上也有新的突破。例如,《北京青年报》2008 年 8 月 25 日用了七个版面来追溯中国军团奥运会夺冠的历程,这些图片采用统一的横片,在每块版下方分两行排列,在翻看时能够产生流动感,如同在观看一部电影。在往届奥运会报道中,《中国体育报》2000 年 8 月 2 日的头版,在一个大的网格背景上,组合了两种层次的几幅照片,包括邓亚萍打球时兴奋的表情,1992 年巴塞罗那奥运会和 1996 年亚特兰大奥运会上萨马兰奇给邓亚萍颁奖的两幅照片,伏明霞手握鲜花时灿烂的笑容以及一幅相对模糊的跳水照,产生出一种组合效应。

③报道形式

面对电视奥运会报道的强烈冲击,承受着奥运会记者采访的人数限制,纸质媒体若想依靠自身力量搞好奥运会的报道,已经是不可能的事情了。为了在激烈的新闻竞争中保留着自己的席位,从 2000 年悉尼奥运会开始,国内一些媒体以“媒介联合体”的方式进行奥运会的报道。媒体这种新的合作形式产生的原因,是由于地方媒体单枪匹马地报道奥运会遇到了很大的困难,记者一人不能分身,不得已而采取的一种应急性联合体。[①] 但经过实践的检验,这种应急式媒介联合体却收到了意想不到的良好效果,使这种报道形式得以在后来的奥运会中继续采用。以 2004

① 中国新闻传播学评论,http://www.cjr.com.cn

年雅典奥运会为例,《北京青年报》《成都商报》《华商报》《现代快报》《兰州晨报》《都市快报》《华商晨报》《新文化报》《深圳日报》《海峡都市报》《香港商报》《新商报》《都市消费晨报》在内的13家媒体、30名记者形成了协作关系,全面共享以上媒体的新闻资源,力争达到对所有奥运赛场及场外新闻的全方位覆盖,为当时13个城市的600余万读者提供了最新、最快、最全面、最权威的报道。2004年奥运会期间联合报道的方式获得全面成功,效果十分显著。以《北京青年报》为例,在雅典奥运会期间,每天推出16个版的奥运特刊,其中有八个版为"雅典奥运报道联合体"稿。17天中,该报共采用新华社稿件270多篇,而采用联合体稿件则多达310篇。

奥运报道"媒介联合体"的出现和发展,对新华社带来了一定的挑战和冲击。媒体奥运报道用稿模式实现了从"唯一信源"(只由新华社提供)向"丰富信源"(新华社稿件、媒体自采稿件、联合体稿件)的转变。当然,"媒介联合体"方式更为适合在其他国家举行的奥运会,在北京奥运会期间,我国各报纸媒体享有东道主之便,以自采稿件为主,重大事件使用新华社通稿,同时突出地方特色,如重点报道本地区运动员等。

"媒体联合体"的出现是报纸媒体为了应对电子媒体挑战的一种临时措施,运作方式尚不成熟,但它为今后我国纸媒的奥运报道开辟出一条新路,将可能产生越来越大的影响。

④报道内容

奥运会报道的内容是影响读者能否下决心选择阅读和购买报纸的主要因素。一份报纸即使印刷得再好,图片很吸引人,但没有深度的报道内容,依然不能打动读者。这就要求报道要具有深度和广度,不仅要提供新闻事实,还要提供价值判断与解读。通过举办2008年奥运会,我国媒体对奥运传播的认识得到了提高,开始变得成熟起来。

比较前几届奥运会报道,北京奥运会上我国纸媒的眼光不再只是盯着金牌转,当然运动员经过奋力拼搏夺取冠军值得讴歌,大书特书,但冠军身后的团队、所有参与者,甚至他的家庭和朋友的贡献也成为媒体关注的方面。更为重要的是,我国报纸整体体现出人文关怀,眼界放得更远,心胸变得更宽,这从北京奥运会的几个典型事例可以得到验证。

首先,媒体的报道内容体现了对奥运价值与精神的理解。在北京奥运会开始的前一年,各媒体就辟出专栏,定期或不定期地进行"奥运启蒙",系统地向读者介绍现代奥林匹克运动的起源与发展，对奥运精神、口号、仪式、标识等一一道来，成功地对受众进行了一场奥运知识的“扫盲”。同时，对潜在的读者进行了一次奥运情怀的酝酿，使他们做好了体验奥运会的心理准备。

其次，大度是一个大国风范的标志。作为奥运会的东道主，媒体的角色较往届奥运会完全不同。比如对赛场成绩的争议，我国跆拳道选手陈中与古巴选手的比赛结果最终从冠军被改判为亚军，我国媒体与国家体育总局保持一致，表示尊重与理解，并未像以前那样“为运动员申冤”而打抱不平。在公正报道的同时，体现出了大国媒体的风范。

2008 年奥运会上，外国代表团中有不少中国教练的身影，他们执教的选手不少会直接阻碍中国选手获胜的脚步。例如，美国女排教练郎平、美国女子体操队教练乔良夫妇，他们把中国教练的宝贵经验传给了外国选手，最终帮助外国选手打败了中国队。这样的事情若是发生在以前，中国媒体往往会口诛笔伐，严正声讨，批判中国教练“卖国”等。但是，此次媒体体现了宽容、开放与大度，《人民日报》《中国青年报》《中国体育报》《北京青年报》纷纷发表文章，表示对海外中国教练的支持，引导读者要站在全球的角度来看待体育在世界的发展，提出中国教练将技战术传授给外国人是对奥林匹克运动的一种贡献。这样的认识与高度，是非常值得称赞的。例如，在《北京青年报》8 月 25 日 T17 版上，在回眸奥运会的文章中称郎平是“中美两国的英雄”。

除了奥运会金牌的争夺，中国军团夺金过程的细节描述，我国媒体还把视角拓宽，舍得篇幅报道外国选手。比如，在北京奥运会上独取八金的美国游泳选手菲尔普斯、同时打破男子 100 米和 200 米跑世界纪录的牙买加田径选手博尔特、打破女子撑杆跳高世界纪录的俄罗斯选手伊辛巴耶娃，在媒体的笔下，他们成为全人类不断超越自我的英雄形象，代表了世界体育的潮流。奥运会的媒体报道体现了国际视野，对受众进行了一次开放性和国际化的教育。

我国奥运会报道的另一个变化是不再以冠军论英雄，打破了以往只报道胜利者，轻视失败者的态度。如《北京青年报》对刘翔的报道，尽管他由于脚伤退出了比赛，让中国甚至世界体坛发出一片惋惜声，但该报道给予了人文关怀，赞扬他作出退赛的勇气与决定，提出健康比获胜和荣誉更重要的观点。其他媒体的态度也如出一辙，纷纷给予刘翔以关怀和理解，这种态度也感染了读者，很少有人指责他退赛。

最后，对我国体育在国际体坛地位的认识，是中国媒体成熟起来的另一个标志。中国军团在北京奥运会上夺得51金21银28铜的好成绩，是历史上前所未有的，但在盘点奥运会之时，中国的媒体并没有冲昏头脑。《人民日报》《中国体育报》等主流媒体冷静地分析说，美国的奖牌总数还是超过了中国，俄罗斯的优势项目依旧，下届奥运会东道主英国有了飞跃，德国也正在追赶上来，获得奖牌的国家和地区更为分散，这些都说明中国的体育界人士任重而道远。

2. 电视媒体奥运会报道特点

近几届奥运会以来，我国电视媒体的奥运会报道，无论从数量上还是质量上都有长足的进步。首先，报道的规模一届比一届大，特别是北京奥运会，作为东道主电视台更是发挥了很大的优势，动用多个频道进行奥运会转播。其次，在节目制作水平上有明显提高，报道质量上乘，电视媒体的奥运会报道不仅让中国观众看到了所有精彩场次的比赛，而且提供了让他们思考、参与和愉悦的场所。

(1)现场感强，注重细节

电视的特点是具备视听优势、现场感强，只要有电视机以及视觉、听觉健全的人，都可以通过电视这一媒介收看到奥运会的比赛。因此，奥运会赛事直播是电视报道中最重要的环节。观众虽然不能亲临现场，但可以通过电视转播目睹运动员在比赛中的真实表现，体验赛场上激烈的争夺，参与比赛结果猜想，这些都是赛事直播带来的新感受。因此，直播形式也越来越多地被电视台所采用。

在雅典和北京奥运会的报道中，电视直播的另一个亮点，即是大量采用单边注入点的报道方式。通过直播，观众虽然可以看见比赛的全过程，但对于比赛中的一些细节，尤其是运动员的心理状态却无法了解。单边注入点的设置，不仅在一定程度上弥补了直播赛事的不足，同时也让运动员的形象、性格更加鲜活、丰满。

据统计，中央电视台自2004年8月8日起至8月24日提供给全国观众的奥运会精彩赛事报道达到23880分钟(398小时)，其中奥运会赛事转播规模超过了往届。同时，中央台采取了许多独特手段来丰富报道的手法和内容。中央台在田径、游泳、跳水、体操、乒乓球、羽毛球、篮球、排球共八个项目七个场馆设置了单边演播室，建立了六讯道高清晰度摄像机单边综合报道系统，即TV Compound；在全部28个比赛大项的混合区设置单边注入点；在奥林匹克文化广场及奥林匹克区域周边配置卫星转播车，进行移动的现场新闻报道；在国贸大厦顶端设置高清晰度摄像机位，拍摄CCTV的新台址，为节目制作提供新颖的画面。

比如，在雅典奥运会男双乒乓球决赛的报道中，央视记者在注入点采访陈玘时，就拿出了陈玘母亲写给儿子的一封信。当陈玘读到信件的时候，百感交集，母子间的真情表露无遗。在北京奥运会期间，CCTV－5 报道仅获得第 16 名的南非选手杜托伊特·纳塔莉，镜头从十千米马拉松游泳赛场拉回到她的家乡，叙述了她因交通事故而被截肢的过程，家人对她训练的支持以及站上领奖台的对手们对她的高度评价。通过这些报道，使纳塔莉这个人物立体起来，同时，通过这个人物的塑造，传达出重在参与，人生的目的不是征服而是奋力拼搏的奥运精神。

(2)整体包装，精心编排

北京奥运会上，中央电视台在进行总片头、栏目片头等大量的基础包装之外，还制作多样化的宣传短片。其中赛前预测类的悬念片，针对赛事中值得关注的看点、人物制作而成，目的在于提高观众对即将播出赛事的了解和兴趣。另外一部分短片，是“准”冠军的档案。这类片子突出了个人特点，体现了差异化。

除了上述宣传短片外，电视媒体在节目编排上也有特色。

中央电视台的奥运报道，整体包装，精心编排，各频道既有分工又有合作，合理分配了节目制作上的力量，又为不同的观众群提供了丰富的转播内容，真正做到了多频道、全天候不间断的播出体系。在节目的内容上，既有赛事直播，又有新闻报道、新闻专题以及娱乐互动节目。在栏目设置上，CCTV－1 每晚的《全景奥运》播出 90 分钟专题性新闻资讯栏目，汇总全天奥运资讯并做深度报道；CCTV－奥运会频道在每天早间的《早安，奥林匹克》播出资讯类新闻节目，对前一天比赛进行全面报道，并预告和推介当天比赛。《荣誉殿堂》则以中国运动员为主，让他们走进现场与观众进行互动。这些节目再加上及时的评论、采访知情的嘉宾、国内外运动员的小片等，关注点和段落分配得十分合理，做到松弛有度，让电视屏幕赏心悦目。

(3)利用“冠军效应”

与前几届奥运会相同，央视在北京奥运会转播期间，依然请来了不少昔日世界冠军，走上前台为比赛做转播的解说，大大满足了观众了解比赛内幕的需求，更重要的是，这些冠军解说的专业水平超过了电视台记者，可信性增加了，与观众的距离拉近了。比如，世界体操冠军马燕红，她对体操这个项目的了解，对运动员心理活动的知情，都是解说中能够打动观众的地方，有时，她还会对记者的解说给予纠正。而在其他项目上，还有乒乓球的王涛、田径的王军霞、跳水的钱红、射击的杨凌等参与解说。利用“冠军效应”，不仅吸引了更多观众收看转播，而且让他们了解到训练和比赛中的艰辛以及发生在赛场背后的故事。这些“冠军解说”出现在奥运会的报道中，不仅让电视转播更加客观、专业和权威，而且使记者和参赛运动员之间，在沟通上真正实现了“零”距离。

(4)技术革新，效率提高

从雅典奥运会开始，电视台广泛应用了 XDCAM 专业光盘系统，这个系统是指摄录机用于记录的材质不是传统的录像带，而是光盘。记者使用光盘摄录一体机记录了比赛的场景后，既可把节目素材在第一时间用移动非线性编辑系统进行快速编辑，也可以通过某种形式的网络设施向后方节目制作中心高速传输，还可以回到 IBC(国际新闻中心)通过收录系统高速上载。

每个举办奥运会的东道主，都把火炬接力的电视转播看做是树立国家形象、提高世界影响力的一个大好时机。在火炬传递的前期，中央台成功地完成了圣火点燃仪式、圣火交接仪式、圣火抵京欢迎仪式暨火炬接力启动仪式三个重要节点的直播和报道。央视在海拔 5200 米的珠峰大本营设立了分演播室，从圣火自大本营出发的前一天起，就使用高清晰电视技术每天进行全程直播。2008 年 5 月 8 日 6 时起，中央电视台综合、新闻、奥运、高清综合频道和中文、英语、法语、西班牙语国际频道，并机直播奥运火炬珠峰传递活动，央视网同步进行网络和手机视频直播。9：11分，成功直播第一支奥运火炬点燃；9：17 分，成功直播奥运火炬登顶。整个直播过程信号连贯、画面清晰，配以大本营演播室解说、滚屏字幕和大量精美专题片，生动、形象地展现出火炬手征服珠穆朗玛峰，奥运火炬传递到珠峰峰顶的全过程，创造了对奥运火炬珠峰传递进行电视直播的奇迹。

为了提供电视转播的全景画面，中央台在北京奥运会上使用了两架直升机，带着观众从空中俯瞰奥运会，为欣赏奥运提供了独特的视角。在 2002 年购买了一架直升机后，为配合北京奥运转播，中央台于 2007 年又购置了一架意大利阿古斯塔公司的 CA109 型双发直升机，并为它配备了高清吊舱、高清航拍球和微波中继。此机的续航能力、拍摄能力和机动性能都非常好。同时，这架飞机还具备海上航拍的功能，能完成一些海上大型赛事的转播。此次北京奥运会，直升机用于开、闭幕式的转播，提供了全景的宏伟画面，令人赏心悦目。

在直播技术上，中央台在北京奥运会上还采用了多终端传播手段。除了传统的电视直播外，央视网依托四大传播平台——网络电视、手机电视、IP 电视、公交移动电视，在世界奥运会的转播史上率先实现了多终端传播。

3. 新媒体的奥运会报道

(1)网络媒体的奥运会报道

①网络媒体的崛起

1998年5月,联合国新闻委员会正式提出,互联网已经成为继报刊广播电视之后的第四媒体。2000年9月的悉尼奥运会是有史以来第一届在互联网上全面展示的奥运会,因此有人把这届奥运会称为“网上奥运会”“e奥运”。我国网络全面介入体育报道是从悉尼奥运会开始的,网站提供信息的时效和数量更快、更多,所提供的功能服务也更全,但当时国内并没有一家网站独立获得采访悉尼奥运会的机会(新华网记者由新华社记者身兼二任)。网络的奥运会报道大多来自各媒体,尤其是报刊和通讯社。2002年1月,国际奥委会宣布,独立于传统媒体的互联网机构获得报道盐湖城冬季奥运会的权利。从此,网络获取了更大、更灵活的报道空间,六年后的北京奥运会,网络的奥运报道进行得有声有色,拥有着独特的魅力和影响力。

②网络媒体的报道特点

第一,资源优势。

传统媒体资源有限主要表现在新闻载体资源上,有限的版面、有限的时间等,而网络的容量几乎海量,人们能想到的内容都可以不受限制地放到网上去。在搜狐的奥运资料库中,汇集了自1896～2000年总计27届奥运会的全部资料,包括图文并茂的历届奥运会介绍、各个国家历史成绩库、历届奥运会金牌榜、历届奥运会中国奖牌榜、历届奥运冠军介绍、各个项目的世界纪录、奥运会纪录以及所有关于奥运会历史和组委会的介绍等。这些资料通过热词(热门关键词)的形式深入到每一篇奥运报道中。例如,在浏览女排名将赵蕊蕊的新闻报道的同时,可以看到她的全部资料,而容纳如此之多的资料显然是传统媒体无法达到的。

第二,时效优势。

网络在更新信息方面,比报纸要方便得多。它不会因时间的原因而赶不上已出的报纸,亦无须打乱已有节目顺序,也不会由于添加字幕而干扰正常节目,受众可以通过上网第一时间了解奥运赛况。雅典奥运会期间,由于时差关系,很多人无法通过电视转播观看中国队比赛,搜狐为此开设了两个直播间,进行24小时图文直播,每天至少有100万人同时在线观看。新浪奥运频道专门开辟的“冠军聊天”“冠军视频”专栏,首次独家以“流媒体”(视频)形式,在第一时间邀请中国冠军们在网上和网友进行"聊天"。北京奥运会上,搜狐作为央视网奥运视频的战略合作伙伴,充分利用了3800小时的赛事视频资源。中国运动员夺金后的第一时间,做客其"冠军面对面"的网络视频,使网民能分享到中国代表团的夺冠历程。搜狐通过视频直播和点播的方式,24小时不间断地播报北京奥运会302个项目的全部比赛。可以说,网络媒体的技术优势,在奥运会报道中显示出越来越重要的作用,网络这一新媒体的传播功能得到了淋漓尽致的发挥。

第三,互动优势。

网络的优势还体现在互动性,它能够更好地让受众成为体育报道中的一个有机组成部分。在雅典奥运会期间,新浪奥运频道的网友留言总量从8月13～28日达到49万多条,在刘翔夺金后,更是掀起网民留言狂潮,当日的留言平均增加数量比平时扩大一倍,达到6万多条。新浪的视频播放通过与凤凰卫视"奥运连环阵"的合作,将每天收视率较低的凌晨评论节目,用视频的方式提供给广大网友,并以短信、邮件的方式,增强了网友与主持人窦文涛的互动,丰富了节目的内容,提高了网友对奥运的参与和互动。这些形式想要在传统媒体上出现是无法实现的。

第四,服务优势。

奥运赛事精彩纷呈,受众在做选择时很容易"迷失方向",各大网站所提供的"导游"服务为网民提供了极大的便利。新华网每日在其首页以文字滚动方式做赛程预告,提醒网民关注焦点赛事。央视网在首页制作链接,把比赛日程和转播日程列表公布,网民借此可以把中央台的奥运报道看得"通通透透"。在北京奥运会期间,各种服务信息满足了网络受众的需求,包括了天气预报、场馆信息、交通信息、票务信息、赛事指南、比赛视频、互动平台等。尤其是网络海量、不受时间限制的优势,使信息的获得达到随心所欲的程度。

③网络媒体的不足

尽管网络媒体在近两届奥运会报道中赢得了不错的点击率,但是无论在报道的权威性,还是严谨性上,与传统媒体相比依然存在着明显不足。

第一,采编人员素质不高。

从资金和人力投入上看,网络对奥运会的重视程度前所未有,与传统媒体相比丝毫不差。但是,报道奥运会是一项既要求时效性,又要求深刻性的新闻采编工作,由于奥运会是宝贵的注意力资源,受众对报道的要求也就更高,因而对网络的采编人员提出了较高要求。以往在网络参与奥运会报道的人员中,只有少数人从传统媒体中来，凭借过去的经验开展网络新闻报道。但多数人对赛事的了解都很少，更不用说奥运会了。在北京奥运会上，各门户网站想尽办法，聘请知名的体育界及媒体记者作为专家挂在网上，以此提升自己的权威性。但总体的人员素质依然不够高，错误百出。网络媒体的大部分采编人员，平时多是在做剪贴工作，报道策划能力不够强，原创稿件更是少得可怜，其人员素质显然比不上传统媒体。

第二，海量信息复制。

从传播载体来说，报道奥运会要考虑信息源，要做到准确、权威、迅捷，还要有现场描写和点评等，这方面网络媒体更难以超越传统媒体。美联社、路透社、法新社、新华社等世界性通讯社以及报纸、电视台、广播等主要传统媒体，成为网络复制信息的主要来源。信息的大量重复，给人造成海量信息的错觉，其实可能是某条共有信息。千篇一律的网络信息，经不起阅读的考验，真正能吸引眼球的内容少之又少。

第三，错漏百出。

网络媒体上信息和信息垃圾相伴而生、泥沙俱下，无时无刻不在影响着它的权威性，即便是网络媒体所追求的报道速度也因为错漏百出而大打折扣，因为追求报道速度本身就是要以内容质量为前提的，如果报道内容脱离实际，缺乏准确性和客观性，速度越快造成的损失越大。在雅典奥运会上，新浪奥运专题对中国女排的报道就是一个很好的例子，在比赛还尚未结束时，网页上竟然发出了中国队夺冠失败的消息。为抢时效而违背了新闻真实性的原则，这个教训是非常深刻的。

(2)手机短信报道

在雅典奥运报道中，被称为“第五媒体”的手机短信首次参与奥运全程报道，并成为一种重要报道形式。“新华社新华短信”开通了奥运短信、彩信、WAP 等业务，并在内容制作、市场运作方面进行了探索和尝试，获得了大量手机用户。许多国家还第一次通过 3G 技术向手机用户提供奥运会的新闻和图像。

中国联通的“奥运直通车”整合了中新社、省级体育频道联盟等专业传媒，并组合了新浪、华友、TOM 等国内几大知名 SP(服务提供商)的信息资源，为旗下的手机用户及时传递第一手奥运赛事信息。中国移动通信也开展了类似的短信业务以及拨打电话收听奥运新闻的服务。而通过手机来收看奥运比赛节目的全新尝试也在雅典奥运会期间推出。借着奥运报道的东风，“第五媒体”已经初显端倪。手机短信参与奥运报道，使受众获得到奥运信息的速度更方便、更快捷，丰富了奥运报道形式，同时对其他媒体的奥运报道产生了不小的影响。

2008年，为了以便捷的手机服务支持全民参与奥运会，中国移动在奥运史上第一次成功应用了丰富的移动技术和新的科技手段来传播奥运信息。中国移动按照奥运历史的进程推出了三个阶段的奥运手机报，为广大客户提供新闻报道。第一阶段为2008年1至3月，以常规新闻报道为主，重点介绍奥运手机报的内容策划、前期的宣传以及常规的新闻报道；第二阶段为4至6月，报道圣火活动进程和火炬传递的细节以及测试赛进行的情况，对奥运会报道逐渐升温；第三阶段是最重要的阶段，提供了丰富的比赛情况、运动员图片以及综合信息。

手机报在整个媒体领域占据了一席之地，仅北京就有200万手机报读者。相比一般的传统媒体，其信息获取渠道变得更快捷、更经济。奥运手机报的定位面向彩信终端，中高资费区用户，发挥出了图文并茂的优势。从内容上看，奥运手机报综合了各种新闻，开展了互动活动，提供了丰富的奥运百科知识，并为特定的奥运爱好者准备了专刊和各种项目的专版，比如乒乓球版、足球版等，总计提供了将近20份专门的奥运手机报。

(3)数字付费电视

中央电视台用一年多的时间精心打造了两个数字付费频道，准备在奥运会报道中做一个新的尝试，然而，这一计划却在雅典奥运期间遭到了冷遇。尽管央视把许多精彩的赛事直播都放到了数字电视频道，但截至奥运会开赛以前，上海范围内仍然只有数十户家庭申请安装数字付费电视。相对昂贵的收视费与免费看电视的习惯阻碍了数字电视的推广，宽带网络视频直播则是付费数字电视的最直接对手。

2008年北京奥运会，数字电视为实现受众与奥运报道的互动提供了可能。上海文广互动电视有限公司(SiTV)联手SMG新媒体旗下IPTV、东方宽频、手机电视，在8月8日8时强档推出奥运互动频道。该频道每天8点至24点不间断播出各类奥运主题节目，其宗旨是让观众与奥运会“多渠道互动，全方位参与”。已经完成模拟转数字技术的整体转换的上海数字电视用户，在收看到这个互动频道时，只需在最后一个公共频道之后的付费频道内查找，就能免费收看到高品质的数字奥运电视节目。

五、奥运会报道新闻业务要求

如果把四年一届的奥运会看做是一场战役，那么围绕奥运会就会出现两个战场，其一是竞技比赛的战场，其二是新闻媒体的战场。前者是为了争金夺银，后者是为了争夺受众的眼球。奥运新闻报道是一项综合性报道，难度大，时间长，范围广，要求记者、编辑具有深厚的功力，因此，媒体人无不为能够从事这奥运会报道而引以为豪。要想完成好奥运会报道，首先要有“作战”的基本功，比如新闻的敏感力、观察力、语言能力、写作能力、采访能力等，这些能力需要在日常训练中积累而成。但仅有这些“本领”还是不够的，必须具备相应的能力。

1. 奥运会采访能力的要求

(1)创新能力

奥运新闻大战是全球最大的“同题竞争”，没有什么能够逃脱人们的视线。全世界五大洲都在看同一场开幕式，同一场比赛，电视直播已扫描到赛场内外的各个角落，网络媒体以其无与伦比的高速度抢夺了网民的眼球。如此严峻的媒体竞争，报纸等平面媒体的记者编辑们该如何应对？答案只有一个：创新。这种创新是全方位的，包括发掘新的角度、新的视点、新的观点，新的新闻模式等。电视虽然将所有的比赛都进行了直播，但会受到时长的限制；网络内容再海量，速度再快捷，充其量也是大量复制信息，原创稿件不多，因此，平面媒体绝不是没事可做。利用电视及网络的背后和空当，发挥自身的优势，为读者梳理信息、集纳新闻、归纳观点。让读者在电视上看完热闹之后，再来报纸上看门道。

例如，1996 年亚特兰大奥运会期间，北京晚报体育部副主任袁虹蘅每天写一篇亚特兰大散记，均以单音叠字为标题，《热热热》《乱乱乱》《票票票》《难难难》等，共计 18 篇，以散文化的新闻形式，向读者报道了奥运会期间气候、市井、票务、交通、人文等方面的情况，视角独特，素材翔实，语言生动，受到读者的喜爱。

(2)运筹能力

采访奥运会时间紧、任务重，良好的运筹能力能够帮助记者最大化地发挥自身能量，起到事半功倍的作用。一般情况下，各媒体在奥运会开幕前的两年甚至更早时，已经设计出报道方案，拟定了前后方报道组人员。像中央电视台、新华社一类的国内顶级媒体，其采访名额、经济实力和报道力度是其他媒体无法比拟的，但个人能力的显现反倒被弱化。在平面媒体，中央一级的报纸可能是几人、十几人的团队阵容，分工细致，工作明确。地方报纸的奥运会报道则困难重重，他们往往是单枪匹马地采访奥运会，人力和财力都受到限制，而奥运会比赛场次多，空间跨度大，突发新闻的可能性也大，如何运筹就成为需重点解决的问题。

作为奥运会的采访记者，首先要仔细研究比赛秩序册，分析各项目的时间关系，按项目的重要性程度确定采访场馆。其次是要研究班车时间，设计好每天的行进路线，以便节省时间，解决好转场采访的难题。在奥运会采访实践中，曾经发生过多起因延误班车而错过重要比赛、重要场面的情况，像这类“我不在场”的失误会让记者抱憾终身。

运筹能力首先体现在深入研究比赛项目上。国人给予奥运会比赛太多的期待，其意义已经远远超出了体育的范畴。争得国家荣誉、体现国家形象、展示国家实力等诸多重担都落在了参赛选手的身上，媒体的报道自然也以争金夺银的运动员为主体。所以，将比赛项目排序，将参赛选手排序、将比赛场馆排序是完成报道任务的前提。继而是确定重点项目决出金牌的时间。例如，射击项目多在上午出牌，游泳决赛则在晚上，关键场次的篮球、排球有时在下午，有时在晚上。安排时间要分出主次，一般报道原则是跟着金牌走，跟着重点项目走，因为金牌背后有无数感人的故事，重点项目有几代人奋斗的艰辛历程。

其次，运筹能力体现在制作详尽的报道方案上。记者要做到心中有数，准备充足，多设计几套报道方案，随时根据比赛的最新动态，调整采访计划和步骤，做到随机应变。而做到这一点，并非后方编辑部能够取代的，全凭记者的判断力和应变能力。比如，在看完中国运动员的射击比赛后，在转场体操馆的班车上，可以打电话采访教练、领队或队医等人。因为有预案，即使原本夺金有望的选手在预赛中遭到淘汰，也能就近转往其他场馆，采访相对而言成绩显著的运动项目或选手，这样不但可以节省时间，甚至可能获得意想不到的新闻素材。

最后，运筹能力体现在记者合理利用奥组委、新闻中心、比赛场馆及奥运村提供的各种采访条件上。奥运会举办期间，奥组委要召开各种新闻发布会，但对林林总总的发布会不用每场必到，要分析其利用价值。主新闻中心是记者应该充分利用的采访场所，从这里传达出权威性的官方消息，重大新闻事件都会在这里得到解释，还有最全的各种比赛的综合信息。有经验的记者认为，主新闻中心可以为前方记者把握方向，了解奥运会比赛的全局，定下报道的基调，否则，你离得越近，反而越看不清事情的全貌。分新闻中心也不可小视，因为从预赛、半决赛至决赛，每个阶段的比赛成绩只能从这里获得，是记者在分析比赛，尤其是撰写赛事综述时不可缺少的素材。交通中心、奥运村国际区、赛场混合区等赛事服务机构也为记者采访提供了便利条件，平时找不到、见不着的运动员，时机合适的话可以进行面对面的采访。比如,奥运村国际区是各国运动员的聚集之处,去一次就要充分利用机会,尽可能多地采访运动员,即使采访得不够深入,至少可以报道运动员的生活和娱乐活动。

(3)沟通能力

由于受到场地有限、严密的安保措施等因素的制约,奥运会对记者采访的限制很多。即使有正式资格的记者,也不是人人都有机会采访开、闭幕式及一些重要场次的比赛。运动员所在的奥运村也不是凭记者证就能自由出入的,要有代表团的邀请,还要提前申请办证,并作出时间的限制。提出申请的记者很多,采访地点也很严格,如果没有代表团教练或运动员的认可,奥运村记者照样进不去。所以,拿到被访对象的手机号码就很重要,但各运动队都在忙于训练和比赛,此时的压力到了顶点,教练和领队能否接受采访都成为困难的事情。因此,要想得到运动队的支持,与他们取得电话联系,全凭记者在日常工作中积累的业缘关系及沟通能力。

要想与中国代表团官员、教练员、运动员建立良好的业缘关系,办法只有一个:腿要勤,嘴要快。腿要勤是说记者平时必须经常到队里采访,即使没有比赛,也要去队里走一走,看一看,探听消息,观察训练,从平常中发现不平常。特别是在运动队进行冬训时,记者如若能跟队采访,自然容易建立起良好关系,甚至成为他们的朋友。嘴要快是说记者要避免患上“熟视无睹”症,因为太熟悉一个项目或者人物,而不再打探信息,遇到新现象、新技术、新方法也好像没看见。记者对专业的求精态度,往往成为能否受到教练和队员认可并尊重的一个重要因素。

在奥运会举办期间,在与组委会人员、国外同行打交道时,友善与真诚更为重要。可以准备一些有中国特色的小礼品,如纪念章、中国结、小配饰等物品,在得到帮忙之后表示谢意,以示友好。这也是体现中国记者礼貌待人、个人素质的一个方面。

同时,这种沟通能力也体现在与国内同行的合作中,尤其体现在类似媒体奥运报道联合体这样的新兴形式中,记者们分头行动,但资源共享。比如,一个记者去看游泳比赛,一个去采访体操,还有人去采访举重,大家共享素材,再根据各自特点进行创作。在奥运会上,同行不仅是对手,也是合作伙伴。没有人能够一人包办所有项目的采访,必须依靠媒体间、同行间,甚至外国同行不同形式的合作。

(4)生活能力

一般情况下,奥运会组委会指定的酒店价格比较昂贵,生活不太方便。一些媒体的记者，尤其是采访名额少或单枪匹马采访奥运会的记者，他们选择了几人合租住房、租车，自己采购做饭的方式，这种做法不仅能在工作上相互支持，生活中也可以互相关照，看上去就像一个临时组合的家庭。从亚特兰大奥运会开始，我国记者就采用这种方式采访奥运会，没有想到这种方式还能给采访带来许多意外的“收获”。因为在“家”里能吃上可口的中国饭，喝到沁人的中国茶，还能使记者在紧张的工作之余，享受到家庭般的温暖，有困难得到及时的帮助。甚至关系好的教练员、运动员和代表团官员，都愿意在比赛闲暇前来体验和享受一番。

但是，要想在这样的“家庭”占有一席之地，记者首先要具备相应的条件，即会做饭、会开车、能料理家务，没有平时的生活积累是不可想象的。年轻的记者对生活技能往往不太看重，其实这里面大有文章。比如，采访世界冠军很难，采访外国的世界冠军则难上加难，但假如你有良好的语言能力，有独具慧眼的购物能力，有驾车的能力，可以利用帮助他们购物的过程，轻而易举地获得采访机会，甚至走进他们的内心世界，获得一手素材。有记者就曾利用送教练员、运动员回奥运村的途中，利用上街观光的机会完成了独家专访。所以，生活能力不仅是奥运会报道，也是记者职业的基本需求。

奥运新闻报道是对一名新闻记者综合素质的全面考察和锻炼，创新能力、运筹能力、沟通能力和生活能力都不是与生俱来的，只能经过长期的磨炼和有意识的培养才能积累而成，要从日常工作的一点一滴做起，逐渐积累和提升各种能力，使自己在激烈的新闻大战中立于不败之地。

值得注意的是，上面谈到的四种能力是记者采访任何比赛时都要具备的条件，在下面其他赛事的介绍中，将不再一一赘述。

2. 奥运会采访准备与策略

(1)奥运会采访准备

奥运会是世界上最重要的体育赛事，体育记者无不把亲身采访一届奥运会作为自己的奋斗目标，很多体育记者甚至把采访奥运会看做是记者生涯的最高境界。然而，当机会到来时，应该如何把握时机，创造条件，高质量地完成好奥运会的报道任务，则要动脑筋想办法，认真细致地做好各项准备工作。

①资料准备

体育记者对分管的比赛项目必须达到精通的程度，不然就很难作出深刻的报道。然而，由于奥运会比赛项目多，派出的记者人数有限，即使是媒体有条件进行兵团作战，一个人也要分管数个项目，记者不可能做到面面俱到。因此，赛前的案头工作一定要做细、做足。

首先，要熟悉比赛项目的规则，特别要注意该项目是否发生了变化，与过去相比有哪些不同之处。例如，2008 年北京奥运会体操项目的评分方法取消了 10 分封顶，乒乓球团体比赛项目也将发生变化等。其次，对该项目在往届的比赛成绩、世界的格局进行分析研究。同时，不要忘记在近两年内该项目在世界锦标赛、世界杯赛、洲际比赛或者巡回赛上的比赛情况，这样才能较为完整地展现一个项目的基本格局，对重点选手的一贯表现才能作出正确的分析。最后，在以上信息的基础上，对本届奥运会的重点夺金及夺牌的国家和选手进行预测。

中国记者的采访重点是中国运动员的表现，因此对项目的整体情况以及重点运动员要有非常深入的了解。比如对一名优秀运动员，除要了解他的运动成绩，还需要了解更多、更深入的信息，比如人生经历、兴趣爱好、性格特点、身体状况、对手情况等。想要得到这些信息，就要和运动员进行面对面的交流，最好能和他成为可信赖的朋友。在资料的准备上，对于外国选手，抓重点、抓新人是可遵循的原则。

②身心准备

奥运新闻大战对记者的心理和体能都是一个严峻的挑战。奥运会期间，记者一人顶几个人用，每天都在超负荷地工作，他们不仅要穿梭于各个赛场进行采访，观看比赛，还要出席新闻发布会，参加各项活动，在有限的时间内撰写稿件，从早到晚几乎没有休息的时间。因此，人们常常会看到，在新闻中心里记者倒在沙发上，甚或直接躺倒在地小睡一会儿。一天只吃一顿饭是常有的事，一边看比赛，一边写稿件，甚至一边坐班车一边发稿。记者最怕的是重要比赛结束时间晚，必须在截稿时间内把稿件发回国内。而在比赛结束后，还要举行新闻发布会，并且教练、运动员的采访也不能不听。发稿计划则常常是一组文章，除了消息、特写外，还有人物访谈和评论，几千字的稿件，记者在两个多小时内写出，真恨不得再长出几只手。当回到宾馆时，已经是精疲力竭，肚子饿得咕咕叫，才发现自己还没吃晚饭。睡觉之前，必须制定好次日的报道方案、行动路线、查找资料。在奥运会期间，前方记者一天能睡上五小时觉，已经不错了。记者见面打招呼，从来不问你吃了没有，而是你瘦了几斤。可以想见，记者的心理压力和身体承受力遇到了多么大的挑战。没有良好的心理素质和良好的体能做保证，记者是难以坚持下来的。

一些经验不足的体育记者容易出现的问题是，一旦进入奥运赛场，要么过于兴奋紧张,手忙脚乱,不知从何下手;要么过于放松,看什么都提不起兴趣,抓不到新闻。而真正理想的状态是,既不能太紧张也不能太放松,在平静之中捕捉自己需要的新闻点。要达到工作的最佳状态,拥有完整的信息资料,做到胸有成竹外,赛前的心理调整也不可忽视。

(2)采访策略

①占据有利地形

奥运会对各个区域的划分相当严格,因此要采访就要选好"捕猎"地点。

混合区是最重要的采访区域。按照规定,所有运动员在比赛结束之后都要从混合区通过,他们可以在这里接受各国记者的采访。在奥运会比赛期间,由于运动队专心训练和比赛,即使与代表团关系良好的记者,也难以接触到教练与选手本人,混合区自然成为记者争相抢占的采访地点,为此记者因抢占有利地形而动武的现象时有发生。更有记者为了获得第一手素材,在比赛进行时就离开记者席,直接到混合区等待,以便捞到一条大鱼。

了解清楚运动员乘坐班车的地方也很重要,因为这里的管理相对较松,运动员和教练员都随意地站在一起,记者可以和他们随便聊聊,可能不费吹灰之力就能获取有用的信息。

②与外国同行互通信息

奥运会是世界上最大的综合性赛事,大项目 28 个,小项目 302 个,如此艰巨的采访任务仅靠个人能力是绝对不能胜任的。一位体育记者在平时的工作中,已经和国内同行建立起良好的协作关系,但是在奥运会上,不要忘记前来采访的近万名外国记者,他们是非常宝贵的信息资源,与他们建立起协作的关系也会帮助记者出色完成采访任务。在以往的大赛采访实践中,不少记者就依靠外国记者提供的信息,成功地采访到独家新闻。这里所说的独家,是指国内媒体仅此一家。奥运会报道的竞争虽然十分激烈,但国与国媒体之间的竞争呈现出各自的特点,只要不是重大新闻,与其他国家记者分享信息并不困难,困难的是记者能否建立起"国际人缘"。例如,《中国体育报》国际部的记者几乎人人都与外国同行建立起友好关系,遇到重大事件发生时,打个越洋电话就能问个明白。在奥运会上,这样的关系就能帮上大忙。但要想获得国外同行的帮助,只能靠日常工作中有意识地积累人缘。

③不要过分依赖录音设备

采访时录音是记者为写作稿件而采用的一种手段。但是,奥运会赛场十分嘈杂，记者众多，在外围时基本听不清被采访人说些什么，当记者回放录音时，很可能话语听不清楚，或者出现因技术故障而没有录上的现象。更重要的是，记者的时间不够用。每天要赶路、看比赛、出席新闻发布会、分析成绩、写稿件，基本上没有时间把录音全部回放一遍。所以，要坚持在采访现场进行笔录，并同时对记录的内容画出重点和疑点，力争在现场得到解答。一般情况下，记者能够基本记住采访的内容，只需要对重点地方进行录音的回放，写作就能顺利完成。

④建立多层次的信息渠道

奥运赛场的新闻竞争异常激烈，每个记者都想作出深入报道，然而要达到这样的高标准，前提是建立多层面的信息渠道，使记者拥有更多的信息来源。其中最重要的来源还是运动队和代表团。作为专业体育记者，由于长期报道某个运动项目，往往会与运动队建立起良好的工作关系，有的还发展成为朋友关系。但是奥运会比较特殊，由于任务重大，教练和队员的心理压力都很大，再加上严密的安保措施，不可能像平时那样随时能接受记者的采访。因此，在奥运会前，记者要多到国家队观看训练，观摩资格赛或选拔赛，从中获得大量的赛前信息。同时，要与教练达成某种默契，即使在每场比赛，尤其是重要场次的比赛结束后，能够通过电话进行采访。有时，主教练工作繁忙，要操心的事情很多，可能没有时间接受采访，记者则可通过该项目的裁判、队医或者随队翻译了解情况，这些信息渠道也是不可忽视的。有时，运动队会由固定的班车接送，司机和场馆管理员也是信息的来源。

本节思考题

1. 简述大众传媒与奥运会的关系。
2. 举例说明大众传媒对奥运会的传播。
3. 简述奥运会的报道特点。

第二节　足球世界杯报道模式及其特点

一、国内外足球世界杯报道

1. 国外媒体的足球世界杯报道模式及其特点

世界杯足球赛的历史，也是足球新闻的发展史。在世界杯的最初阶段，落后的通讯技术决定了低水平的新闻竞争，而由于缺乏新闻竞争，从1930年第一届世界杯到1978年间，世界杯赛基本上是主办国和参赛队所在国家和地区媒体的事情，更确切地说是欧洲、南美国家媒体的事情。

在早期的足球世界杯上，由于媒体采访的人数少，记者们可以随意进入比赛场地、运动员更衣室、训练营地，与教练和球员"聊天"，轻易地获得第一手新闻。这样的好事是现在采访世界杯的记者们想都不敢想的事。由于当时的通讯技术比较落后，摄影记者传一张图片需要几十分钟时间，大大影响了报道时效，使消息难以及时传到世界各地的球迷那里。在20世纪80年代以前，各国媒体对足球世界杯的报道主要体现在通讯社与平面媒体上。美联社、路透社、法新社等知名通讯社派出专项记者，与世界杯举办地的驻外记者联合进行采访报道，及时而大量地发出稿件。路透社被体育媒介公认为在足球报道中独树一帜，其足球赛事分析及足球评论最有见地，具有较大的影响力。而世界主流体育报刊、杂志，对世界杯也都有全面而深入的报道。在世界杯比赛期间，美国的《体育画报》、法国的《队报》、德国的《图片报》都进行专题报道的策划。综合报纸在世界杯举办期间往往会辟出专版或者专栏进行集中报道。在平面媒体的世界杯报道中，多采用专栏作者的形式，以人物特写、赛事分析、赛事评论等多种体裁，满足了广大足球爱好者的阅读需求。由于采写者对足球项目十分精通，保证了文章的质量。

1982年在西班牙举行的第十二届世界杯足球赛，成为传播媒介值得纪念的一届比赛，这届比赛不仅参赛队伍扩大到24支，而且从这一届世界杯赛起，欧美地区开始通过卫星进行电视现场报道，比赛的盛况吸引了世界各国的数亿观众。电视直播不仅加速了足球的商业化进程，扩大了世界杯赛在国际上的影响，同时也加剧了足球新闻，特别是世界杯赛新闻的竞争。[①]

在国外电视媒体对世界杯的报道中，首次进行比赛转播要追溯到1954年的第五届世界杯，而在我国，直到1978年才开始转播世界杯。50年间电视转播发生了根本的变化，以2006年德国世界杯为例，除了在转播场次、转播时间、人力物力等方面刷新了历史纪录之外，各电视公司大量丰富的世界杯栏目，也满足了不同层次受众的需求。世界杯赛期间，各国电视台都挖掘能量，最大限度地报道世界杯新闻，其中一个重要的手段是开辟多个频道，并且全天候播放足球节目。

---

① 薛寿元：《正确审度时势 恰当制定坐标》，《中国记者》1998年第8期，第46页。

2006年世界杯的报道是另一个重要的标志，因为在这届比赛中，国际足联首次放出了世界杯的网络数字传播版权，这是新媒体进入主流渠道的标志之一。全球共有十几个国家购买了网络版权，在亚洲有中国、韩国和日本。

按照国际足联和世界杯组委会公布的数字，采访韩日世界杯的正式记者为3600人，而德国世界杯人数已经达到5000人。德国世界杯32强共有736名球员，平均每位球员被6.8名新闻记者追踪采访。

2. 国内媒体的足球世界杯报道模式及其特点

在对足球世界杯赛的报道中，电视是最重要也是最直接的传播媒介。据中央电视台的一项调查显示，在中国，观众最喜爱的体育项目是足球，因而足球赛事转播也最受欢迎，首当其冲的便是足球世界杯。所以，世界杯赛成为中央电视台赛事转播的重头戏也就不足为奇了。

(1)电视足球世界杯报道

①中央电视台的足球世界杯报道

1978年，第十一届足球世界杯在阿根廷举行，中央电视台选取了几场重要比赛进行转播，这是中央电视台第一次转播世界杯赛[①]。

这届世界杯赛事的转播虽然是录播，但已使中国的电视观众同世界爱好足球的观众们一道，享受到足球世界杯的快乐。当时进行转播解说的是宋世雄和孙正平，他们未能在西班牙去亲身体验到世界杯的现场气氛，而是在香港边看画面边配解说，配完后再将录像带加急寄回北京，次日再进行播出。除了两位解说员，参与这次赛事录制的还有导演张家成和哈国英，四个人齐心协力完成了中国电视转播世界杯赛事的壮举。

1978年，中央电视台与中央人民广播电台联合转播了第十一届世界杯足球赛，并在电视赛事传播史上第一次使用了通讯卫星。

由于地理原因，1986年世界杯比赛在北京的夜里举行，正好是观众睡觉的时间，但中央电视台仍然直播了全部52场比赛，这也是中央电视台首次直播世界杯决赛全部场次的比赛。这届世界杯的电视转播依然延续了以往的做法，派人去香港看着画面添加解说，然后通过卫星传回北京。在这次赛事直播中，中国电信部门也给予了大力协助，全国的微波站也打破常规，跟着加夜班，经过多方协调配合，顺

① 翁飚：《体育与电视》，海潮摄影艺术出版社2003年版，第142页。

利地完成了这届世界杯足球赛的转播。

经过几届世界杯比赛的转播，中央电视台已经积累了经验，又向前迈进了一步。1990年罗马世界杯赛时，中央电视台派出少量记者前往比赛举办地，现场采访团队规模虽小，却探索出一条新路。

1994年足球世界杯期间，中央电视台前方报道组也只有五人，其中主持人两人、记者两人、技术人员一人。这样一支"袖珍"的团队，为中国观众带来世界杯赛事的转播。本届世界杯赛上，中国共有六亿人次通过电视观看了比赛。

1998年世界杯赛在法国举行，随着自身实力的提高，中央电视台的报道规模不断扩大，前方报道组增加到九人。在赛事转播的方法与手段上也有新意，除了现场解说，后方演播室进行包装，无论在报道规模还是转播质量上都更上一层楼，不少观众对这届世界杯赛上孙正平与黄健翔联合解说的风趣与深刻仍然记忆犹新。

2002年韩日世界杯在地理条件上对中国有利，基本上不存在时差问题，中国国家队又是第一次打进世界杯决赛圈，观众的热情空前高涨。中国媒体看准这起关注度高的"媒介事件"，提早做好了报道的准备工作，并纷纷派出记者前往现场采访比赛。中央电视台创纪录的44人的报道团，其规模可以与世界著名电视台相提并论。在节目的制作上，中央电视台也大动脑筋，将赛事报道分为前期、赛间和后期三个阶段。中央台的报道自2002年4月1日始，至6月30日世界杯比赛结束，不同时期的报道各有侧重。中央台在CCTV－1、CCTV－2节目中开辟了《你好，世界杯》《世界杯经典》等专题节目。在5月31日至6月30日赛事期间，中央台的九个ENC摄制组走遍了韩国和日本20个城市的比赛场，拍摄了64场比赛的赛前动态、赛间花絮和赛后新闻。所有赛事直播信号、新闻专题均通过设在汉城的国际广电中心(IBC)的演播室传回北京。在中央台本部，建立了800平方米的演播间。在世界杯期间，中央台每天播放11个小时的各类世界杯直播节目。与此同时，电视受众的反响也十分强烈，观众人数更是超出了人们的想象，平均每场电视观众都在一亿人次以上。一些重要场次的比赛，平均每场收视人数达到两亿人，而中国队对巴西队的那场比赛，国内有三亿人收看了直播。这届世界杯足球赛的转播，中央台取得了质的飞跃。

对2006年德国世界杯赛的节目制作，中央台延续了前几届的做法，进行了精心包装，报道主题定为"豪门盛宴"。中央台动用了一切可以利用的资源，包括电影的一些娱乐元素。因为当时恰逢国产大片张艺谋的《夜宴》正在大张旗鼓地宣传，借用这一家喻户晓的电影片名来比喻足球世界杯赛是最合适不过的。在整个的节目运作上，中央台以“我爱世界杯”为主题，打造了一个全功能的传播平台，把世界杯资讯在央视体育频道上进行了最广泛的传播，掀起了24小时的世界杯收视热潮。CCTV－5分为三个时段传播资讯：第一个时段从晚上7点至次日早7点，此时段为赛事现场直播和晚间专题。第二个时段从早7点至中午1点，为早间专题，包括赛况资讯和赛事重播；第三时段是下午开始的《球迷世界杯》，以娱乐的手段传播世界杯资讯。从实际操作上看，中央台的赛事转播依然如同往届，但在报道的整体包装、创作观念及手段的运用上进行了新的尝试，获得了巨大成功。

自1978年开始转播世界杯比赛以来，央视共转播了八届世界杯赛事，通讯技术的进步和我国广播事业的发展使电视转播的质量一届比一届高。

②地方电视台的足球世界杯报道

在中央台重大国际赛事转播权一统天下的不利局面下，地方台必须想尽一切办法，在有限的赛事转播资源中作出自己的特色。在地方台的一致努力之下，世界杯期间对中央台的世界杯报道造成了一定的影响。央视·索福瑞媒介研究和AGB尼尔森媒介研究两个机构统计的数据显示：在2006年德国世界杯期间，6月10日的上海，CCTV－5的频道占有率为9%，而上海电视台体育频道的占有率则达到12%；在英格兰对巴拉圭的比赛中，广东电视台体育频道在广州的收视率最高能达到约15个点，CCTV－5在当地的最高点数只在5个点左右。央视转播在一些地区出现了被轻视的现象。①

2002年3月，中央台以2498万美元从德国基尔希集团手中买下2002年和2006年两届世界杯的电视转播权。当时，中央台决定独买独放，不给地方台任何转播赛事的机会。这让中央台成为韩日世界杯期间最大的赢家，世界杯广告收入达到4.5亿元。② 但在2006年世界杯时，央视改变了经营策略，向地方台二次出卖转播权。这样做的原因：一是为了从广东、上海等地方台获得转让转播权的收益，如上海文广传媒集团(SMG)向央视付出了500万元的版权费；二是在中央台和地方台之间完成诸如中超联赛等相关体育节目的置换和重新分配。

虽然SMG从中央台获得了赛事的直播版权，却没有获得新闻采访权，这对前

① 李媚玲：《竞报》2006年6月23日，第6版。

② 同上。

方的采访条件非常不利，采访的范围十分有限。好在世界杯足球赛的报道对前方的依赖程度远远不及大型综合赛事奥运会，后方人员可以从其他方面给予弥补。2006 年德国世界杯赛，SMG 组织了强大的专业制作队伍，在各档新闻专题节目中进行全方位的报道，设置了多档节目，满足了上海 1800 多万观众对世界杯的收视渴望。SMG 将 2006 届世界杯划分为赛前和赛间两个阶段，将世界杯作为《五星体育》中最重要的内容，开辟了“世界杯频道”栏目，并以“我爱大力神杯”作为整体报道的主题。

在节目的基本框架上，SMG 做了如下安排：12：00～12：30 为《我爱大力神之世界杯午间报道》；18：00～18：30 为《体育新闻》，包括综合体育新闻及前后方联动；19：00～20：30 为《我爱大力神之世界杯专题报道》。每个整点播放 10 分钟的《我爱大力神之缤纷世界杯》节目。中午的节目内容为即日赛况播报、当天赛事展望、前一日赛事总结、各队动态和球星轶事。晚 18：00 的体育新闻播出包括世界杯在内的综合体育新闻，对当天世界杯比赛情况进行预测，并对接下来的专题报道进行内容预告。19：00 开始的专题报道又细分为四个段落：对当天赛事做综合报道的“鏖战世界杯”、展开体育评论的“快评世界杯”、将专业比赛与娱乐综艺合二为一的“世界杯 G 娱乐”和播放世界杯精彩镜头以及音乐的“MTV 世界杯”。而每小时播放一次的《我爱大力神之缤纷世界杯》节目，时间虽然很短，节目内容却是真正的五彩缤纷，10 分钟的节目划分为许多小板块：进球集锦、乌龙系列、表情系列、声音系列、精彩过人、精彩战术配合、精彩拦截、精彩扑救等，节目中没有主持人出现，仅用小片头进行了间隔，很好地烘托了世界杯频道的整体气氛。

细心的人们发现，在 2006 德国世界杯电视报道中，央视虽然在全国整体的体育节目收视率市场占有绝对优势地位，但在京、沪、粤等部分地区的体育节目收视率市场却是地方台唱主角。央视的收视率在京沪粤等地方区域之所以受挫，主要有两个方面的原因：第一是地方台能够满足地域细分市场的需求和收视习惯，第二是新媒体造成的压力。首先，地方台在节目创意、栏目宣传和传播形式上作出了新的尝试，并获得了成功。例如，广东台体育频道除了在粤语地区用粤语解说，而且尤其注意节目创意。在对广东台《首发世界杯》和 CCTV－5 的《体育晨报》这两个同为早晨时段的新闻资讯栏目进行对比分析就能发现，《体育晨报》为 45 分钟，节目时间过长，《首发世界杯》节目则采取了打时间差、抢发赛况新闻的应对策略，在节目内容上突出了王泰兴“独此一家”的个性化球评。在栏目宣传上，广东台体育频道与《广州日报·体育版》、《体坛周报》等纸媒体进行宣传资源的置换合作，呈现了立体的传播网络，迅速地打开了局面，拥有了一批固定观众。据央视·索福瑞媒介研究收视调查，《首发世界杯》平均收视率 0.275%，超过 CCTV－5《体育晨报》的 0.19%。北京电视台体育频道的《欢度世界杯》栏目引入了播报、讲解、互动、娱乐等元素，北京电视台《大话世界杯》栏目还独创出"评书式体育新闻"的娱乐幽默传播形式，取得了很好的收视效果。其次，在 2006 世界杯期间，新媒体数字电视、网络直播、IPTV 等正处于规模成长并不断壮大的态势，表现出强大的市场竞争潜力，也成为瓦解央视体育传播霸权的力量之一。

在新媒体报道世界杯方面，2006 年上海文广传媒集团斥巨资首次从世界足联购得德国世界杯中国地区独家手机数字版权。中国移动用户通过手机上网进入移动梦网的"掌上世界杯"独家视频栏目，得到了 64 场比赛的即时快报、每场比赛的四分钟视频集锦内容、赛场内外的精彩花絮等节目。

③电视足球世界杯报道特点

第一，开辟全天候足球频道。

在我国，世界杯赛电视报道的最大特点是足球节目实现了全天 24 小时播出，有代表性的是以央视风云足球频道为首的付费专业频道、央视体育频道(CCTV－5)和北京电视台体育频道(BTV－6)。

首先是数字化付费频道。央视风云足球频道全部采用数字化手段播出，因此画面清晰度与音质同模拟电视相比有很大程度的提高。世界杯期间风云足球频道的世界杯节目播出量达到创纪录的 720 小时。CCTV－5 开播已 13 年，在体育节目收视市场上占有垄断地位，号召力明显。世界杯期间央视体育频道制作了大量专题节目，赛后还播出了大型专题片来回顾世界杯赛。

其次是地方性专业体育频道。自 CCTV－5 建立以来，各地方电视台也纷纷效仿，追随电视频道专业化的趋势，建立了众多的地方体育频道。如上海文广数字电视中的 GoalTV1、GoalTV2 就是属于专业的足球频道。但是由于专业频道属于付费频道，只能在数字电视开通的城市才能够收看，因而节目覆盖的受众人群有限。德国世界杯期间，我国地方性体育频道在世界杯节目的制作和播出时间方面差距明显。其中，北京电视台体育频道、上海电视台体育频道和天津电视台体育频道在节目编排上都紧密围绕世界杯展开，足球赛事场场直播，专题节目制作精良。这几个地方性体育频道几乎成了专业的世界杯足球频道，全天候为本地球迷提供最新的赛事资讯。

第二,实现板块化栏目格局。

近几届世界杯以来,我国的电视媒体多采取现场直播加板块化的报道形式。而德国世界杯期间,电视的报道形式无论在节目编排上还是在栏目的包装策划上,较前几届都更为讲究,节目内容也更具趣味性。

实现了节目大板块的操作。由于地方台专业体育频道的加入,世界杯节目的制作量大幅度提高。2002 年世界杯的专题节目开始穿插直播、球评和球迷互动的大板块节目,获得受众的好评。在德国世界杯期间,CCTV－5 的节目呈现出六大节目板块,分别是《豪门盛宴》《球迷世界杯》《欢乐世界杯》《德国行动》《世界足球之旅》和《三味聊斋》。这六大板块主题鲜明,《豪门盛宴》以全方位的视角报道世界杯,内容涵盖比赛的各个方面,时效性很强。《球迷世界杯》以大家的世界杯为主题,是球迷们的欢乐场所,这里既有辩论和趣谈,又有歌迷的串烧歌,形式活泼,充分体现了受众的参与性。《欢乐世界杯》相当于一顿大餐中不可缺少的佐料,属于谈话类节目,嘉宾中既有文坛的苏叔阳、歌星刘欢,也有退役球星李富胜,大家各抒己见,畅所欲言。《德国行动》是一档娱乐节目,在比赛开始之前带领中国普通球迷周游德国 12 个世界杯举办城市,不仅展现了德国的人文地理和风土人情,也让世界杯逐渐升温。《世界足球之旅》如数家珍地介绍各参赛队,使观众全面了解 32 强的风貌。《三味聊斋》的主持是央视的五位名嘴:张斌、白岩松、黄健翔、段暄和刘建宏,他们从历史、社会、人文的角度述说世界杯的悲与欢,愁与乐,带领人们思考世界杯,欣赏世界杯。《豪门盛宴》《球迷世界杯》是韩日世界杯时设立的栏目,受到广泛的欢迎,四年之后的德国世界杯得以保留,节目名称虽然没变,但在栏目构成和时间跨度上作出了较大调整。

德国世界杯期间,国内电视台各个专业频道都推出了超长时段的大板块世界杯节目,其节目时间之长是往年的任何专题栏目无法相比的。大板块节目的时间跨度甚至可以是一天,分为早、中、晚三个时段推出,并将各种风格的栏目和比赛直播有机地融合到一起。

第三,栏目的综合化趋势。

为了避免节目的单调,在德国世界杯报道中,电视在板块栏目中注入了播报、讲解、互动、娱乐等元素,使节目更具综合性。北京电视台体育频道的《欢度世界杯》是每天四个小时的联动直播节目,利用互动、娱乐的方式让观众坐在家里就能体验到比赛现场的狂热。而《世界杯群英会》邀请了足球专业人士点评赛事，除了比赛内容还涉及方方面面。《徐滔论剑世界杯　向真短兵莱茵河》突出了名人效应，与体育并不相干的演艺界人士在栏目中述说世界杯，为报道注入了娱乐与时尚气息。而与观众进行互动的栏目《射门游戏》，则以手机短信留言发表世界杯观感，让受众参与评选活动。

第四，节目突出特色化。

主持人以风趣幽默、滑稽搞笑的方式让球迷在娱乐中知晓最新的足球赛况，是2006世界杯报道中出现的一个新特色。北京电视台的《大话世界杯》就是这样一个特色化的足球新闻节目。著名评书演员孙一身穿大褂，手持令箭，用评书的风格语言表述紧张激烈的世界杯赛事，将严肃的赛事新闻包装成轻松娱乐的资讯。《大话世界杯》的特色还在于，充分调动电视手段来揭示球员、裁判、球迷在赛场内外发生的利害冲突以及令人捧腹的趣事，使足球报道超出了体育的范畴，从传统艺术的新角度去看待悬念丛生的世界杯。

第五，多频道联合报道。

在我国，专业化的足球频道并不是全国所有地区都能收看到的，面对越来越多的足球迷，其他频道的补充转播和赛事报道弥补了这一不足。

新闻类节目中赛事报道的滚动播出加强了报道的时效性。足球赛事之所以精彩，就在于胜负的不可预知性。决赛阶段的参赛队伍，特别是进入16强的队伍，个个都具有夺冠实力，许多球迷却因为时差原因无法收看一些赛事的直播。而电视台新闻类频道的正点新闻播报满足了这一需求，比赛结果的及时播报和大量精彩的射门镜头以及滚动的字幕新闻，大大提高了赛事报道的时效性。如东方卫视的大型晨间新闻节目《看东方》，在120分钟的直播节目中多次穿插最新赛事报道，在播报形式上采用了简明、详细和精彩画面集锦等多种方式，满足了球迷的知晓欲望。

多频道的现场直播收到了良好的电视传播效果。以2006世界杯为例，在6月20～24日的赛程中，两场球赛同时开赛有八次之多，为让受众有更多的收视选择，第一时间知晓战况，电视台多采取两个频道同时段分别直播两场不同赛事的方式，缓解了这一矛盾。中央电视台除了体育频道保持转播外，另外一场直播放在覆盖率较高的央视一套或二套节目中播出，将全部64场比赛无一遗漏地呈现给观众。

经过几届世界杯赛的转播，我国电视台已经积累了丰富的经验，转播技术有了质的飞跃，电视画面越来越清晰，专业评说的队伍不断壮大，球迷们体验到足球带来的快乐。

但是，我国世界杯电视报道也存在问题和不足，例如，中央电视台在赛事转播上拥有的垄断优势，使地方电视媒体很难与之抗衡，不利于公开竞争。在采访名额上，央视也以60人的团队压倒地方电视台30人的团队。在报道主题上，我国电视机构大多紧紧抓住足球赛事的传播，对蕴涵其中的足球商机、足球精神以及文化的传播却鲜有涉及，世界杯的报道主题还有待我国电视机构进一步地挖掘。

(2)平面媒体的足球世界杯报道模式及其特点

四年一届的足球世界杯是国际体坛的一起重大的“媒介事件”，在比赛期间，不仅是专业的体育刊物，即使是综合性的报纸也都会辟出多个版面进行报道，形成各路争锋的局面。对于体育专业报纸来说，压力是巨大的，他们不仅面对电视赛事直播或转播的咄咄气势，还要迎接新兴媒体网络的挑战，如何守住自己的阵地，是摆在平面媒体面前的一道难题。但是，世界杯并非只有障碍，它也给体育报纸带来了机遇。在应对媒体竞争的策略上，媒体采取了发行世界杯专刊、扩大报道版面，甚至在开幕日出号外等不同做法。比较有代表性的是《足球报》，下面的分析将主要以这家报纸为对象，进行解读。[①]

《足球报》本来每逢周一、周三、周五出刊，为了适应世界杯报道的需要，从2006年6月5日起推出《德国世界杯日报》，每天32个版，分为ABCD四叠，其中ABC三叠的24个版用来报道世界杯，对2006年德国世界杯进行全方位的展示，以满足不同口味的受众的需求。尽管各媒体的做法有所不同，在采用的报道策略上却是殊路途同归。

①体现专业化

与其他类别的新闻不同，体育新闻是通过激烈的赛事竞争过程展现体育的精神和体育的美。比赛过程、比赛成绩和体育人物竞技能力的发挥成为体育新闻报道的核心内容。可以说，体育新闻的魅力就在于体育自身的专业魅力，体育新闻的专业性是满足体育受众信息需求的关键因素之一。

基于此，相较于其他类别的媒体，用专业的眼光来报道世界杯，成为体育报纸

① 郭万盛：《体育报纸的新闻报道策略——以〈足球报〉2006世界杯报道为例》，《青年记者》2006年第14期，第11页。

的优势所在。以德国世界杯为例，专业的足球类报纸，如《足球报》和《中国足球报》，就将重心放在对球队的战术、战略以及球员的素质、技能、发挥等方面的报道上，并力求在报道中保持客观理性，为读者提供深入的分析和解读。比如，在《足球报》上发表的《卡斯特罗姆盘活全局》《巴拉圭输在太保守》《米兰中场组合制胜》《葡萄牙指望点球》等，这些新闻标题代表了报道的专业性，以内行人的眼光让读者深入了解双方的排兵布阵、运动员的表现，揭示了各种因素与比赛结果之间的必然联系，满足了受众更深层次的信息需求。

专业化的策略还体现在高水准的评论上，任何平面媒体要想抓住受众的眼球，评论的水平起到了关键作用。以专业知识对比赛进行解读和阐释，报道采用深入而多维的视角，能够较好地体现媒体的权威性。在德国世界杯期间，《足球报》在每天的第二版辟出"快评"专栏，由足球专家、球员或专项记者对比赛进行解读或评论，提升了足球报道的质量。在这些专家名人中，有卡洛斯、温格、古力特、邓加、韩乔生等，用他们的认知来解读世界杯，吸引了大量的读者。

②体现娱乐化

娱乐化是当前体育新闻报道近年来的新趋势，无论平面媒体还是电子媒体，都体现出体育报道娱乐化的鲜明倾向。像世界杯这样重大的赛事报道，由于比赛过程已经被电视台在直播中显露无遗，给平面媒体留下做文章的空间已经十分狭小，因此突出报道的娱乐功能，就成为一种必然的选择。在世界所有的大型赛事中，足球世界杯的赛程最长，漫漫一个月的采访与报道，不仅媒体自身会产生疲劳，受众也难以坚持。种种因素使得娱乐化报道成为受欢迎的内容，那些赛场外的轻松趣闻，让人发出会心一笑。

报纸媒体在世界杯报道中，突出了趣味性、刺激性与时尚性，目的是让不同口味的受众各取所需。在娱乐化方面，《足球报》在 2006 年德国世界杯报道期间可谓做足了文章，每天在 C 版用八个版面报道娱乐化内容，其报道角度定位于"花边世界杯"，大量刊登"足球宝贝"的照片，报道球队或球星的趣事、花边新闻以及受众富有个性的评论。

但是，如何掌握娱乐化的尺度，怎样报道才能不触犯个人隐私，是值得媒体研究的问题。个别媒体因为过于追求娱乐化报道，挖空心思地寻找爆料的题材，会失去新闻媒体应该遵循的原则，弄不好还会产生争议，甚至闹到法庭上去打官司。

③体现生活化

世界杯比赛中，吸引读者的不仅是比赛进程和球员的表现，只要是与日常生活相关或是能够为国内受众提供参照的内容，都可以吸引读者的眼球。因此，体现生活化是报纸媒体在世界杯报道中的另一特色。

在2006年足球世界杯报道中，报纸媒体追求生活化的报道主要有两种选择，第一是贴近读者生活，选择与他们的思想、情绪和利益息息相关的题材，引起广泛的关注与兴趣。与相对“严肃的”赛事报道内容相比，生活类、社会类的新闻会显得比较轻松，因此，世界杯期间国内的新闻报道，生活化的内容扮演了重要角色。这类内容常见诸于报端，例如，《足球报》提供了诸多关于德国的生活信息，如《皇帝临阵打气两小时》《幼儿园球迷出动》《警察故事》等，反映了世界杯这一大型赛事对德国普通人的日常生活产生了什么影响，反映了东道主公民的生活观与价值观，拓展了报道的外延。除了德国，媒体还将目光投向了世界各大洲、各地区人们的生活，力图全面地展示全球的“世界杯生活”。例如，《海地军阀为世界杯交火》《伊拉克炮火轰不息老百姓热情》《急救电话创纪录》等，这些文章反映了不同国家和地区对世界杯的态度以及对政治经济的影响。

追求生活化报道的第二种选择是体现人文关怀。体现运动员人性的一面，以情动人，引起受众的共鸣。例如，刊载在《足球报》上的《进球前，里皮直冒汗》《阿德进球献儿子》《伊万科维奇陪家人欣赏世界杯》等。这类报道体现了浓厚的人情味，让足球明星成为普通人，让读者感到亲切，体现了接近性。例如，当德国队被意大利队大败之后，题为《莱曼悲伤的预言家》的一文中写道：“莱曼哭了，这一次连卡恩的安慰也阻挡不住他的眼泪，他不想跟卡恩攀比什么，他只想做得比卡恩更好。卡恩已经为德国赢得一次世界杯亚军，而莱曼就算再努力，最多也只能为德国赢得一次本土世界杯的季军。”体育报道展现人性的一面，可以激发爱心和同情心，以运动员的喜、怒、哀、乐来感化读者，使他们与报道对象同命运共呼吸，获得参与性的体验。[1]

④体现本土化

由于中国有限的足球水平，参加世界杯赛成为一种奢望，而且比赛从来都是在中国以外的国家举行，报道内容自然都是别人家的事情，长此以往受众会产生视觉

① 郭万盛：《体育报纸的新闻报道策略——以〈足球报〉2006世界杯报道为例》，《青年记者》2006年第14期，第11页。

疲劳。近几届世界杯比赛，我国媒体尤其是平面媒体的报道，逐渐显现出本土化的倾向。以《足球报》德国世界杯期间的报道为例，内容不仅涉及国外新闻，国内新闻也占了相当大的比例。例如，《超女 PK 世界杯》，这篇文章写的是世界杯如何影响了当时在国内热播的一档节目《超级女生》，把国外的比赛与国内的选秀联系起来。又如《足球邮票冷暖人生》，报道的是广州一位世界杯纪念邮票的收藏者。《中国币进军世界杯》报道的是我国发行世界杯纪念币的新闻。《全国抓赌“利剑”专砍网络黑手》则提出我国如何治理赌球的问题。这些文章都体现出了本土化的倾向。将世界杯期间国内国外的新闻焦点紧密结合起来，不仅增加了信息量，也从另一个角度审视世界杯对中国的影响。

与读者开展互动是平面媒体体现本土化的另一个做法。为了吸引受众的参与，一些报纸开辟了读者参与的评论版面，刊登读者的想法和感受，取得了显著效果。读者的本土化评论，内容涉及场内外的新闻事件，形式活泼生动。例如，《不看球是否有心理问题》《偶像抵不上现象》《葡法，谁动了谁的奶酪》等。在这类报道中，普通读者的观点和表达，更为契合本地读者的价值判断和审美趣味。从传播效果来看，报纸和读者的这种互动，不仅仅是扩大了信息传播渠道，更为重要的是，集中了受众的智慧，使各种观点集中展示，从而吸引了更多的受众，扩大了受众面。[①]

综合以上报道特点，我国与国外报纸的报道角度尚存在一定的差距。在足球报道中独树一帜的英国平面媒体，如《独立报》《每日电讯报》等有影响的大报，世界杯的报道注重体现深度，以特写、评论、赛事分析见长，很少有简单的消息体裁。篇幅长、有广度、有分析、有评述、有细节，成为英国报纸媒体的报道风格。在写作特点上，记者的语言运用也十分讲究，文笔优美。英国的报纸媒体不仅评析比赛中的激烈拼抢和胜败得失，还能提供大量的背景资料与信息，读来耐人寻味，给人以沉甸甸的感觉。

(3)网络媒体的足球世界杯报道

在世界杯的赛场上，报道的竞争还出现了新老媒体交锋的场面。在这场媒体大战中，渠道和内容成为两个至关重要的因素，其中，渠道是指媒体拥有的载体。相对其他媒体，网络新媒体除了快速、及时外，还拥有个性化、互动性强等优点。由于体育信息的传播存在着速度快、形象性强等要求，使得许多受众在选择信息载体

① 郭万盛:《体育报纸的新闻报道策略——以〈足球报〉2006 年世界杯报道为例》,《青年记者》2006 年第 14 期,第 11 页。

时，会优先考虑网络媒体。

1998 年的法国世界杯足球赛对于我国网络媒体来说是一个值得纪念的时刻，在这次世界杯赛上，我国的网络媒体首次加入报道行列。由于受到技术上和新闻资源的限制，当时网络媒体采用了最原始的新闻处理方式：翻译加粘贴。八年后的 2006 世界杯赛，我国网络媒体借助报网互动的手段，第一次真正显示出了自己的传播力量。

如今，人们已经习惯于通过专业网站随时了解比赛战况。专业网站包括三大类：第一类是门户网站的体育频道，如新浪体育频道、搜狐体育频道；第二类是传统媒体网站的体育频道，如人民网、新华网的体育频道；第三类是专业的体育网站，这类专业站点的针对性更强，资料更加新颖丰富，如华体网、体坛周报网等。上述网站通过新闻专题和图文、视频等形式，成为网络新媒体报道中的绝对主力。

新闻专题是专业网站最常用的报道手段，目前世界各大专业网站都设立了专门的网站或者开辟了世界杯专题栏目。由于不受版面和播出时间的限制，网络可以无限量地提供背景资料、最新赛况以及评论，其历届杯赛资讯的丰富程度、更新速度及交互功能，使传统媒体自叹弗如。比如新浪的“2006 德国世界杯——竞技风暴”专题栏目以及搜狐的“2006 德国世界杯”专栏，甚至为传统媒体提供了许多有价值的资料。同时一些专业的体育站点也提供了视角独到的报道，比如，华体网推出了世界杯“即时快讯”“新闻评论”“直击 32 强”“完全赛程”“视频专区”“精彩图片”“典藏回顾”等栏目，信息挖掘颇有深度。

多样的新闻专题充分发挥了网络的优势，具体表现在时间的无限性、空间的跨越性、受众的互动性和资料的集纳性。在时间上，对世界杯上发生的新闻，受众可以不受限制通过刷新了解动态。在空间上，网络可以随意展现不同届次的世界杯比赛情况，实现空间的跨越。在互动上，可以轻松地让网民参与到世界杯赛事的传播中，受众可以和场外专家、评论员等即时交流，在体育频道的聊天室或其他论坛发表自己的看法，互动效果即时显现。

在资料上，网络的新闻专题汇集了各种媒体海量的信息资源，集纳了新闻事件的相关资料和背景材料，以超级链接方式，为不同的主题设立小专题，再将新闻信息分门别类，并易于寻找和检索。比如，华体网开通了“查询交战记录”服务，点击相应的球队,就能了解到过往赛事、主客对阵、赛事结果等各种详细的信息。①

值得注意的是,在德国世界杯期间,一些网络的报道开始出现原创稿件,网络记者自己在前后方进行采写,出现了独家报道内容。

博客的世界杯报道是近年网络媒体报道形式发展中的一个新品种。如今博客已经从小群体应用走向了大众,并产生了较大影响。在2006年德国世界杯的新媒体报道中,博客给人们带来了开放和自由的价值理性。如果把博客看做是一种新的传播形式,那么博客对世界杯的参与也为体育新闻的传播带来了新的变化。

博客的存在形式大多是依附于综合性的商业网站。2006年"博客世界杯"普遍的组织形式是由综合性商业网站选择、组织单个博客组成博客群,参与世界杯的报道和评论。为此,各大网站纷纷举办活动,招揽博客高手。新浪网以"让我们'博'斗世界杯"为口号,设立专门网页,开展博客大赛,最早打响了博客大战。搜狐网则启动"搜狐博客军团直击世界杯"活动,通过层层筛选,最终从30万足球爱好者中选出10人与领队赵牧组成11人的"博客军团",赴德国观球报道,催生了世界杯历史上"博客记者"的首次出现。这种组织形式,其实质是将博客视为商业网站世界杯报道专题的有机组成部分,与报纸的专栏作家、广播电视的特约评论员,甚至与记者的工作如出一辙。

在博客的世界杯报道中,各网站体现出差异化的竞争。从表面看,各大商业网站的博客战略似乎相同,但却存在明显的差异。以两大门户网站为例,搜狐网力图尽可能多地囊括各类博客,其"搜狐博客军团"被细分成五个方阵,包括由30万网民海选组成的"11人军团",演艺圈明星足球队队员组成的"明星军团",传统媒体的职业球评家、体育电视主持人、职业球员或教练组成的"专家军团",女球迷组成的"MM军团"和由海外华人组成的"海外军团"。新浪网的博客世界杯阵容则相对简约,除了"'博'斗世界杯"活动招募的平民写手,新浪聚焦的重点是"名人博客"。两大网络在利用博客的阵地上,搜狐实施的是以"草根博客"为主体的"人人博客"战略,新浪则选择了"名人博客"为主体、兼顾草根博客的路线。②

相对于传统媒体,博客对世界杯报道的参与存在两个突出的问题:第一,商业运作下的实质性内容缺失。2006年"博客世界杯"的意义更多在于其形式,写手的

---

① 彭文波:《网络媒体征战世界杯》,《传媒》2006年第7期,第60页。

② 刘勇、马知远:《当世界杯和博客首次相遇——2006年"博客世界杯"管窥》,《新闻记者》2006年第7期,第11～12页。

专业水准参差不齐，尤其是名人博客。第二，时效性不足，低俗化严重，真实性值得推敲。由于技术门槛低，没有任何把关环节，没有截稿时间限制，写作比较容易，但无法确保其内容的真实性与时效性。

二、世界杯新闻采访业务

1. 资料收集与酒店的选择

世界大赛是中国足球传媒竞争激烈的战场，从申请世界杯采访资格证开始，就展开了一场贴身肉搏。在互联网高度发达的今天，足球资料遍布网络，再加上大赛还要开通相关门户网站，寻找资料看起来非常容易，但是真正要找到合适的资料还需要常年的积累。世界杯参赛队有 32 强，互联网上各队资料琳琅满目，记者的书包不可能成为图书馆，因此要尽量花时间浏览各队信息，知晓每支球队近期动态新闻以及教练、球星近况及球队战术特点。在出发之前，将所有资料分门别类地放到收藏夹内，做到随时取用。一旦世界杯赛上突发新闻事件时，记者可以迅速找到背景资料，免得到时候手忙脚乱。

做好世界杯赛的报道不仅仅是记者的采访、观赛和写作这么简单。奥运会虽然是比赛项目最多的综合性赛事，但一般比赛场地比较集中，最多也不过三四个城市。但世界杯不同，有时会在两个国家举行，例如 2002 年韩日世界杯。在 2006 年德国世界杯上，全部 64 场比赛要在 12 个城市举行，并且有八场比赛同时开赛。因此，记者的行程以及酒店的选择就显得十分重要。一般而言，选择采访的比赛场次可以借助后方编辑部，通过集体讨论作出采访计划，但是对于比赛城市的酒店的条件是否有利于记者的采访，只能靠记者自己做好调查研究。通常情况下，可以先通过互联网预订酒店，记者不是游客，游客选择酒店的条件是舒适度，而记者关心的则是酒店是否具备以下三个方面的条件：

①距离远近

最好能找到与球队驻扎地或比赛场地距离较近的酒店，如果能与球队同住一处，这是最好的选择，可以省掉一笔电话费用，通过酒店电话就能找到采访对象。记者必须考虑到发稿时间，比赛结束后往往是塞车高峰，如果酒店离体育场较远，将会影响正常发稿。

②上网方便

大部分酒店有无线上网服务，记者的笔记本电脑都带迅驰系统，可以轻松解决上网难的问题。但有的国家酒店对上网要收取费用，事先必须了解酒店的详细规定，以便作出预算，避免在国外遇到经费不足的困难。

③交通条件

要关注酒店旁边是否有公共交通，即使记者入驻的酒店有世界杯赛的新闻媒体班车经过，附近最好还要有城铁或者地铁等交通工具，以便在需要时轻松抵达赛场。记者在赛后一般会在比赛地的新闻中心内写稿，但当欧洲与国内有时差因素不需急着发稿时，记者可回到酒店从容地完成写作任务。若是晚报的媒体，则要在新闻中心发稿，新闻中心的关门时间一般要在凌晨一两点，住得近的记者就会多出休息的时间。

另外需要注意的是电话费用。一般国外酒店打越洋电话收费较高，市面上有经济的 IP 卡出售，可使用当地电话手机卡，再买一张专供中国人使用的 IP 卡，便可大大压缩电话费开支。

(2)足球世界杯赛采访惯例

国际足联新闻委员会对各国媒体制定了采访政策，并为各国记者提供了良好的工作条件。每届世界杯赛举行时，举办国也会为媒体提供良好的服务。同时，各参赛国也会非常重视接受媒体的采访，虽然他们的做法不一，却都会积极配合媒体的工作。

①球队的新闻发布会

以 2002 年韩日世界杯赛中的法国队为例，法国队有随队的新闻官，他们租用了专门的新闻发布厅，每天有固定球星到新闻发布厅接受采访，而且同一时间有多名球员接受采访，记者可以根据需要，选择一位球星的谈话。新闻发布会结束后，立刻就会有相关电稿登上互联网，在世界杯大赛期间，新闻发布会还能实现网上直播。一般情况下，国外记者都在认真记录，而中国足球记者则在新闻发布厅里努力寻找“异常情况”，准备发送“独家新闻”。

除了提供公共信息之外，法国队的新闻发布厅还为记者进行专访设置了多间小屋。在专访前，记者先向法国队新闻官提出书面采访申请，新闻官按照申请时间顺序给以相应安排。外国记者对于这类采访习以为常，将其看成一种游戏规则。如果一家机构在进行独家采访，另一家绝对不会打听，但是公共新闻可以进行交流。[①]

②付费采访

付费采访是足球世界杯赛媒体报道的一大特色。在足球世界杯期间，有媒体会出高价进行真正的独家专访，像贝克汉姆等著名球员，他们接受一次电视专访的酬金都在数万英镑。付费采访时，媒体往往要求被采访对象拿出一些“真东西”，球星可能会暴露自己的一部分隐私。例如，英国人对小贝与歌星太太维多利亚的私生活很感兴趣，贝克汉姆适时抛出一些以满足好奇者的需要。但是，付费采访并非每家媒体都能实现，资金短缺使一些媒体心有余而力不足，这时他们就会采用一些非法手段，往往因此与球星发生冲突，甚至对簿公堂，这与新闻采访的原则是相违背的，中国的记者绝不可以效仿。[②]

③采访名额的分配制度

采访的最佳方式是现场采访，媒体公信力的来源之一便在于记者的“在场”，受众认可的也是记者的“在场”。尤其是重大的新闻事件，受众更期待记者能从现场发回最真实的报道。但是，由于国际足联在报道政策上采取了优先参赛国媒体的态度，在采访名额的分配上向派队参加比赛的所在国媒体倾斜，而未能打入决赛圈的国家和地区的媒体，在获得采访名额以及个别场次的比赛证件上，会受到很大的限制。

以 2006 年德国世界杯为例，由于中国队没有打进世界杯决赛圈，国际足联给中国内地媒体提供的采访证件很少，平面媒体获得的记者证仅有 69 个，由中国足协与国家体育总局宣传司分配给 16 家新闻单位，其中文字记者 52 人，摄影记者 17 人。电视、广播、网络媒体和新华社另外得到了部分名额，但内地获得的采访证件总数不超过 180 个。这显然无法满足我国媒体的需要，《中国青年报》披露，前往德国的内地记者“据不完全统计人数达 500 人之多”，其中有 2/3 的记者拿不到正式的采访证，无法参与官方组织的采访活动。

在其他比赛中，没有拿到正式采访证而派出记者的情形，对国内媒体并非首次，但在世界杯的采访报道中却显得特别突出，因为足球是高度商业化的体育产业领域。国际足联、著名球星本人对采访都非常敏感，采访的条件和要求相对于其他运动项目而言要苛刻得多。国际足联新闻委员会和组委会在世界杯举行时设立区

---

① 金焱：《如何准备今年世界杯采访》，《中国记者》2006 年第 5 期，第 39 页。

② 同上。

分记者可以进入的采访区域，没有国际足联采访证件的中国记者，不能近距离接触32支参赛队的队员和教练以及国际足联官员，无法出席各类新闻发布会，不能现场参加其他与世界杯相关的活动。在德国世界杯比赛期间，由于没有中国队参赛，记者在现场找不到熟悉的球员和教练，采访报道困难重重。尽管如此，国内的众多媒体，尤其是报纸依然派出大量记者前往德国，其目的就在于追求世界杯采访的形式——特派记者的出现为媒体的各种报道冠上“在场”的名分，具有浓厚的新闻包装色彩，以便赢得受众的信任。

本节思考题

1. 谈一谈国外足球世界杯的报道模式及其特点。
2. 我国电视媒体的世界杯报道有哪些特点？
3. 搞好足球世界杯的采访报道需要注意哪些问题？

第三节　世界田径锦标赛报道模式及其特点

一、田径项目的国际组织与赛事

1. 国际田径联合会(International Association of Athletics Federations)

20世纪初，由于国际田径运动和奥运会的不断发展，创建一个管理国际田径事务的国际组织已迫在眉睫，世界需要统一的田径比赛规则、定义，需要公认的世界纪录和奥运会纪录。

1912年7月15日，在瑞典首都斯德哥尔摩举行的第五届奥运会结束了所有田径项目的比赛。7月17日，一场为创建一个国际田径组织的大会在斯德哥尔摩举行。共有澳大利亚、奥地利、比利时、加拿大、智利、丹麦、埃及、芬兰、法国、德国、希腊、匈牙利、挪威、俄罗斯、瑞典、英国和美国17个国家的代表参加了这一历史性大会。

严格地讲，1912年的这次大会只是一次试探性的大会，但是之后成立的国际田联将此作为“国际田联第一次代表大会”。

1913年，国际田联第二次代表大会在德国柏林召开，大会通过了国际田联的

第一部章程，当时国际田联共有 34 个成员协会，瑞典人埃斯特洛姆当选为国际田联第一任主席，克里斯特安·赫尔斯特罗姆当选第一任荣誉秘书长。

第三届国际田联代表大会于 1914 年在法国里昂举行，在新任荣誉秘书长希尔丁·克吉尔曼的努力下，国际田联在本次大会上出台了第一部国际田联关于国际田径比赛的技术规则，同时敦促各成员协会执行相类似的比赛规则。[①]

国际田联现有协会会员 212 个，分属欧、亚、非、中北美、南美及大洋洲六个地区联合会。国际田联的工作用语为英、法、俄、德、西班牙语等。不同工作用语文本发生冲突时，以英语文本为准。

国际田联的最高权力机构是代表大会，每两年举行一次，拥有修改章程、制定竞赛规则、批准项目、选举官员等权力。大会选出的理事会负责处理日常事务。理事会由主席、四名副主席、司库、六名大洲代表和 15 名理事共 27 人组成，任期四年。现任国际田联主席为迪亚克，秘书长为库赖。

国际田联设有六个委员会，除了医学委员会由理事会指定外，技术、女子、越野、竞走、老运动员五个委员会均由大会选举产生。这些委员会协助理事会向代表大会提出建议，其成员任期均为四年。此外，国际田联理事会下设的专门委员会有运动员委员会、兴奋剂检测委员会、发展委员会、财政预算委员会、奖金资助委员会、新闻发布和电视转播委员会等。这些委员会定期向理事会提交报告和提供咨询。国际田联在全世界设有九个地区为发展中心，其中之一设在中国北京。

国际田联总部 1912～1946 年设在斯德哥尔摩，1946～1993 年设在伦敦。1994 年 6 月 10 日，新的总部在摩纳哥公国启用，设有竞赛部、发展部、财务部、媒体与公关部，共四个部门。来自 13 个国家的 70 名工作人员在摩纳哥总部工作。

国际田联的宗旨是保护国际业余田径运动的权益，在各个协会之间建立友好和真挚的合作关系，反对任何种族、宗教、政治和其他形式的歧视。其任务是：在世界上开展田径运动，在所有会员之间建立友好关系，采取必要措施反对种族、政治和宗教信仰歧视，为不同种族、不同政治态度和不同宗教信仰的运动员参加国际比赛消除障碍，制定国际比赛的章程和规则，保证会员之间的比赛按田联制定的章程和规则进行，与新的国家田协联系，解决在田径运动中出现的有争议的问题，与奥

---

① 费建：《国际田联简史》，《田径》2005 年第 9 期，第 61 页。

运会组委会合作举办田径比赛，确认世界纪录。[①]

2. 国际田联赛事

国际田联的主要赛事有世界锦标赛、世界青年锦标赛、世界室内锦标赛、世界杯赛、世界越野锦标赛、世界竞走杯赛、世界半程马拉松锦标赛、世界公路接力锦标赛、国际巡回大奖赛、国际越野巡回赛、国际田联大奖赛等。此外田径也是14个地区综合性运动会的比赛项目。

二、世界田径锦标赛的演变历程

田径是各项体育运动的基础项目。为了更有效地推动世界田径运动的发展，国际田联在1978年10月的第三十一届波多黎各代表大会上决定，将从1983年起推出“世界田径锦标赛”。首届世界田径锦标赛于当年8月7日至14日在芬兰首都赫尔辛基举行，共有153个国家和地区的代表团参加。俄罗斯撑杆跳名将谢尔盖·布勃卡和美国“百米飞人”卡尔·刘易斯都在其中有出色表现。这次高水平的重大比赛震动了世界的每一个角落，它标志着田径运动得到了更广泛的宣传，因而引起了世界各国的关注。首届世锦赛，参赛国家之多，人数之广，群英聚集水平之高，给人们留下了难忘的印象。大部分世界纪录保持者也都参加了比赛，为第一届田径世界锦标赛的召开增添了光彩。

相比足球世界杯赛，世界田径锦标赛虽然举办的时间较晚，但刚一露面就令人刮目相看，它的旗开得胜没有任何一项运动能够比拟。由于首届比赛大功告成，国际田联决定每四年举行一届，时间定在奥运会的前一年，从而使该赛事成了奥运会前各国田径实力的一次大检阅。第三届世锦赛之后，国际田联将比赛从四年一度改为两年一届，因此，第四届世界田径锦标赛在1993年举行，此后每隔两年举行一次。[②] 至2007年，国际田联已经成功举办了11届世界田径锦标赛（见表8－2），大大推动了田径运动在世界范围内的发展。

---

① http://www.olympic.cn/sports/union/international/2004－03－26/2901.html

② 《世界锦标赛简介》，《田径》2003年第8期，第47页。

表 8－2　历届世界田径锦标赛举办年份及地点

届　　数	年　　份	举　办　地
第一届世锦赛	1983	赫尔辛基
第二届世锦赛	1987	罗马
第三届世锦赛	1991	东京
第四届世锦赛	1993	斯图加特
第五届世锦赛	1995	哥德堡
第六届世锦赛	1997	雅典
第七届世锦赛	1999	塞维利亚
第八届世锦赛	2001	埃德蒙顿
第九届世锦赛	2003	巴黎
第十届世锦赛	2005	赫尔辛基
第十一届世锦赛	2007	日本大阪

在比赛项目上，国际田联也进行过几次调整，体现了国际田径赛事的发展趋势(见表 8－3)。

表 8－3　历届世界田径锦标赛项目设置[①]

年份/项目	1983	1987	1991	1993	1995	1997	1999	2001	2003	2005	2007
100 米	ˇ	ˇ	ˇ	ˇ	ˇ	ˇ	ˇ	ˇ	ˇ	ˇ	ˇ
200 米	ˇ	ˇ	ˇ	ˇ	ˇ	ˇ	ˇ	ˇ	ˇ	ˇ	ˇ
400 米	ˇ	ˇ	ˇ	ˇ	ˇ	ˇ	ˇ	ˇ	ˇ	ˇ	ˇ
800 米	ˇ	ˇ	ˇ	ˇ	ˇ	ˇ	ˇ	ˇ	ˇ	ˇ	ˇ
1500 米	ˇ	ˇ	ˇ	ˇ	ˇ	ˇ	ˇ	ˇ	ˇ	ˇ	ˇ
3000 米	女	女	女	女							ˇ
5000 米	男	男	男	男	ˇ	ˇ	ˇ	ˇ	ˇ	ˇ	ˇ
10000 米	男	ˇ	ˇ	ˇ	ˇ	ˇ	ˇ	ˇ	ˇ	ˇ	ˇ
马拉松	ˇ	ˇ	ˇ	ˇ	ˇ	ˇ	ˇ	ˇ	ˇ	ˇ	ˇ
3000 米障碍	男	男	男	男	男	男	男	男	男	ˇ	ˇ
100 米栏	女	女	女	女	女	女	女	女	女	女	女

① http://www.olympic.org

续表

年份/项目	1983	1987	1991	1993	1995	1997	1999	2001	2003	2005	2007
110 米栏	男	男	男	男	男	男	男	男	男	男	男
400 米栏	ˇ	ˇ	ˇ	ˇ	ˇ	ˇ	ˇ	ˇ	ˇ	ˇ	ˇ
跳高	ˇ	ˇ	ˇ	ˇ	ˇ	ˇ	ˇ	ˇ	ˇ	ˇ	ˇ
撑杆跳	男	男	男	男	男	男	ˇ	ˇ	ˇ	ˇ	ˇ
跳远	ˇ	ˇ	ˇ	ˇ	ˇ	ˇ	ˇ	ˇ	ˇ	ˇ	ˇ
三级跳远	男	男	男	ˇ	ˇ	ˇ	ˇ	ˇ	ˇ	ˇ	ˇ
铅球	ˇ	ˇ	ˇ	ˇ	ˇ	ˇ	ˇ	ˇ	ˇ	ˇ	ˇ
铁饼	ˇ	ˇ	ˇ	ˇ	ˇ	ˇ	ˇ	ˇ	ˇ	ˇ	ˇ
标枪	ˇ	ˇ	ˇ	ˇ	ˇ	ˇ	ˇ	ˇ	ˇ	ˇ	ˇ
链球	男	男	男	男	男	男	ˇ	ˇ	ˇ	ˇ	ˇ
1 万米竞走						女					
10 千米竞走		女	女	女	女						
20 千米竞走	男	男	男	男	男	男	ˇ	ˇ	ˇ	ˇ	ˇ
50 千米竞走	男	男	男	男	男	男	男	男	男	男	男
4×100 米	ˇ	ˇ	ˇ	ˇ	ˇ	ˇ	ˇ	ˇ	ˇ	ˇ	ˇ
4×400 米	ˇ	ˇ	ˇ	ˇ	ˇ	ˇ	ˇ	ˇ	ˇ	ˇ	ˇ
十项全能	男	男	男	男	男	男	男	男	男	男	男
七项全能	女	女	女	女	女	女	女	女	女	女	女
盲人 100 米							女	男			
盲人 200 米							男	女	女	女	
盲人 400 米									男		
100 米轮椅竞速										男	
200 米轮椅竞速										男	
800 米轮椅竞速								女	女		
1500 米轮椅竞速								男	男		ˇ
肢残运动员 100 米								女			
肢残运动员 200 米								男	男		
肢残运动员 400 米											
脑性麻痹(Cereb. Palsy)运动员 400 米									男		
轮椅标枪										男	

“ˇ”为男子、女子共有项目,“男”为男子独有项目,“女”为女子独有项目,空白为该年度无此项目。

三、世界田径锦标赛的报道规模与特点

1. 世界田径锦标赛报道规模

世界田径锦标赛在全球的影响力仅次于奥运会和足球世界杯，特别是在欧洲，田径运动受到普遍关注，有广大的爱好者，看台上总是座无虚席。田径世锦赛被认为是一场盛宴，是人类凭借自身力量向大自然挑战的最好场所，因此，每当田径世锦赛举行时，世界各国的媒体都要展开一场大规模的报道，而在各类媒体中，电视首当其冲，起到了推波助澜的作用。

据国际田联官方网站报道，在 2005 年第十届赫尔辛基田径世锦赛上，有 200 个国家和地区的 1900 名运动员参加了比赛，共有 192 个国家和地区的电视媒体进行了现场转播，转播国家与地区和参赛国家与地区的数字基本持平。第十届世锦赛全世界共有 40 亿人观看了比赛，这个数字相当于 14 站 F1 大奖赛观众人数的总和。在第十一届大阪世锦赛上，2007 年 8 月 25 日至 9 月 2 日期间，来自世界各地各类媒体的大约有 3500 名记者涌入日本大阪参与了世锦赛的报道。[①] 近几届世锦赛以来，各国的采访记者队伍呈现越来越壮大的趋势，从 2003 年第九届巴黎世锦赛开始，包括平面媒体、电子媒体在内，采访的记者人数就超了 3000 人。在国际体坛，人们普遍认为媒体的关注度和参与度是衡量某项比赛知名度和重要性的一把尺子。在各类世界大赛中，报名采访田径世锦赛的记者人数仅次于奥运会和足球世界杯，可见田径世锦赛在国际体坛的地位与作用。

对于欧洲媒体而言，田径世锦赛如同他们的一道看家菜，历史悠久，报道深入，记者的专业水平高。2001 年第八届世界田径锦标赛期间，笔者曾作为《中国体育报》特派记者，前往埃德蒙顿采访了比赛，并亲眼看到欧洲及美国等国的记者对田径赛事的高度关注及报道规模。在电子媒体中，NBC、BBC、ESPN、法国电视二台(France2)、德国电视二台(ZDF)、ORT(俄罗斯公共电视台)、NHK、CCTV 等世界知名的电视和广播公司纷纷派出了采访团，电视中心连绵起伏的白色帐篷成为体育场的一景。在通讯社中，美联社、路透社、法新社、俄通社一塔斯社、新华社五大通讯社全部聚齐，它们租用了独立的工作间，最多的通讯社有十几人在进行采访。

---

① http//:www.osaka2007.jp/index_e.html

平面媒体中，在国际体育媒介中影响力较大的美国《田径》杂志、法国《队报》、德国《图片报》、俄罗斯《苏联体育报》与《俄罗斯体育快报》、《中国体育报》等媒体也悉数到场，竞相报道这届世锦赛。在新闻中心大厅的一侧，长长的媒体新闻资料柜上贴着各媒体的名称，大厅里整日见到各国记者如同勤劳的工蜂般进行采访和报道。在不远处数百平方米的新闻发布厅，每天都要举行几场新闻发布会，只要是有著名选手露面、重要赛事举行或在突发事件之后，这里便人头攒动，熙熙攘攘，媒体大战的火暴景象显露无遗。

相比世界其他国家媒体对田径世锦赛的高度重视，我国媒体还处于刚刚起步的阶段，在 20 世纪 90 年代，我国各类媒体派出的记者人数加在一起不过 20 人，而日本大阪世锦赛则超过了 40 人。这是一个不小的进步。

2. 世界田径锦标赛报道特点

(1)电视台的赛事直播与专题报道

在田径世锦赛期间，世界各大电视台都会向国际田联购买赛事转播权，对影响力较大的比赛项目进行直播或录播，尤其是男子百米大赛，更是报道的重点。从项目受重视程度看，男子 4×100 米接力是仅次于百米的比赛，其次为女子百米、男子 200 米，媒体无不将这些比赛当做重头戏加以策划。

各国媒体之所以如此重视田径世锦赛的采访报道，主要是由于田径项目对于其他运动项目产生的重大影响，“田径是运动之母”，这句话足以说明它的重要性。没有基础项目田径成绩的提高，就没有其他项目在速度上的跟进。

设立专题是各媒体报道田径世锦赛的另一个特点。田径项目虽是基础运动项目，但全年的国际赛事相对较少，除了国际田联举办的大奖赛，只剩下一些区域性或国内的比赛。由于缺乏长期性和连贯性，田径在平时的电视广播和报刊杂志上充当不了主角，只能靠田径世锦赛这样的机会大张旗鼓地报道，而报道的主要形式就是建立专题。电视台的专题内容十分丰富，从田径世锦赛的历史、比赛规则到世界名将、各届比赛成绩等，一切应有尽有，为广大受众提供了翔实的资讯。以 2007 年第十一届大阪世锦赛为例，我国电视媒体进行了广泛而深入的转播。CCTV－5 设置了专题报道，还挑选了中国受众感兴趣的项目进行了总计 13 次赛事直播，如刘翔的 110 米预赛、半决赛和决赛，男女 20 公里竞走、男女马拉松、男子万米等(见表 8－4)。而男女百米决赛、男女 4×100 米接力等重要比赛，则放在央视的新闻联播或 CCTV－5 的当日赛事播报中播出。

表8－4　CCTV－5在2007年田径世锦赛的电视直播表①

时　间	项　目	方　式	电　视
8月25日			
6：00	男子马拉松决赛	直播	CCTV－5
17：30	开幕式		
8月26日			
7：35	男子20公里竞走决赛	直播	CCTV－5
8月27日			
19：30	男子10000米决赛等	直播	CCTV－5
8月28日			
19：30	女子100米栏半决赛等	直播	CCTV－5
8月29日			
10：30	男子110米栏预赛等	直播	CCTV－5
19：30	女子100米栏决赛等	直播	CCTV－5
8月30日			
19：00	男子110米栏半决赛等	直播	CCTV－5
8月31日			
7：30	女子20公里竞走决赛	直播	CCTV－5
19：30	男子110米栏决赛等	直播	CCTV－5
9月1日			
6：00	男子50公里竞走决赛	直播	CCTV－5
9月2日			
7：35	女子马拉松决赛	直播	CCTV－5
18：30	男子5000米决赛及闭幕式	直播	CCTV－5

(2)通讯社的专稿和快讯

通讯社的田径世锦赛报道特点是专稿和快讯。前面提到的世界五大通讯社对世锦赛都非常重视，每届比赛都派记者前往举办地进行采访，报道量也相当大，尤其是通讯社的专稿形式，大大满足了电视观众在镜头外的信息需求，为各类媒体提供了许多有针对性的稿件，可以作为深度报道的素材。田径世锦赛是一个频出世界纪录的赛事，通讯社的宗旨是抢新闻，在破纪录之后一分钟内就要发出稿件，因

① 来源：CCTV.com

此快讯在通讯社的田径世锦赛报道中是另一个鲜明的特点。从以往的比赛情况看,通讯社提供的信息不仅全面,而且具有深度,在中国媒体尚未参与田径世锦赛采访的20世纪90年代,信息来源都出自美联社、路透社、法新社和俄通社—塔斯社,报道内容之详细、之丰富是国内媒体无法比拟的。

新华社多年来一直有专项记者采访田径世锦赛,如跳高运动员出身的杨明,田径是他主要负责报道的项目之一,由于有多年运动生涯的经历,又有良好的写作功底,新华社的田径报道的深度因而在国内首屈一指。2007年大阪田径世锦赛,新华社派出王子江、肖春飞前往赛地,并进行了系列报道。在赛前的预测分析中,新华社网推出了一组文章,大标题为《大阪田径世锦赛八大对决 刘翔注目世锦赛首金》。[①] 文章对八个项目竞争金牌的潜在选手进行了深入的对比分析,分别是刘翔对古巴的特拉梅尔和美国的罗夫莱斯之间的男子110米栏竞争;鲍威尔对盖伊的男子100米跑飞人逐鹿,室伏广治对安努斯与吉洪的男子链球亚欧的铁人对抗,埃塞俄比亚贾马尔对巴林契申科的女子800米竞逐,瑞典克鲁夫特对乌克兰布伦斯卡的女子七项全能的比拼,均来自埃塞俄比亚的迪巴巴对德法尔在女子5000米和10000米的同室操戈,贝克勒与莫特拉姆在男子5000米的"黑白对决",伊辛巴耶娃对费奥法诺娃的俄罗斯女子撑杆跳的"德比大战"等。

(3)平面媒体的系统与深入报道

在平面媒体的田径世锦赛报道中,专业体育报纸《中国体育报》比较突出,它是我国纸媒中最早进行系统报道田径世锦赛的媒体。其报道模式是,将世锦赛分为三个阶段,即赛前预测、赛中报道和赛后综述,这样系统的报道在20世纪90年代的中国媒体中是绝无仅有的。《中国体育报》也是我国最早派出记者采访世锦赛的媒体之一,虽然出国采访的费用较高,但从1993年第四届哥德堡世锦赛以来,一直坚持派记者出国采访,每届的报道总量都达到七万至八万字。如此大的报道规模是其他报纸难以比拟的。

(4)网络媒体海量与丰富的资讯

随着信息技术的快速发展,网络媒体对田径世锦赛的报道也日趋重视。以新浪为例,在2007年大阪世锦赛期间,组织了专题报道,主要栏目包括:聚焦刘翔、中国军团、诸强逐鹿、群芳争艳、赛场花絮、完全赛程、完全赛果、八方点评和精彩图

---

① http://news.xinhuanet.com/sports/2007-08/24/content_6595361_7.htm

库。从专家点评、兴奋剂丑闻、热点调查，到明星风采、读者互动，不一而足，丰富的信息和琳琅满目的网页令人目不暇接。在田径世锦赛的专题中提供海量而丰富的资讯，形成一定的报道规模，是网络媒体的一大特色。

四、世界田径锦标赛报道业务

世界田径锦标赛可谓是一次精彩绝伦的视觉盛宴，多个项目同时、同地举行，赛况激烈，令人应接不暇。要在如此复杂的竞赛环境中，作出准确、相对完整而又精彩的报道，就要求前往赛场采访的记者具有良好的专业素质和高尚的职业精神，在赛前完成一些基本功课。

1. 熟练掌握专业知识

项目多是田径赛事的一大特点。每一届世界田径锦标赛都要进行多个项目的角逐，男子项目最多的一届达到 27 项（包括三个残疾人项目），女子项目最多的一届达到 25 项（包括三个残疾人项目），记者要想顺利完成报道任务，首先必须做大量的赛前功课。最重要的是熟悉每一个田径项目，特别是重点报道项目，补充田径知识，对项目发展的历史、竞赛规则的改变、基本技术的特点、世界田坛的实力分布以及著名运动员的动态等都要做到了如指掌。对重点报道项目，如男女百米的比赛更要进行深层次的挖掘。男子百米比赛从开始到结束只有不到十秒钟，如何在这么短的时间内做足文章，仅靠比赛现场的素材是远远不够的。记者要想写出有深度的稿件，就要在平时积累起相关的各种知识，掌握明星选手的动态与变化，才能够在进行世锦赛报道时如鱼得水、游刃有余。田径比赛中的技术因素很多，除了运动技术外，运动设施、运动器材及运动装备等都有很高的技术含量，世界不断地推出新技术和新手段，也是记者应该悉心掌握的内容。比如伊辛巴耶娃的撑杆、鲍威尔的跑鞋、体育场新型的塔当跑道等。风速对于运动成绩的影响也是不容忽视的因素，记者也要加以研究。兴奋剂是田径比赛的痼疾，每届世锦赛几乎都要曝出兴奋剂丑闻，对于新型的兴奋剂及其检测技术，同样是记者要了解的内容。

2. 研究赛程，制订计划

由于田径比赛是多个项目在同一场地内进行，且不同项目之间的比赛间隔非常短，因此在赛事开始之前，记者应对比赛日程进行细致的研究，对每一天、每个项目的比赛时间、比赛地点都要烂熟于心。特别是当两个重要比赛同一时间或相继在场上举行之时,如何安排观察点和设计采访计划就变得尤为重要。

首先,记者要根据比赛日程的安排,画出一份采访时间表,锁定重点报道项目,制订出一份详细的报道计划,细致到每一分钟、每个细节。例如,班车时刻表及乘车点,前往新闻中心、新闻发布厅和混合区的准确路线,以何种方式能够最快到达等,这样记者才能做到"眼观六路,耳听八方",不会漏掉报道重点,有助于在出现重大新闻事件时,不会手忙脚乱。尤其是当新的世界纪录诞生时,能够迅速找到采访地点,不至于在慌乱中手足无措,错过采访的好机会。

3. 赛前采访和案头准备

世界田径锦标赛是高手云集的比赛,赛程紧凑,运动员人数众多,要想顺利完成报道工作,做好赛前采访和案头准备工作是十分必要的。

首先,要对本国选手进行深入的采访,有条件的要下到运动队里,在训练时采用观察法进行采访。对可能参赛的人选情况,要尽可能掌握详细的材料,对其成长经历、比赛成绩、参赛经验等做到心中有数。对教练员的采访,重点放在训练计划的内容、如何实施、训练和比赛的水平,特别是我国优势项目,如刘翔的110米栏、女子长跑及女子竞走等传统项目,不仅要了解这些比赛的历史发展、演变过程,还要在同项目上与世界水平进行横向比较。

在世界田径锦标赛上,大多数项目是外国选手占先,他们遍及五大洲,人员繁杂,对于外国优秀选手的情况,必须提前了解,通过各种渠道,长时间地积累材料并加以整理。对于专业体育报刊而言,一般有专门负责田径报道的人员,应该至少有近三届世锦赛的各方面资料。否则,要想使自己的赛事报道具有深度是难以实现的。

为了顺利进行田径世锦赛的采访,认识选手也是十分重要的。特别是外国选手,中国的媒体大多是在印刷品或网络上看到选手的照片或资料,但当他站在你面前时,却往往认不出来。田径项目毕竟比不上足球、NBA和F1,一年里有足够的电视转播时段,参赛选手的形象早已刻在心中,所以多看比赛录像,了解他们在不同场合、不同打扮时的模样,以便当机会来临时,能够走上前去进行攀谈,或许能增加一个采访角度。实际情况是,记者在新闻中心就能见到大牌明星,外国记者能够抓住机会进行快速采访,一般对回答几个简单的问题是不会拒绝的。但坐在一边的中国记者,却因脸不熟而"放"过了采访对象,任采访机会擦肩而过。

4. 熟悉采访环境

记者来到世界田径锦标赛举办地后的第一件事，即熟悉采访环境，其中最重要的是赛场、训练场、新闻中心以及自己的食宿场所。记者要特别留意交通问题。组委会安排了班车供媒体人员乘坐，根据赛前、赛中和赛后的时间，发车密度会有所不同，基本上能保证记者顺利到达比赛场地。但是，记者千万不要以为班车可以从驻地直接到达比赛场地，有时需要绕道去接临近饭店的记者乘坐，这样一来，就浪费了时间。所以记者一定要对每条路线的班车试乘一次，了解行车的路线，估算出路上的时间。记者使用的另一种交通方式方法是公共交通，通常举办城市在比赛期间，允许媒体人员凭记者证免费乘坐各类公交车或地铁。如果发生记者误了班车的情况，一时又打不到出租车，即可使用公交车以解燃眉之急。有些城市的出租车不在大街上空驶，必须打电话预定，因此记者要打出富裕的时间。在欧洲，乘坐地铁一般要快于其他交通工具。

住宿也是媒体人员非常关心的问题，因为赛场若离宾馆近就能节省不少时间。解决住宿也是比赛组委会的一项繁杂的工作。为了给媒体提供良好的住宿和工作条件，巴黎组委会从 2002 年 12 月起便开始向各国田径协会提供官方正式的媒体住宿预定表，只有填写了这张媒体住宿预定表的记者方有资格入住当地组委会预留的酒店。入住后，宾馆还为媒体提供一系列服务，包括提供必要信息的咨询和班车等。解决了住宿问题，记者紧接着就应该对赛场、训练场以及新闻中心进行踩点，以便日后的出行与工作。

5. 做好现场采访

由于田径世锦赛具有项目多、时间紧、报道任务重的特点，要求记者在报道过程中必须速度与质量并重。凭借积累的关于世锦赛的信息和田径项目的知识，严格按照报道计划进行报道。首先，重要的报道环节是参加赛后的新闻发布会，记者能够从中获取所需信息，力争在现场提问，做好现场采访；其次，混合区是记者利用的另一个采访地点，外语是交流工具，如果记者能够掌握两门以上的外语，比如英语和法语，工作起来就会很方便，大多数混合区的采访都能听得懂，凭借外国记者提问本国选手的问题，就可以作出内容丰富的报道。最后，训练场也是进行现场采访的重要地点，因为记者在这里可以不受限制，能透过金属网利用观察法进行采访。选手的竞技状态、受伤恢复情况、训练水平都能显露无遗。当选手从训练场进出时,记者能获得提问的机会。需要注意的是,现场采访通常是时间仓促,因此要事先准备好问题,抓到机会就提问。在报道过程中,记者应保持高度敏感,力求角度独特,信息丰富,以达到最佳报道水平。

6.充分利用信息渠道

为了完整、准确地报道世锦赛,除了要亲赴现场观看比赛和训练,参加赛后的新闻发布会,前方记者还要关注田径世锦赛的几个重要信息渠道,尽量多地搜集信息。

(1)国际田联官方网站

为了给世界各国媒体以及关注大赛的各方人士提供及时、准确、丰富的世锦赛信息,国际田联官方网站(http://www.iaaf.org IAAF)从1999年第七届塞维利亚世锦赛起,推出了世界田径锦标赛官方网站,即国际田联网田径世界锦标赛专题。专题通常设有新闻、赛程、比赛成绩、运动员、历史、图库、官方合作伙伴、网友论坛、多媒体报道等栏目。这些栏目提供了赛事新闻、大赛日程、最新比赛成绩、奖牌榜、运动员资料、人物访谈、历届世锦赛历史成绩等丰富的信息,并通过图片、音频、视频等形式对大赛进行全方位、多角度的报道。世界各国媒体都可以通过国际田联官方网站的世锦赛专题了解到最新、最快又相对完全的信息。

(2)当地组委会官方网站

世锦赛举办地组委会官方网站是广大媒体在大赛期间获取信息的另一重要源头。相对于国际田联网站的世锦赛专题,当地组委会官方网站提供的信息更为具体,具有较强的沟通功能和服务性质。从赛事筹备、举办比赛到赛后的综述与评估,组委会官方网站均会有报道,因此,它是了解世锦赛整个举办过程的最佳窗口。

以2003年巴黎田径世锦赛组委会官方网站为例,巴黎官方网站(www.IAAF 9th World Championships in Athletics Paris 2003)共开设了13个栏目,分别为新闻、成绩、赛事信息、票务、运动员村、志愿者、合作伙伴、住宿、旅游指南、有效信息、组委会介绍、购物和联系方式。其中,除旅游指南、购物和联系方式外,每一项又下设数目不等的子栏目,总数多达44个,为媒体提供了丰富的报道资源。[①]

上述两个世锦赛官方网站提供的报道具有快捷性、准确性、全面性和权威性,提供了丰富而又新鲜的场内外资讯,成为各媒体获取世锦赛信息的主要渠道,为前

① http://www.iaaf.org/history/WCH/season=2003/eventCode=2962/news/index.html

方报道人员做信息的补充，使得报道更加完整、充实，而且信息准确。

(3)有影响的世界媒体

面对两年一届的田坛盛事，国内外媒体都会浓墨重彩地报道一番。因此，记者在做好采访报道的同时，也要密切关注其他重要媒体的动态，特别是有特色的人物报道和深度评论等。一般来讲，国内媒体比较关注美联社、法新社、路透社、雅虎、ESPN 等媒体，他们关于体育大赛的报道更新速度快、观点新颖、分析深入，值得我国媒体在报道世锦赛过程中参考与借鉴。

(4)重点报道对象所在国媒体

报道田径世锦赛，除了要关注上述信息源以外，还要密切注意来自重点报道对象所属国家的信息。这方面的信息一是来自该国田径协会的网站，二是来自其权威媒体。相对于国际田联网、组委会网和美联、路透、法新等知名通讯社，要想从某个特定国家的田协或其国内媒体获取信息就相对困难，记者应在赛前的准备过程中，关注和搜集重点报道对象所在国的田径协会以及权威媒体的网址，以备查询。同时，在比赛过程中应尽量与该国同行取得联系、处好关系，争取得到所需信息。

(5)世锦赛举办地媒体

世锦赛举办地的广播、电视、报纸也是采访记者可以充分利用的信息渠道。东道主的身份使他们能够及时地了解更多的信息，例如，世界纪录诞生后，往往由购买转播权和东道主电视台首先进行采访，信息丰富而及时，报道内容往往比其他国家的媒体更有厚度。同时，举办地媒体的报道角度也颇具参考价值，但要求采访记者要具有较高的外语水平。

本节思考题

1. 简述田径世锦赛的报道规模及其特点。
2. 田径世锦赛的报道业务包含哪些内容？

第四节　F1 赛事报道模式及其特点

在欧洲，乃至在全球，历来有将 F1 与奥运会、足球世界杯并列为世界三大体育赛事的说法。这不仅是因为 F1 运动历史悠久，赛事时间长，规模大，花费高，影响广，而且 F1 运动还代表了当代人类最高的汽车制造水平。F1 运动自诞生之日起，就将体育与科技紧紧地联系在了一起。

F1是英文"Formula One"的缩写,中文译作一级方程式赛车。F1比赛的全称为"国际汽车运动联合会一级方程式世界锦标赛"(Fia Formula One Worold Championship)。国际汽联(FIA)是国际汽车运动的最高权力机构,总部设在巴黎,负责统筹世界各国汽车运动,有一系列国家级会员。国际汽联制定汽车运动的规章制度,包括比赛的运动规则和技术规则,监督其执行情况。

一级方程式赛车是按照国际汽联规定的标准制造的,这些标准对赛车的长度、宽度、轮距、重量、发动机以及轮胎的尺寸有着严格的规定。与其说F1是一项体育运动,不如说是世界汽车技术的高级竞赛。如今的F1赛车,几乎和太空飞船一样,集合了尖端技术和宇航材料,就像是一支平置的火箭,其速度以千分之一秒为单位,在赛道上完成一圈圈贴地的飞行,实现了人类无止境的超越与追求。

一、F1赛事的起源与发展

F1运动的发展可以划分为五个阶段,即起步的20世纪50年代,技术革命的六七十年代,进入维修站的80年代,推出安全车的90年代以及一部引擎的21世纪。在不同的年代,F1的发展都留下了鲜明的印迹。

1. 起步的20世纪50年代

20世纪50年代是F1的起步阶段。F1大奖赛的历史可以追溯到1948年,在法国一个叫Paut的小镇上,举行了汽车比赛,比赛第一次采取了统一的一项"规则"(a formula),Formula One由此得名。1950年5月13日,首届F1大奖赛在英国的银石赛道(Grand Prix)举行,这里曾用作军用机场。阿尔法·罗密欧车队的意大利车手古斯佩·法里纳夺得冠军。这一年,法里纳以总分30分摘下第一个F1年度总冠军,阿尔法·罗密欧车队以81分高居各车队榜首,可惜的是当时尚未设立车队冠军的称号。

在F1的第一个十年里,荣誉被两名伟大的车手所垄断,一位是阿根廷人胡安·曼努尔·方吉奥,38岁的他,在1951年夺得了个人第一个F1年度总冠军;另一位是法拉利车队的阿尔贝托·阿西里,他在1952年、1953年连续夺冠,成为第一个蝉联F1冠军的车手。F1的高速运动从一开始就与撞车连在了一起,在1952年的蒙扎赛道上,方吉奥驾驶的赛车撞向了围墙,摔伤了脖子,在战胜了死神之后,他夺得了 1953 年度的亚军。自 1954 年起，方吉奥连续夺得了四个年度的总冠军。1958 年的法国大奖赛上，面对最后一次参赛的方吉奥，始终领先于他且几乎套圈的麦克·豪松出于对这位伟大车手的尊敬，最后时刻让方吉奥率先冲线，成为 F1 史上的一段佳话。

50 年代末期，F1 开始了一场技术上的革命。1957 年，英国新军库柏车队带来了一股清风，他们推出了第一种中置引擎的 F1 赛车——库柏 T53。与此同时，国际汽联于 1958 年作出一项决定：设立车队年度总冠军，大大激发了各车队的斗志，英国的一支新军温沃尔车队获得了第一个车队冠军。库柏车队先进的设计也带来了丰厚的回报，1959 年、1960 年，库柏车队两夺车队总冠军，其车手杰克·伯拉汉姆则蝉联车手冠军。

2. 技术革命的六七十年代

进入 60 年代，F1 的技术革命也随之开始。库柏 T53 的四汽缸引擎能发出 240 匹的最大马力，将仅有 440 千克重的赛车推上近 300 千米/小时的速度。1958 年闯入 F1 世界的莲花车队，在空气动力学方面的使用研究一直处于领先地位。1962 年，车队展示了莲花 25 型赛车，车手不再是直挺挺地坐在驾驶舱内，而是用几乎平躺的姿势"坐"在驾驶座上。这一改进一直延续到今天。同年，小直径的钢制方向盘也开始被各车队普遍使用。法拉利在坚持保留大直径木制方向盘一年后，也不得不随波逐流。

1967 年，莲花－49 赛车率先采用了前后扰流器，加强了车身的贴地性能。1968 年，赛车第一次加装了尾翼，从而提升了整车的下压力。从此，F1 进入空气动力学时代。同时，迈凯伦车队布鲁斯·迈凯伦亲自参加比利时大奖赛，为车队第一次赢得冠军称号。

这一时期的 F1 车坛，被英国车队所统治。1962 年至 1973 年间，英国的 F1 车队赢得了 12 个世界冠军。

1973 年，迈凯伦车队推出了经典的 M23 赛车。在这一年退役下来的杰克·斯图尔特，获得过三次车手总冠军以及 27 个分站赛冠军。斯图尔特对 F1 最大的贡献是他给 F1 带来了更多的安全意识，他领导的安全革命使 F1 的赛车、赛道、车手装备等，都从安全角度进行了审查、论证和改进。

1977 年，第一辆配备了涡轮增压器的雷诺 RS01 赛车在英国站比赛中登场亮相。涡轮增压引擎很明显地提高了赛车的速度，但非常不稳定。F1 从此出现了涡轮增压式与自然发动机并存争霸的局面。

70年代后期，莲花车队又开发出了侧导流箱、活动裙边等几项空气动力学的新技术，并夺得了1978年的车队和车队双冠军。同期，F1赛车在驾驶座后装上了进气箱，从而增大了进入引擎的气流，进一步提高了速度。

3. 进入维修站的80年代

80年代在赛车运动中是一个空前的、伟大车手云集的年代。包括巴西人皮盖特、历史上最伟大的车手塞纳、法国人阿兰·普罗斯特和曼塞尔，他们之间展开的激烈而精彩纷呈的赛场竞争，将F1带入了一个辉煌的时期。

在车队方面，由普罗斯特和塞纳驾驶的迈凯伦赛车赢得了80年代的五个车手总冠军和四个车队总冠军。特别是1988年，也就是塞纳的第一个车手总冠军年里，迈凯伦赢得了16个分站赛中的15个冠军。法拉利则获得1988年意大利大奖赛的胜利。在这一年，法拉利车队创始人恩佐·法拉利去世。

80年代，在F1车坛无意间诞生了一项新的技术——维修站加油技术。1982年英国大奖赛开始时，尼尔森·皮盖特驾驶的赛车油不够，他的这一特殊情况促使一级方程工比赛设立了现代的第一个维修站。不久，维修站就成了F1大奖赛的一部分，这道风景给观看比赛的观众带来新的感受与悬念。

1984年，FIA推出了F1的准入标准，规定车手只有在赛车生涯中达到了标定的标准，才能进入F1，这种提高参赛标准的做法，无疑使F1车手的水准变得更高，更有竞争力。

随着各队都在致力于发展涡轮增压引擎技术，油轮增压引擎时代宣告正式开始，并以1993年初，尼尔森·皮盖特驾驶带有宝马油轮增压引擎的赛车赢得第二个冠军头衔为标志。1984年，安装了这种引擎的迈凯伦MP4/2赛车赢得了全年16站比赛中的12站胜利。1989年，FIA规定用原来的自然吸气引擎，换掉了油轮增压引擎。

4. 推出安全车的90年代

1991年，威廉姆斯车队推出了FW14赛车，这是F1车坛第一次采用半自动变速箱和牵引控制系统的技术。

1992年，F1推出了安全车。这也意味着F1的赛道越来越快，处处暗藏着安全隐患。1994年5月1日成为F1的一个忌日。在这一天，伊莫拉赛道发生了一场噩梦，标志着一个时代的结束。先是在周五的练习赛上，乔丹车队国手鲁本斯·巴里切罗在一个弯角处推动控制，冲出赛道，撞上了防护墙，被送进了医院。紧接着，奥地利人罗兰德·雷申博格在周六的排位赛中丧生，这也是F1赛事近12年来的第一次死亡事故。正式比赛当日，当比赛进入第七圈时，塞纳驾驶的威廉姆斯赛车从赛道上飞了出去，以超过180公里的时速撞在了墙上。几小时后，塞纳辞世，人们无不为失去一位伟大的车手而感到悲伤和惋惜。这一年，也是世界车王舒马赫夺得第一个世界冠军的年头。

随着赛车速度的日益提高，安全车在赛场上的出动也越来越频繁。1994发生的不幸事件使FIA进一步增强了实施安全措施的决心。同年起，维修站被要求强行建立。同时，FIA还采取了相应措施：减少汽油量，使赛车不停下来就无法跑完全程，从而促使各车队的战术发生了变化。但同时也出现了另一个问题：不少观众抱怨说，进站策略不如在赛道上的追逐表演，这一争论一起持续到现在。

在90年代，车队的情况发生了重大变化。1995年，莲花车队由于经济原因遗憾地离开了F1赛场。1998年，迈凯伦车队更换了他们的赛车和衣服的颜色，采用非常相近的黑色和银色。车手哈基宁和库塔因墨尔本大奖赛上为车队夺得冠军，从此开始走红。哈基宁连续两年夺得年度车手总冠军。同年，为了控制F1赛车的车速，FIA公布了一些新措施，包括赛道变窄，使用有坑纹的轮胎等。

5. 一部引擎的21世纪

进入21世纪，F1世界更是充满了勃勃生机，激烈的高科技较量将F1带入了一个新的发展时期。2004赛季，FIA宣布了一个新规则：一次大奖赛只使用一部引擎，这对各车队是个巨大的挑战。FIA推出的另一些新规则包括，车队可以使用第三车手，排位赛改在周六一天内完成，在世锦赛车队积分排名前四名以外的车队，可以在赛季的任何时候更换车手等。这一切都是为了一个目的——拉近各车队之间的差距，减少车队的负担。

2000年是法拉利和迈凯伦的天下，每场比赛的胜负都在这两支车队之间产生。舒马赫成功地获得了职业生涯的第三个车手年度总冠军，这也是法拉利21年来的第一个车手冠军。同年，美洲虎车队进入F1。2001年，牵引控制系统和自动变速装置在西班牙开始使用，舒马赫和法拉利继续创造辉煌。索伯车队带着设计出色的C20赛车和两名非常有潜力的年轻车手进入F1，并不可思议地在车队年终排名中获得第四名的好成绩。接下来的2002年赛季，F1由法拉利和迈凯伦两支车队争天下的局面被打破，威廉姆斯车队加入了竞争。赛场上也由两强变成了三强。在技术上，超过每分钟19000转的BMWP82发动机问世。轮胎的规则受到了统一规定，后视镜被加大，双向传感器也变成合法的竞争手段。

2003年对于法拉利来说意义重大，舒马赫夺得了第六个年度车手总冠军，与此同时，阿隆索也成为历史上最年轻的大奖赛冠军。2004年，舒马赫再续佳话，摘取了个人F1生涯中的第七个年度车手总冠军，成为F1历史上夺得总冠军最多的车手，为法拉利赢得了骄傲，在F1的荣誉簿上写下重重的一笔。

为了让F1赛车越来越快的速度降下来，2008年FIA又有新的举动，推出了一系列新规则，主要是通过降低引擎马力输出、限制车手辅助装置、改变前后轮胎尺寸来达到减速的目的。同时，还建议使用手动变速箱和标准刹车盘等。

经过几十年的发展，F1已经成为一项深受广大民众喜爱的一项运动。由于它带来的赛事经济效益和巨大的世界影响力，传统赛道都在不断改进技术条件，以保留自己原有的地位，而一些新的国家的赛道也加入到竞争的行列，如新加坡大奖赛、中国大奖赛。亚洲对F1的兴趣日益浓厚，汽车运动飞速发展，对F1运动起到了显著的推动作用。

二、F1的赛事报道现状

F1以其独特的魅力吸引着众多爱好者，F1具有赛事超级、好手云集、竞争激烈、全球关注的特点，自然不会被新闻媒体所放过。因此，自F1世锦赛诞生之日起，各国媒体就给予了热情的报道，尤其是在欧洲，各国媒体都将F1看做是除奥运会和足球世界杯之外的第三大赛事。某些媒体甚至将F1凌驾于奥运会之上，从财力、人力上不惜血本，每届比赛都派记者前往各个赛道进行采访。

1. 国外媒体的F1报道

各国媒体对F1的报道力度，只要从收看电视转播的统计数字就可以看得很清楚。人们曾经将世界杯和奥运会的观众人数与F1做过比较，根据国际奥委会统计的数字显示，1998年法国世界杯的电视观众达到330亿人次，2000悉尼奥运会有220亿人次收看，2004年雅典奥运会为350亿人次。而来自国际汽联的统计表明，1999年全世界有578亿人次从电视上观看F1大奖赛，有206个国家和地区电视转播F1比赛。2003年16站F1大奖赛的全球收看人次高达660亿人次，远远超过了奥运会和足球世界杯。

(1)电子媒体的 F1 报道

自从英国的银石赛道在 1950 年举办世界上第一次 F1 比赛以来,电子媒体便参与了对这项运动的传播,当时主要集中在欧洲的电子媒体中。在 F1 举办的初期,媒体传播的主要方式是广播。以英国广播公司(BBC)为例,从 F1 诞生之日起,就将这一新兴运动的报道作为吸引受众的重要手段。在创建初的 F1 大赛中,参加比赛的车队有一半来自英国和意大利,而到了 1965 年,参赛车队则几乎都出自这两个国家,他们不仅垄断了车赛,同时包揽了每次比赛的荣誉。因此,英国和意大利的广播媒体对 F1 的报道最为积极和热情。地处欧洲的法国、德国等也对 F1 的赛事表示了极大的兴趣。

进入 20 世纪 70 年代,随着 F1 运动的不断发展,其在世界的影响力也逐渐扩大。负责举办赛事的 FOM(一级方程式管理公司)首席执行官伯尼·埃克莱斯通(Bernie Ecclestone)先生,在如何发挥电视传播的作用上作出了英明的决定。他与电视传媒谈判 F1 的比赛转播,并亲自落实各项转播细节,从而把 F1 比赛的现场画面送入了千家万户。伯尼将电视转播引入 F1,无疑给 F1 的发展注入了新的生机,F1 的商业运作逐渐成熟起来。

据国际汽联的统计,2007 年全球有多达 5.97 亿的观众将他们的频道锁定在 F1 最后一场冠军争夺战上。统计表明,2007 年全球共有 188 个国家的电视台转播 F1 比赛,时间总长为 11183 小时,其中 47%是现场直播(5169 小时)。在国际汽联的统计中,绝大多数国家的 F1 观众呈上升趋势(见表 8—5)

表 8－5　2007 年各国 F1 电视转播收视率统计

国　　家	F1 观众人数	电视观众人数	收视率
英国(ITV)	2710 万	5640 万	48.1%
法国(TF1)	2930 万	5500 万	53.3%
西班牙(Telecinco/TV3)	3210 万	4200 万	76.4%
德国(RTL/Premiere)	3410 万	7280 万	46.8%
意大利(RAI/Sky italia)	3820 万	5550 万	68.8%
俄罗斯(Ren TV)	1830 万	1.26 亿	14.5%
波兰(Polsat)	2310 万	3550 万	65.2%
日本(Fuji TV)	3690 万	1.2 亿	30.8%

续表

国　　家	F1 观众人数	电视观众人数	收视率
中国(CCTV)	1.029 亿	12 亿	8.6%
美国(SpeedChannel/FOX)	1000 万	2.83 亿	3.5%
巴西(TV Globo)	1.186 亿	1.72 亿	68.9%

F12007 年全球收视率资料来源:FOM。

F1 Racing 杂志收集了部分国家在 2007 年的收视纪录,在欧洲,德国的 F1 观众人数为 3410 万,免费卫星电视台 RTL 和计次付费电视 Premiered 在 2007 年联合转播了 780 小时的 F1 赛事。在意大利,F1 永远对观众的胃口,每个转播大奖赛的周末,几乎有 70%的观众会收看 F1 转播。F1 与意大利 Sky Italia 电视台达成了新协议,提供了更多的转播频道。相比意大利足球联赛,F1 拥有更多的观众。在 F1 的诞生地英国,ITV 电视台拥有 F1 的转播权。每当转播 F1 大奖赛时,其观众人数就比普通周末多出三倍。随着刘易斯·汉密尔顿的异军突起,自 2006 年以来,ITV 的收视率上升了 40%(多达 300 万名新观众)。

在南美洲,巴西的 F1 电视转播受到追捧。巴西是世界上 F1 收视率和观众人数最多的国家,2007 年达到 1.19 亿人。2007 年的巴西大奖赛创造了 750 万观众的新纪录。2006 赛季,有超过 1800 万观众在 Globo TV 上收看了在英特拉格斯赛道举行的赛季决赛。据调查统计,巴西拥有惊人的观众忠诚度,每三个人中几乎就有两人收看 F1 电视转播。

在亚洲,日本的 Fuji TV 拥有 F1 电视转播权,日本在 2007 的 F1 观众人数达到了 3690 万,而其电视观众数为 1.2 亿人,收视率达到了 30.8%,超过了拥有世界上最大电视观众群的中国。

在北美洲,美国在 2007 年的收视率一片惨淡,而 2008 年被取消了美国大奖赛更是如同往伤口上撒盐。美国 Cable 台的 Speed 频道拥有固定的 F1 观众群,而每年转播四次大奖赛的 FOX 网络则缺少铁杆观众。2007 年观众减少了 260 万,下降到了 1000 万。在美国,F1 的观众不如在本土举行的纳斯卡全美赛车,这是个特例。

如今,在五大洲都能收看到 F1 赛事的电视转播,各国电视台设立的 F1 频道或是 F1 栏目,给全世界亿万观众提供了一场 F1 的"盛宴"。人们在同一时间观看各站大奖赛的激烈竞争,赛车的巨大轰鸣、车手的激烈竞逐给现场和电视观众带来了刺激、激情与愉悦。电视传播促进了 F1 运动的进一步发展,F1 也越来越离不开媒体的传播，以至于如今全球的 18 站 F1 分站赛，时间安排都以电视转播表严格执行，精确到了每一分钟。

在新兴电子媒体中，各国的主要门户网站对 F1 的传播也起到了重要作用。世界著名媒体 ESPN 网站设有 F1 频道，可随时收看 F1 大奖赛各站的比赛视频。而 F1-live. com 是全球最著名的 F1 专业网站，其设有的栏目有：新闻总汇、F1 成绩榜、F1 测试、积分榜、赛程、车手、车队、赛道、规则、统计数字等，只要是与 F1 相关的一切信息，都可以在这里找到。

(2)平面媒体的 F1 报道

在平面媒体中，杂志对 F1 的报道最为充分和深刻。在世界上享有较声誉的杂志有英国出版的《一级方程式车赛》(*F1-Racing*)和《汽车运动》(*Autosport*)，德国出版的《汽车、发动机与运动》(*Auto motor and sport*)、《汽车报道》(*Auto Zeitung*)等，这些杂志以报道深入、资深记者和传统的影响力而在 F1 车坛和爱好者中有极大的影响力。而在亚洲，日本出版的《F1 车赛快报》享有较高声誉。在综合杂志中，虽然美国的《体育画报》平时把大量版面给了 NBA、美式足球和棒球，但也没有放弃 F1。

而在报纸中，无论是综合性报纸，还是专业体育报，都对 F1 进行了充分和深入的报道。在世界很有影响力的报纸中，如《纽约时报》汽车运动版、法国《队报》赛车版、德国的《图片报》赛车版、俄罗斯《苏联体育报》和《体育快报》赛车版、日本《读卖新闻》赛车版，都对 F1 的报道积累了几十年的经验，不仅文章写得深刻，而且有可读性。每当 F1 赛季期间，这些报纸派记者前往赛地进行采访，大量一手材料客观而权威，对 F1 爱好者有很大的影响力。

由于媒体的大力传播，F1 运动在近十年中赢得了更多的观众与爱好者。因此，媒体的地位不断提高，甚至国际汽联和 FOM(一级方程式管理公司)在决定一项新政策的时候，都不得不考虑媒体的态度与需求。

2. 我国媒体的 F1 报道

在我国，对 F1 赛事的报道经历了一个比较漫长的发展时期。原因是多方面的，主要是因为我国的汽车工业比较落后，经济实力不足以开展这项运动。同时，我国媒体对 F1 知之甚少，在 80 年代初，几乎没有记者在现场观看过 F1 的比赛。

(1)平面媒体的 F1 报道

我国的 F1 报道始于平面媒体。在 80 年代末，《中国体育报》率先开始对 F1 进行报道，负责这个项目的记者是国际部的黎明京，如今他已是国内知名的 F1 专家、

《汽车之友》杂志赛车版的记者。由于我国不开展 F1 运动，对于这个项目的报道起初还曾引起一些争论。最初，《中国体育报》只在国际版做零星的报道，继而在 F1 赛季的每站比赛期间进行集中报道。在报道量上，开始时占用半个版面，最后则辟出一个 F1 专版，每周在固定时间和固定版面进行报道。经过十几年对 F1 赛事的传播，《中国体育报》培养出了中国第一批 F1 运动的爱好者。

《体坛周报》是目前我国发行量最大的专业体育报纸之一。尽管 F1 的报道在报纸版面的总量上并不多，但报道质量上乘。借助于在国内的影响力，其 F1 的读者遍布全国各地，对 F1 运动在中国的传播出了一把力。

2004 年，F1 大规模引入中国。各家纸媒对 F1 赛事都进行了大力报道。以下是 2004 年 9 月 27 日，我国的《体坛周报》《足球劲体育》《南方体育》三家媒体对 F1 中国大奖赛的报道情况。（见表 8－6）

表 8－6　纸媒三强 9 月 27 日星期一 F1 报道版面结构表①

各版主题、新闻条数及头条新闻标题							
报名	序号	版次	各版主题	新闻条数	头条新闻标题	图表数	广告数
《体坛周报》	1	头版	主打新闻	2(含评论 1)	舒马赫是否尽力了	1	3
	2	A8/9	车王聚焦	5(含评论 1)	车王反“围剿”	5	2
	3	A10	赛况综合	4(含评论 1)	上海节奏：B&B	4	1
	4	A11	人物专访	3	莫利斯：以安全的命运改革	2	1
	5	A12	经营开发	3(含评论 1)	繁华后，上赛场赚到钱了吗	2	2
	6	A13	场外扫描	3	上赛道是法拉利主场	1	1
《南方体育》	1	头版	图片导读	0	无	2	0
	2	17	明星绯闻	1	杨紫琼和让·托德甜蜜蜜	2	1
	3	18	经营开发	5(含评论 1)	国际化，上海还差了一点	1	0
	4	19	门票销售	5(含评论 1)	“钱被博尼拿走了耶”	2	0
	5	20	赛况综合	4(含评论 2)	现在是巴里切罗时间	5	0
	6	21	兄弟聚焦	3	性格决定命运，态度决定成就	4	0
	7	22	人物专访	2	中国 F1 车手？十年后吧	1	1
	8	23	人物专访	4	贫富差距正在侵蚀 F1	3	0
	9	24/25	场外扫描	5	这里全是商业	10	1

① 张德胜、张朝霞、尧春华、陈治、梁波：《从 F1 报道看纸媒三强的核心竞争力》，《广州体育学院学报》2005 年 9 月第 5 期。

续表

各版主题、新闻条数及头条新闻标题							
报名	序号	版次	各版主题	新闻条数	头条新闻标题	图表数	广告数
《足球劲体育》	1	头版	主打新闻	1	法拉利制造上海纪录	3	0
	2	B13	场外扫描	4	法拉利的情人来了	4	0
	3	B14	赛况综合	5	这个周末不舒服	6	1
	4	B15	赛后反思	4(含评论1)	赛道一流,交通一般	1	1
	5	B16	赛车宝贝	1	宝贝享受“内部福利”	1	1

成立于1984年的中国汽车报社隶属于人民日报社,20多年来,已发展成为我国有影响的汽车产业新闻媒体。旗下拥有一报:《中国汽车报》,五刊:《汽车族》《汽车与运动》《家用汽车》《商用汽车新闻》《摩托车趋势》以及两个网站:中国汽车报网、汽车爱好者网。这样的综合汽车媒体在我国还是首次出现,对推动汽车工业与赛车运动在中国的发展起到不可忽视的作用。

随着F1运动在亚洲不断深入人心,我国汽车工业的迅猛发展,F1爱好者群体日益扩大,30余种汽车杂志在我国应运而生,[①]它们的问世大大满足了汽车迷们的好奇心和求知欲,同时也培养出大批F1运动的拥趸。加之中国的上海赛道自2004年起加入到F1世锦赛的赛历,获得连续七年举办大奖赛的资格,F1运动在中国便扶摇直上,地位越发显贵。为了迎合广大读者的需求,在高效地传播汽车工业信息的同时,这些专业汽车杂志也对赛车运动,特别是F1运动进行了大张旗鼓的宣传。为了争夺更多的受众,一场激烈的竞争正在我国各种汽车刊物之间展开(见表8—7)。

表8—7　2008年上半年北京汽车类期刊销量排名

报刊名称	销量排名	市场份额	覆盖率
《汽车之友》	1	15.43%	99.26%
《汽车杂志》	2	10.18%	96.30%
《车主之友》	3	8.48%	96.30%
《汽车导购》	4	7.70%	88.89%

① 数据来源:北京世纪华文国际传媒咨询有限公司。

续表

报刊名称	销量排名	市场份额	覆盖率
《中国汽车画报》	5	6.54%	97.04%
《汽车族》	6	5.89%	90.37%
《轿车情报》	7	5.04%	93.33%
《汽车知识》	8	4.97%	90.37%
《汽车博览》	9	4.15%	87.41%
《汽车驾驶员》	10	3.95%	78.52%
《汽车导报》	11	3.88%	88.89%
《汽车测试报告》	12	3.07%	85.19%
《座驾》	13	2.96%	87.41%
《家用汽车》	14	2.89%	91.85%
《名车志》	15	2.45%	64.44%
《汽车与你》	16	2.15%	89.63%
《动感驾驭》	17	1.98%	85.19%
《汽车与运动》	18	1.77%	79.26%
《车时代》	19	1.09%	72.59%
《汽车生活》	20	1.09%	60.00%
《当代汽车》	21	1.06%	63.70%
《中国汽车报》	22	0.82%	17.78%
《车王》	23	0.75%	45.19%
《车迷》	24	0.58%	20.74%
《大众汽车·汽车旅行》	25	0.54%	28.89%
《汽车与配件》	26	0.37%	7.41%
《车典》	27	0.10%	7.41%
《汽车技术》	28	0.10%	5.19%

(2)电子媒体的 F1 报道

在我国的电子媒体中，率先报道 F1 赛事的是广东电视台。早在 1996 年，广东电视台就设立了 F1 栏目，请当时的《中国体育报》国际部记者黎明京做转播顾问。这是中国电视媒体首次完整地转播 F1 赛事，让观众们大开眼界，初次认识了 F1。

FOM(一级方程式管理公司)对电视转播权的出售是很严格的，原则上一国的转播权只出售给一家电视公司，其他电视台则无权进行 F1 赛事转播。FOM 经理伯尼当时将转播权出售给了中央电视台，但首先进行电视转播的却是广东电视台。

这是因为，当时的央视还没有现在这样强的经济实力，F1 尚无固定观众群，为几千万美元 F1 转播权埋单的是中国石化，电视台通过广告置换的方式得以转播 F1 世锦赛。但 1996 年央视没有进行 F1 的转播，于是广东电视台通过广告置换，获得了当年 F1 的转播权。接下来的几年中，广东电视台的 F1 栏目受到了热烈欢迎，又由于珠海赛车场的缘故，广东电视台成为中国的赛车爱好者收看比赛的唯一渠道，F1 赛事转播的知名度大大提高。如今，广东电视台的体育频道发展成为中国华南地区最大的体育专业频道，全天 24 小时播出，覆盖广东全省 1100 万有线电视用户。应该说，这也是广东电视台最早转播 F1 世锦赛的开拓精神的一种延伸。

为了回应广东台的挑战，找回失去的一部分观众，CCTV－5 从 2002 年开始进行 F1 的转播，并在《赛车时代》《精彩 F1》栏目里进行播出，确立了自己“正宗”转播权拥有者的地位。央视的加入使 F1 的传播效果显著增强，信号的全国覆盖率使得这项运动对中国大多数电视观众已不再那么陌生。随着上海赛道获得了 2004 年至 2010 年的 F1 大奖赛举办权，央视的 F1 转播从节目策划到具体实施都产生了质的飞跃。每届上海站的比赛，央视都会派出 130 多人的队伍参与 F1 赛事的转播。

由于 F1 赛事的转播难度非常大，电视信号的制作一般都由 FOM 的专业团队负责，不会让举办地国家的电视台参与。通常，转播一场 F1 比赛，赛道上要设立 40 个机位，而这些机位全部属于 FOM。但是在其他位置，东道主电视台可以安排自己的机位。在上海赛道，央视就争取到很多特殊的非赛道机位，比如，在上海赛道北边塔楼的第五层，央视搭建了内部机位，能对发车区以及主看台的所有情况一目了然。为了提高转播水平，2005 年，央视转播组购置了两台单价约六万美元的无线摄像机，这样在穿梭进出各车队维修站时，就省去了一根根长线的羁绊，使转播更有安全保证。

作为中国站大奖赛的东道主电视台，SMG(上海文广集团)对 F1 的转播可谓十分到位，除赛事外，对比赛的组织工作、观众指导和服务等方面的报道都值得称道。

除了电视媒体，网络媒体对 F1 的报道更是既详尽又有特色，且注重对网民的服务与互动。打开新浪、搜狐、鲨威、东方网、中国赛车网(OurRacing. com)，只要输入一两个关键词，任何一场 F1 的比赛视频都可以看到，大大满足了人们对 F1 知识与信息的需求。

三、F1赛事报道模式与特点

1. F1 赛事的报道条件

为了配合各国媒体的采访和报道，国际汽联在其制定的“一级方程式大奖赛运动规则”中作出了非常明确而细致的规定，不管你是车队身居高位的经理，还是享誉全球的大腕车手，都要在比赛的不同阶段接受各国媒体的采访。如果破坏了这些规定，国际汽联将毫不客气地进行惩罚。因此，有这柄“上方宝剑”撑腰，媒体可以在固定的地点、固定的时间内对各车队进行采访。换句话说，比起采访足球世界杯的记者来说，F1 提供的工作条件是相当不错的。

(1)新闻发布会制度

例如，在每站大奖赛进行第一次练习赛的前一天，国际汽联的新闻代表会选定最多五名车手，参加历时约一个小时的新闻发布会。这些车手所在的车队最迟会在发布会开始前的 48 小时接到通知。另外，新闻代表还将从车队挑选最多两名人员参加这个新闻发布会。

此外，在第一个练习日，新闻代表在每站比赛通过抽签或轮流的方式，挑选最少三名、最多六名车手或车队成员参加新闻发布会，而且必须是此前没有出席过发布会的人员。每个车队有责任确保其车手在分站赛期间不无理拒绝与媒体代表谈话。在计时练习时段结束后，排位前三名的车手必须立即到电视采访间内接受电视采访，然后出席在新闻中心举行的最长为 30 分钟的新闻发布会。而在正式比赛前的 2 小时 45 分钟时，所有车手都必须参加车手巡游。这些规定可以使采访的记者近距离接触到车手，而在新闻发布会上提出的各种问题，在半小时至一小时之后就可以从新闻中心的资料架上找到。但是，这些新闻信息基本上是英文的，像上海站比赛，即使是在中国举行，也极少有中文资料，除了法拉利车队外，没有其他车队向媒体提供中文的信息资料。这就要求采访 F1 的记者不仅要懂得汽车技术，还要有良好的英语素质，听得懂新闻发布会(尽管可以领到同声传译的耳机)，看得懂所有的比赛信息，这是采访 F1 赛事的首要前提。

国际汽联对颁奖仪式的新闻采访也有明确规定。在正式比赛中获得第一至第三名的车手和获胜汽车厂商的一名代表，必须上领奖台出席颁奖仪式。在仪式结束后，他们还必须立即参加历时 1 小时 30 分钟的电视专访和在新闻中心举行的新闻发布会。

(2)记者的工作条件

在F1比赛中,对国际汽联官方电视媒体的采访条件也是有保证的。例如,国际汽联规定,电视摄像机的理想位置应正对颁奖台,并与其等高。对于电视专访间也有着具体的规定,如专访间必须毗连颁奖台,司仪应确保在颁奖仪式后,车手能够立即前往这个房间。甚至对采访间的条件也作出规定,如必须通风透气,或者温度在25度以上时备有空调等。

在媒体采访的物质条件方面,国际汽联也做得相当出色。在主新闻中心,记者不用发愁因为忙于采访和写稿子,没时间出去吃饭而饿肚子。新闻中心的就餐区全天提供各种饮料,在饭点时提供正餐食品。至于电脑查询、长途电话、传真机等通讯设备,更是不在话下。主新闻中心安置有电视墙,记者可以在这里看到有关比赛的一切画面,不用跑到车队接受采访的新闻中心去听发布会,可以边看画面边写稿件。

对媒体提供的条件和作出的种种规定,是国际汽联在几十年的组织工作中逐步积累和提炼出来的。因此F1组织者与媒体的关系一向比较默契,各车队也充分认识到媒体传播的重要性,无不积极配合,有时还会主动组织记者参加车队的一些活动。一个F1记者应该尽可能多地前往赛地采访大奖赛,就会较为容易地与各车队新闻代表建立联系,他的采访工作和报道写作就会得心应手,事半功倍。

(3)采访的申请与审批

对于某媒体采访F1世锦赛的申请和审批,国际汽联也有明确规定。首先,这家媒体曾经报道过F1赛事,如若这家媒体的记者要申请采访F1大奖赛,先要提供这位记者报道过F1比赛的稿件复印件,再由媒体的总编辑或是发行人提供一份书面证明。这份证明要求用有单位信头的信纸打印,内容包括:将负责报道此赛事的媒体成员的姓名,是文字还是摄影记者的说明,编辑对于报道F1大奖赛的承诺以及编辑对于大奖赛的报道会被印刷发行的承诺等。在中国,香港、澳门及台湾地区的平面媒体向中国大奖赛国家新闻办公室提出采访申请,而电子媒体则必须直接向FOM提出申请。以上文件准备齐全后,上交本国相关项目的组织机构备案(中国汽联),最后呈报国际汽联新闻委员会进行审批。一般情况下,只要是报道过F1的记者,基本上都能获得审批。接到邀请信后,可用此信作为赛地所属国的签证申请依据。

2. 搞好F1报道的几个关注点

要想搞好F1赛事报道，不懂汽车技术是万万不行的。如果你是个车盲，必须想尽办法“恶补”汽车知识，以适应采访报道的需要。

那么，在技术高深的F1比赛中，哪些方面应该格外关注呢？

(1)赛车技术

赛车技术是F1比赛最关键的部分，而在赛车技术知识中，最应关注的是引擎(Engine)、轮胎(Tyre)、空气动力学(Aerodynamic)等。首先，赛车部件用高科技的宇航材料制成，一部F1赛车的80%由碳素纤维打造而成，引擎、部分悬挂系统和变速箱用钛金属制造，轮毂的材料是镁合金，能和F1赛车相比的只有航天器。所以说F1是汽车的终极版本，也可称之为另类飞行器。

2008赛季，所有的赛车都加装了标准的引擎控制单元(Electronic Control Unit，缩写为ECU)，用来控制引擎、变速箱以及离合器，而这套ECU是经国际汽联指定后，由迈凯伦电子系统公司与微软共同设计研发的。这一标准引擎控制单元将通过安装在每部赛车上的超过100个传感器来收集数据，起到禁止使用牵引力控制(TC)和其他辅助驾驶功能的监管作用。

空气动力学在F1中占有重要位置。空气动力学本是对气流作用于某一物体所产生的各种情况的一项研究，在F1研究空气动力学的目的，是使汽车能够产生最大的下压力和最小的阻力。实力雄厚的车队，如法拉利就在博洛尼亚(费奥拉诺)建设了带有金属滚道的风洞实验室，耗资2200万美元。速度是F1运动的灵魂，因此车队无不花费巨额资金做空气动力学的研究，所以一支车队的身后都有一个庞大的科研机构做支撑。

许多F1车手把轮胎看做比赛中最重要的技术因素，因为没有适合的轮胎，再棒的赛车和驾驶技术也发挥不出来，在不同的比赛条件下正确选择轮胎，就成为比赛取胜的关键。

F1大奖赛在中国举办，使中国车迷第一次亲眼看到了赛车场。一般来说，现代F1赛车场最基本的组成部分有赛道、起步和终点直道、安全人员观察站、比赛指挥控制中心、维修站、主副看台、新闻中心、摄像机与电视塔、大屏幕电视、赞助商接待看台、F1定点医院、医疗站、围场、车队生活区和能源中心。赛车场的每个部分都可能发生新闻，记者要熟悉赛地，不漏掉任何一个可能的采访机会。与2004年相比，现在的中国车迷素质提高了，他们对媒体报道的评价更为苛刻，很难想象一个不懂项目的记者能够写出好的报道,即使只写错或说错了一个专业术语,也会使自己的媒体蒙羞,以致失去读者或观众。

(2)比赛规则

国际汽联每年对比赛规则都会做一些调整,规则分为两大部分,一个是运动规则,一个是技术规则。前者是对比赛的方式进行调整,后者是对赛车的技术进行规定。对赛车技术的调整主要针对引擎、变速箱和轮胎,目的是为了让 F1 降速,抑制经济实力雄厚的车队无止境地提高技术含量,进一步缩短各车队之间的差距,以提高比赛的激烈程度,使电视转播更具可看性,让比赛的结果更有悬念。

例如,2008 赛季国际汽联规定,每台变速箱必须连续使用四场大奖赛,任何非常规地更换变速箱的参赛者,都要受到发车位置退后五位的处罚。与引擎规则一样,只有当车手在退赛的情况下更换变速箱才能免受处罚。同时,继续保留两站比赛使用一部引擎的规定,引擎的最高转速被限定在 19000 转/分钟。

国际汽联还规定,在 2008 年、2009 年和 2010 年赛季,车队只能使用一种引擎设计,继续使用 2.4 升 V8 引擎(前为 3.0 升 V10 引擎)。而在这三年期间,所有车队实行单一轮胎供应商,即普利司通。在每站比赛中,每支车队要使用同样的轮胎:两套干胎、一套雨胎和一套暴雨胎。国际汽联计划从 2009 年开始禁止使用轮胎加热设备,其目的也是为了把 F1 的速度再降慢点。

运动规则的改变是对比赛方法作出一些调整,一般是练习赛、排位赛和正式比赛在时间上和次数上的变化。基于节省能源的考虑,2008 年 F1 世锦赛就对排位赛作出调整,在排位赛结束之后和正赛开始之前赛车不能进行加油。这一规定客观上避免了以往赛季"烧油圈"的出现,车手必须在每一圈的排位赛中尽量节省燃油,同时要获得更好的名次。而三节排位赛的时间也被调整为 20 分钟、15 分钟和 10 分钟。

比赛规则的改变还包括方方面面,比如,为了回应世界环保组织对 F1 赛车破坏生态环境的严厉抨击,国际汽联决定从 2008 年起,F1 赛车的燃油必须添加至少 5.75%的生物成分,以减少空气污染。

(3)车队和车手

在 F1 世界中,即使有最好的赛车,也不一定能获得冠军,因为这项运动是赛车和车手的完美结合,缺一不可。

自 1950 年创办 F1 锦标赛以来,几乎每个赛季都会有一支车队退出,他们的空位总会很快被其他车队补上。从 F1 开赛到现在，至少有百支以上的车队在 F1 的舞台上展示过风采，到 1995 年，仅有 12 支车队被保留了下来，也就是说大部分车队都被淘汰了。这就是 F1，它就像魔力无边的赌场，吸引着人们进进出出，有的赌了个精光，有的赚得盆满钵满。

在 F1 的历史上，一些车队曾经风光无限，但很快就因为经济原因从赛场上消失。如布拉海姆队在获得 1983 年世界冠军后，就消失了近十年；弗兰克·威廉姆斯在 20 世纪 70 年代为了支付员工的工资，被迫卖掉自己的全部私人财产；贝纳通车队也已经找不到踪影。组建一支车队的费用是相当高的，赞助商也往往只赞助那些战绩较好的车队，这就造成车队的两极分化，自 1988 年以来，只有法拉利、迈凯伦、威廉姆斯、贝纳通和雷诺这五支车队取得过车队总冠军。

在报道车队时，经常浏览国际汽联和各车队的官方网站是必不可少的（见表 8—8）。这些信息准确而及时，是媒体的第一信源。除了要关注车队的发展历程、最好成绩外，还要非常了解车队的科研水平、团队配合及其经济实力。例如，每年的试车活动、车手转会、上层人事变动等，这些因素往往决定着一支车队下个赛季能否继续呆在 F1。

表 8－8　2008 赛季各车队官方网站

中国汽车运动联合会官方网站	www.fasc.org.cn
国际汽车运动联合会官方网站	www.fia.com
法拉利车队官方网站	www.ferrari.it
宝马—索伯车队官方网站	www.bmw-sauber-f1.com
雷诺车队官方网站	www.renaultf1.com
威廉姆斯车队官方网站	www.williamsf1.com
红牛车队官方网站	www.redbullracing.com
丰田车队官方网站	www.toyota-f1.com
红牛二队官方网站	www.scuderiatororosso.com
本田车队官方网站	www.hondaracingf1.com
超级亚久里车队官方网站	www.saf1.jp
印度力量车队官方网站	www.forceindiaf1.com
迈凯伦车队官方网站	www.mclaren.com

相对而言，比起对车队的关注，人们对车手的关注会更多一些，媒体对车手的深度采访往往决定着受众的眼球往哪里看。一个合格的 F1 记者，应该对车手的成长历程、性格特征、家庭生活、参加各种活动的细节非常了解，即使没有条件亲自采访到车手本人，也要从各国媒体，特别是车手所属国媒体获得信息，进行信息的梳理，加以报道。比如，对于车手的健康，一个记者应该知道，F1 车手在比赛中受到的生理压力极大，在一场比赛中，脖子、肩膀、胳膊和腿承受总重量达到 40000 千克的压力。他们在比赛中心跳每分钟 190 次，穿的三层防火材料制成的赛车服下可达到 60℃的高温。所以，F1 赛事对运动员身体的要求，超过了任何一项极限运动，堪与宇航员和战斗机驾驶员相比。因此，车队对车手的身体训练非常重视。在平时，他们的身体训练以耐力性运动为主，如自行车、游泳、铁人三项、长跑等。现本田车队的巴顿就以跑马拉松来准备新赛季，当年舒马赫用踢足球来提高自己的体能，而特鲁利则总是喜欢攀岩。

换个视角看 F1，会改变呆板的报道风格。除了车手的健康之外，从心理素质、心路历程、配合能力等方面细致地观察车手，以求了解和揭示车手的内心世界，将会拓宽 F1 的报道面，加深报道深度。

(4)F1 的商业运作

F1 运动自诞生之日起，就带有商业性质，因此它的发展离不开市场运作。

无论从赛车的研发，赛道的兴建，还是车队的建立与车手的培养，都打上了鲜明的商业烙印。因此，采访 F1，不但要关注赛事本身，还要把眼光放得更远更广，提高自己的洞察力，拓展报道范围。

与 F1 相关的商业元素中，赞助商占有重要位置，看看赛车上密密麻麻的车身广告就足以说明一切。可以说，没有赞助商，就没有如日中天的 F1 运动，F1 的任何一项活动，哪怕是进行一次测试赛，都要花费少则几十万、多则几百万美元，而一支车队一个赛季的花销，更是到了令人咋舌的地步。据车队官方统计，实力最弱小的车队，也需要几千万美元，而像法拉利和迈凯伦这样的王牌劲旅，则高达数亿美元。所以人们常说，F1 是一项烧钱的运动，就算你是个亿万富翁，一个赛季下来，也可能变成一个穷光蛋。

但是，F1 也能带来巨大的利润。根据国际汽联的官方统计，2004 年首次加入 F1 赛的巴林站比赛，带来的收益为 7000 万美元，前往观赛的国外游客 40000 人次，平均每人每天消费 226 美元，这还不包括购买门票的费用。2000 年，马来西亚站的综合收益高达2.63亿美元。

在F1的商业运营中,比赛举办权和电视转播权是两大收入来源。上海赛道先是交了2000万美元的"入门费",并承诺在以后七年中,每年缴纳高于上一年40%的入门费,才加入了F1的赛历。电视转播权每赛季大约有五亿欧元进账,其中一半分给车队。F1虽是一项烧钱运动,但对于F1主办者来说,它却像一台永不休止的印钞机,电视转播权不过是这台印钞机上的一个重要零件。电视转播权原本属于国际汽联,F1老板埃克莱斯通用锐利的目光发现了商机,只花一亿美元就买下了长达99年的转播权,而且不断地提升价码,是一笔只赚不赔的好生意。举例说,德国的收费电视台Premiere在2007年续签电视转播合同时支付了3000万欧元,德国私人电视台RTL的合同也即将到期,要想签新合同预计将花费大约7000万~9000万欧元。

如今,在埃克莱斯通的精明运作下,F1已经成为世界经济的典范,由赛事观众、F1车队、F1赛事、电视转播、赞助商组成了一条坚实的价值链;而另一条以观众服务、F1赛事运作推广、物流运输、交流沟通、广告营销的辅助供应链也正在形成。F1成为名副其实的产业帝国。

在报道F1时,要注意它不仅仅是一项体育运动,更是汽车技术的展示与竞争。作为汽车工业的先驱,赛车运动的实质是汽车厂商的角逐。通过体育比赛这种充满激烈竞争的方式,F1不断促进着全球汽车制造业尖端技术的进步,而诞生在比赛之下的尖端技术,又被转为民用。这一过程,是任何一项其他体育运动、任何一项其他赛事无法相比的。

自2004年F1进入中国后,同样为中国的汽车工业提供了一个技术进步的良好契机。2003年,中国的汽车销量增加了34%,成为世界第三大市场,仅次于美国和日本。按照行业专家预计,到2020年前后,中国将成为继美国之后的世界第二大汽车市场。而随着汽车保有量的提高,中国的F1迷的队伍还将不断扩大,这些隐藏在F1身后的信息,需要记者去细心挖掘,深入分析。

(5)F1的文化内涵

在报道F1时,赛事之外的人文精神也是不可忽视的。最好的观察地点就是赛场。赛场最具特色和个性魅力的地方不仅是赛道的挑战性,还有赛场所在地的民族文化底蕴。每一个赛场都有各自的地理气候特征,每一个民族都有各自的历史背景和习俗,当这些个性与共同的运动激情相碰撞的时候,就形成了各自独特的汽车运动文化。媒体的报道应该让人们看到和欣赏到不同的 F1 大奖赛的风情。

本节思考题

1. 简述 F1 赛事的五个发展阶段。
2. 国外媒体的 F1 赛事报道的现状如何?
3. 国内媒体的 F1 赛事报道是如何进行的?
4. F1 赛事报道应该关注什么?

第五节　NBA 报道模式及其特点

NBA 是美国国家篮球联盟(National Basketball Association)的缩写。NBA 是美国四大职业体育组织——棒球联盟、橄榄球联盟、冰球联盟和篮球联盟中的首富,年收入超过 40 亿美元。NBA 虽然不是北美地区观众最多的联赛,但却是世界上最全球化、影响力最大的职业体育组织,现在,NBA 以 42 种语言向 212 个国家直播赛事,有 7.5 亿个家庭在观看 NBA 比赛。麦肯、张伯伦、拉塞尔、乔丹、奥尼尔、姚明等 NBA 英雄的故事几乎可以说是家喻户晓。

根据 NBA 官方统计,2005～2006 年赛季 NBA 比赛使用 43 种语言,通过 164 个各国电视台,传播到 215 个不同的国家和地区,收视观众达到 31 亿人次。NBA 官方网站的访问量中有 50%以上来自美国本土以外的用户,从而使 NBA 官方网站在美国本土网站中跃升为海外访问量最大的一家网站。同时,NBA 是美国各大体育联盟中唯一提供除英语以外的其他语言官方网站的联盟。目前,NBA 在全世界设有 11 个分公司:欧洲分公司(日内瓦)、拉丁美洲分公司(美国迈阿密)、澳大利亚分公司(墨尔本)、亚洲分公司(香港)等。同时,在日本和伦敦还设有办事处。

如今的 NBA,已经成为深受各国受众欢迎的职业运动项目,媒体的报道在很大程度上起到了推波助澜的作用。

一、NBA 的诞生及其运作

NBA 成立于 1946 年 4 月 6 日,成立时的名称为 BAA,即全美篮球协会(Basketball Association of America)。这一组织机构的建立非常偶然,11 家冰球馆和体育馆的老板们想让体育馆在冰球比赛以外的时间里也能派上用场，因而决定共同成立这个机构。BAA 成立时共有 11 支球队。1949 年 BAA 吞并了当时的另外一个联盟(NBL)，并改名为美国国家篮球协会(NBA)。1949～1950 年赛季，NBA 共有 17 支球队。1976 年 NBA 吞并了美国篮球协会(ABA)，球队增加到 22 支。1980 年达拉斯小牛队加入 NBA。1988 年，夏洛特黄蜂队和迈阿密热火队加入 NBA。1990 年奥兰多魔术队和明尼苏达森林狼队加入 NBA。1995 年两支加拿大球队多伦多猛龙队和温哥华灰熊队加入了 NBA，使 NBA 的球队达到 29 支。2004 年，夏洛特山猫队加盟 NBA，使球队总数达到了 30 个。

1. NBA 机构设置

NBA 的总部设在美国纽约。目前，NBA 共设竞赛部、传播部、法律部、安全部、行政管理部、专项活动部、运动员服务部、顾客产品部、市场与赞助部、运动队服务部、经济部、国际娱乐部、电视部等 14 个部门，另有一个 NBA 总裁办公室，负责全面工作。NBA 管理机构的总人数大约有 1000 人。

2. NBA 赛制

NBA 比赛一般分为常规赛和季后赛两大部分。

常规赛自每年的 11 月初开始，至次年的 4 月 20 日左右结束。季后赛从 4 月下旬开始进行，直到 6 月中旬决出总冠军为止。NBA 的常规赛比赛采用主客场制，每个球队在常规赛中参加的比赛场次数都是 82 场。常规赛结束后，按照比赛胜率的高低排出东、西部联盟的前八名球队，这 16 支队伍将获得参加季后赛的资格。

季后赛首先在东西两联盟内部进行。季后赛采取淘汰制，从首轮开始，每一轮都是七场四胜制，根据 2－2－1－1－1 原则排定主客场。

东、西部联盟决赛采用 2－2－1－1－1 原则排定主客场，NBA 总决战采用 2－3－2 原则排定主客场。

3. NBA 球队

NBA 球队分为东部和西部两大部分：东部队分为三大赛区，分别是大西洋赛区、东南赛区、中央赛区；西部队也分为三大赛区，分别是西南赛区、太平洋赛区、西北赛区。其中，每个赛区有五支球队，总计为 30 支球队。

表 8－9　(2007～2008 年赛季)东部联盟(Eastern Conference)

序号	赛区	中文名称	英文名称	队标
1		新泽西网	New Jersey Nets	
2		费城 76 人	Philadelphia 76ers	
3	大西洋赛区(Atlantic)	波士顿凯尔特人	Boston Celtics	
4		多伦多猛龙	Toronto Raptors	
5		纽约尼克斯	New York Knicks	
6		底特律活塞	Detroit Pistons	
7	中部赛区(Central)	克里夫兰骑士	Cleveland Cavaliers	
8		芝加哥公牛	Chicago Bulls	
9	中部赛区(Central)	印第安纳步行者	Indiana Pacers	
10		密尔沃基雄鹿	Milwaukee Bucks	
11		迈阿密热火	Miami Heat	
12		华盛顿奇才	Washington Wizards	
13	东南赛区(Southeast)	奥兰多魔术	Orlando Magic	
14		亚特兰大老鹰	Atlanta Hawks	
15		夏洛特山猫	Charlotte Bobcats	

表 8－10　西部联盟(Western Conference)

序号	赛区	中文名称	英文名称	队标
1		丹佛掘金	Denver Nuggets	
2		犹他爵士	Utah Jazz	
3	西北赛区(Northwest)	西雅图超音速	Seattle Supersonics	
4		明尼苏达森林狼	Minnesota Timber wolves	
5		波特兰开拓者	Portland Trail Blazers	
6		菲尼克斯太阳	Phoenix Suns	
7		洛杉矶快船	L. A. Clippers	
8	太平洋赛区(Pacific)	洛杉矶湖人	L. A. Lakers	
9		萨克拉门托国王	Sacramento Kings	
10		金州勇士	Golden State Warriors	
11		圣安东尼奥马刺	San Antonio Spurs	
12		达拉斯小牛	Dallas Mavericks	
13	西南赛区(Southwest)	孟菲斯灰熊	Memphis Grizzlies	
14		新奥尔良黄蜂	New Orleans Hornets	
15		休斯敦火箭	Houston Rockets	

4. 全明星篮球赛

NBA 篮球除了精彩绝伦的比赛吸引媒体和球迷的眼球外，全明星篮球赛也是极具特色的亮点，关注度极高。

全明星篮球赛每年一届，实际上是 NBA 赛季中期的一次明星大会师和篮球文化大展演、赛事大推介，在整个 NBA 运作格局中具有极高的地位和非常重要的作用。以 2007 年 NBA 全明星篮球赛系列活动为例，有 NBA 球迷节，周五晚上的新秀篮球赛，周六晚为技巧挑战赛、混合投篮赛、三分球大赛、投篮大赛，周日晚则为最具代表性的 NBA 东西部全明星对抗赛，由球迷投票选出的球星参赛。①

二、NBA 的报道及其发展

1945 年二战以后，美国媒体的体育报道逐渐关注起职业体育，除了传统的职业体育项目棒球、拳击、马术外，也开始注意到 NBA。现代体育杂志也在这一时期出现，比如 1946 年创刊的《体育》，对 NBA 就有少量报道。然而这一时期正处于 NBA 动荡的初创期，并未引起传媒的太多关注，新闻传播仅限于广播和杂志，所占比重也不大，主要以简单的新闻报道为主。

1949 年，NBA 逐步发展成为一个较有影响的职业体育联盟，吸引了电视传媒的目光，这是 NBA 为了提高观赏性进行改革的结果。1954～1955 年赛季，NBA 第一次引进了 24 秒规则，加快了场上的比赛节奏，激发了球迷的热情，得到了球迷的认可，同时也为赢得电视的青睐创造了条件。总的说来，由于电视传媒还不发达，电视媒体在 NBA 报道中的介入是有限的。

到了 20 世纪 70 年代，电视真正进入了美国家庭。1973 年，美国哥伦比亚广播公司以 2700 万美元买下了 NBA 比赛三年的播映权。虽然当时还不能够进行实况转播，只能播放录像，但 NBA 依然通过电视媒体走进了千家万户。这是 NBA 借助媒体走向世界的开端。

1980～1995 年，是 NBA 报道的繁荣时期，电视媒体出尽风头，专业性 NBA 传媒杂志出现，报纸和电台的 NBA 专栏发展稳定。

从美国国内的电视转播来看，美国 NBA 电视转播权为 NBC、TBS、TNT 电视

① 常耀：《美国 NBA 全明星篮球赛探营》，《体育文化导刊》2005 年 11 月。

台共有。从国际电视转播来看，NBA 通过各种电视网和卫星向世界各地传送信号，逐步实现了 NBA 电视转播的国际化。到 1990 年时，共有 74 个国家转播了 NBA 比赛，收视户已达两亿。

自 1995 年至今，NBA 媒体报道的全球化特征已经形成。“网络＋电视＋NBA”已成为 NBA 传播的突出特点和未来的发展趋势。

在 2007～2008 年赛季中，有来自全世界 215 个国家的 202 个电视转播机构，使用 41 种语言进行 NBA 比赛的直(转)播，中国的电视台有：CCTV－5/BTV－6/Shanghai TV/Hubei TV/Guangdong TV/Guangxi TV/Liaoning TV/Shandong TV/SiTV(HD)/Shanxi TV/Fujian TV/Hebei TV/Tianjin TV/Guangzhou TV/Jiangsu TV/Kunming TV/Xinjiang/Zhejiang TV/Anhui TV/Heilongjiang TV/Hunan Economic TV/Shenzhen TV/Shijia zhuang TV/NBA. com china。①

经过几十年的成功运作，NBA 的电视及网络报道得到了广大受众的认可和喜爱，在不同的国家和地区，都有代表性的 NBA 节目和栏目，例如福克斯运动网(Fox Sports Net)的 NBA Action，就在 100 多个国家和地区播出。在欧洲，有德国的 Inside NBA，节目的内容和形式都受到年轻人的喜爱。在亚洲，中国和日本则是突出的代表(见表 8－11 和表 8－12)。

表 8－11　各国 NBA 节目名称

国家和地区	节目名称
阿根廷	La Magia de NBA
比利时	Give Me five
加拿大	NBA In the Paint
德国	Inside NBA
中国香港地区	NBA Zone
日本	NBA Mania
墨西哥	Rafaga NBA
菲律宾	NBA Jam
波多黎各	NBA Jam
西班牙	NBA Total
中国台湾地区	NBA Jam
美国	NBA 2000

表 8－12　NBA 节目特点

节目名称	简介
NBA Action	即时，精彩的比赛剪辑节目，在福克斯运动网(Fox Sports Net)和超过 100 个国家播出
NBA Inside Stuff	以年轻球迷为主的杂志型节目，1990 年 10 月 27 日首播，已有 18 个年头，每周在 NBC 全国性播出，世界上播此节目的超过 50 个国家，带动了全球对 NBA 节目的狂热
NBA Jam	适合青少年的快节奏节目，在世界超过 20 个国家的电视台播
世界各地制作节目	NBA 与电视伙伴一同制作配合当地的节目

表格制作：根据各国网站统计制作。

① http://www.nba.com/schedules/international_nba_tv_schedule.html

三、NBA 采访

1. 采访名额的获得

要想前往美国对 NBA 赛事进行采访报道，需要履行必要的手续。首先，要以媒体和个人的名义提出记者采访的申请。对于中国内地记者来说，先要发送一份传真或者电子邮件给 NBA 亚洲公司香港总部的公关部门，由他们做初步审核和批准，然后再将资料发给 NBA 美国总部，最后的审核权和批准权在于 NBA 美国总部。如果美国总部批准通过，接到通知的香港公关部门会通过电话或者邮件告之申请人(单位)，同时发去一封去 NBA 采访的邀请函。然后，提出采访申请的媒体记者持这封邀请函、供职媒体的单位证明以及其他证明身份的相关证件，前往美国驻华大使馆或者总领馆申请签证。由于美国 VO(签证官)早已知道 NBA 在中国内地蔚为盛行，近年来去美国采访 NBA 的媒体记者逐年增加，因此一般都能准予签证。特别值得注意的是，如果在第一次申请就顺利获得了签证，并前往美国进行了采访报道，记者在以后再提出签证申请时则会畅通无阻。

2. 采访准备工作

到美国采访 NBA 的程序非常严格，无论是对整个赛季采访，还是对单场比赛采访的记者，在进入媒体席之前要经过特别的媒体入口进行证件检查。单场比赛的采访证件也是在这里领取的。

一名身在美国“报道前方”的记者，要想搞好 NBA 的采访，必须做好一切准备工作，它在某种程度上决定了你能否作出高质量的报道。首先，记者要了解在美国的采访报道环境，并尽可能充分地利用这些条件。

NBA 的工作环境不仅便捷舒适，而且颇具人性化。但是在这里，媒体的地位等级却是十分明显的。世界强势、主流和美国的地方媒体一般都能获得离场边不远、并有良好视野的席位，而弱势或者初来乍到的媒体记者则会远离赛场。但是，在记者面前都有一台小电视，可播放很多频道的节目，并能够通过收听 ESPN、TNT、ABC 等知名电视台相关的报道和评论，来获得新闻资讯。在每节比赛开始后不久，工作人员会递过一张技术统计表供记者分析。在媒体席，有免费取用的各式饮料。[1]

NBA 的媒体环境也是有利于采访报道的。一般采访的记者会在比赛前一个半小时左右来到球馆，进入媒体室。他们可能获得与比赛相关的各种资料文件，如当晚比赛谁会因伤缺席、将有哪个大明星到场助兴、比赛中可能出现的一些有意义的数字等。然后，记者就可以来到主客队的更衣室进行采访。按照 NBA 的规定，球队在比赛前 45 分钟必须开放更衣室，回答记者的提问。更衣室在比赛前 45 分钟时将会关闭，以便腾出时间给教练员布置战术，让球员们热身。比赛结束时，主客队的更衣室一般在球员洗浴结束后就可以开放，继续让记者采访。同时，每场比赛结束后都会举行新闻发布会，两队主教练和球员分别登台亮相，畅谈感想，接受记者的提问。当这些既定程序完成后，记者还可以去更衣室获取最终的技术统计，相关人员在新闻发布会上发言的文字稿。即使有时因为某种原因来不及打印出文字资料，记者可以查看球队的官方网站，在主页上所有的新闻资讯都会更新，其可信度和权威性是不必担心的。如果是中国记者，时差原因会成为一大障碍，比赛结束后，记者不但要熬夜写稿件，有时还要立即赶赴机场，去下一个地方继续看比赛，这就要求记者对时差和工作环境有良好的适应能力。

四、NBA 报道准备

1. 做好案头工作

要想做好 NBA 的采访报道，必须了解 NBA 的历史文化，精通篮球的专项知识。如果记者有机会去美国采访 NBA，更要在出发前做好细致周密的案头准备工作。首先，要对 NBA 的历史发展、民族文化、赛事运作情况的方方面面有宏观上的认识。其次，对于篮球项目的基本知识要熟悉掌握，包括比赛规则、篮球技战术、球队历史背景、实力分布、明星球员情况等。尤其是篮球比赛术语要精通。此外，熟练运用英语，对于报道则更加有利。

2. 做好报道策划

好的开头，是成功的一半。如果把 NBA 报道的全过程看做是一场马拉松比赛，那么报道策划则是开始部分。一个好的报道策划可以帮助媒体和记者提高工

① 《足球 · 劲体育》，http://sports.sina.com.cn，2005 年 10 月 28 日。

作效率，精心的报道策划是提升报道质量的前提。报道策划包含三个主要内容：一要明确自己的报道方针、报道重点和报道对象；二要掌握比赛赛程，包括比赛时间、比赛地点和比赛球队；三要确定报道内容，包括比赛战报、比分，对比赛中的突发事件做好预案等，实现报道的多元化。报道渠道可以关注新闻发布会、官方网站及四大通讯社等。有了周密细致的策划方案，记者在工作过程中就有了导向标，就会做到有的放矢。

3. 做好物质准备

对 NBA 赛事进行报道，工作量大，时间要求严格，精神压力大，加之时差的因素，又极为耗费体力，记者面临的挑战是多方面的。因此，对于采访 NBA 的记者，有着各方面的标准，首先必须有吃苦耐劳、坚韧不懈的干劲，其次是精通的专业知识，最后是具有强健的身体素质。因为在是异国工作，带全必要的采访设备非常重要，包括摄像机、照相机、录音机、电脑等。当然，只做好吃苦准备，有个好身体和合格的业务水平还是不够的，记者不能忘记的一件事是具备良好的职业道德素质。

4. 现场报道

做好了尽可能周全的报道准备，报道战役即将打响。

对于 NBA 采访记者而言，观看比赛必须做到眼勤手快。一边关注场上的比赛进展情况，一边记录有关数据，同时进行相关分析。对于场外的特殊情况，也要有随时捕捉新闻看点的意识。在比赛过程中，记者不能带着和观众一样的心态去看比赛。观众看热闹，记者看行道。这正是一种记者的责任心、职业道德的体现。

要搞好一场 NBA 比赛的报道，记者要对以下报道内容进行关注——

(1)关注球队

任何一场比赛，首先需要对参赛的球队进行介绍，使观众对参赛球队和选手有一个基本的了解。对球队的报道内容如下：

球队基本资料(如队名、主场所在城市、主场体育馆名称、老板、主教练、球衣颜色、进入 NBA 时间、曾获荣誉等)，球队历史，教练员、球员介绍，最高荣誉回顾，退役号码介绍，历年战绩(各个赛季的胜、负、胜率的统计)，阵容名单(号码、姓名、场上位置、身高、体重、出生日期、毕业大学、在 NBA 的年数)，其他相关文字、图片报道。

(2)关注球队排名

下列的表 8－13[1] 是以 2007～2008 年赛季 NBA 常规赛西部联盟前八名为例，对各队的相关数据进行详细的分析。一般来说，对一支球队的报道内容主要有以下数据：球队名称、胜、负、胜率、落后场次、主场、客场、赛区、联盟、连胜或连败战况。

这项数据统计中的指标众多，专业性强，技术术语繁多。因此，报道该项赛事的记者，对这些技术常识要了如指掌。

表 8－13　2007～2008 NBA Regular Season Standings-Western Conference Standings

Western	W	L	Pct	GB	Home	Road	Div	Conf	Streak
L. A. Lakers	57	25	.695	0.0	30－11	27－14	12－4	37－15	Won 4
New Orleans	56	26	.683	1.0	30－11	26－15	10－6	34－18	Lost 1
San Antonio	56	26	.683	1.0	34－7	22－19	10－6	33－19	Won 2
Utah	54	28	.659	3.0	37－4	17－24	10－6	33－19	Lost 1
Houston	55	27	.671	2.0	31－10	24－17	8－8	33－19	Won 1
Phoenix	55	27	.671	2.0	30－11	25－16	10－6	31－21	Won 2
Dallas	51	31	.622	6.0	34－7	17－24	10－6	33－19	Won 1
Denver	50	32	.610	7.0	33－8	17－24	10－6	31－21	Won 2

表 8－13 译文　2007～2008 年赛季球队排名—西部联盟

球队	胜	负	百分比	落后场次	主场	客场	赛区	联盟	连胜或连败
洛杉矶湖人	57	25	.695	0.0	30－11	27－14	12－4	37－15	Won 4
新奥尔良黄蜂	56	26	.683	1.0	30－11	26－15	10－6	34－18	Lost 1
圣安东尼奥马刺	56	26	.683	1.0	34－7	22－19	10－6	33－19	Won 2
犹他爵士	54	28	.659	3.0	37－4	17－24	10－6	33－19	Lost 1
休斯敦火箭	55	27	.671	2.0	31－10	24－17	8－8	33－19	Won 1
菲尼克斯太阳	55	27	.671	2.0	30－11	25－16	10－6	31－21	Won 2
达拉斯小牛	51	31	.622	6.0	34－7	17－24	10－6	33－19	Won 1
丹佛掘金	50	32	.610	7.0	33－8	17－24	10－6	31－21	Won 2

① http://www.nba.com/standings/team_record_comparison/conferenceNew_Std_Cnf.html

(3)关注比分

下列表 8－14[①] 是对两支比赛球队的比分的分析数据。记者对一个比赛场次的比分数据要加以关注,因为通过这些数据的对比,加上场上球员的表现,就能够写出分析性的报道。比分的数据简明清晰,抓住关键几项内容即可:比赛时间、交战双方、具体比分。除了报道当日比分外,还可以根据情况报道昨日比分、明日预告等。

表 8－14 scores

Team	1	2	3	4	T
Lakers	21	30	22	15	88
Celtics	23	23	31	21	98

表 8－14 译文 2008 年 6 月 5 日洛杉矶湖人对波士顿凯尔特人比分

球队	第 1 节	第 2 节	第 3 节	第 4 节	总比分
洛杉矶湖人	21	30	22	15	88
波士顿凯尔特人	23	23	31	21	98

(4)关注赛程

NBA 赛程报道包括比赛时间、比赛地点、比赛两支队伍等内容。表 8－15[②] 是 2006～2007 年赛季 3 月 29 日的赛程安排预告。这里引用了 ESPN 网站的数据,它的赛程介绍还包括了赛事转播的国家电视台名称、主客场的电视转播电视台名称。

表 8－15

Thursday,March29					
MATCHUP	RESOURCES	AWAY TV	HOME TV	NAT TV	TIME(ET)
Detroitat Chicaqo	Ticketstravel		Comcast Sports Chicago	TNT	8:00 pm
Memphisat Portland	Tickets	Fox Sports Mid-South	Fox Sports Northwest		10:00 pm
Phoenix at Golden state	Travel			TNT	10:30 pm

① http://www.nba.com/games/20080605/LALBOS/gameinfo.html

② http://sports.espn.go.com/nba/schedule

表 8－15 译文　2006～2007 年赛季 3 月 29 日赛程安排预告

3 月 29 日					
对阵	资源	客队电视台	主队电视台	国家电视台	比赛时间（东时区）
底特律活塞 VS 芝加哥公牛	票价旅游		Comcast Sports Chicago	TNT	8：00 pm
孟菲斯灰熊 VS 波特兰开拓者	票价旅游	Fox Sports Mid-South	Fox Sports Northwest		10：00 pm
菲尼克斯太阳 VS 金州勇士	票价旅游			TNT	10：30 pm

(5)关注数据库

NBA 数据库是一个非常庞大网络体系。其提供的信息内容非常丰富、数据划分比较系统。NBA 数据库大体上包含对球队数据、球队排名、球队、球员排名，球队和球员们在每场比赛、每个赛季比赛、不同地区或者不同联盟之间比赛的技术统计。需要关注的主要技术数据是：投篮命中率（A、M、Pct）、三分球（A、M、Pct）、罚球（A、M、Pct）、篮板（Off、Def、Tot）及其他（Ast、To、Stl、Blk、PF、Pts）。对于数据库的分析，NBA 的专业技术性很强，术语繁多，对记者的专业性要求更加严格。如果没有过硬的英语翻译能力和熟练的计算机软件操作能力，则难以完成报道任务。

NBA 日常报道中需要掌握的专业术语有[①]——

第一类：

A —— 出手次数　*M* —— 命中次数　*Pct* —— 百分比

Off —— 进攻篮板　*Def* —— 防守篮板　*Tot* —— 总篮板

Ast —— 助攻　*To* —— 失误　*Stl* —— 抢断

Blk —— 封盖　*Pf* —— 犯规　*Pts* —— 平均得分

第二类：

Attempts —— 出手次数　*Mark* —— 命中次数

Percent —— 百分比　*Offensive* —— 进攻篮板

① http://data.sports.sohu.com/nba/nba_team_stats.html

Defense	—— 防守篮板	*Total*	—— 总篮板
Assist	—— 助攻	*Turnover*	—— 失误
Steal	—— 抢断	*Block*	—— 封盖
Personal Foul	—— 犯规	*Points*	—— 平均得分

(6)关注分析结果

比赛结束后,记者要对不同赛季、不同地区、不同联盟的比赛结果和比赛总结进行分析。如常规赛、季后赛的NBA基本总结、东西部联盟总结、各项成绩排名总结、东西部排名总结以及各项技术统计榜的名次等。这些结果与总结为比赛报道提供了许多信息,是撰写稿件的基本素材。

同样,NBA常规的各项评选结果①也是不能忽视的报道内容。根据运动成绩或者观众投票,NBA会评选出各项"最佳"人物:年度最佳阵容、年度最佳新秀、最佳新秀阵容、最佳防守球员、最佳防守阵容、最佳第六人、进步最快球员、年度最佳教练、年度运动精神奖、常规赛MVP、最有价值的运动员等。各项"最佳"的后面都包含着各种信息,各种变化,要善于从人选的变化中寻找新闻源,寻找文字后面的内容,挖掘出深层次的素材。

(7)关注隐性报道

除了与比赛紧密相关的各种数据统计、比赛结果与总结之外,还有一些隐性报道也不能忽略。出于经济利益、赛事推广和增加比赛的看点的需要、为了吸引更多的观众和受众,NBA在常规赛和季后赛之外,还附加了一些其他的活动,为比赛增添了观赏性和趣味性。这也是NBA的一大看点,所以是记者报道中不可忽视的一个方面。

经常举行的NBA活动中,以全明星周末活动为例,就包括新秀对抗大赛、灌篮大赛、三分大赛、技术挑战赛、混合赛报道。

NBA赛场内外会出现许多花絮,虽然表面上看起来没有多少新闻价值,但在一个系列的NBA报道中,花絮也是不可缺少的内容,它如同润滑剂,给报道添加了可读性和趣味性。同时,热心球迷的表现与特点也是NBA报道的一个很好的题材。对于拉拉队的各项表演活动,NBA组织一向是很重视的,它起到了连接球员与观众、赛场与媒体的作用,一个好的拉拉队,会有一大串好故事,记者不可丢掉这些赛场宝贝。

① http://china.nba.com/http://sports.sohu.com/nba.shtml/http://sports.sina.com.cn/nba/

五、NBA 的报道模式与特点

1. 时效性与现场感

各国媒体对 NBA 的报道如今已经达到了深度的全方位水平，无论从报道的时效性、全面性，还是在深入性与互动性上，都达到了空前的程度。相比其他运动项目的报道，媒体对 NBA 的报道更具有象征性及代表意义。

各国媒体对 NBA 赛事的报道，无不追求时效性与现场感。要达到这一目标需要两个前提：一是派记者前往美国进行现场采访，二是购买赛事转播权。对于电视媒体而言，后者是主要追求的目标。而对于平面媒体来说，自然要想方设法派记者到一线进行实时采访，以增加自采新闻的数量，提高报纸或刊物的竞争性与可读性。正因为如此，各类媒体都把时效性与现场感当做报道的首要目标，让本国受众能够感受到比赛的亲近与真实。电视媒体通过现场声音、动态画面、解说谈话等手段，使身在远方的受众能够获得身临其境的感受。而近年来异军突起的网络媒体，则利用点击观看赛事视频，参加评论等互动环节，吸引了大量受众。更重要的是，网络传播弥补了电视媒体和广播媒体对比赛报道稍纵即逝的不足，网络已经逐渐成为人们观看比赛的第二种选择。

2. 深入性与全方位

由于 NBA 赛事时间拉得比较长，在几个月的时间里对一项赛事进行连续报道，如果不采取多种手段，观众和读者也会厌烦。因此，各类媒体在报道的深入性与全方位上大做文章，使赛事在不同阶段都有兴奋点，都有较高的关注度。赛事本身的新闻性虽然很强，是 NBA 报道的主体，但围绕赛事和球星的赛外新闻是目不暇接的，它们也是不可不报的内容。

从 NBA 赛事的报道周期上，可分为赛前、赛中和赛后，每个阶段又有不同的主题与内容。例如，赛前阶段主要有各队的准备情况，队员训练和伤病信息等，尤其是在赛前两队展开的唇枪舌剑或是相互恭维，是报道的极好素材。比赛过程最为精彩，抓住更衣室采访的细节，细致体现比赛的关键进球和失球，不但体现赛事报道的贴近性，而且可以让观众重温精彩镜头。在赛后阶段，教练员及相关人士对比赛的评论，NBA 圈内的反响等都是受众想知道的。如果出现了某个突发事件，那么媒体则会不厌其烦地进行追踪报道，直到事件大白于天下。对于关键场次的赛事、大腕明星的追踪报道，不仅要深度挖掘，更要眼观六路，耳听八方，细枝末节不可忽略。同时，还要跳出比赛，关注场外的风土人情、文化民俗等。只有这样，才能使媒体的报道达到深入性和全方位。若使 NBA 的报道做到有速度、有深度、有广度，对媒体和记者的新闻敏感性和专业知识要求很高。

在我国的电视媒体中，对 NBA 的报道已经形成了固定的模式与运作方式，NBA 的报道做到了栏目化与专题化。大多数体育电视频道都在整点新闻中开辟专门的时段，在第一时间报道 NBA 的最新战况，有特别情况发生时还随时打开直播窗口，体现了新闻传播的速度之快。在电视台的现场直播过程中，主持人与现场嘉宾的评论解说往往会受到观众的关注，传播效果最佳。而报纸平面媒体则采用独特的视角，邀请资深的专家，用他们敏锐的思维和对赛事深刻的理解，给读者球迷带来精神上的享受。常见的栏目有："NBA 新闻""专家专栏""先锋评论""专题报道""本周最佳""本月最佳""火箭专区"等。平面媒体的报道尤其突出深度性，通过对相关事件的综合比较来把握中心事件。

网络媒体是越来越受到关注的传播载体，它的 NBA 报道特点是，突出标题的抢眼性和主体性，给人一目了然的感觉。通过网络随时点击的特性，加强观众与网民的互动和交流。网络的即时赛事报道使用最简洁的语言，不仅将赛场情况传达出来，还让网民参加互动的信息交流。

网络媒体的优势是显而易见的，球迷可以根据各自的需求，进行任意点按，即时获得 NBA 的各类信息，报道手法也多种多样，如直播间、视频、游戏、竞猜，获得的信息量也很全面，典型的栏目包括：新闻、球员、球队、赛程、数据、排名、博客、图片、拉拉队、论坛、集锦、经典、全明星、VIP 等。

现代受众在观看 NBA 比赛时，已经不满足于被动静止地看比赛，参与到赛事当中成为一种新的趋势。电视传播中的短信平台、平面媒体的观众来信、网络媒体的互动交流等，都是互动性的积极体现。与此同时，体育的娱乐化趋势也越来越明显。这些特点使得媒体越发重视多种媒体手段的运用，更加重视与受众的互动环节，尤其是网络和移动媒体。例如，电视台的 NBA 重要场次的直播，无法收看电视的观众可以在电视网上在线收看到比赛，或者在其他门户网站收看比赛。而网络主持人与观众的在线对话，或开通短信平台让观众发表观感等做法，让受众获得了以往没有体验过的直接参与的感受，这种感受增强了观看赛事的趣味性，提高了获取信息的迫切性。

六、报道手段与要求

采写 NBA 新闻时，能够直接到美国比赛现场的记者终究是少数，然而获得信息的渠道却是数不胜数的。信息源主要有四大类型：NBA 官方网站、世界通讯社、有影响的门户网站和当地报刊。

1. 信息渠道

第一个渠道也是最重要的信息渠道，是 NBA 的官方英文网站、官方中文网站，这里发布的信息可以完全信任，即使出现问题，也不是记者的责任，如果日后 NBA 出现更正，那将会增加一条新闻，然而这样的事情几乎没有发生过。

第二条渠道是世界知名的通讯社，比如路透社、美联社、法新社和新华社。通讯社的信息传播迅速，完全可能满足媒体在时效上的需求，而且准确度高，值得依赖。通讯社的深度报道往往是发专稿，需要订阅才能打开看到，但其信息量大，实时滚动播出新闻，也可以满足记者对信息的需求。

第三条渠道是各大网站，例如雅虎网、ESPN、新浪网、搜狐网、华奥星空网等，这些网站比较规范，信息传播快捷，准确度也比较高，是值得利用的渠道。

第四条渠道取决于记者是否获得现场采访的机会，即使不能去美国采访，也可以通过报刊的网络版获取信息。例如比赛地各大报纸的体育版、体育专刊、篮球报等，都会有不同的报道内容。美国记者和本地报纸对赛事和球员的了解，往往会在中国记者之上，可以根据不同媒体的报道需求，摘取自己感兴趣的信息。最后还有一种手段，即记者的看家本领——采访，如果是身在美国，可以预约采访相关专家与教练；如果是在国内，可以通过以往建立的关系，进行越洋采访，即可以使用电话，也可以利用网络。

2. 精通项目

随着中国 NBA 爱好者人数的增加，受众对 NBA 报道的要求也水涨船高，没有专业化的水平，记者已经无法胜任报道的工作了。若是在十年前，一个 NBA 记者只要摆弄一些比赛战况和数据统计就可以完成任务了，但在今天，围绕一场比赛的方方面面都要涉及，受众对信息量的需求没有止境，相关的历史背景、历史战况、前因后果都要娓娓道来，一个也不能少。特别是对于直播的解说员，更要将观众看到的镜头后面的信息脱口而出，一旦出错则会受到指责。因此，对于 21 世纪报道

NBA 的中国媒体和中国记者,必须具有高水平的业务能力和专业知识。

现代 NBA 比赛是一项国际化的运动项目,吸引着全世界无数的篮球爱好者,NBA 球员的国际性也为这项比赛的报道提供了广阔的视野。以姚明为代表的中国球员,为 NBA 注入了新活力,甚至在某种程度上挽救了 NBA 发展的停滞不前,因此,NBA 报道更需要注重国际化。如何在突出本土球员的表现时,将其放在 NBA 这个大背景下进行报道,是记者需要认真思考的问题。毕竟 NBA 对中国的媒体来说还是一个新事物,需要长期报道的经验积累,因此,学习美国媒体的报道视角,不失为一种有效的办法。

本节思考题

1. 简述 NBA 的发展及其运作方式。
2. 谈一谈 NBA 报道的发展过程。
3. NBA 的报道业务包含哪些内容?
4. 举例说明 NBA 报道的特点。

第六节　四大网球公开赛报道模式及其特点

一、四大网球公开赛概况

1. 网球运动发展概况

网球运动起源于法国。14 世纪时法国宫廷中开展一种叫“掌球戏”的游戏,两人中间隔一条绳子,双方用手将球打来打去。球是用布包裹头发制成。10 世纪时,出现了用羊皮纸制造的球拍:卵形,拍柄重,并不美观。到了 17 世纪,法国人的这种“掌球戏”闯入英国后,绳改变为网,球拍不再是平面的羊皮纸,而是穿上了有弹性的弦线,场地也比较正规了。

1874 年,英国有个温布尔登少校,他设计了一套新的携带式网球场地,把过去在四周砌墙的室内网球场改成室外球场,并且可选择任何一片草地,搭成一个临时草地网球场。他设计的网球场地形状,端线宽于球网长度,成为等腰形的长方场地,尺寸也与现在场地不同。直到 1895 年 3 月,网球爱好者才成立一个委员会,制定了统一的规则，并确定成如今的标准场地尺寸。1877 年初，全英草地网球俱乐部成立后，逐步订立了现行的网球比赛制度。同年 9 月，第一届草地网球赛在温布尔顿正式举行，即现在世界上最古老、最重大的网球比赛，称“温布尔顿网球锦标赛”。①

草地网球运动出现后，在世界上发展迅速，1875～1877 年间，苏格兰、巴西、印度、柏林和爱尔兰均成立了网球俱乐部。1876 年德国开始开展网球运动；1877 年法国成立了第一个网球俱乐部；1878 年巴黎、澳大利亚、瑞典、意大利、匈牙利和秘鲁都纷纷建造起草地网球场。在 19 世纪末，网球运动由外国传教士传入中国。

1896 年，在雅典举行的第一届现代奥运会上，网球的男子单、双打被列为正式比赛项目，而且一连七届均有网球比赛。后来由于国际奥委会和国际网球联合会在“业余运动员”的定义上有分歧，网球被列为表演项目。1988 年，汉城奥运会上，网球又重新被列为正式比赛项目，设男、女单打和双打四枚金牌。

目前，世界最高水平的赛事为四大网球公开赛，最高男子团体赛为戴维斯杯，最高女子团体赛为联合会杯。

2. 网球运动的国际组织

(1)国际网球联合会(ITF)

国际网球联合会(International Tennis Federation)于 1913 年在法国巴黎成立，经过近一个世纪的演变，在世界五大洲的协会会员已经发展为 205 个。国际网联的正式用语为英语、法语和西班牙语，在文本有歧义时，则以英语为准。

国际网联的任务是制定、修改和实施网球规则，在各级水平上促进全世界网球运动的发展，在国际上维护网球运动的利益，促进和鼓励网球的教学，为国际赛事制定和实施规则，裁定国际网联认可的正式网球锦标赛，增强协会会员的影响力，维护联合会的独立，确定运动员的资格，管理业余、职业及业余－职业混合型比赛，合理使用联合会的资金，维护网球界的团结及监督这些规则的实行等。②

国际网联现有的专门委员会有奥林匹克委员会、青少年竞赛委员会、老运动员委员会、技术委员会、网球规则委员会、国际网联规则委员会、财务委员会、医务委员会、大众传媒委员会和教练委员会等。

国际网联正式团体赛有：戴维斯杯(男子团体)、联合会杯(女子团体)、NEC 世

① 季一德：《网球史话》，《少年学刊》2006 年第 11 期，第 76 页。

② http://www.olympic.cn/olympic/2003－09－16/203.html

界青年杯(16 岁以下男女少年)、NTT 世界少年网球赛(14 岁以下男女少年)以及针对不同年龄组的意大利杯、杜布莱尔杯、奥地利杯、不列颠杯、克洛福德杯等。还有分别为 40 岁和 50 岁妇女举办的青年杯和布耶诺杯等。国际网联的正式锦标赛有:大不列颠草地网球锦标赛(温布尔顿公开赛)、美国公开赛、法国公开赛、澳大利亚公开赛、日本公开赛、意大利锦标赛、国际网联老将世界锦标赛等。根据比赛的影响力、关注度和奖金设立的规格和标准,人们普遍将前四项世界网球锦标赛称为"四大满贯赛",后简称为"四大网球公开赛"。

(2)国际男子职业网球联合会(ATP)

国际男子职业网球联合会(Association of Tennis Professionals)简称为 ATP。作为世界男子职业网球选手的自治机构,ATP 成立于 1972 年美国网球公开赛期间,挑头者是当时的超级球星杰克·克拉默。ATP 在成立之初就制订了一份名为"十字路口的网球"的发展计划,详尽分析了男子网坛面临的问题和挑战以及推广和市场方面蕴藏的巨大机会。该计划由著名球员马茨·韦兰德、蒂姆·马约特以及汉密尔顿·乔丹共同拟定的。

不过,当时掌管巡回赛的男子网球理事会却没有采纳来自球员的建议,直到 1988 年的美国网球公开赛期间,颇具远见的"十字路口计划"才真正发挥了作用。由于比赛主办者禁止 ATP 使用美网的设施,他们不得不在一片停车场上召开了决定网球命运的一次会议,但当时的 ATP 领袖乔丹却巧妙地利用这次会议扩大了 ATP 的影响。在"停车场会议"上,ATP 宣布他们将从此接管这项运动,创办一项全新的巡回赛,由球员自己来唱主角,并承担相应的义务。此后几周内,世界排名前 100 位中的 85 位球员都表态支持 ATP,大多数顶级赛事的组织者也为 ATP 实施计划提供了援助。①

自此,男子网坛就在 ATP 的领导下开始了大刀阔斧的改革,1990 年创办"超九"赛事,2000 年改名大师系列赛以及更换 ATP 标志,推出"新球计划"等措施都对男子职业网球的发展起到了推动作用。由于认为奖金分配不合理,球员赛程安排过密造成受伤增加,以休伊特为首的众多顶尖高手向 ATP 的权威发起了挑战。但 ATP 及时审时度势,及时改变策略,巧妙地转移了目标,积极代表球员向国际网联和大满贯委员会索取利益,将这一威胁化解于无形,避免了重蹈当年男子网球理事会的覆辙。

目前,ATP 总部位于美国佛罗里达州庞特·维德拉海滩。此外,ATP 欧洲总

① 天涯:《揭开 ATP 和 WTA 的面纱》,《网球天地》2003 年第 9 期,第 68 页。

部位于摩洛哥蒙特卡罗,国际集团在澳大利亚悉尼,资产部则选址英国伦敦的切尔西区。除首席执行官,ATP董事会中还包括三名退役选手代表和三名巡回赛代表,其下分设选手委员会和巡回赛委员会,分别代表了千余名职业球员和全年60多项巡回赛的组织者。

(3)国际女子职业网球联合会(WTA)

WTA的全称是Women's International Tennis Association,译为国际女子职业网球联合会。与ATP相比,WTA的成功之路布满荆棘,障碍重重。如果说ATP当初只需要与"旧势力"抗争,WTA的首要任务则是如何让女子比赛从统治网坛的男子比赛中分出一杯羹。1972年,在弗吉尼亚Slims公司的赞助下,WTA独立创办了第一项赛事,虽然在每年3月举行,但它仍然被看做当时的WTA年终总决赛,这项比赛也是现在WTA巡回赛的雏形,直到1994年才因为失去赞助而终止。

20世纪70年代,女子网球比赛远没有像今天这样受到重视,很多比赛只有男子项目才设立奖金。在网球历史上,同工不同酬的现象非常严重,已经成为历史遗留问题。1970年,当玛格丽特·史密斯·考特在美国网球公开赛上折桂,并包揽四大满贯冠军之后,她得到相当于男单冠军1/3的奖金,这一不平等的待遇引起了国际网坛的争议。一些女球员决定以冒险的举动来抗议这种不公平的状况,有九名球员签下了价值一美元的象征性赞助合同,格拉迪丝·海德曼甚至自己出资5000美元来举办赛事,迈开了女子网球职业化的一大步。

球员们的"叛乱"很快遭到美国网球协会的"镇压",她们被禁止参加大满贯赛、联合会杯以及其他一些重要的"官方"赛事。但时代在向前发展,1973年,年轻的比利·琼·金在吸引了有史以来最多观众的"性别大战"中直落三盘,击败男子网球运动员里格斯,女子网球也自此开始腾飞。美国网协不仅将属下的比赛并入弗吉尼亚Slims锦标赛,逐步形成了WTA巡回赛,而且还给予美网男女冠军以相同的奖金,女选手终于得到了应有的尊重。①

WTA目前有两个总部,分别设在美国佛罗里达的圣彼特斯伯勒和英国的伦敦。

3. 四大网球公开赛的赛事组织

四大网球公开赛被公认为是世界最高水平的网球赛事,这四项赛事按照举办的时间顺序分别为澳大利亚网球公开赛、法国网球公开赛、温布尔顿网球公开赛和

① 天涯:《揭开ATP和WTA的面纱》,《网球天地》2003年第9期,第69页。

美国网球公开赛。四大网球公开赛是国际网球联合会旗下的赛事，是以个人名义参加的单项比赛，都设有高额奖金，也被称为“大满贯赛”。

所谓“大满贯”，是网球运动的王冠称号。如果一位或一对网球运动员在同赛季获得上述四大网球公开赛的冠军，即获得“大满贯”。世界上第一位获得“大满贯”称号的网球选手是 1909 年 5 月 18 日出生于英国的男运动员费雷德里克·约翰·佩里，他在 1935 年赢得法网单打冠军时首次实现了“大满贯”。

(1)澳大利亚网球公开赛

作为四大满贯赛中最年轻的赛事，澳大利亚网球公开赛缺少其他三项赛事那样深厚的历史底蕴，但它却以南半球特有的风土人情，在不到一个世纪的时间里显示了非凡的魅力。

1905 年，在澳大利亚草地网球协会的组织下，首届澳大利亚网球锦标赛在墨尔本圣·基尔德路的维尔豪斯曼板球场举行，从此墨尔本成为世界网球史上的一个重要标志。澳大利亚锦标赛起初只设立了男子的单打和双打项目。第一次世界大战结束后，澳大利亚锦标赛的项目进行了扩充，女子单打、女子双打和混合双打都加入了澳网的大家庭。1927 年，澳大利亚网球锦标赛改名为澳洲冠军赛。1969 年网球进入职业化，澳网被列为四大满贯赛之一，并正式更名为澳大利亚网球公开赛。①

在场地方面，起初澳大利亚公开赛在澳大利亚各地轮流举行，从 1972 年开始，该赛事被固定在条件最好的墨尔本。现在举行比赛的墨尔本公园球场是在 1996 年 1 月命名的，它的原名是弗林德斯公园球场。它的中央球场可容纳 15021 人，另有大小比赛场和练习场近 30 个。

澳大利亚公开赛共设 11 个项目，即成年组男女单、双打和混双，少年组男女单、双打以及名人组双打和混双。成年男女单打均有 128 位选手参赛，男女双打为 64 对选手，混双 32 对选手参赛。少年组男女单打参赛人数均为 64 人，男女双打各有 32 对选手参加。名人组双打和混双各有六对和四对参加。比赛方法均采用一场决胜负的单场淘汰赛。

澳大利亚公开赛每年 1 月至 2 月间在墨尔本举行。

(2)法国网球公开赛

19 世纪末，网球作为一种休闲体育开始从英国传入法国，并以其独特魅力很

---

① 陈俊哲：《寻梦墨尔本》，《网球天地》2003 年第 3 期，第 32 页。

快渗入到法国上流社会。法国网球公开赛的前身是1891年起举办的法国全国网球赛，是由法国网球协会主办的赛事。它名义上允许所有的法国公民参加，实际上参加的却只是一部分有条件接触、先学会打网球的男士。1897年，女选手开始出现在法国全国网球赛赛场上，并逐渐有国外选手参加。1925年，法国全国网球赛正式更名为法国网球公开赛。1968年，比赛改变以往只允许业余球员参赛的惯例，开始允许职业选手参赛。法国公开赛在巴黎的罗兰·加洛斯体育场举行，采用红色黏土场地。有四个设备先进的电视台就坐落在体育场的周围，它们可免费为成百万个家庭转播比赛的实况。在比赛期间，巴黎地铁的各个月台上安有电视屏幕，行人可以边等车边观看比赛，而且可以看到不同赛场上的比赛镜头。①

法国公开赛每年5月底至6月上旬在巴黎举行。

(3)温布尔顿网球公开赛

温布尔顿网球公开赛，是四项公开赛中最古老、最享有盛誉的一个，由全英网球俱乐部和全英草地网球协会于1877年创办，其前身为全英草地网球锦标赛。首届比赛只设男子单打，冠军奖杯叫“挑战杯”。后逐渐增设女子及双打项目。1905年正式开放，美、法等国选手才来参加比赛。1922年修建了可容纳1.5万观众的中央球场并废除了“挑战赛”。1968年国际网联同意职业选手参加该项比赛，同时组织者还募集巨额奖金，吸引全世界一流好手参加。

温布尔顿草地球场拥有两个能够容纳万人的球场，加上外围场地外的长凳，观众数量可达三万人以上，由于温布尔顿公开赛的知名度很高，世界各国每年观看电视实况转播的人数在五亿人以上。草地球场是温布尔顿有别于其他场地的一个特色。草地打球，球的速度快，球落地后几乎没有弧线，相当低平，技战术要求高，观众欣赏起来也相当过瘾。在温布尔顿的草地上打球，要求球员有很强的进攻意识，上网击球和底线强攻都是在该比赛中占上风的打法。在这里赢得冠军的选手多为打法干脆、战术灵活多变的球员。

温布尔顿公开赛每年6月最后一周至7月初在距离伦敦十英里的温布尔顿小城举行。

(4)美国网球公开赛

美国网球公开赛素以丰厚的奖金额著称，比起澳大利亚、法国和温布尔顿三大

① “法网简史”专题，《网球天地》1999年第7期，第21页。

公开赛来，它吸引网坛一流高手参赛的条件更加诱人。

美国网球公开赛的前身为美国国家男子网球个人冠军赛，首届比赛于1881年8月在纽波特的一家娱乐场所举行。当时只有美国国家草地网球协会的成员才有资格参赛，其中多数为上流社会的富家子弟，因此赛事被打上了休闲娱乐的烙印。纽波特在随后的34年中一直是这项赛事的主办地，并且发展成为美国网球运动的中心。

1887年，第一届美国国家女子网球单打冠军赛在费城的一家板球俱乐部举行，女双比赛于1889年正式加入。相比起其他比赛在美国各地轮流举办的模式，美国国家女子单打冠军赛的举办地非常有限，只有三个地方：费城的板球俱乐部、曼哈顿西区的网球俱乐部以及纽约的美国国家网球中心。混双比赛是最晚进入美国国家网球冠军赛正式比赛项目的，直到1892年，才在女单和女双比赛进行的同时举办了这项比赛，到了1921年，混双比赛又被调整到与男双冠军赛同时进行。

1968年，美国国家网球冠军赛进入了公开赛时代，包括男单、男双、女单、女双、混双的五项冠军赛被合并到美国网球公开赛一起举办，第一届比赛被安排在纽约曼哈顿西区的网球俱乐部举行，共有96名男子选手和63名女子选手参加了赛事争夺。

1978年，美国网球公开赛迁往纽约昆士区的法拉盛草地公园的硬地赛场举行，这里有世界上最大的中心球场阿瑟—阿什球场，可以容纳23000名观众。1999年，原来的中心球场被命名为路易斯—阿姆斯特朗球场，并作为2号球场举办半决赛和决赛以外的其他重要比赛。

作为东道主，美国网球选手在美网比赛中一直占据着主导地位，从20世纪七八十年代的康纳斯、麦肯罗，到90年代的桑普拉斯、阿加西，再到现在成为美国网球界新偶像的罗迪克，美国国家网球中心从来就不缺少来自本土球迷的欢呼声。相对而言，在两位网坛前辈埃弗特与纳芙拉蒂诺娃相继退出一线之后，美国女子网球却在本土经历了令人痛楚的十年，格拉夫、塞莱斯，甚至是萨巴蒂尼和桑切斯，都是她们难以逾越的障碍，直到达文波特在1998年的胜利才宣告了这尴尬十年的结束。后来涌现了强悍力量型的威廉姆斯姐妹，她们一起撑起了为美国女子网球打天下的大旗。

4. 四大网球公开赛报道模式与特点

要想出色报道“大满贯”赛，一方面报道者要充分了解四大公开赛的历史沿革，感受其百年文化的魅力，也只有这样才能写出精彩的文章；另一方面，报道者还要对网球的规则、技术、特色等细节进行了解，以求使比赛的报道准确、丰富、耐看。

(1)四大网球公开赛的报道模式

在四大公开赛的媒体报道中，电视的赛事转播成为最主要的传播渠道，每当大满贯赛举行期间，世界各国电视台纷纷前往四个赛地，并不惜出重金购买赛事转播权。而四个主办公开赛的国家电视机构，更是对大满贯赛事长期不懈地进行转播。著名媒体 ESPN 的网球赛事报道以专业性强、信息量大在国际传媒中享有较高的声誉。

中央电视台的四大网球公开赛的转播经历了从无到有的过程。从开始的重点场次的转播，到现在相对完整的赛事转播，经过了多年的努力，不仅培养了大批中国的网球迷，同时也积累了转播经验。目前，除 CCTV－5 之外，完整的四大公开赛转播主要由高尔夫网球频道提供。央视近年来转播的场次呈上升趋势，以 2008 年法国公开赛为例，CCTV－5 的转播分为直播和录播，满足了不同观众收视的需要(见表 8－16)。

表 8－16　2008 年央视法国网球公开赛电视转播表(5 月 25 日～6 月 1 日)

日期	时间(北京时间)	比赛轮次	转播频道
5 月 25 日(星期日)	23：25　现场直播	2008 年法国网球公开赛第一轮	CCTV－5
5 月 26 日(星期一)	17：00	2008 年法国网球公开赛 1 高尔夫·网球	
5 月 27 日(星期二)	17：00	2008 年法国网球公开赛 2 高尔夫·网球	
5 月 28 日(星期三)	00：30　现场直播	2008 年法国网球公开赛第一轮	CCTV－5
5 月 28 日(星期三)	17：00	2008 年法国网球公开赛 3 高尔夫·网球	
5 月 29 日(星期四)	01：40　现场直播	2008 年法国网球公开赛第二轮	CCTV－5
5 月 29 日(星期四)	17：00	2008 年法国网球公开赛 4 高尔夫·网球	
5 月 30 日(星期五)	01：30　现场直播	2008 年法国网球公开赛第二轮	CCTV－5
5 月 30 日(星期五)	17：00	2008 年法国网球公开赛 5 高尔夫·网球	
5 月 31 日(星期六)	00：30　现场直播	2008 年法国网球公开赛第三轮	CCTV－5
5 月 31 日(星期六)	17：00	2008 年法国网球公开赛 6 高尔夫·网球	
5 月 31 日(星期六)	22：35　现场直播	2008 年法国网球公开赛第三轮	CCTV－5
6 月 01 日(星期日)	17：00	2008 年法国网球公开赛 7 高尔夫·网球	

从 2002 年起，一种新的赛事转播的方式诞生了，宽带互动电视 iTV 进入了中国观众的家庭，转播机构与电视机生产商共同联手，实现了观众自主选择收看网球公开赛节目，这一年的澳大利亚公开赛，成为互动电视的新宠儿。

随着中国女子网球选手的世界排名日趋上涨，我国地方台更加重视网球赛事的转播，尤其是四大公开赛的转播。北京电视台、广东电视台、SMG 体育频道、山东电视台等都进行了大满贯赛事的转播。

在传统媒体中，20 世纪 80 年代末《中国体育报》就开始报道四大网球公开赛，报道量小，只有开赛或决赛等重要消息，90 年代起，该报开辟每周一次的网球专版，专项记者黎明京发表了大量文章，标志着我国报纸网球公开赛系列报道的开始。随着网球运动在中国地不断普及，各大主流报纸相继将大满贯赛作为报道的重要策划对象，加强了报道力度，在比赛期间予以系列报道。在杂志中，我国知名度最高的网球专刊是《网球天地》和《网球》，这是网球迷们深入了解大满贯赛的主要渠道。其中《网球》与全球发行量位居先列的美国 *Tennis* 杂志开展版权合作，也是中国网球协会的会员刊物。两本网球专刊都为读者提供了有深度的四大网球公开赛报道。

(2)四大网球公开赛的报道特点

现代网球运动的一个重要特征是在多种不同性能的场地上进行比赛，草地、红土、硬地是目前最主要的三种场地。不同的场地对球员有不同的技术水平要求，每个球员也都会有情有独钟的场地。比如西班牙名将纳达尔就是一位名副其实的“红土天王”，他在红土场地表现总要杰出于其他场地。记者在报道某位球员取胜或失利的原因时，不要忘记场地因素是很重要的一个方面。与足球世界杯和其他比赛形成鲜明对比的是，网球比赛的场地在某种意义上决定着网球选手的成绩，决定着他的技战术水平究竟能够发挥出多少。

①草地温网

草地被认为是球速最快的场地，也是一种变化多端的场地。可以说没有两片草地是完全一样的，同一片草地在不同日子也会很不相同(草的干湿及长短)。只有反应极为敏捷、能够经受住多变性挑战的球手才能适应这种场地，尤其是发球上网进攻型的优秀球手在草地场地上更能占有优势。温网公开赛选用的草地由专用草铺成，厚度保持为八毫米。球击地后保持低势随即弹起，弹力不会像红土场那样被削弱。这就意味着一个强有力的回球在草地上比在红土场更有效，因为对手作出反应所拥有的时间会更少。

②红土法网

红土场被认为是球速最慢的场地。球场地面结构复杂，由六种不同材料组成，其主要成分是石灰石。场地厚度为 20 厘米。最表层的六毫米由碎瓦粉组成，这一表层使球在触地后继续吃进地里，从而大大降低球速。[①] 红土场被称为一个伟大

---

① http://www.51tennis.com/news/show.aspx? id=2864&cid=83

的平衡器，往往出现多回合的攻防对抗，是对选手技术与毅力的全面考验，只有在进攻与防守之间能保持最佳平衡者才能有望取胜。在红色的黏土地上得分往往要经过长时间的连续对打，获胜要靠策略、体力和良好的底线球技术。

正是由于土场的特殊比赛条件，法国公开赛的场地使善于在硬地比赛的美国运动员很不适应，以致连续33年与该项冠军无缘，直至1989年，这一局面才被年仅17岁的美国华裔球手张德培打破。

③硬地美网和澳网

硬地赛场一般由水泥和沥青铺垫而成，其上涂有红、绿等漂亮的颜料或铺有一层高级塑胶面层，其表面平整、硬度高，球的弹跳非常有规律，但球的反弹速度很快。硬地赛要求选手同时具备高超的底线技术与上网截击能力，技术全面、能攻善守是在这种场地上获胜的基本条件。

5. 四大网球公开赛采访业务

(1)关注种子选手

种子排名制度是所有对抗性体育比赛中不可或缺的元素，它的根本目的在于使高水平选手和队伍避免过早相遇，从而减少比赛中的运气成分。绝大多数比赛都是完全按照开赛前一周的世界排名来确定种子排位的。目前，四大网球公开赛设置的男女种子数均为32个，种子名单会在开赛前一周之内通过赛事的官方网站公布(见表8－17)。

表8－17　2008年温布尔顿网球公开赛男女种子选手名单

排名	姓名(男子)	国家	姓名(女子)	国家
1	费德勒	瑞士	伊万诺维奇	塞尔维亚
2	纳达尔	西班牙	扬科维奇	塞尔维亚
3	德约科维奇	塞尔维亚	莎拉波娃	俄罗斯
4	达维登科	俄罗斯	库兹涅佐娃	俄罗斯
5	费雷尔	西班牙	德门蒂耶娃	俄罗斯
6	罗迪克	美国	小威廉姆斯	美国
7	纳尔班迪安	阿根廷	大威廉姆斯	美国
8	加斯奎特	法国	查克维塔泽	俄罗斯
9	布雷克	美国	萨芬娜	俄罗斯
10	巴格达蒂斯	塞浦路斯	汉图楚娃	斯洛伐克
11	伯蒂奇	捷克	巴托丽	法国

续表

排名	姓名(男子)	国家	姓名(女子)	国家
12	穆雷	英国	施奈德	瑞士
13	瓦林卡	瑞士	兹沃娜列娃	俄罗斯
14	马休	法国	A. 拉德万斯卡	波兰
15	冈萨雷斯	智利	扎维	匈牙利
16	斯泰潘内克	捷克	阿扎伦卡	白俄罗斯
17	尤兹尼	俄罗斯	科内特	法国
18	卡洛维奇	克罗地亚	瓦伊迪索娃	捷克
19	阿尔玛格罗	西班牙	基里连科	俄罗斯
20	休伊特	澳大利亚	斯齐亚沃尼	意大利
21	费雷罗	西班牙	佩特洛娃	俄罗斯
22	沃达斯科	西班牙	佩内塔	意大利
23	罗布雷多	西班牙	斯莱伯尼克	斯洛文尼亚
24	涅米宁	芬兰	皮尔	以色列
25	图萨诺夫	俄罗斯	达文波特	美国
26	柳比西奇	克罗地亚	巴莫尔	奥地利
27	基弗	德国	拉扎诺	法国
28	西蒙	法国	A. 邦达伦科	乌克兰
29	塞皮	意大利	毛瑞斯莫	法国
30	孟菲尔斯	法国	齐布尔科娃	斯洛伐克
31	非·洛佩兹	西班牙	沃兹尼亚基	丹麦
32	罗德拉	法国	米尔扎	印度

种子选手是一群实力超群的高手，因此也必定是记者在报道过程中必须关注的对象，几乎每一个种子选手在比赛中的表现都会与报道内容相关。报道者应事先按照种子名单，将种子选手的资料准备齐全，比如他们的训练历程、入职时间、技术特点、过往成绩、近日赛况、生活轶事等，以便在报道过程中给读者留下一个全面、立体的印象。关于种子的新闻常常是爆炸性的，比赛之初，高排位种子选手的爆冷出局常常是媒体关注的焦点。

(2)关注对阵形式

每次网球公开赛开幕前，媒体往往会推出具有前瞻性预测的文章。一般而言，记者主要是根据对阵表作出预测的，其基础是建立在对球员的深入了解。大满贯赛单打男、女各有 128 人参加，比赛各分四区完成，如男子 1/4 区、2/4 区、3/4 区、4/4 区、女子 1/4 区、2/4 区、3/4 区、4/4 区。每一区的 32 名选手经过四轮的淘汰，最终有两人进入1/4决赛，争夺大赛半决赛名额。四赛区各有一位选手进入半决赛，冠军将从这四人中产生(见表 8－18)。

表 8－18　2008 年温网男子单打 1/4 区对阵形式及比赛成绩

<table>
<tr><th>第一轮</th><th>第二轮</th><th>第三轮</th><th>第四轮</th><th>1/4 决赛</th><th>半决赛</th></tr>
<tr><td>费德勒(瑞士)</td><td rowspan="2">费德勒 6—3/6—2/6—2</td><td rowspan="4">费德勒 6—3/6—4/7(7)—6(3)</td><td rowspan="8">费德勒 6—3/6—3/6—1</td><td rowspan="16">费德勒 7(9)—6(7)/6—2/6—4</td><td rowspan="32">费德勒 6—1/7—5/6—4</td></tr>
<tr><td>赫巴蒂(斯洛伐克)</td></tr>
<tr><td>索德林(瑞典)</td><td rowspan="2">索德林 7—5/0—6/6—3/6—4</td></tr>
<tr><td>凯文·金(美国)</td></tr>
<tr><td>吉奎尔(法国)</td><td rowspan="2">吉奎尔 4—6/7—5</td><td rowspan="4">吉奎尔 4—6/5—7/7(7)—6(1)/7(7)—6(0)/6—3</td></tr>
<tr><td>锦织圭(日本)</td></tr>
<tr><td>古希奥尼(澳大利亚)</td><td rowspan="2">波佐雅克 3—6/6—4/6—4/6—3</td></tr>
<tr><td>波佐雅克(塞尔维亚)</td></tr>
<tr><td>休伊特(澳大利亚)(20)</td><td rowspan="2">休伊特 6(4)—7(7)/6—3/6—3/6(1)—7(7)/6—2</td><td rowspan="4">休伊特 7(7)—6(4)/6—0/6—2</td><td rowspan="8">休伊特 6—1/6—3/7(7)—6(2)</td></tr>
<tr><td>哈塞(荷兰)</td></tr>
<tr><td>蒙塔内斯(西班牙)</td><td rowspan="2">蒙塔内斯 6—3/7(7)—6(2)/6—4</td></tr>
<tr><td>博洛克(阿根廷)</td></tr>
<tr><td>博格丹诺维奇(英国)</td><td rowspan="2">伯莱里 7(7)—6(4)/4—6/6—3/7(7)—6(4)</td><td rowspan="4">伯莱里 7(10)—6(8)/7(9)—6(7)/3—6/7(7)—6(4)</td></tr>
<tr><td>伯莱里(意大利)</td></tr>
<tr><td>吉内普里(美国)</td><td rowspan="2">冈萨雷斯 7(7)—6(3)/7—5/7—5</td></tr>
<tr><td>冈萨雷斯(智利)(15)</td></tr>
<tr><td>伯蒂奇(捷克)(11)</td><td rowspan="2">伯蒂奇 4—6/6—1/6—4/3—6/7—5</td><td rowspan="4">伯蒂奇 6(5)—7(7)/7(8)—6(6)/6—1/6—2</td><td rowspan="8">沃达斯科 6—4/6—4/6—0</td><td rowspan="16">安西奇 3—6/4—6/6—3/6—4/13—11</td></tr>
<tr><td>科洛勒夫(俄罗斯)</td></tr>
<tr><td>哈内斯库(罗马尼亚)</td><td rowspan="2">哈内斯库 6—3/6(2)—7(7)/6—0/6—4</td></tr>
<tr><td>法拉(哥伦比亚)</td></tr>
<tr><td>D. 塞拉(以色列)</td><td rowspan="2">奥·罗切斯 6—4/7—5/6—4</td><td rowspan="4">沃达斯科 7(7)—6(4)/6(5)—7(7)/6—1/6—1</td></tr>
<tr><td>奥·罗切斯(比利时)</td></tr>
<tr><td>科赫尔斯奇雷伯(德国)</td><td rowspan="2">沃达斯科 6—4/6—3/6—2</td></tr>
<tr><td>沃达斯科(西班牙)(22)</td></tr>
<tr><td>罗德拉(法国)(32)</td><td rowspan="2">安西奇 6—4/7(9)—6(7)/2—0</td><td rowspan="4">安西奇 6—1/6—4/6(1)—7(7)/4—6/6—3</td><td rowspan="8">安西奇 6—4/6—4/6(5)—7(7)/7(7)—6(3)</td></tr>
<tr><td>安西奇(克罗地亚)</td></tr>
<tr><td>李亨泽(韩国)</td><td rowspan="2">佩特斯奇纳尔 6(4)—7(7)/6—1/6—4</td></tr>
<tr><td>佩特斯奇纳尔(德国)</td></tr>
<tr><td>安德列夫(俄罗斯)</td><td rowspan="2">安德列夫 6(6)—7(8)/7(7)—6(2)/6—2/6—2</td><td rowspan="4">费雷尔 3—6/6—3/6—4/6—2</td></tr>
<tr><td>瓦内克(捷克)</td></tr>
<tr><td>斯塔霍夫斯基(乌克兰)</td><td rowspan="2">费雷尔 7(8)—6(6)/6—3/1—37—6(2)/7—5/7—6(4)</td></tr>
<tr><td>费雷尔(西班牙)(5)</td></tr>
</table>

(3)做技术行家

网球是一项技术性很强的运动,报道者不仅要对项目规则和赛制烂熟于心,同时还要做一个懂得网球技战术的行家,能看懂比赛,读懂技术统计表,在报道中精准地运用各种项目术语,使报道具有专业水准。每场比赛过后,大赛组委会都会公布对阵双方比分和各项技术统计,记者可根据这些统计回顾比赛,分析场上细节,就能写出赛事的分析稿件。但如果只会看比分,不懂技术表,那么报道只能停留在报告比赛结果上,谈不上精彩和深入。以下是 2008 年温布尔顿网球公开赛,男子决赛中费德勒与纳达尔之战的技术统计表。

表 8—19　费德勒与纳达尔比赛技术统计表

Match Statistics　技术统计	Federer(SUI)　费德勒(瑞士)	Nadal(ESP)　纳达尔(西班牙)
1st Serve%	128 of 195=66%	159 of 218=73%
Aces	25	6
Double Faults	2	3
Unforced Errors	52	27
Winning% on 1st Serve	93 of 128=73%	110 of 159=69%
Winning% on 2nd Serve	38 of 67=57%	35 of 59=59%
Receiving Points Won	73 of 218=33%	64 of 195=33%
Break Point Conversions	1 of 13=8%	4 of 13=31%
Net Approaches	42 of 75=56%	22 of 31=71%
Total Points Won	204	209
Fastest Serve	129 MPH	120 MPH
Average 1st Serve Speed	117 MPH	112 MPH
Average 2nd Serve Speed	100 MPH	93 MPH

技术术语解释:

first serve	第一次发球
first service point average	第一次发球得分率
ace	爱司
fault	发球失误
double (fault)	双误
unforced errors	非受迫性失误

receiving points won	接发得分率
break point conversions	破发成功率
net approaches	上网得分率
total points won	总得分
fastest serve	最快发球时速
average 1st serve speed	一发平均时速
average 2nd serve speed	二发平均时速

(4)关注奖金额

网球曾经被称为"贵族"运动，尽管现在一个网球运动员的收入不及足球、NBA、F1或者高尔夫球选手，但每一次大满贯比赛，选手的奖金依然不菲，并且有继续增加的趋势。奖金额实际上是判断网球赛事等级和参赛选手水平的一个鲜明的标志。但是，在网球项目上，男女选手同工不同酬的问题一向十分严重，这也是记者要关注的问题之一。表8－20为2006年温网奖金分配明细表以及与2005年相比的增长比率。

表8－20　2006年温网奖金分配明细表以及与2005年相比的增长比率(英镑)

类型	2005年	2006年	增幅(%)
总奖金	10085510	10378710	2.9
男子赛事	5030520	5197440	3.3
女子赛事	4302300	4446490	3.4
混合双打	323120	323120	—
男单冠军	630000	655000	4.0
女单冠军	600000	625000	4.0
男双冠军	218500	220690	1.0
女双冠军	203250	205280	1.0
混双冠军	90000	90000	—
男单总奖金	3447440	3584440	4.0
男双总奖金	973190	982830	1.0
正赛津贴(含混双的一半)	289080	297840	3.0
男子资格赛奖金	288000	299520	4.0
资格赛津贴(含混双的一半)	32810	32810	—
女单总奖金	2991500	3112140	4.0

续表

类型	2005	2006	增幅
女双总奖金	845520	854030	1.0
正赛津贴(含混双的一半)	266640	274720	3.0
女子资格赛奖金	172800	179760	4.0
资格赛津贴(含混双的一半)	25840	25840	—
混双奖金	323120	323120	—
正式比赛总奖金	9655940	9967050	3.2
温网奖金总额	10085510	10378710	2.9

本节思考题

1. 网球大满贯赛指的是什么？比较不同的比赛场地对赛事结果产生的影响。
2. 网球比赛的奖金说明了什么？说说你对男女奖金设置不同标准的看法。
3. 采访报道网球比赛应该注意哪些环节？

第七节　环法自行车赛报道模式及其特点

一、环法自行车赛的创建

环法自行车赛是世界上历史悠久、久负盛名的一项职业赛事。环法自行车赛源于一个偶然的创意。1903年，当时的两家法国报社《汽车报》(1947年改名为《队报》)与《自行车报》的竞争相当激烈。为了吸引人们对自行车运动的注意，并达到扩大报纸发行量的目的，《汽车报》的编辑亨利·德斯格朗吉(Henri Desgrange)决定要组织一项"世界上最重要的自行车比赛"。经过积极筹备，第一届环法自行车赛于1903年7月1日成功举办。当时共有60名选手参加了比赛，经过2397千米的鏖战后，最终毛瑞斯·盖利成为环法赛的第一位冠军。

由于环法自行车赛深受欢迎，它的影响力逐渐扩大。一百多年过去了，这项职业赛事历尽沧桑依然具有非凡的活力。除了战争、自然灾害等客观原因外，环法赛每年夏初都会如期举办。它不仅成为法国国庆的一项重要内容，是法国人的一个盛大节日，而且演变成为德国、西班牙等邻国的盛大节日。环法赛被看做是自行车运动的标志性比赛，也毫无争议地成为世界最高水平的自行车职业赛事。

二、国际自行车组织机构

1. 国际自行车联盟(Union Cycliste Internationale，UCI)

说到环法自行车赛，就不能不提到国际自行车联盟，正是由于不断发展壮大的国际自行车运动，才促使环法赛得以成功举办。而国际自联组织的各项比赛又为普及自行车运动，提高自行车水平起到了重要作用。

自行车运动在19世纪风靡欧洲，1892年成立由英国人控制的国际自行车运动员协会(ICA)，由于利益冲突，协会内部关系紧张。1900年4月15日由法国自行车协会发起，在意大利、瑞士、美国和比利时等国的支持下成立国际自行车联盟，简称国际自联，该组织逐渐成为世界自行车运动的领导力量。

自行车运动是奥运会的正式比赛项目，国际自联是国际单项体育联合会总会的成员。国际自联的正式工作用语为英语和法语。国际自联的任务是发展各种形式的业余自行车运动，制定规则，领导和监督该项运动，鼓励协会会员参加奥运会，改善协会会员的相互关系和加强联系。国际自联的最高权力机构是代表大会，采取代理表决制，即通过42名代表进行表决。代表名额的分配方法是：非洲七人、美洲九人、亚洲九人、欧洲14人、大洋洲三人。大会每年召开一次。代表大会闭会期间，由管理委员会行使权力。该委员会由国际自联主席、其他九名由大会选出的人士，再加上五大洲联合会的主席共15人组成。选举产生的十人中至少七人应来自欧洲。执委会由主席一人、副主席三人和管理委员会中负责营销的一名委员共五人组成。2005年9月，爱尔兰人帕特·麦奎德当选为国际自联主席。

根据UCI的相关规定，管理委员会可根据需要设立专门委员会，并明确各专门委员会的职责。现专门委员会有技术委员会、医务委员会、兴奋剂检测委员会、申诉委员会等。国际自联下设非洲、美洲、亚洲、欧洲和大洋洲五个地区联合会。国际自联举办的主要比赛有奥运会自行车赛、世界自行车锦标赛、世界青年自行车锦标赛等。环法赛是UCI与环法赛组织者ASO公司共同主办的一项世界最高水平的公路自行车赛。

2. 环法公司(Amaury Sport Organization ASO)

与中国人的想象不同的是，环法赛的组织者不是法国自行车协会，而是私人企业环法公司。该公司与法国《队报》等十几家公司同属法国著名的集团公司老板阿莫里。环法赛一经举办就成为欧洲乃至世界瞩目的一个重大赛事，并且日益兴旺，同时还成为当时世界上最赚钱的一项比赛。环法赛的成就令法国自协感到十分羡慕，也为不能共同参与组织而深表遗憾。尽管如此，环法公司仍与法国自协保持着平等相处的友好关系。[①] 除了拥有环法赛的主办权外，巴黎尼斯赛、列日—巴斯托涅—列日赛，巴黎—鲁贝赛等三项国际重要的自行车赛事也都归 ASO 所有。ASO 与《队报》和法国电视一台、三台同属于阿莫里集团，这就使环法赛有了得天独厚的宣传作为支柱。[②]

隶属于法国传媒集团——阿莫里集团的 ASO 成立于 1992 年 9 月，专门负责著名赛事的组织运作。十多年来，ASO 不断发展壮大，除了举办上面提到的几个自行车比赛之外，公司的业务还拓展到了其他运动，如赛车、田径、马术、高尔夫球等项目。其中著名的赛事有巴黎马拉松赛、高尔夫法国公开赛等。ASO 公司的目标是：在尊重体育价值与道德规范的前提下，长期致力于那些令人瞩目的世界顶级赛事的策划与运作。

在赛事的组织上，ASO 公司由专业团队运营，与体育单项联合会合作进行赛事策划，拓展合作项目、完善后勤保障，进行媒体宣传与信息发布，在互联网造势，开展公关等。在赛事传播方面，进行电视节目的制作与商业化运作。ASO 集中了各门类的高水平专业人员为赛事服务，实现了环法赛组织的专业化和高水平运作。

三、环法自行车赛报道

1. 环法自行车赛的报道模式与特点

这样一项影响大、水平高的职业赛事，自然不会被电视媒介所忽视。环法赛的首次电视转播开始于 1952 年。虽然电视媒介报道这项赛事的起始时间比传统媒体晚很多，但是起点高，报道规模大。环法赛在每年的 7 月成为许多国家压倒一切的体育新闻，报纸杂志、电视、广播和网络都大张旗鼓地报道环法赛。在平面媒体中，欧美体育报刊每天甚至用几个整版详细报道环法赛赛况，而在电视媒体中，环法赛也成为继奥运会、足球世界杯和 F1 之后，欧美电视节目播出表中最赛事的赛

---

① 王晶：《环法赛幕后第一人》，《新体育》1998 年第 3 期，第 44 页。

② 王晶：《阿姆斯特朗又来了》，http://sports.sina.com.cn/s/2003－08－26/145934990s.shtml

事之一。在历时20多天的比赛期间,电视现场实况转播每天随着车队的比赛行进路线不间断,节目类型有现场直播、明星专访、赛后分析等。电视台记者乘坐直升机、骑着摩托车跟踪绵延数公里的大型车队进行拍摄,场面宏大,画面精彩,令人目不暇接。

据环法公司统计,目前世界上已有100多个国家和地区直播或转播环法自行车赛,从电视上观看过环法赛的人数占全世界人口的一半以上,环法大赛成为名副其实的世界自行车的嘉年华。1995年,共有3200万观众现场观看了环法大赛。当比赛到达终点巴黎城区时,整个巴黎倾巢出动,1500万市民聚集在街道两旁观看比赛,场面极为壮观。2006年环法赛时,全球共有75家电视台进行赛事直播,其中亚洲有11家,主要集中在日本和韩国,但在收视率上中国的CCTV－5位居榜首。

在电视媒介的参与下,环法赛的身价也不断上升,从20世纪90年代起,每年都净赚一亿多法郎。[①] 近年来环法赛的收益不断攀升,环法公司总裁助理希海尔女士表示,环法赛收益一年比一年好,2006年的赛事收益为1.1亿欧元(约合1.2亿美元),其中出售电视转播权收益占44%,28家商务赞助占39%,地方性各种实物支持占5%,其余为市场开发和其他方式的收益。

在中国,进行真正意义上的环法赛电视转播始于2002年。CCTV－5从这一年的7月6日开始,每天夜里12点左右转播第八十九届环法自行车大赛实况。这是地球上自行车数量最多的国家第一次大规模地电视报道世界顶级的自行车赛,也是全世界拥有最大收视群的电视台第一次派出拍摄组前往赛地报道环法赛。时任中央电视台体育中心主任的马国力在解释央视不惜重金报道环法赛的原因时说:"央视花钱转播环法赛,一是出于让人们更好地了解一个世界最高水平的赛事,二是为了北京奥运会的报道做一些基础性的准备,因为奥运会的自行车赛是最难转播的项目之一。另外我们以为,现在人们生活质量的发展使自行车已经出现了代步转为健身的趋势,我们要顺应这个趋势。这几年有很多外国人不断地问我中国的自行车情况,因为他们听说中国是自行车王国。"

第一次派转播团队采访报道环法赛,对CCTV—5带来了很好的回报,在全国各地都反映良好。北京、沈阳和广州的自行车迷们打破生活规律,夜里12点坐到

① 石磊:《从环法赛到环中赛》,《中国体育科技》1997年第1期。

电视机前收看环法赛直播。这项赛事还使他们开拓了眼界，增长了见识。从电视画面中，他们了解了代表各种含义的绿衫、白衫、黄衫、红白圆点衫，知晓了序幕赛、计时赛、团体赛的比赛方法，知道车手爬的坡需要划分等级。更让中国观众惊喜的是环法赛欢快而庞大的场面，电视屏幕向他们展示了法兰西美丽的大地，如长龙般蜿蜒行驶在山间公路上的车队和车手以及为其服务、采访的3000余车辆。比赛车队所到之处，映入人们眼帘的是麦田、民居、教堂、小镇、奶牛、森林、秀山、池塘、向日葵和广告花车以及沿途千千万万个热情奔放的观众，这一切都给中国的车迷们留下了深刻印象。中央台这次的转播不仅普及了职业自行车赛的知识，还培养了一大批新的车迷。

环法赛的电视转播还让中央电视台在节目的制作格调及技术水平上提高了一大步。国际传媒界有一种说法，能够转播环法赛就能转播所有的比赛。意思是说环法赛的转播难度非常大，拍摄在高山公路的车队比赛，距离远、时间长、流动大、场面阔，没有丰富的经验无法胜任。例如，直升机从空中拍摄火车和农田上的欢迎图案，拍摄车轮和变速器的特写，画面稳定清晰，要求摄像师既要了解公路自行车的比赛规律，又要具有高超的拍摄技巧。尤其是法国电视台拍播环法赛事的专业水平，让中央电视台大开眼界，其转播角度、机位、手法、随车而行的无线微波信号传输和跑前跑后的摩托车摄像、直升机摄像等，无一不是最高水准。因此，直播环法赛对电视媒体是一个挑战与证明实力的机会，世界知名电视机构无不把环法赛的转播看做是一年中的大事。2007年，直播环法赛的各国电视台多达50多个，媒体人员超过了3000人，几乎与采访足球世界杯的记者数量保持一致。

2.环法自行车赛报道业务

(1)关注环法赛赛程

环法自行车赛的举办时间基本固定，为每年7月初，全部比赛一般需要23天，包括出发仪式一天，休息日各一天。环法大赛的距离是不固定的，早在1926年，环法赛的赛程曾经长达5745公里，如此长距离的比赛使车手的身体根本吃不消，并由此产生了兴奋剂问题。近十几年来，环法赛的距离基本稳定在3200至3800公里之间。尽管如此，比赛距离依然令人咋舌，仅次于巴黎—达喀尔汽车接力赛，且是完全依靠自身能力的比赛。对于参赛车手来说，在这项向人类极限挑战的比赛中能够坚持到终点，就已经是“功德圆满”的事情了，更不要说面临体能透支，可能遇到的撞车、摔倒而受伤等不可预知的困难。因此，环法赛的艰巨性和挑战性堪称世界第一。

每届的环法赛都包括一个序幕赛，加上比赛赛段，一般是21个赛段，其中含两个个人计时赛和一个队际赛。与其他赛事不同的是，环法赛的序幕赛像是一个启动仪式，是一个重要的亮相。在序幕赛上车手逐渐进入状态，在首次比赛的舞台上让裁判、观众和媒体认识，接受人们的检阅。序幕赛的比赛距离一般不超过九公里，但个人计时赛的成绩记入总用时。但有时环法赛也不设序幕赛，如2008年环法赛，比赛就取消了序幕赛而直接开始第一赛段。通常情况下，个人计时赛被安排在12赛段以后，距离不少于40公里。因此，序幕赛的意义不在比赛本身，而在于揭幕仪式。

队际赛是车队的团体计时赛。环法大赛的赛段可分为平地赛段和山地赛段，山地赛段的艰险增加了比赛难度，车手们要越过著名的比利牛斯山和阿尔卑斯山，山口的高度和坡度即使步行都很困难，更别提骑着自行车向上爬。而正是比赛的高难度刺激了车手们的表现欲与征服欲，这些赛程的电视转播自然成为观众收视的重点。环法赛每年的起点都不相同，大多安排在北方的城市，有时也在邻近的国家，围绕法国一圈后，到达终点巴黎。环法赛还经常进入其他国家，比如意大利、伦敦、摩纳哥等。每年有许多法国的城镇为争办环法赛而全体齐动员，他们把举办一站环法赛看做是莫大的荣誉。但是环法自行车赛也有缺憾，至今只对男子运动员开放。

(2)关注环法赛车队与车手

目前，世界自行车运动和足球运动一样，已经发展到高度职业化的程度，高水平的职业自行车运动员和职业车队是自行车运动高速发展的保证。环法赛参赛车队一般为22支，参赛车队由环法赛组织者结合上次比赛和世界排名情况选出，环法公司也可以根据情况特别推荐车队，但必须是职业队。职业自行车队分为一级(TT1)和二级(TT2)，一级队至少要拥有21位车手，二级队至少要有16位车手。在环法赛中，每支车队由九位车手组成，因此所有环法赛车队都将派出自己最好的九位车手参赛。选手号码代表哪一支车队的第几号选手，比如119号代表第11支车队的第九位车手。一般情况下每个车队会把1号留给最好的车手。

在近些年参加环法赛的比较著名的车队有：拥有“七冠王”阿姆斯特朗的美国邮政车队(US Postal)、西班牙昂斯车队(ONCE)、西班牙11人车队(Euskaltel)、西班牙巴内斯托车队(Ibanesto. com)、西班牙凯尔默车队(Kelme)、意大利萨科车队(Saeco)、意大利法萨—波托洛车队(Fassa Bortolo)、意大利卡迪罗拉车队(Caldirola)、意大利比安奇车队(Bianchi)、意大利阿莱西奥车队(Alessio)、德国电信车队(Telekom)、德国杰罗斯特内尔车队(Gerolsteiner)、荷兰拉勃银行车队(Rabobank)、比利时快步车队(Quick Step)、比利时乐透车队(Lotto)、法国农业信贷银行车队(Credit Agricole)、法国科菲蒂斯车队(Cofidis)、法国福德尤斯车队(Fdjeux. com)、法国让·德拉特尔车队(Jean Delatour)、法国布里奥切·拉·勃朗日车队(Brioches La Boulangere)、法国 AG2R 车队(AG2R)。

在参赛选手中,环法赛历史上涌现出无数优秀的车手,其中最有名的是五冠王西班牙的安杜兰和七冠王美国的阿姆斯特朗。在这项被称为魔鬼赛事的竞争中,他们的表现堪称人类的英雄。人们曾经把阿姆斯特朗与 F1 车神舒马赫相提并论,后来由于美国人爆出兴奋剂丑闻而黯然失色,卓越的成就也大打折扣,但安杜兰与阿姆斯特朗在多届环法赛上表现出的始终如一的拼搏精神,使他们仍然是世人崇拜的对象。

(3)关注后勤保障

为确保环法自行车赛各项工作的顺利进行,每年比赛都需要大量的机动车辆提供服务,人们从电视画面上看到,除了排成长龙的比赛车队和车手之外,更有一眼望不到头的后勤保障车队,成为环法赛的一景。这也是环法赛区别于其他赛事的一个特点。因此,后勤保障应该成为环法赛采访报道中的一个重要方面,对后勤保障的采写还可以拓宽报道面,进一步深化比赛的报道。一般来说,后勤车辆的种类包括:开道警车、裁判车、设备车、摄像摩托车、队车(每个车队配备可以紧随比赛车手的队车数量为三辆)、维修车、医疗车、新闻媒体车、收容车、赞助商服务车以及环法赛特有的巡展花车。在环法赛历史上,动用机动车数量最多的一次,数量高达 3000 辆以上,实为其他世界单项赛事所不能及的。

(4)关注运动成绩

环法赛的冠军和排名设立有多种,主要有:赛段冠军和总冠军,个人冠军和团体冠军;总成绩排名(按比赛时间计算),积分排名,年轻车手排名等。在比赛中,象征着胜利与荣誉的各色领骑衫也是环法赛上的一道靓丽的风景,这些颜色不同的运动衫代表着车手的不同荣誉,根据车手衣服的颜色,可以判断并追踪他的表现,可为采访报道和赛事分析提供方便。在环法赛中,代表不同荣誉和运动成绩的主要有黄色领骑衫、绿衫、圆点衫和白衫。①

首先，代表最高荣誉的是黄色领骑衫。环法赛于1919年起设立领骑衫，用最少时间完成比赛全程的选手将穿上黄色领骑衫。当初之所以将领骑衫定为黄色，是因为环法赛的一位主要赞助商L'Auto报纸的纸张颜色是黄色。黄色领骑衫象征着环法车手的最高荣誉，赢得它的选手将会获得高额奖金。

其次是绿衫。绿衫是颁给平地赛中积分最高的选手。这项荣誉于始1953年，是为了庆祝环法赛举办50周年而特别设立的。之所以定为绿色，是由于当时的赞助商是一家园艺供应商，虽然Belle Jardinier园艺店已不复存在，但绿衫至今没有改变，依旧风光无限。由于绿衫争夺类似于赛跑选手之间的角逐，决定胜负的因素是选手冲过终点时的爆发力，因此绿衫获得者也被称为"冲刺王"。

再次是圆点衫。白底红色圆点的运动衫是对山路赛积分最高的骑手的奖励，获得这项荣誉的车手被称为爬坡王。山路赛段一般有HC级(最高级)、一、二、三、四共五级，每个山路赛段计算不同数量的车手，并给予不同的积分，积分从2分至40分不等。虽然爬坡王的奖项于1933年就已设立，但直到1975年，圆点衫才被引入环法赛。1975年，Poulain巧克力公司成为爬坡王奖项的赞助商，而白底红点的图案恰恰与公司生产的糖果包装纸如出一辙。

最后是白衫。白衫是为年轻新秀设立的一项特殊荣誉，只颁发给比赛中表现最佳的年轻选手。在环法赛中，年轻车手的定义是以25岁为底线的。若是在其他运动项目中，这个年龄的运动员已临近退休，但在自行车运动中，年龄和经验却成正比，年龄越大，比赛经验就越丰富，体能素质越全面。尤其是参加阶段赛的选手，那些年龄较大的车手才能具备比赛所需的素质——耐力和毅力。在某种意义上说，25岁是环法赛上的一道"分水岭"，可以将其看做是车手步入职业自行车比赛成熟期的开端。其实，白衫曾有过一段"曲折"的经历。它于1975年同圆点衫一同被引入环法赛，可是在1988年至1999年间却无声地消失，直到2000年才又重返环法赛的舞台。

(5)关注兴奋剂案

由于比赛难度大，赛程距离长，身体消耗大，再加上奖金的刺激引发了环法赛上的兴奋剂丑闻。近年来，兴奋剂成了寄生在环法赛上的一个大毒瘤，使环法赛的

① 伟嘉：《夺目的运动衫——环法名词解读》，《中国自行车》2003年第10期。

名声严重受损，并因此与国际自行车联盟弄得矛盾重重。

环法赛上的兴奋剂案要追溯到 1998 年，从这届比赛开始，兴奋剂案就再也离不开环法赛，并且蔓延到环意赛和环西赛。屡禁不止的兴奋剂案引起国际自联和各国媒体的高度关注，2001 年，环法赛公司制定并公布了反兴奋剂措施，即对所有参加比赛的车手实行血液检查，并且在每天比赛结束后，至少对六名车手实行尿检。此后，国际自联、法国自协和环法赛公司多次召开联席会议，商议并制定更加严格的反兴奋剂措施，成立了一个医疗委员会专门负责药检工作。

然而，环法赛的兴奋剂案并没有因为主办方加大了打击力度而销声匿迹，相反却愈演愈烈，每届比赛都会出现数起兴奋剂丑闻，大有吞噬环法赛，把它彻底搞臭之势。更为严重的是，由于兴奋剂的坏名声，一些比赛的赞助商纷纷要求退出比赛，使这项百年大赛即将遭遇灭顶之灾。环法赛组织者意识到，不遏制兴奋剂环法赛就有寿终正寝的危险。2008 年 6 月，环法赛公司宣布，2008 年环法赛由法国自行车联盟和法国反兴奋剂委员会共同举办，取代由国际自联进行管理，并且宣布国际自联只有处罚权。面对被彻底夺权的局面，国际自联行动起来，多次与法国自行车联盟、法国反兴奋委员会协商，准备夺回领导权，在 2009 年环法赛上追回检测权。看来，兴奋剂问题将在今后伴随着环法赛，继续成为媒体的一个报道选题。

(6)关注自行车文化

环法赛是一项特殊的赛事，因为比赛的路线长，赛事的规模大，报道的媒体众，但这些特征比起其他赛事来，并没有什么不同。环法赛报道中应该注意的是另一个层面——自行车文化。

参加环法赛的车队主要集中在西班牙、意大利、法国、德国等欧洲国家，这些国家的地理位置紧凑，驾车从一国到另一国轻而易举，因此才会出现环法赛上各国车迷举家观赛的壮观场面。与其说环法赛是法国举行的比赛，不如说是欧洲举行的比赛。环法赛对于很多欧洲人来说首先是一个节日，其次才是一项比赛。尤其是法国邻国的百姓，每年的夏天是度假休闲的好日子，开着自家的房车，饮食起居自己解决，一路走一路玩，欣赏着路上的风景，体味着当地的风土人情，还可以免费看比赛，近距离与车队和车手接触，兴起之处还可以摸一摸赛车和车手。一句话，环法赛带给他们极大的快乐。

欧洲人热爱自行车运动，但不是为了参加比赛，也不是为了追捧环法赛，而是健康的需要，传统的继承。自行车文化体现在每个人对环法赛的热爱之中，体现在人们的和谐关系中，体现在环法赛的组织理念中，体现在车手为挑战极限一往无前的冲刺中。正是由于丰富的自行车文化，才使得环法赛的影响百年不减，魅力依然。

本节思考题

1. 环法自行车赛的组织者是谁，赛事是如何运作的？
2. 为什么兴奋剂成为环法赛的痼疾而久治不愈，你认为应该采取哪些措施？
3. 什么是自行车文化？谈一谈你的想法。

第九章
体育新闻从业人员素质

第一节　概述

一、我国体育新闻界中存在的不良现象

随着中国体育国际地位的提升，中国读者越来越关注国内外的体坛发展。他们需要鼓舞人心的竞技体育新闻，也需要健身康体的大众体育新闻，但愈演愈烈的体育假新闻不仅令广大体育迷大失所望，而且也败坏了媒体在中国乃至世界体坛上的声誉。如果我们不对它的滋生原因、危害给予充分认识，长此以往，新闻媒体将丧失它正确的功能，玩火自焚。

从目前造假的情况看，以报刊特别是那些专业的报纸最为盛行，根据调查情况把报纸的种种造假现象，主要归纳为以下几类——

1. 脱离新闻真实性，"合理"想象

靠想象制造新闻情节。1992 年西班牙巴塞罗那奥运会，中国体育代表团抵达，为渲染气氛，有的媒体记者就进行肆意想象，在报道中说，巴塞罗那国际机场有许多国外摄影记者为了争抢镜头"打得鼻青眼肿"。实际上，除了中国记者之外，机场上根本没有外国记者的影子。

2. 移花接木

将别人采集的新闻变成自己的稿件。在奥运会上很难有非东道国记者采访到

开幕式总导演。可在巴塞罗那奥运会上,却有一位“神通广大”的中国记者,在自己的报纸上发表了采访开幕式总导演的专访。经查,他只是请当地留学生将西班牙《国家报》记者的一篇专访翻译了过来,再换上自己的名字发表。而后东窗事发,这件事在当时闹得沸沸扬扬。

3. 空穴来风

胡乱捏造新闻。此类现象较多,如 2004 年 1 月 28 日,中国国奥队在柳州与俄罗斯队热身,以 3∶0 获胜。大部分记者,不管到场的,还是看过电视转播的,都对中国队的胜利评头论足一番。因中国队在奥运会预选赛中与韩国队分在一组,3 月 3 日要在汉城对决,有人“目光深远”,硬是把还在国内的韩国队主教练金镐坤“请到”了柳州,在 29 日的报纸版面上出现了记者在柳州赛场对他的专访。文章从金教练的表情到口气,写得有鼻子有眼,可谓细致入微。

4. 挑起事端,恶意炒作

比较典型的例子是 2004 年初,中国足协和《足球》报就“国资委阻击中国足球”这篇报道交起手来,最终中国足协取消了《足球》报记者采访足协旗下赛事的资格。

二、体育新闻界产生不良现象的动因分析

美国人本主义心理学家马斯洛将人的动机分为匮乏动机和成长动机。匮乏动机是指个体试图恢复自己生理和心理平衡状态的动机,在需要得到满足之后便趋于消失。而成长动机则不然,成长动机是被高级需要所驱使的动机,是指个体试图超过他以往成就的动机。在这种动机的驱使下,人们愿意承受不确定性、紧张乃至痛苦,以使自身的潜能得以实现。而某些体育工作者,过于追求某种“高级需求”,扭曲了自己的价值观,片面追求经济利益和个人业绩,不惜代价去跨越雷池,置新闻工作的真正使命于不顾。概括新闻界中出现的种种不良现象,把他们的不良动机可归为如下几种情况——

1. 争做“独家专访”的虚荣、邀功心理

改革开放以来,随着我国经济的飞速发展,人们对文化生活的需求急剧增加,到了 20 世纪 90 年代初期,国内新闻界出现了追捧体育新闻大市场的热潮,不管是综合性媒体,还是其他专业媒体,都普遍重视起体育新闻来。新闻间的竞争加剧,媒体抢市场的招数之一就是情调新闻的“独家报道”型,但媒体产业的迅速膨胀与

信息渠道不畅，与媒体记者语言方面的障碍形成了强烈的反差，迫使大部分记者在提高自身素质方面下工夫，尤其是提高外语水平和采访能力。但有一小部分媒体，特别是新生的媒体记者急于作出成就，欲取得“独家”博得上级的青睐，于是竭力寻找“捷径”，在采访报道中进行“合理的想象”就成为最早出现假新闻的一种形式。之后一些媒体越来越不满足这种“小成果”，需要有重头稿件来扩大影响力，刊登别人做不出来的“独家专访”的稿件。这样的现象屡有发生，使原本良好的新闻媒体市场逐渐被腐蚀。

2. 利益驱使，包庇放纵

不可否认，这些年来媒体在以事实为依据，揭露足球丑恶现象，净化体育赛场方面是有功劳的，也由于媒体的舆论监督作用，才使得足球场上的“假球”“黑哨”现象得到一定程度的遏制。同时也应该看到，一些媒体的体育记者在新闻报道中，受某种利益的驱使，在报道中颠倒黑白，甚至编造假新闻，一时间让人们对体育新闻真假难辨，严重影响了我国体育新闻的可信度。由此办报的人，片面利用社会影响来追求经营业绩，不但不管新闻的真假和格调高低，只要能吸引眼球，都可以上版面，不仅不对假新闻进行封杀，反而对假新闻制造者采取包庇放纵的态度。更有甚者，有媒体为了扩大影响创造效益，将“独家”作为考核记者的一项“标准”，很多记者不得已，为了生存也为了业绩，只能走抄袭和造假的路子。

比较典型的例子是 2002 年韩日世界杯足球赛，有关中国队首次打进决赛圈的新闻被媒体炒得沸沸扬扬。于是，数十名乃至数百名中国记者采取围追堵截的策略，整日在中国队入住的旅馆和训练场馆周围转悠，都想作出“独家”新闻。但是，中国队除了训练还是训练，没有什么真正意义上的新闻，更不用说产生轰动效应的新闻了。然而个别媒体有“办法”，通过造假制造新闻来达到目的。什么“范志毅与郝海东打架”“中国队发生内讧”“米卢翻译竟赚 100 万元”“执法遗憾之战的厄瓜多尔主裁判被枪杀”等，不一而足。

在真假难辨的情况下，短时间内这类媒体可能吸引了一部分受众的眼球，但经受不起时间的考验。这种违背新闻原则和记者职业道德的做法，最终受到了唾弃。

3. 道德失衡，素质渐低

随着中国体育事业的发展，体育新闻的队伍也急剧壮大，一批又一批年轻记者的加入，在某种程度上改变了我国体育新闻队伍的结构，大大扩大了体育新闻的覆盖面,也相应的丰富了新闻报道的内容。但与此同时,新闻工作者的培训与教育却一直滞后,很多年轻的新闻从业者跟着感觉走,意气用事。有人还深受西方新闻观的影响,盲目学习西方新闻记者的做法,采用"狗仔"方式进行新闻的跟踪采访。这些做法不仅是背离了新闻职业的操守,更是道德低下的表现。因为做不出独家报道就处心积虑地制造假新闻,不仅欺骗了广大受众,更严重的是给整个新闻界带来了严重的负面影响。

三、我国体育新闻工作者面临的主要任务

如何杜绝以上的种种不良现象,使体育媒体不愧于社会监督员的称号,我国体育新闻工作者面临的任务是十分艰巨的。这些任务可以归纳为四个方面:

1. 坚持正确的舆论导向性

一个媒体要成为舆论的引导者,必须坚持正确的导向。在当前形势下,要做到这一点应该加强理论学习政治学习,用"三个代表"的重要思想统领新闻宣传工作,坚持社会效益第一的原则,通过新闻的正确宣传,引领社会的正确舆论导向。

2. 要加强自身队伍的建设

自身队伍的建设是防止出现假新闻的重要措施。媒体应不断推进新闻行业的自律,规范新闻从业行为。推动新闻工作者树立和践行社会主义荣辱观,弘扬新闻职业精神,恪守新闻职业道德。作为媒体领导者,要督促新闻工作者遵纪守法,遵守《中国新闻工作者职业道德准则》。倡导廉洁自律,纠正不正之风。

3. 加强体育新闻工作的职业化建设

任何媒体的健康发展,离不开记者编辑队伍的职业化建设。媒体提高职业化水平不仅是对自身的负责任,更是对社会的负责任。树立职业观念,实现思想上的职业化和业务上的职业化,才能提高体育新闻报道的水平。

4. 坚持科学发展观和实事求是的原则

坚持科学发展观和实事求是的原则,是当前我国媒体和各行各业都正在面临的一个时代考验。坚持体育新闻的真实原则,不断满足人民群众日益增长的对体育新闻的精神需求,才能真正拓宽新闻报道的领域,及时、真实、客观地为广大受众提供丰富的精神食粮。

第二节　体育新闻从业者应具备的素质

我国新闻事业历经沧桑，饱经风雨，到今天已发展为蒸蒸日上的朝阳产业，这是令业界人士乃至国人为之振奋的事情，新闻工作者们为中国文化的繁荣昌盛付出了辛勤的汗水。然而，当前部分体育记者形象不佳，“有偿新闻、虚假新闻、稿钱交易、低俗之风”等丑恶现象，在一定程度上败坏了我国新闻工作者的良好形象。

新闻行业的职责就是宣传群众、引导群众，做党和政府的喉舌，成为人民的代言人。体育记者每天活动在社会上，其联系是方方面面的，会接触到形形色色的人，既有善良正直的、也有道貌岸然的、居心叵测的。体育记者所处的生活环境是各种各样的，既有安逸舒适的，也有艰难困苦的。体育记者的报道会涉及方方面面，报道是否真实，有没有做违反职业道德的事情，社会都会有所反映。新闻工作队伍的职业素质、精神状态直接关系到整个社会的舆论环境、舆论导向，关系到媒体的公信力，甚至影响着党和政府的威望。可见，新闻队伍的素质形象不是小事，全面加强我国新闻工作者，尤其是体育新闻工作者的政治素质、业务素质和道德素质建设，成为当务之急。

一、政治素质

在社会主义中国，新闻传播者担负着宣传党的路线方针政策、反映人民群众的意愿和心声、及时报道改革开放和现代化建设的伟大成就、忠实记录祖国日新月异的发展变化、促进改革发展、维护社会稳定的重要任务。新闻工作是一项政治性、政策性很强的工作，反映现实十分迅速，没有一定的政治理论水平，是不能胜任的。判断某一事物是新事物还是旧事物，是科学还是伪科学，是要提倡还是要反对等，需要运用一定的政治理论来进行衡量和判断。要具备良好的政治素质，作为一名体育新闻工作者必须要做到——

1. 要增强政治意识，能够洞悉国家的政策走向

在改革开放的大潮中，新闻工作者站在浪尖上，会接触各式各样的人或事，容易受五彩世界的影响。为此，新闻工作者，应始终保持清醒的头脑，眼观六路，耳听八方，认真学习马列主义、毛泽东思想和邓小平理论以及“三个代表”重要思想，认

真学习党的路线、方针、政策，吃透上级文件精神，领会各级领导意图，看清当前形势，敏锐地洞察分析政局，找出反映本质的东西。同时，新闻工作者肩负引领社会前进方向、弘扬先进文化、传播民族精神的使命，要努力向“政治强、业务精、纪律严、作风正”的目标迈进，以此增强政治意识、责任意识、大局意识，为全国经济社会发展营造良好的舆论氛围，还要解放思想，更新观念，在瞬息万变的形势下，正确善待新生事物。

2. 要把握好政治尺度

新闻宣传，不是随意地发表言论，要体现出政策性和方向性。作为社会的先锋，新闻工作者要坚持正确的舆论导向，坚持团结、稳定、鼓劲和以正面宣传为主的方针。要始终以经济建设为中心，牢牢把握政治原则，不断提高宣传质量，为国家发展提供强有力的思想保证、舆论支持和精神动力。体育新闻工作者要自觉加强对党的基本路线、方针和政策的学习，一定要吃透其精神，不能囫囵吞枣，一知半解。只有全面地、深刻地领会党的路线、方针、政策，才能正确地把握事物，掌握好新闻报道的尺度，使体育新闻报道更加符合党和人民的利益。

尽管在国际上有人认为体育不应包含政治，政治不应干预体育，但事实上体育在某种意义上就是政治。自从冷战结束后，和平和发展成为了当今世界的主旋律，但“体育是和平时代的战争”这一比喻却丝毫没有改变。体育竞技场是各个国家和地区角逐对抗的最直接的表现场所，总是掺杂着较多的政治意义和深刻的社会背景。体育记者在报道体育赛事和体育活动的时候，如果不能保持清醒的政治头脑，不具备高水平的政治素质，则无法适应复杂多变的国际形势，甚至会犯下严重的政治错误。

例如，2002 年韩日世界杯，原本是纯洁的足球比赛，却被国外的“法轮功”顽固分子，当成了恶毒攻击中国的机会和场所，发生了正义球迷与“法轮功”分子正面冲突的政治事件。记者政治素质的高低，决定了对这起事件的报道角度与深度。同样，有的媒体在把握报道方向时出现了偏差，紧跟所谓“欧洲中心论”，对韩国队在世界杯上取得的历史性突破，进行挖苦、嘲讽、怀疑、诋毁，引发了严重的政治和外交事件，受到中央领导同志的严肃批评。像某报体育记者的一则短消息写道：“参加本届世乒赛的有中国、台北、德国、韩国等强国……”这就犯下了严重的政治错误。

类似这样发生在体育场上的政治事件还有很多，2000 年悉尼奥运会上，朝韩运动员共举朝鲜半岛旗帜入场；1990 年北京亚运会最后一刻决定不允许入侵科威特的伊拉克参赛；在北京奥运会前国际奥委会恢复伊拉克的国际奥委会成员资格等，都是体育在政治方面的体现。目前我国正在大力开展全民健身，增加全民健身活动场所，这是党和国家把人民的健康列入重要工作日程的政治表现，是一个国家，一个政党执政为民的政治立场。假如一名体育记者没有较高的政治觉悟和素养，就很难理解其中深层次的动因，把握不好政治尺度，从而迷失方向。

3. 要掌握体育政策的发展方向

体育新闻工作者要通过客观、公正的报道，通过对体育赛事的广泛传播，充分体现团结、友谊、进步的体育精神，并以此振奋整个中华民族的精神，激起爱国主义，为祖国建设而贡献力量。新闻工作者除了要学习党的路线、方针、政策之外，对于分工领域内的理论和具体的政策法规要系统地掌握，这些理论对于记者的采写活动有着直接的影响。比如搞经济报道的记者，就要清楚党的十一届三中全会以来，我国在理论上、思想上的几次大转折。只有真正了解、领会和掌握理论与政策，记者才能主动地、积极地挖掘事实，为实施我国相关政策服好务。如果对有关政策把握不准，不能对事实作出正确的判断，报道就会出现偏差。

比如，2006 年足球世界杯上黄健翔的"解说门"事件，其实就是三段话，只有 50 几个字。这三段话包含了对个人的贬损、对一个国家(同时也是足球弱势群体)的不尊重、对另外一个国家表示祝贺时的用词不当。体育评论是深入的新闻报道，代表着媒体的观点、态度和立场，特别是在足球世界杯这样的重大国际场合上，记者的评论不是仅仅代表他个人，而是代表了 CCTV，甚至代表了整个中国。因此，不恰当的感情宣泄、不恰当的评论措辞，反映了对两支球队的不公平与不公正，也是对两支球队球迷的不公平和不公正。

二、业务素质

业务素质是每一位新闻工作者所应具备的必要素质，更是应该具备的一项基本素质。其业务素质主要表现在以下六个方面——

1. 要具备新闻敏感和发现力

新闻敏感是记者的一种新闻素养，是新闻工作者政治思想水平、业务水平和政策水平的集中体现，它所反映的是记者对事实中新闻价值的发现和鉴别能力。新闻敏感重要的一点就是政治敏感，如果对党的方针路线政策不甚了解，对国家现阶段的工作重点不够清楚，对人民群众的需求漠不关心，记者和编辑就不知道自己应该干什么。如果记者的新闻感觉迟钝，即使是发生在眼前的事件，也可能会视而不见。新闻工作者的责任是，不让任何一条有价值的新闻从自己的手上溜掉。

新闻发现力是指新闻工作者及时识别新闻事实所含新闻价值的能力，是新闻工作者通过感官和思维对新闻事实或事件所蕴含的重要性、显著性、时新性、接近性、趣味性等价值要素的敏锐感知能力，是新闻传播活动全过程的首道工序，也是新闻传播活动的基础和保证。新闻工作者的发现力强，就会善于发现新鲜事物，有意识地去揭示事物内在的规律。

体育新闻工作者要善于从日常生活中去敏锐地捕捉一些有价值的新闻素材，要突破常人眼光，装备上优良的嗅觉。这是记者的一个重要的业务素质。在国内外体育赛事中，有许多可能来体现体育新闻工作者的职业敏锐力和发现力，比如，比赛的意外结果、比赛中的重大逆转、明星的关键技术和关键作用等，都可从看似没有什么价值的素材中挖掘出有价值的采访报道。

2. 要具备新闻工作者的基本技能

“采访、写作、编辑、评论”，是体育新闻工作的四大主要业务，是新闻工作者首先要掌握的四大基本技能。

新闻采访是指记者和其他新闻工作者，为完成报道任务或了解某些情况，围绕采集新闻事实材料而进行的一项特殊的调查研究活动，这是新闻工作者的首要环节。在采访中，要注意“三多一少”，即多问、多听、多记、少说。

文字写作能力是对一个记者最基本的要求。无论在平面媒体还是电子媒体，作为职业记者，最低的要求是能够及时采集到新闻，以准确、流畅、生动的文字传达给受众。具有较好的写作能力是记者职业素质的另一个基本要求。

电视、网络、报纸、广播、杂志中的新闻编辑，负责媒体的报道策划，对频道、栏目、版面进行设计与编排，大量的时间是在做报道的策划。有人说，编辑是媒体的设计师。看上去编辑的工作不难，不过是预先做做计划，对记者写好的稿件修改修改，其实不然。要想做一个好编辑，必须有独到的思维，对事物有一种预见性，从看似平常的事件中寻找到新角度、新观点。换句话说，一个媒体的编辑水平，直接影响到新闻媒体能否起到增强人们的社会意识，推动社会进步的作用，关系到媒体能否开展有力度有深度的报道。高水平的编辑工作，会以专业的审美眼光对新闻内容进行选择，在版面安排、色彩调配、多媒体融合等方面见解独到，使媒体的报道以大众喜闻乐见的形式表现出来。

新闻评论，是媒体编辑部或作者对最新发生的有价值的新闻事件和有普遍意义的紧迫问题发议论、讲道理的一种文体。新闻评论有鲜明的针对性和引导性，是现代新闻传播工具经常采用的社论、评论、评论员文章、短评、编者按、专栏评论和述评等的总称，属于论说文的范畴。它是新闻工作者的一种较高水平的要求。

除此之外，21世纪的新闻工作者还应掌握更多的技能，比如摄影、摄像、使用计算机、驾车等。从新闻的传播过程看，每个环节都是一项复杂的工作，都要新闻工作者付出辛勤的汗水和精神上的全部投入。

3. 要提高创新能力

创新能力是人们革旧布新和创造出新事物的能力，包括发现问题、分析问题、发现矛盾、提出假设、论证假设、解决问题以及在解决问题过程中进一步发现新问题，从而不断推动事物发展变化等。创新能力最基本的构成要素是创新激情、创新思维、科技素质。创新激情决定了创新的产生，创新思维决定了创新的成功和水平，科技素质则是创新的基础。

今天我们所处的社会，信息渠道非常畅通，在某种程度上实现了“信息共享”。从报道的技术手段看，已经达到相当高的水平。比如，有了卫星线路，电视直播已经变得非常普遍，许多电视台都在使用。文字记者出国采访比赛，再也不用靠传真机播号发稿，只需在网络上轻点鼠标即可。因此，抢到新闻对于今天的大多数记者都是可以做到的。体育新闻报道更是如此。体育赛事一般都是公开的，新闻资源都是共享的，独家新闻很难找到。那么在这种情况下，新闻媒体之间比的是什么？就是独家视点，就是力争对同一新闻事件，挖掘比别人更深入的新闻事实，阐发更新的观点，通过对已知的新闻事实进行重新安排，找到一个更新颖的角度，亮出更新的观点。

在日常的新闻报道中，人们发现不少记者缺乏创新能力。比如，记者的一些提问没有针对性，报道千篇一律，观点上人云亦云。即使有巧妙的提问和精彩的回答，写成的报道也流于表象，缺乏深度。在新闻发布会上记者总是提一些万能的问题，比如谈谈感想，感觉如何，心情怎么样，今后的打算等。如此泛泛的提问自然得不出“真材实料”，写出的报道没人愿意看。还有个别记者缺少新闻对比的意识，对于国内成就的报道，开口闭口“第一”“世界之最”，盲目乐观、自吹自擂。还有的人对外国的一切盲目崇拜，对国内体育存在的问题夸大其词，一棒子打死。这些现象都非常值得注意，如果提高了新闻工作者的创新能力，这些报道的处理就会是另外一个样子。

要想搞好新闻报道，体育新闻工作者不仅要具备基本的职业素质，更需要具有创新精神、创新思维，在共享的信息资源中另辟蹊径，用独特的视角和观点来吸引受众。

4. 要有团队精神

所谓团队精神，简单地说就是大局意识、协作精神和服务精神的集中体现。团队精神的基础是尊重个人的兴趣和成就，核心是协同合作，最高境界是全体成员的向心力、凝聚力，反映的是个体利益和整体利益的统一，进而保证组织的高效率运转。团队精神的形成并不要求团队成员牺牲自我，相反，挥洒个性、表现特长保证了成员共同完成任务目标，而明确的协作意愿和协作方式则会产生真正的内心动力。

新闻事业是社会主义事业的组成部分，体育新闻工作的宗旨，就是要共同促进体育新闻事业的繁荣。在新闻界同行之间要建立平等、团结、友爱、互助的关系。提倡媒体间互相学习，相互支持，开展正当的新闻竞争。新闻工作者要树立大局意识、服务意识，不仅要与本媒体人员团结协作，也要与其他媒体的同行团结协作。

5. 要有善于沟通的能力

作为社会活动家，记者要活跃在社会的舞台上，要兴趣广泛善于结交。比如，我国著名记者邵飘萍就是以广交游，勤访察而著称的。作为一名新闻记者，每天工作的核心就是交流，新闻点是在交流中获得的，新闻信息是在交流中采集的。体育记者同样是这样，采访对象往往处于高度的紧张状态，随时受到输与赢的情绪影响，这就要求体育记者察言观色，在合适的地点、以恰当的方法与采访对象进行交流，在沟通中发现新闻点，在沟通中创造新闻点。体育记者的报道主题是赛事，但赛事的背后是人、是环境、是社会。每个选手和每支球队都是社会的缩影，挖掘人的思想活动和真实感受才能写出质量上乘的报道。而要达到这一目标，记者必须有良好的沟通能力。沟通能力的获得并非一日之功，记者需要长期的锻炼和积累。要尊重采访对象，了解采访对象的情况，让对方知道你为与他沟通付出了努力。不管对方是胜者还是败者，是大腕还是普通选手，态度都要落落大方，不卑不亢，平等待人。记者最忌当追星族，见到大牌就乱了手脚，写文章时用尽天下美词，越是想讨好对方，越是会受到对方的轻视。所以沟通能力也体现出记者的人格和正义感。

当年，著名足球女记者李响被问到“是用怎样的‘魔力’捉住了米卢”的时候，她说了这样一段话：“如果你是特别以大腕自居或者专业人员自居，反而他会对你有一种距离。我开始也不想跟米卢说我什么都不懂，作为记者来讲这并不是一件好的事情、值得炫耀的事情。但是后来我实在忍不住了，因为米卢问我一些问题让我无法回答，因为他喜欢反问。后来我就告诉他，米卢先生其实我什么东西都不懂，足球我也没看过，他就觉得更有义务来帮助我，给我讲了很多。别人跟他沟通更多是评价，而我跟他更多是学习。我曾经在上海跟他说过这么一段话：‘教练先生，我是第一次走进中国足球，很无知，对于足球世界都很无知，实际上你也是第一次接近中国足球，也是刚刚跨进这道门槛，也许我们之间可以互相帮助，我想这样我们都会走得比较好，您对这点怎么看？’他觉得挺好，就接受了。”李响的这种做法，看似外行，实则是深谙沟通的技巧，有着很强的沟通艺术。她把自己的位置放低，与采访对象如同朋友那样交流，拉近了双方的距离，在大量记者想方设法接近米卢，与他拉交情的情况下，米卢却把自己的眼光跃过了众多知名记者，落在了李响的身上。

在现场采访时，记者不仅要面对采访对象，面对话筒，还要面对围观者等外部环境。这种特殊的采访方式，给采访双方都增加了难度。因此，要进行自然的人物谈话，让采访对象把自己的真情实感表达出来，现场记者就要利用沟通的技巧，消除与对方的距离感。

6. 要具有应变能力

新闻记者要面对社会中方方面面的人和事。现场采访是新闻记者工作的主要手段，而现场的最大特点就是多变。体育记者在面对体育赛场的时候，同样要面对现场的多变。在比赛中，会有很多意料之外的事情发生，这尤其体现在电视直播当中。比如意外地下起大雨，主力运动员受伤，突然出现赛场暴力，信号突然中断等。这些都需要体育记者在第一时间作出反应，保持冷静的头脑，及时调整机位，切换镜头，做好应急播出的准备工作。再比如，在采访当中，可能有的采访对象会紧张得说不出话来，有的大牌明星则会拒绝采访。在任何情况下，采访对象的态度都是记者无法预料也是无法控制的，体育记者要有快速的应变能力，及时转变思维，保持镇定自若，灵活机智地来应对这些突发的情况。

三、知识素质

1. 要具备体育专业知识

要做一名体育新闻记者，只有热爱体育事业，你才会为之无怨无悔地付出。倘如在你的心目中体育不过是蹦蹦跳跳、无关紧要的事情，那么你就很难写出满腔热情的体育新闻报道。当然，记者光有热情是不够的，除了要具备新闻的相关知识外，还要具备广泛的体育基础知识，对各项赛事有深入了解和认知。例如，报道体操，记者要了解比赛项目、评分规则、基本的技术动作，各项赛事的设项情况，技术委员会宣布的最新动作名称。采访排球，记者得知道扣球、拦网、位置、二传手、主攻手、副主攻手的含义等。采访足球，记者要懂得何为越位、角球、任意球、界外球和犯规，否则就会像刘姥姥进大观园，只能看看热闹，无法准确无误而又饶有情趣地把比赛信息传达给你的读者，搞不好就会闹出笑话来。

曾经有个记者出国采访跳水比赛，他在描述中国女运动员陈肖霞从十米高台跳水的瞬间动作时，想当然地写道："她入水时，虽然没能溅起几朵水花，却仍然获得了满场观众的热烈掌声。"其实，压水花技术恰恰是跳水项目体现水平的一个标准，水花越小，说明技术越过硬。压水花一向是这位运动员的特色，观众的掌声恰恰是因为她入水时水花小，像银针入水般波澜不惊而给的，结果记者的报道让内行人看了忍俊不禁。当时跳水项目还不像现在这样流行，外行人一时看不出毛病，但记者的报道却留下了终身的遗憾。更有甚者，由于不熟悉比赛项目，不认识运动员，在报道中张冠李戴、男女不分的现象也时有发生。

体育项目有很多，记者不可能成为每个项目的专家，但主要项目的规则一定要掌握。有些冷门的项目在采访前可以急用先学，临时抱抱佛脚也能救个急。如果是以体育记者为职业，则要全面掌握专业知识，精通分管项目的比赛技术，不能停留在球迷和爱好者的层次。

2. 要具备良好的外语与计算机水平

外语和计算机这两种技能，如今已被称作 21 世纪的通行证，足以说明它们在信息时代的重要地位。外语作为一种语言交流工具，无疑是新闻记者要掌握的一种技能。不懂外语就不能直接采访外国选手和教练，不能直接阅读外文资料，不能捕捉更多的新闻信息，这是目前我国体育记者对国际赛事进行采访报道的一大障碍。

计算机网络技术以其独特的、迅速便捷的优势已渗透到各个领域中。网络信息技术的革新像一股飓风促进了新闻传播事业跨越式的发展，信息传播技术日新月异。要想适应这种时代进步的潮流，使新闻信息及时有效，体育新闻工作者就必须掌握计算机网络技术，使它成为新闻报道的一件利器。

3. 要具备法律知识

随着我国法制化进程的不断提高，新闻传播活动逐渐走上法治轨道。也正是因为公众的法律意识日益增强，媒体陷入法律纠纷的案件也就越来越多。虽然体育新闻记者的工作主要是报道体育赛事，但同样会与各种职业、各种社会角色的人打交道，触及社会的方方面面，如果法律意识淡薄，就会在新闻传播过程中出现过度报道，不能严谨地把握好采访、编辑的尺度，从而造成侵害他人权利和自由的后果。

在日常的新闻报道中，经常会出现一些由于缺乏基本的法律常识而出现的错误，严重的，甚至会侵犯他人的合法权益。例如，把检察院“检察长”写成“院长”，把“犯罪嫌疑人”写成“犯罪分子”。

所以，作为一名体育新闻工作者，一定要具备基本的法律知识和法律素养，明确新闻从业者的法律地位以及自己在新闻传播工作中的权利和义务。

学习法律知识，一方面要学习我国的基本大法，包括《中华人民共和国宪法》《刑法》《民法》等，另一方面，还要学习新闻领域的法规和行为准则，比如《出版管理条例》《广播电视管理条例》《中国新闻工作者职业道德准则》等。通过对这些法规和准则的学习，具备一定的法律素养，使媒体的新闻传播行为合法化、职业化。

四、个人道德素质

自20世纪80年代以来，我国的新闻工作者队伍中出现了一些不良风气，“有偿新闻”“假新闻”开始困扰新闻界。这些坏风气、坏现象破坏了新闻报道的客观标准及党性原则，破坏了媒体是社会良心的良好形象，日益腐蚀着新闻队伍。因此，加强新闻工作者的道德素质教育，成为新闻界的当务之急。

1. 要具有优良的品德

体育新闻工作者应该加强个人操守的修养，树立正确的世界观、人生观、价值观。在社会各阶层利益调整加速、分配差距拉大、物欲横流的现实面前，能够保持一颗平常心。清心寡欲，淡泊名利，不通过新闻活动牟取不正当的个人私利，更不滥用党和人民赋予的新闻报道权达到一己之私的目的。在这方面堕落的新闻工作者的教训是沉痛而深刻的。例如，发生在2002年的11名记者在繁峙矿难报道中的收受贿赂案，就是一个轰动全国的新闻界的重大丑闻。在山西繁峙一个金矿发生的特大爆炸中有38名矿工不幸遇难，矿主不是设法救人，而是与当地官员串通一气隐瞒事故真相，先后有多家媒体的11名记者在采访中收受了他们贿送的现金、金元宝，受贿的记者都放弃了对真相的揭露。当然他们的行为也受到了应有的惩罚，此案成为记者见利忘义的典型例子，是值得新闻界引以为戒的。在体育新闻界，也存在着许多的不正之风，比如"假球"真报道，真球"假报道"，为"赌球""黑哨"做掩护等丑陋现象，都严重侵蚀了新闻舆论的正确导向。

因此，新闻工作者在平时要加强学习，树立正确的"三观"，培养良好的道德，倡导优良作风，遵守社会公德。

2. 要富有正义感

一个有正义感的人，会得到社会和他人的广泛认可，把社会和别人装在心里。一个有正义感的人应该是自觉遵守正义的制度规则和良好的道德规范的人。并非只有在歹徒面前挺身而出才算有正义感，面对工作问题敢言敢怒也应该是一种正义感的表现，所以新闻记者面对事实敢于揭露真相，敢于说真话，不为利所动，不为武所屈，这就是正义感的体现。

作为中国的第一位卧底记者，作为中国唯一一位从海军陆战队走出来的政法记者石野，以笔为刀，揭开了许多惊人的黑幕。他六次走上法庭，曾多次遭人追杀，四次死里逃生。他用自己的实际行动演绎了有社会责任感的中国新闻工作者的良知。为了社会的正义，为了帮助需要帮助的人，他冒着生命危险潜入心狠手辣、杀人如麻的色情抢劫团伙，潜入危机四伏的大赌场，潜入横行霸道的城郊治安队，揭开了许多鲜为人知的非法内幕。曾有人公开叫嚣"30万元取他的人头"，面对黑帮的嚣张，1998年1月5日，石野将自己的照片发表在《南方都市报》上，公开自己的立场，"叫卖"自己的人头。几天后，"不识相"的石野在深夜的广州大桥上被黑道追杀，为了逃生，他只好跳入冰冷的珠江水逃生。他说："如果把记者手中的笔当做一杆枪，那么，我的每一个文字便是一粒粒子弹，作为一名特殊的持枪者，只要见到生活中的真善美，我会为之朝天鸣枪叫好；对社会中的假丑恶，无论条件多么恶劣，处境多么危险，我也会毫不犹豫地勇往直前，冲锋陷阵，将正义的子弹，射向他们罪恶的心脏……”这就是一位有正义感的新闻记者的铮铮誓言。

正义感在体育中表现为尊重体育事实，尊重体育精神，尊重参赛的队员和双方的球迷。正义感不应该被狭隘的民族主义情结所取代，因为这是一个善与恶的道德问题，不应该用民族感情来做挡箭牌。对他国的不尊重首先是对体育精神的不尊重，也是对民族感情的亵渎，对于赛场上的竞技对手，不能使用恶毒的挖苦，肆意的贬低，或者进行人身攻击。比如，当电视主持人喊出“意大利万岁”的时候，当他恶狠狠地宣布澳大利亚人可以回家的时候，他不仅冒犯了体育精神，更是冒犯了人类灵魂深处的美好和善良。

再如，在我国举行的第五届女足世界杯期间，德国队11球狂灌阿根廷队，预示着本届世界杯将会是一届精彩纷呈的国际赛事，包括前来观战的国际足联主席布拉特也对女足世界杯组委会的出色工作表示满意。他甚至一再表示，中国完全有能力举办规模更大的男足世界杯。然而，一些别有用心的媒体记者却不时地“鸡蛋里挑骨头”，日本《产经新闻》特派记者川越一就在报道上海日本女足的时候借题发挥，把上海的天气、食品安全以及组委会的正常工作狂贬一番。他竟然拿大会工作人员的一丝不苟当做是怠慢与会人员，甚至还拿女足世界杯的工作态度隐喻推测北京奥运会的工作，大有幸灾乐祸的样子。他的报道立刻受到富有正义感的日本同行的公然驳斥，日本长年居住在中国的特派体育记者朝仓浩之在看到这篇报道后迅速作出反应，他载文驳斥了该记者居心不良的用意。他认为，当有近千名记者云集上海，大力报道盛大赛事的时候，这位著名媒体的特派记者却小题大做，竟然以“北京奥运会万事俱备？如何应对不断出现的慢待问题”为题对中国女足大会组委会说三道四。他说，按说作为同行，我不太愿意去驳斥别人，更不愿意把自己的观点强加给别人，但由于川越实在是离题太远，事实上会误导球迷，这一点则万万不能允许。由此可见，这种违背客观事实的报道，最终将受到更多有正义感的记者的驳斥。

3. 要富有责任感

责任感，是一种以人道、人生、人性、人格为本位的价值取向。责任感是人类在对自身价值的认识、自身发展、自身完善和追求自身需要的过程中形成的，并规范、指导和约束着人类自身的各种活动。如果没有责任感，个人的发展就会变成以损人而自利。

一场足球赛出现一点小纠纷，有记者就写文章说裁判收了黑心钱；某跳水明星赴港参加一个大型活动，有记者就写文章说“她肯定要会情人”；国家乒乓球队竞聘男女队主教练，有记者就写文章说，某某某与某某某不合，肯定是当领导的冲着某某某去的等。

在2008年举行的WNBA中，黑、吉两省女篮之战中发生的“打架事件”竟被演绎成若干个版本，个个说得头头是道，绘声绘色，信不信由你。新闻报道中出现的这种不正常现象有继续扩大之势，实在令人担忧。其实这起事件不过是两个当事人之间推推搡搡，有的报道却用了“全武行”字样，使这起事件充满了火药味。还有的记者对其进行合理想象——既然有推搡动作，就可能打了对方一个大嘴巴子；既然能打嘴巴，可能就会挥动拳头，按照这个线索，一直合理地想象下去，肯定会变成一场肉搏战。

个别媒体和某些记者眼睛紧盯着“上面”，或者只盯着一些有经济实力的“大老板”，而对人民群众的生活疾苦、意见、批评、监督漠不关心，熟视无睹。有的由于得了被采访单位的“好处”，不惜背离新闻的真实性原则，发布不真实的信息欺骗愚弄受众；有的片面追求收听率、收视率，以便招徕更多的广告客户，故意迎合少数人的低级趣味，刊播低级庸俗甚至是不健康的内容。这些都是发生在实际生活中的例子，它们腐蚀着新闻工作者队伍，对这些丧失责任感的表现，应该坚决予以抵制。

4. 要具有独立的价值判断力

价值判断力，是指某一特定的主体对特定客体的有无价值、有什么价值、有多大价值以及满足的程度作出判断的能力。个人的价值判断往往会受到两个因素的影响：

首先，会受到时空和条件的影响。随着时空的推移和条件的改变，一定事物的价值以及人们关于它的价值观念也会发生变化。因此，价值判断和价值选择会因时间、地点和条件的变化而不同。作出正确的价值判断和价值选择，就必须坚持真理，遵循社会发展的客观规律。

其次，会受到所处不同立场和社会地位的影响。人们站在不同的立场上，就会作出不同的价值判断和价值选择。作为社会的监督员，新闻工作者们要自觉站在最广大人民的立场上，把人民的利益作为最高的价值标准。

由于新闻工作的特殊性质，在实际工作中会面临各种各样复杂的问题，新闻报道必然会触及某些人的利益，采访工作会受到多方面的干扰，有时甚至会受到生命的威胁。在这种情况下，新闻工作者要不辱使命，排除干扰，作出独立的价值判断，坚持正确的报道。

5. 要具备敬业精神与职业纪律

宋朝理学家朱熹说,“敬业”就是“专心致志以事其业”,即用一种恭敬而严肃的态度对待自己的工作,认真负责,任劳任怨,精益求精。敬业精神是个体以明确的目标选择、朴素的价值观、忘我投入的志趣、认真负责的态度,从事自己的主导活动时表现出的个人品质。它是做好本职工作的重要前提和可靠保障。

在我国,许多新闻工作者都在用自己的实际行动履行记者的职责,例如2003年的“非典”事件中,很多记者冒着生命危险深入到有“非典”病例的医院、病房,实地采访“非典”病人,获得第一手资料。又如,2008年春我国南方发生的严重雪灾中,记者的身影总是第一时间出现在雪灾现场。在受灾最严重的湖南,前方记者在恶劣的环境下连续进行户外报道,最后面对镜头时几乎晕倒。这些都让我们看到了。

但是,现实生活中,我们也会看到记者不够敬业的现象,比如,一些记者在会议现场心不在焉,不提问也不做笔记,回去后拿着会议发给的材料就发稿。写文章不专心不细心,把人民币写成美元,甚至有记者把体育比赛结果报错……

职业纪律是劳动者在从业过程中必须遵守的从业规则和程序,它是保证劳动者执行职务、履行职责、完成自己承担的工作任务的行为规则,也是检验个人综合素质的一项重要标准。作为体育新闻工作者,应该时时刻刻努力做到遵守行业规定,认真履行职责。记者只有廉洁自律才能坚持公正的报道,这是公认的道理。然而今天违反职业纪律的现象屡屡发生,如一位体育记者在跟踪采访某足球俱乐部时,私下收受贿赂,帮助宣传球队,制造假新闻欺骗读者,这一案例成为破坏新闻职业纪律的反面典型。

6. 要具有敢于报道负面新闻的勇气

被誉为“扫黑记者先锋”的新华社资深记者杨明,在提到一封封恐吓信、威胁电话之后,心中装的仍然是正义和强烈的责任感。他毅然顶住各方面的压力,深入“假球、黑哨”的最前线进行深度报道,靠的就是一种责任、一种使命、一种过人的勇气。类似的例子还有,昔日风光无限的马家军,因1998年作家赵瑜主笔的《马家军调查》出版,而受到了社会的质疑。作家大胆揭露了马家军队员让人触目惊心的处境,尽管导致了与马俊仁的一场官司,但这种敢于报道负面新闻的勇气,是值得钦佩的。

7. 要了解受众的精神需求

党和国家要求新闻工作要坚持“三贴近”，搞好“三服务”，这是新世纪、新阶段加强和改进新闻工作的重要突破口，也是增强报纸的针对性、时效性，提高吸引力和感染力的有效途径。贴近群众、贴近生活、贴近实际，其中核心是贴近群众，“三服务”的重要内涵是当为人民群众服好务。说来说去，群众就是报纸杂志的读者，群众就是广播的听众，群众就是电视的观众，一句话，群众就是媒体的受众。

目前，我国正处于社会转型期的特定历史阶段，优化民生新闻报道结构，应力求在前瞻性、贴近性、服务性上为市民提供全方位的资讯解读，提供更多、更广、更深的资讯视野和冷暖情怀，这样的新闻才是平民百姓真正需要和关心的，才能真正满足公众对信息的需求和对知情权、话语权的渴求。新闻报道要抓住领导关心、百姓关注的热点、难点、焦点问题，及时捕捉那些与百姓生活息息相关的时政、体育、娱乐的新闻，挖掘其与民生的深层关系，把民生新闻与政务新闻、工作报道有机地结合起来，注意从百姓的视角采写编辑，才能突出服务性、时效性、贴近性。

当前新闻报道普遍存在庸俗化、媚俗化倾向，拉大了媒体与读者之间的距离。真正能赢得受众尊重的是那些百姓喜闻乐见的新闻媒体，或者说能体现浓厚人文气息的新闻作品。所以新闻工作者们应该自觉倡导人文精神，迎合大众百姓的胃口，塑造社会正义和良知的形象，促进我国新闻事业健康发展。

凤凰卫视近年来异军突起风靡大陆，成就的取得与其人文关怀的主导倾向是密不可分的。凤凰台的新闻报道打破了以往新闻中只见事不见人的呆板模式，真正做到以人为本，关注新闻事件中的人物。其人文关怀的表现在于发现人的价值，尊重人的价值，张扬人的价值，最大限度地尊重民众的知情权，尽可能多地把新闻传递给大众，把客观事实展现给社会，镜头总是尽可能地瞄准民众关注的焦点。

再比如，《环球时报》一直是最受读者欢迎的报纸之一。该报从过去的周一刊发展到现在的周五刊，恰恰反映了广大读者对贵报的需求。通过调查显示，新闻记者的体育报道让众多读者总是感到意犹未尽，于是该对体育的报道天天都有，且文章的视角独特，不人云亦云，非常有针对性。例如 2006 年冬奥会，很多报纸都做了跟踪报道，认为中国队至少能拿五块金牌，读者也抱了很大希望，但结果却相差甚远。而《环球时报》连续几天进行了客观的分析和评述，指出了中国队的差距和希望所在，读者看了很服气。

目前体育报道中还出现了一种武侠式报道的形式，在语言上模仿武侠小说，比如称运动员为“武林高手”“掌门人”等。这也正是出于迎合受众口味的一种做法。现代社会很多人的心中都有一种“武侠情结”，把体育报道和武侠相结合，正是借助于这种武侠情结，使新闻报道更易于受众接收，并通过这种激烈、新颖的语言方式，刺激受众的神经，吸引受众的眼球，使体育报道显得更加兴味盎然。

8. 报道中要渗透人文关怀

人文关怀脱胎于欧洲中世纪的人文主义，它是作为欧洲中世纪神学的对立物而产生的，它要求把人、人性从封建神学的迷信中解放出来，反对野蛮、愚昧与迷信的世界观，提倡人的个性发展与思想解放。人文关怀强调“以人为本，关注人的生存状态和社会权益，特别关心贴近人的精神层面的问题”。它颂扬理性，崇尚知识，歌颂人的智慧和力量，赞美人性的完美和崇高，大力倡导人是现实生活的创造者和享受者。人文关怀的核心是对人的精神价值的重视以及对人性的根本关怀。

新闻传播活动是人类社会特有的现象，新闻学说到底是人学，新闻的传者、受者都是人，其报道的信息也都是由人的活动所引起的某种变动。所以，新闻的发展离不开对人的关注。在我们为大众传媒的人文关怀倾向欢欣鼓舞的时候，也要清醒地认识到，仍有很多的新闻报道与人文关怀的理念背道而驰。在新闻报道中，“人”性关怀和人格尊严一直是个突出的问题。在新闻实践中由于对“人”的忽视而制造的“无人新闻”比比皆是。当然，这里的意思并不是说新闻里完全没有人的存在，而是说新闻中缺少一种真正的人文主义关怀，缺少一种对人的命运、情感、生存状态等真正的体贴、关心、重视乃至思考。体育新闻报道也是如此，人们会看到，当运动员因某种原因而意外失利时，记者的采访要求却是“请谈谈你失利后的感想”。

与其他领域的新闻报道相比，体育新闻媒体更加关注明星动向，追踪选手的活动。常常会出现这样的情况，你不能说它不重视“人”，你也不能说它不关心“人”，但是他们的的确确又是在漠视人的感受，伤害人的情感。它名为有情，实则无情，从某种意义上说，它对人的“戕害”更间接、更隐蔽，危险性更大。

比如，在2004年雅典奥运会上，每当中国运动员摘金夺银之时，我们的新闻记者便蜂拥而上，不管不顾地要求选手们做媒体想做的事情。例如，乒乓球男双马琳、陈玘夺金后，一位央视记者在第一时间冲了上去，先是拿出陈玘母亲的一封家书，非要陈玘拆开来看，然后一个劲儿地让陈玘对妈妈说两句，观众都看得出陈玘不是健谈的那种，记者却十分执著，直到陈玘尴尬地说了两遍“谢谢妈妈”，方才罢休。

在冼东妹夺得冠军后，记者采访教练，居然问“你们放弃了亲情，值得吗？”教练当时就哭了，背过身半天也没再回答。女排姑娘夺冠后，现场记者问王丽娜：“我想你这是最后一次进我们的国家队了吧？”这种问话其实都是对采访对象的一种伤害，而记者可能全然不觉。之所以出现这样的采访，正是记者一直以来只注重新闻效益，而缺乏人文关怀的结果。

奥运冠军刘翔曾经说过，在冲过终点的那一刻及后来很长一段时间里，“我已经精疲力竭，脑子一片空白，甚至连说话的力气都没有了”。这就是运动员此时此刻的真实感受，而我们的记者却非要在这个时刻从他们的口里“掏”出些什么豪言壮语。看到荧屏上的刘翔有一句没一句、上气不接下气的断言碎语，观众会从心底呐喊，别再折磨刘翔了。

15 岁的浙江体操选手王燕意外受重伤后，很多记者明知王燕伤后两三天的恢复非常关键，而且王燕的家人都处在悲伤之中，却还要想尽办法欲进入重症监护室。一家媒体甚至在一个名为“看新闻，手机参与竞猜，每日奖品拿不停”的栏目中，设置了这样的题目：

> 浙江队员王燕在 2007 年全国体操锦标赛女子资格赛的哪个项目中发生了意外？
>
> A 跳马　B 高低杠

这样的做法其实是在将不幸者的不幸，当做自己赢利的渠道。很多观众都为此感到心寒。国家体育总局体操运动管理中心主任高健在上海举行的一次新闻通气会上，与记者将心比心，希望媒体淡化“王燕事件”，请求记者们让王燕能够安心养伤。

以上例子都说明，新闻传播中人文关怀的缺失，其危害是相当严重的。它不仅误导受众，影响社会舆情走向，同时也败坏了媒体的自身形象，断送了媒体赖以生存的公信力和影响力。

五、心理素质

心理学家邢根溪认为：心理素质是指个体在心理过程、个性心理等方面所具有的基本特征和品质。它是人类在长期社会生活中形成的心理活动在个体身上的积淀，是一个人在思想和行为上表现出来的比较稳定的心理倾向、特征和能动性。体育新闻工作者所从事的特殊的工作性质，决定了他们在社会中面临着各种压力，归纳起来主要有以下几种——

媒介间市场竞争的压力。电台、电视台、报刊、杂志、网络媒体间日益激烈的市场竞争给新闻从业者带来了巨大的精神压力。收视率、发行量以及与之紧密相连的广告收入，不但关系到新闻单位的生死存亡，也与从业人员的切身利益息息相关。很多记者都有固定的工作量，上不了稿子就注定要走人。媒体的考核机制与市场竞争，给记者造成了巨大的心理压力。

新闻业务的压力。因为新闻工作特别重视时效性，而多数情况下新闻工作者又不在新闻事件发生的现场，只能在事后进行补充采访。他们需要在最短的时间内，对错综复杂的新闻事件作出准确的分析和判断，并用最快最简洁的方式将新闻事件报道出去，这种节奏快、难度高的创造性工作，给新闻从业者造成了很大压力。

家庭责任的压力。许多媒体都规定，记者的手机要 24 小时开通，熬夜赶稿子更使大多数记者无法拥有正常的家庭生活。记者长年在外奔波，早出晚归，不但无法承担家务事，而且在一定程度上增加了家庭的负担，这常常也压得新闻从业者喘不过气来。

因此，记者在采访或报道时，心态一定要和谐宁静，即使在压力很大的情况下，也要控制好自己的心态，既不自卑也不浮躁，既不犹豫也不冒进，只有在和谐的心态之下，报道者才能冷静地观察问题，准确地判断事物，从而作出正确的报道。

六、身体素质

1. 要具备良好的身体素质和吃苦耐劳的精神

联合国曾经做过一项调查，在各种职业的人群中，寿命最短的是记者，而在记者中寿命最短的则是体育记者。这主要是因为从事的工作性质和意外因素的影响，记者的工作总处于高度紧张的状态，尤其是体育记者，由于体育竞技的激烈和瞬息万变，使他们更需要精神高度集中。另外，新闻工作的流动性大，体育记者经常穿梭于国内外，工作环境有时非常恶劣。体育新闻又具有极强的时效性，比赛结束后，记者要在最短的时间内写出报道，经常睡眠不足，生活没有规律，因此比一般的记者工作和生活节奏更加紧张。新闻工作很容易使人产生疲劳感、失衡感，长此以往，记者忙于应付，变成了机械的新闻人。可以想见，没有强健的体魄和吃苦耐劳的精神是做不了体育新闻记者的。

我国著名记者邵飘萍对记者生活感言:"要获得第一手材料,要探求新闻背后的故事,要及时对赛事及相关链接进行报道,作为一个体育新闻工作者,有走不完的路,问不尽的问题,停不了的思考,做不完的笔录。"

可见,拥有一个强健的体魄是当体育记者最基本的条件,同时也是最重要的条件之一。

2. 个人形象素质

作为新闻从业者,语言有着极重要的职业功能。记者在工作中总免不了要进行电话联络、组稿、采访、现场报道、参加新闻发布会等,虽不必像播音员、主持人那样字正腔圆,但也绝不能含糊不清,音质怪异。掌握发声技巧应当成为记者必备的业务技能,他们的发音要相对标准,语音要清晰响亮,表达要清楚明白。除此之外,还要有一定的持久性,在紧张而持续的采访中,嗓音不因疲劳而导致沙哑。

仪态是最能表现个人气质的元素之一,是塑造个人形象的重要载体。新闻从业者的日常工作相当辛苦,采访时的奔波,撰稿时的枯坐,很容易使人产生肢体疲劳,从而形成各种各样的形体缺陷。我们常见一些出镜记者甚至主持人有相当明显的抠胸、伸头等形体问题,不够挺拔,影响了视觉美感。

作为一名记者,尤其要注意待人接物时的礼仪和行为规范。避免合作意识不强,太过关注自我。身为记者应深谙社会、民情、风俗,有些记者在公共场合不懂礼仪,不知进退,让人无奈又无言。

著名记者萧乾说:"做记者还要适当注意仪表,要衣着整齐……在旧社会做记者,不管家里多穷,出门也要西装笔挺,否则人家看不起你。"服装是一种无声的交流方式,它能准确地传递一个人的背景信息。记者为了在公共场合和采访现场吸引眼球,让人产生好感,服装色彩应尽可能的丰富,在充分考虑当时工作场合的情况下,注意和谐搭配,但切不可喧宾夺主。要注意与身份、内容、场合三者的协调,以取得良好的外表形象。女记者、女编辑、女主持人还应学会给自己化日常妆。在日常工作和采访中,精致的淡妆可显示出自我修养以及对他人的尊重。在采访场合,有一些女记者要么素面朝天,要么浓妆艳抹,有的化妆技巧差或用色不适当,片面地追求服饰,反而影响妆面效果。其实良好的化妆技巧展示的不仅是令人愉悦的个人形象,也是你所代表的媒体的品位。

总之,体育记者代表的不仅是个人形象,而且还代表着整个体育新闻界的形象,他们在采访过程中的言行举止都对采访对象、社会公众产生重要的影响。因此，体育记者在参访过程中要时刻注意塑造自身的良好形象，力求整洁、大方，语言得体。

记者在体育新闻事业的发展中起着举足轻重的作用，他们具备良好的综合素质，直接影响到我国体育新闻工作水平的高低，甚至影响到我国新闻事业的成败。体育新闻工作者任重道远，提高自身的综合素质，需要每一位新闻工作者的共同努力。塑造体育新闻工作者的良好形象，是功在当今、利在后世的事情。

本章思考题

1. 结合所见所闻，简要论述你对当前我国体育新闻工作者应具备的素质的理解。
2. 举例说明，为什么道德素质在新闻工作中至关重要？
3. 如果你是一名新闻工作者，应该怎样提高自身的业务素质？
4. 假如你是某一报业集团总经理，当你发现有的员工通过硬造，经常爆出“独家”新闻，且暂时扩大了该报业集团的知名度，那么你如何来处理这种情况？为什么？

参考文献

一、专著

1. 丁淦林:《中国新闻事业史》,武汉大学出版社 1990 年版。
2.《中国近代期刊目录》,上海人民出版社 1965 年版。
3. 谷世权:《中国体育史》,北京体育大学出版社 2002 年版。
4. 国家体委武术研究院:《中国武术史》,人民体育出版社 2003 年版。
5. 戈公振:《中国报学史》,商务印书馆 1935 年版。
6. 马光仁:《上海当代新闻史》,复旦大学出版社 2001 年版。
7. 方汉奇:《新闻史的奇情壮彩》,华文出版社 2000 年版。
8. 王洪祥:《中国现代新闻史》,新华出版社 1997 年版。
9. 方汉奇:《中国当代新闻事业史:1949～1988、1949～1988》,新华出版社 1992 年版。
10.《五四时期期刊介绍》(一、二、三),北京三联出版社 1979 年版。
11.《中国当代期刊总览》,黑龙江出版社 1987 年版。
12. 刘秉果:《中国古代体育史话》,文物出版社 1987 年版。
13. 李国华:《中国古代体育故事选释》,人民体育出版社 1988 年版。
14. 荣孟源:《史料和历史学科》,人民出版社 1987 年版。
15. 梁洪浩:《外国新闻事业史》,武汉大学出版社 1992 年版。
16. 卢元镇:《中国体育社会学》,北京体育大学出版社 2000 年版。
17. 康荫:《新闻与政治要略》,北京广播学院出版社 2001 年版。
18. 中国体育新闻工作者协会编:《体育记者谈体育新闻》,人民体育出版社 2006 年版。
19. 易剑东:《体育文化学》,北京体育大学出版社 2006 年版。
20. 李永健、展江:《新闻与大众传媒通论》,华夏出版社 2002 年版。

21. 史安斌:《媒体与社会:批判的视角》,清华大学出版社 2007 年版。
22. 郝勤:《体育新闻学》,高等教育出版社 2004 年版。
23. 钟天朗:《体育经济学概论》,复旦大学出版社 2004 年版。
24. 鲁威人:《体育新闻报道》,中国传媒大学出版社 2005 年版。
25.〔美〕尼尔·波斯曼:《娱乐至死》,广西师范大学出版社 2004 年版。
26. 郑超然、程曼丽、王泰玄:《外国新闻传播史》,中国人民大学出版社 2000 年版。
27. 李良荣:《当代世界新闻事业》,中国人民大学出版社 2002 年版。
28. 孙宝玉等:《世界新闻出版大典》,中国档案出版社 1994 年版。
29. 徐光春:《中国广播电视简史》,中国广播电视出版社 2003 年版。
30. 赵玉明、王福顺:《中外广播电视百科全书》,中国广播电视出版社 1995 年版。
31. 翁飚:《体育与电视》,海潮摄影艺术出版社 2003 年版。
32. 任光耀:《体育传播学》,高等教育出版社 2004 年版。
33. 陆晔、赵民:《当代广播电视概论》,复旦大学出版社 2002 年版。
34. 李岩、黄匡宇、张联:《广播电视新闻学》,高等教育出版社 2002 年版。
35. 曹璐:《广播新闻理念与实务创新研究》,中国广播电视出版社 2007 年版。
36. 中央电视台:《中央电视台的第一与变迁(1958～2003)》,东方出版社 2003 年版。
37. 任金州、马国力:《体育赛事电视公用信号制作标准研究》,中国传媒大学出版社 2005 年版。
38. 柯惠新、王兰柱:《媒介与奥运·雅典奥运篇》,中国传媒大学出版社 2006 年版。
39. 李辉:《中国体育的电视化生存》,学林出版社 2007 年版。
40. 饶立华、杨钢元、钟新:《电子媒介新闻教程》,中国人民大学出版社 2000 年版。
41. 彭兰:《中国网络媒体的第一个十年》,清华大学出版社 2005 年版。
42. 张德胜著:《体育媒体通论》,广东人民出版社 2006 年版。
43. 张英编著:《体育新闻报道》,浙江大学出版社 2007 年版。
44. 杜俊飞著:《网络新闻学》,中国广播电视出版社 2001 年版。
45. 仲志远著:《网络新闻学》,北京大学出版社 2002 年版。
46. 董天策主编:《网络新闻传播学》,福建人民出版社 2005 年版。
47. 秦州主编:《网络新闻编辑学》,复旦大学出版社 2007 年版。

48. 叶琼丰:《时空隧道——网络时代话传播》,复旦大学出版社 2001 年版。
49. 蒋晓丽主编:《网络新闻编辑学》,高等教育出版社 2004 年版。
50. 廖卫民、赵民:《互联网媒体与网络新闻业务》,复旦大学出版社 2001 年版。
51. 彭兰著:《网络新闻学原理与应用》,新华出版社 2003 年版。
52. 雷跃捷、辛欣主编:《网络新闻传播概论》,北京广播学院出版社 2001 年版。
53. 季宗绍等:《新闻采访与写作》,南京师范大学出版社 2004 年版。
54. 王文科等:《新闻采写基础》,浙江大学出版社 2005 年版。
55. 徐亚平等:《新闻采访》,新华出版社 2005 年版。
56. 李良荣:《新闻学导论》,高等教育出版社 2002 年版。
57. 何梓华:《新闻理论教程》,高等教育出版社 1999 年版。
58. 中国社科院新闻研究所:《中国共产党新闻工作文献汇编》,新华出版社 1980 年版。
59. 林如鹏:《新闻采访学》,暨南大学出版社 2004 年版。
60. 蔡铭泽:《新闻传播学》,暨南大学出版社 2003 年版。
61. 余继英主编:《奥林匹克一网球》,人民体育出版社 2006 年版。
62. 季克异等:《网球》,高等教育出版社 2006 年年版。
63. 孙卫星、张旭:《网球规则入门导读》,北京体育大学出版社 2006 年版。
64. 陶志翔:《网球运动教程》,高等教育出版社 2003 年版。
65. 董广安著:《现代新闻写作教程》,郑州大学出版社 2005 年版。
66. 张柏兴、汪宗保、龙长征编著:《专业新闻报道》,浙江大学出版社 2005 年版。
67. 程道才编著:《专业新闻写作概论》,中国广播电视出版社 2002 年版。
68. 蓝鸿文主编:《专业采访报道学》》(第二版),中国人民大学出版社 2003 年版。
69. 韩松、黄燕:《当代报刊编辑艺术》,复旦大学出版社 2006 年版。
70. 赵丽杰:《期刊的选题策划》,辽宁人民出版社 2004 年版。
71. 宋应离:《中国报刊发展史》,河南大学出版社 2000 年版。
60. 陈湘年:《期刊之道》,广东高等教育出版社 2006 年版。
72. 杜家贵:《社会科学期刊编辑实用手册》,中央编译出版社 2002 年版。
73.〔美〕本顿·雷恩·帕特森、科尔曼·E.P.帕特森,崔人元译:《期刊编辑》,河北教育出版社 2004 年版。
74.〔美〕萨梅尔·约翰逊、帕特里夏·普里杰特尔,王海译:《杂志产业》,中国人民大学出版社 2006 年版。

75.〔美〕迈克尔·埃默里、埃德温·埃默里著:《美国新闻史:大众传播媒介解释史》,新华出版社 2001 年版。

76.〔美〕威廉·尼克斯、帕特里克·莫纳汉著,易剑东、范帆、崔伟等译:《体育媒体关系营销》,高等教育出版社 2004 年版。

77.〔美〕罗伯特·赫利尔德,谢静等译:《电视广播和新媒体写作》,华夏出版社 2002 年版。

78.〔美〕利昂·纳尔逊·弗林特著,萧严译:《报纸的良知》,中国人民大学出版社 2005 年版。

二、论文

1. 朱萍华:《中国近代体育报刊考》,《中国体育科技》1998 年。

2. 赵蕴:《中国早期体育报刊》,《体育文化导刊》2002 年第 5 期。

3. 陈江:《主编我国第一份健美杂志的编辑家》,《编辑学刊》1995 年第 4 期。

4. 吴群:《我国近代早期体育报道和"临时会报"》,《体育文史》1996 年第 1 期。

5. 薛文婷:《我国平面媒体奥运报道百年回顾》,《2008 年北京奥运会理论与实践论文集》。

6. 赵善性:《近代现代体育报纸概况》,《体育文史》1992 年第 3 期。

7. 唐润华:《西方三大通讯社如何应对互联网带来的挑战与机遇》,《国际新闻界》2001 年第 6 期。

8. 丁宝富:《新华社奥运报道技术装备与时俱进》,《中国传媒科技》2004 年第 10 期。

9. 丁玫:《多哈亚运会报道为北京奥运会报道探索成功之路》,《新闻业务》2007 年第 2 期。

10. 杜婕:《浅论 NBA 传媒报道的发展》,《体育文化导刊》2004 年第 5 期。

11. 常耀:《美国 NBA 全明星篮球赛探营》,《体育文化导刊》2005 年第 11 期。

12. 王多:《"无人新闻"与人文精神》,《新闻记者》2003 年第 3 期。

13. 蓝鸿文等:《牢牢树立马克思主义新闻职业道德观》,《新闻与成才》2001 年第 3 期。

14. 张西明:《新闻法治与自律的比较研究:新闻法学研究新的突破口》,《新闻与传播研究》2004 年第 10 期。
15. 陈兰芬:《新闻舆论监督的法律属性》,《新闻前哨》2004 年第 11 期。
16. 季一德:《网球史话》,《少年学刊》2006 年第 11 期。
17. 张奔斗:《美妙"钱"程》,《网球天地》2005 年第 10 期。
18. 天涯:《种子制度如何生根发芽》,《网球天地》2005 年第 10 期。
19. 天涯:《职业网坛"钱"景扫描》,《网球天地》2005 年第 5 期。
20. 姚昆:《百年澳网:昨天、今天、明天》,《网球天地》2005 年第 2 期。
21. 诸松:《搜索 ITF》,《网球天地》2003 年第 9 期。
22. 天涯:《揭开 ATP 和 WTA 的面纱》,《网球天地》2003 年第 9 期。
23. 陈俊哲:《寻梦墨尔本》,《网球天地》2003 年第 3 期。
24. 计晨平:《温布尔顿——传统与传奇并存》,《网球天地》2002 年第 7 期。
25. 王致诚:《网球礼仪 ABC》,《网球天地》2001 年第 5 期。
26. 许晓非:《闲话红土场》,《网球天地》1999 年第 11 期。
27. 尧力:《美网简史》,《网球天地》1999 年第 10 期。
28. 郑允:《温赛溯源》,《网球天地》1999 年第 8 期。
29. 陈益蔚编译:《大满贯——回顾与展望》,《网球天地》1998 年第 4 期。
30. 吴琳干编译:《不同场地表面对网球技战术的影响》,《网球天地》1996 年第 6 期。
31. 费肖俊:《网球术语漫谈》,《中国科技》1999 年第 8 期。
32. 晨光:《NBA 与中国:电视转播》,《世界体育周报》2003 年 11 月 20 日。
33. 甄灵菊:《坚持三贴近 搞好三服务增强报纸活力》,《中原铁道报》2005 年 9 月 15 日。

三、网站

1. 上海地方志网站,http://www.shtong.gov.cn
2. 广州地方志网站,http://www.gzsdfz.org.cn
3. 国内年鉴网站大全,http://www.yearbook.cn
4. 四川资源网,http://www.scdfz.org
5. http://www.mena.org.eg/index

6. 新浪网站,http://sports. sina. com. cn
7. NBA 网站,http://www. nba. com
8. ESPN 网站,http://sports. espn. go. com
9. 搜狐网站,http://data. sports. sohu. com
10. 中国汽车运动联合会官方网站,http://www. fasc. org. cn
11. 国际汽车运动联合会官方网,http://www. fia. com
12. 法拉利车队官方网站,http://www. ferrari. it
13. 迈凯轮车队官方网站,http://www. mclaren. com
14. 中体在线,http://sports. sina. com. cn
15. 中国自行车官方网站,http://cycling. sport. org. cn
16. 国际网球联合会官方网站,http://www. itftennis. com
17. 中国奥委会官方网站,http://www. olympic. cn
18. 华奥星空网,http://www. sports. cn
19. ATP 官方网站,http://www. atpworldtour. com
20. WTA 官方网站,http://www. sonyericssonwtatour. com
21. 国际网球联合会官方网站,http://www. itftennis. com
22. 环法公司网站,http://www. aso. fr
23. 俄罗斯体育网,http://www. sports. ru
24. 苏联体育报网,http://www. sovietsports. ru
25. 体育快报网,http://www. sport-express. ru
26. 俄罗斯报纸网,http://www. gazeta. ru

图书在版编目（CIP）数据

体育新闻学/刘斌主编. --北京：中国传媒大学出版社，2009. 7（2024.7 重印）
ISBN 978-7-81127-690-9

Ⅰ. 体…　Ⅱ. 刘…　Ⅲ. 体育—新闻学　Ⅳ. G210

中国版本图书馆 CIP 数据核字（2009）第 105071 号

体育新闻学

TIYU XINWENXUE

主　　编　刘　斌
责任编辑　董媛婷
封面设计　风得信书籍装帧·阿东
责任印制　李志鹏

出版发行　中国传媒大学出版社
社　　址　北京市朝阳区定福庄东街 1 号　　邮　　编　100024
电　　话　86-10-65450528　65450532　　传　　真　65779405
网　　址　http://cucp.cuc.edu.cn
经　　销　全国新华书店

印　　刷　北京中科印刷有限公司
开　　本　730mm×988mm　1/16
印　　张　26.25
字　　数　391 千字
版　　次　2010 年 5 月第 1 版
印　　次　2024 年 7 月第 5 次印刷

书　　号　ISBN 978-7-81127-690-9/G·690　　定　　价　39.00 元